Annales des arts africains

AF796880

AUTOUR DES SONGYE

Under the influence of the Songye

Julien Volper

FINE ART STUDIO | PUBLISHING

GOURCUFF GRADENIGO

Coédition/Co-edition
Fine Art Studio Publishing
Gourcuff Gradenigo

Direction artistique/Artistic direction
Sandra Delvaux Agbessi

Direction de la collection/Collection direction
Bernard Dulon
Julien Volper

Auteur/Author
Julien Volper

Coordination/Coordination
Delphine Cabu

Traduction/Translation
Tadzio Koelb

Dessins/Drawings
Jacqueline Renard

Cartographie/Cartography
Charles Meur

SOMMAIRE

Foreword (Sandra Delvaux Agbessi) 4
Avant-propos (Sandra Delvaux Agbessi) 5

Preface (Bernard Dulon) 6
Préface (Bernard Dulon) 7

The friends & benefactors of the collection 8
Les amis bienfaiteurs de la collection 9

Introduction
Some thoughts on crested masks and round striated masks 10
Réflexions sur les masques mitrés et les masques ronds à stries 11

Part 1: The full moon speaks 14
Partie 1 : Pour qu'en bas on l'entende 14

De l'origine supposée de la forme ronde 17
On the presumed origins of the round form 18
Question de chorégraphie 27
On choreography 30
Question de costume 41
On costume 46
L'ancienne société kifwebe des Luba 47
The early kifwebe society 52
La société du bukasandji (ou buyembe) 63
The bukasandji (or buyembe) society 68
Les arts dans le bukasandji 73
Art in the bukasandji 76
Conclusion 126
Conclusion 127

Part 2: A return to Tetela masks - Introduction 130
Partie 2 : Pour en revenir aux masques tetela - Introduction 131

Tetela sungu ou Songye Tempa : réflexion autour de la question de l'attribution 133
Sungu-Tetela or Tempa-Songye : thoughts on the matter of attribution 134
The concept of crested masks beyond the Tempa-Sungu zone 172
Le concept du masque mitré au-delà de la zone tempa-sungu 175
The role of the Sungu in the spread of crested masks 210
Le rôle des Sungu dans la diffusion des masques mitrés 211

Conclusion 226
Conclusion 227

Captions (Part 1) 230
Légendes des figures (Partie 1) 231

Captions (Part 2) 240
Légendes des figures (Partie 2) 241

Bibliographie 250

Remerciements 254

À paraître 256

FOREWORD

The gaze that first awakens curiosity then raises the following question: what should we feel when confronted with true grandeur: with the power that representations of ritual, fetishes, femininity, power or veneration exude? It does not take long before wonder and astonishment develop into a passionate fascination.

The curiosity and questions aroused are not, however, easily met, because there is little knowledge to be shared. 'There is no African art.' It is this common reflexion that inspired the creation of the Annals of African Arts. *This project spans more than fifty countries, home to thousands of different ethnic groups. It therefore touches not only on questions of diversity and relatedness, but also on particularity and mystery.*

The publication provides a hitherto missing link; a tool constituted of a vast amount of knowledge, images and information that, taken together, unlock potential answers.

Compiled under the direction of Bernard Dulon and Julien Volper, the Annals of African Arts *re-open the debate in order to refresh it with today's light. A different approach that asks: 'Is there a right answer?'; an approach that brings something new with it, avoiding the simple reproduction or repetition of information. The angle taken reflects a specific choice: to encourage the development of reflexion by confronting diverse lines of thought with a seemingly boundless iconography made up of numerous images and photographs, often as yet unpublished.*

The team devoted to the project was created to reunite the knowledge of the academic and scientific worlds with that of a contemporary expert in the domain. The joint editors, Gourcuff Gradenigo and Fine Art Studio Publishing, worked together throughout to ensure the final realization of the Annals of African Arts.
This first publication immerses the reader in the magical universe of the Songye, providing a vast amount of information concerning the socio-cultural context in which they evolved in order to enhance our understanding of their creations.

'Without passion, nothing is possible.' Georg Wilhelm Friedrich Hegel.

Sandra Delvaux Agbessi

AVANT-PROPOS

Un regard posé qui suscite la curiosité, et puis quel sentiment éprouver face à ce qui est grand et beau, face à ce qui représente le culte, le fétichisme, la féminité, le pouvoir ou la vénération ? Ebahissement et émerveillement deviennent alors, dictés par cet enthousiasme, intérêt et passion.

Une curiosité et un ensemble d'interrogations qui restent parfois sans réponse, parce qu'il n'existe en définitive que très peu de données. « Il n'y a pas d'art africain ». C'est autour de cette réflexion commune et partagée qu'est née l'idée et le projet de création de la collection *Annales des arts africains*. Plus d'une cinquantaine de pays sur lesquels se répartissent plusieurs milliers d'ethnies. Il s'agit dès lors de parler de diversités et d'appartenances mais aussi de particularités et de secrets.

La publication constitue ce maillon nécessaire, cet outil qui détient une grande part de savoir, d'images et d'informations apportant souvent la clef et les réponses possibles.

Sous la direction de Bernard Dulon et de Julien Volper ces *Annales des arts africains* permettent de relancer le débat afin de le rendre actuel. Un regard différent, « Qui peut dire qui a raison ? », un regard qui permet d'apporter quelque chose de nouveau sans reprendre ou reproduire aisément des éléments. Une prise de position et un choix d'avancer par le développement d'une réflexion et la confrontation de pensées avec aussi une riche iconographie alimentée d'images et de photographies souvent inédites.

Une belle équipe de professionnels réunissant l'univers institutionnel et scientifique avec le savoir et la pratique d'un expert, sous l'orchestration commune des éditions Gourcuff-Gradenigo et Fine Art Studio Publishing pour valider la mise en forme de ces *Annales des arts africains*.

Ce premier numéro nous plonge dans l'univers et la magie des Songye afin d'en découvrir davantage au travers de l'étude du contexte socioculturel dans lequel ceux-ci ont évolué.

« Rien ne s'accomplit dans ce monde sans passion »
Georg Wilhelm Friedrich Hegel

Sandra Delvaux Agbessi

PREFACE

More has been published on art from the African continent over the last thirty years than since the invention of printing. This recent interest has been primarily marked by a profusion of art publications that draw from such similar iconographic reserves that their most salient merit is often their title or binding. Despite the potential boredom the reader may face when confronted for the tenth time with André Derain's Punu mask or the Fang dynasty head from the Epstein collection, they will most probably take the work in question seriously, secure in the knowledge that this is not one of the increasingly common publications that – driven by the desire for novelty – draws at random from the limitless repertoire of fakes and craftworks.

The Annals of African Arts *is a project that places almost excessive emphasis on precision and detail. Opposed to vulgarization, it aims to prove to what extent the serious study of a subject that is almost arid in its sublimity can deepen our understanding not only of art but also of man and society. It therefore hopes to underline the superiority of such studies to the most seemingly brilliant but ultimately superficial overview.*

The dynamics at work in the book are indeed diverse, drawing from the history of art and ethnology, but they serve a common purpose: to facilitate our reading of these images. Whether they are masks, costumes, fetishes or statues of ancestors, all these wooden, clay and stone figures that have drawn our gaze for so long continue to exert their power of fascination over us. To study them is to embark on a humanist search that reaches far beyond their carved surfaces.

The Annals of African Arts *affirm the emptiness of the blanket concept of African art, and incite the reader to contemplate instead the multiple civilisations and countless artists of Africa.*

Today, sociologists and publicists agree that we live in a society that is bound to the image. Advertising images and artistic images are omnipresent in every aspect of our lives. Whether they are images of ourselves or of others, we have no choice but to learn to live with them and cope with their invasiveness. We therefore need first to learn to read them…

Bernard Dulon

PRÉFACE

Depuis une trentaine d'années, on a plus publié sur l'art du continent africain que depuis l'invention de l'imprimerie. Cet intérêt récent a amené sur le devant de la scène éditoriale une profusion d'ouvrages d'art semblant avoir un fond iconographique commun et dont le mérite réside le plus souvent dans l'originalité apportée au titre ou à la maquette. Si le lecteur peut s'ennuyer à revoir pour la Xème fois le masque punu d'André Derain ou la tête fang de la collection Epstein, il jugera néanmoins l'ouvrage sérieux tant il est vrai que depuis peu de nombreuses publications, toujours en quête de nouveautés, puisent dans le répertoire illimité de l'artisanat et de la copie.

Annales des arts africains se présente comme une collection savante, parfois « ennuyeuse » mais toujours opposée à la vulgarisation, qui tentera de démontrer qu'approfondir un sujet anodin, aride et superbe, renseigne plus sur l'art, donc sur l'homme et sa société, qu'un beau survol rapide et touristique.

Si ses moteurs sont divers et relèvent à la fois de l'histoire de l'art et de l'ethnologie, son ambition, unique, est de faciliter la lecture de ces images qui nous viennent de l'autre. Masques, costumes, fétiches, statues d'ancêtre, ces figures de bois, de terre ou de pierre qui depuis longtemps nous fascinent, nous émerveillent parfois, et dont l'étude s'apparente le plus souvent à une quête humaniste.

Annales des arts africains affirme haut et fort que l'art africain n'existe pas en tant que concept et convie le lecteur à une rencontre avec les civilisations et les artistes d'Afrique.

Sociologues et publicistes d'aujourd'hui s'accordent à dire que nous vivons dans une société de l'image. Image publicitaire, image artistique, omniprésente jusqu'aux frontons de nos habitations, jusqu'aux ciels de nos lits. Images du soi ou images de l'autre, il nous faut apprendre à vivre avec ces envahissantes compagnes. Il nous faut donc apprendre à lire...

Bernard Dulon

THE FRIENDS & BENEFACTORS OF THE COLLECTION

This work came into being thanks to the support provided by the Friends of the Collection

- *Mr Didier Claes*
- *Ms Valérie Dartevelle*
- *Galerie Alain de Monbrison*
- *Mr François Lunardi,* Soclage d'objets d'Art
- *Mr Michel Périnet*
- *Mr and Mrs Guy Porré*
- *Mr Adrian Schlag*
- *Mr Bob Vallois*

LES AMIS BIENFAITEURS DE LA COLLECTION

Cet ouvrage a été réalisé grâce au soutien
des Amis de la Collection

- Monsieur Didier Claes
- Mademoiselle Valérie Dartevelle
- Galerie Alain de Monbrison
- Monsieur François Lunardi, *Soclage d'objets d'Art*
- Monsieur Michel Périnet
- Monsieur et Madame Guy Porré
- Monsieur Adrian Schlag
- Monsieur Bob Vallois

GENERAL INTRODUCTION
Some thoughts on crested masks and round striated masks

Capture two explosions, two south-eastern Congolese dances frozen in photographic chemicals in the 1900-1910s.
The mask is the focal point, the centre of gravity, attracting to it musicians, the audience – and the photographer. The first of these sculpted faces is round, and predominantly white (Figure 14, section 1). The second is more elongated, crested with feathers, and as dark as the other is bright (Figure 10, section 2). The costumes appear similar, although the dancers strike very different poses.
Is there any reason to explore these two images?
Despite their apparent simplicity, they are well worth investigating, for what our two dancers display so proudly are more than just costumes made from fibres and skins, or colourful hollowed wooden heads which conceal their features so they may be transformed. Each mask in its own way is a witness to, as well as the result of, cultural and artistic exchange among the various Katanga and Kasaï cultures.
They didn't spring from a conceptual void. Crafted by the hands of men, they are, like their creators, part of a family, relatives close or distant, and as in men, their eyes, their noses, their mouths are testaments of kinship, of a blood tie with this uncle, that father. The same is true of their characters, of their mannerisms, their activities, which bear witness to legacies – some obvious, others practically forgotten.
We will see that the history of these round masks and crested masks carry us to various cultures, various beliefs – and yet our research must always bring us back to the Songye, whose creative and distributive role will become apparent. The studies that follow explore different assumptions about the use, style, and iconography of these masks.

INTRODUCTION GÉNÉRALE

Réflexions sur les masques mitrés et les masques ronds à stries

Prenons deux explosantes-fixes, deux chorégraphies du Sud-Est congolais figées par la chimie photographique dans les années 1900-1910.
Le masque en est le point central, le centre de gravité qui attire les musiciens, les spectateurs... et le photographe. Le premier de ces faciès sculptés est circulaire et à dominante chromatique blanche (Figure 14, dossier 1). Le second est plus allongé, crêté de plumes et est aussi sombre que l'autre est brillant (Figure 10, dossier 2). Les costumes semblent similaires, mais les mouvements de ceux qui les portent sont bien différents.
Alors, y a-t-il une raison valable de confronter ces deux clichés ?
Par-delà les simples apparences, il y en a une primordiale. En effet, ce que ces danseurs exhibent fièrement ne se résume pas à des costumes de fibres et de peaux, à des têtes creuses de bois peint qui effacent les visages pour mieux les transformer. Ces masques sont, chacun à leur manière, les témoins autant que le résultat d'échanges culturels et artistiques féconds entre diverses cultures du Katanga et du Kasaï.
Ils ne sont pas surgis spontanément d'un néant conceptuel. Œuvres faites de main d'homme, elles ont, comme leurs créateurs, une famille, des parents proches et éloignés. Comme les hommes, leurs yeux, leur nez ou leur bouche témoignent d'une filiation, d'un lien du sang avec tel ou tel oncle ou père. Il en va de même de leur caractère, de leur manière de se mouvoir, de leur fonction qui témoignent d'héritages marqués ou presque oubliés.
Nous verrons que l'histoire de ces masques ronds et de ces masques crêtés nous mènera à évoquer diverses cultures, diverses croyances. Pour autant, les recherches nous ramèneront toujours aux Songye dont le rôle de créateurs ou de diffuseurs apparaîtra clairement. Différentes hypothèses ayant trait à l'usage, au style, et à l'iconographie de ces masques seront présentées au travers des deux dossiers qui vont suivre.

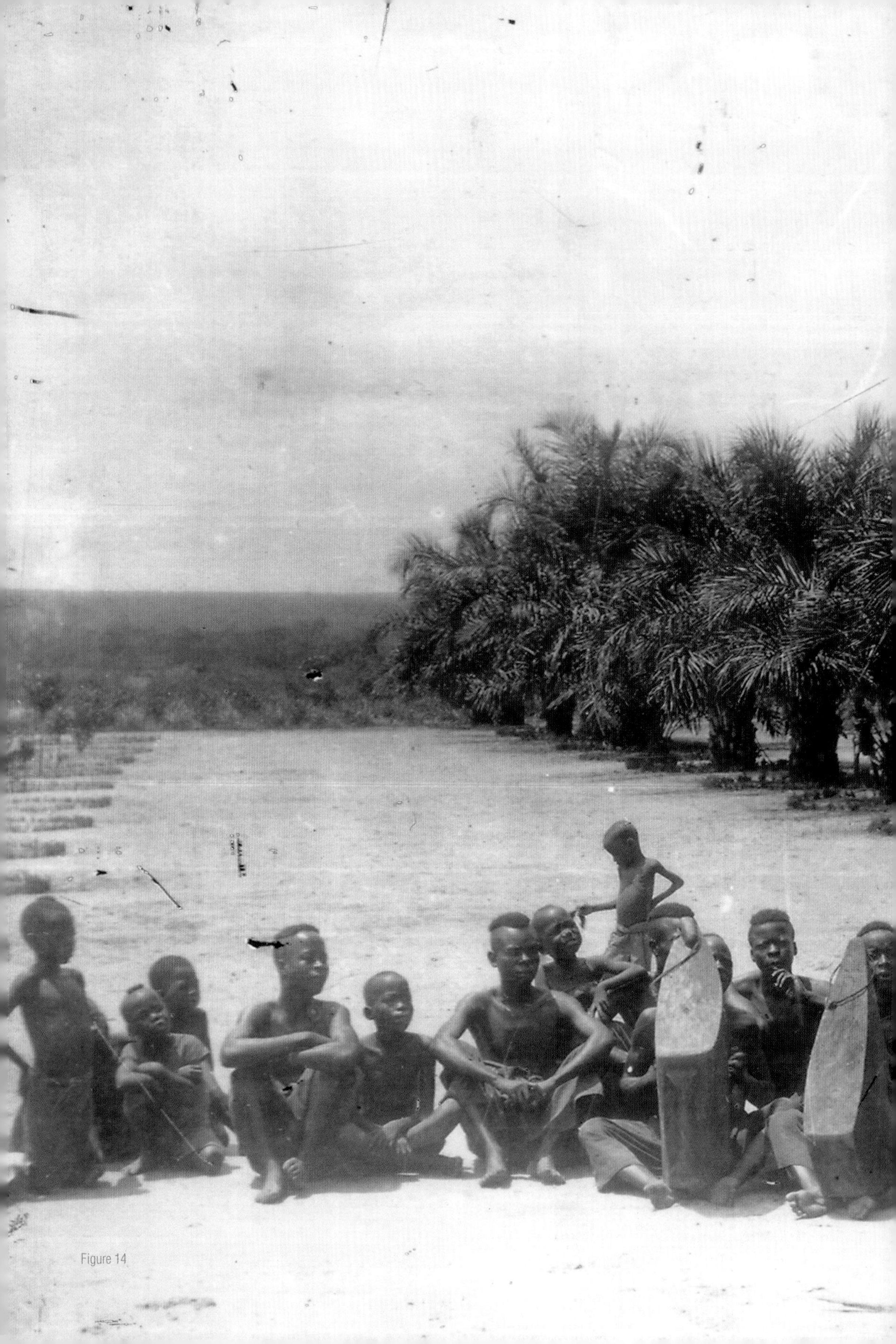

Figure 14

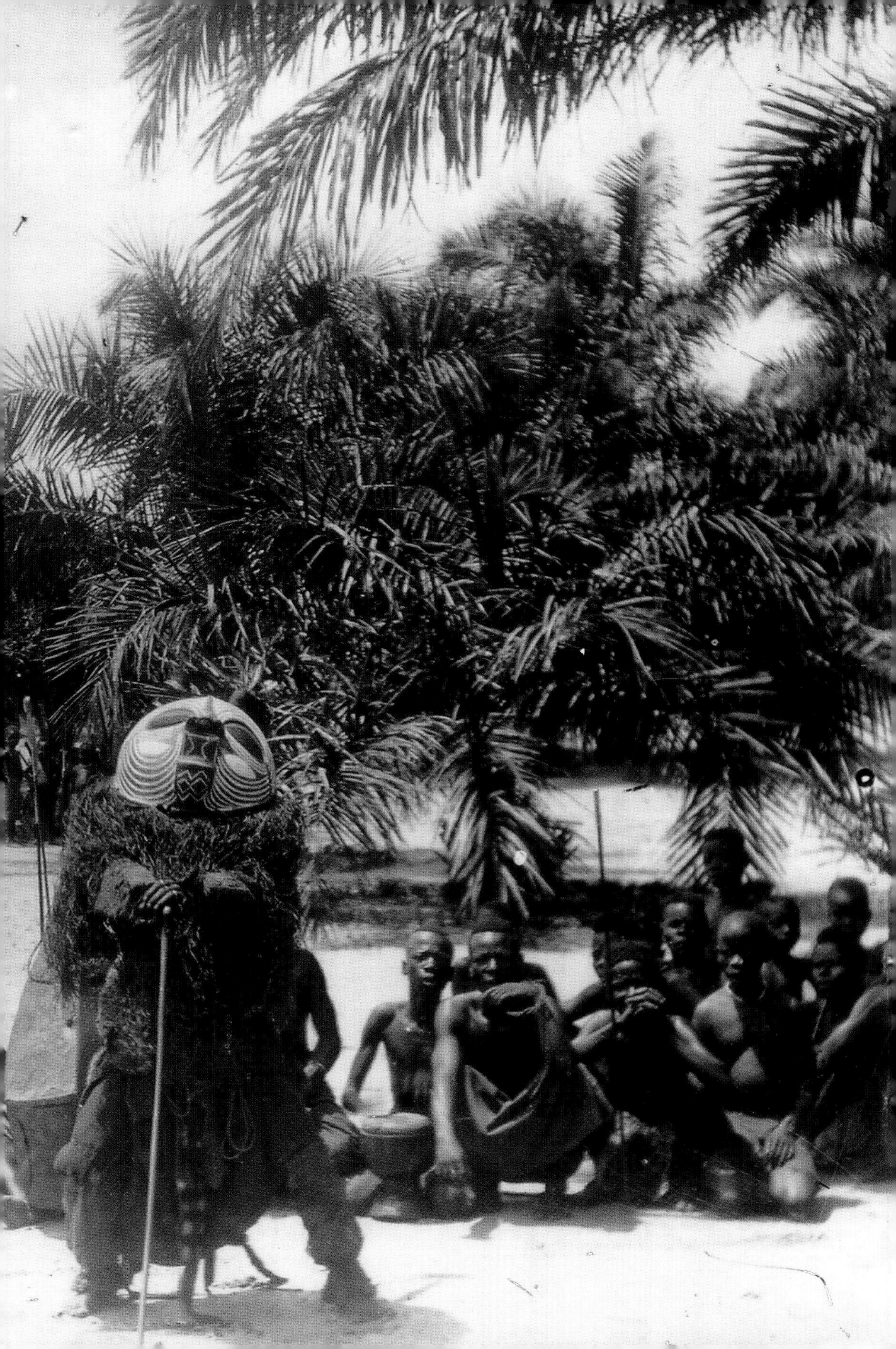

UNDER THE INFLUENCE OF THE SONGYE

Part 1
The full moon speaks

Introduction

Countless masks have left Africa for Europe and the United States. Like exiles who seize only the bare essentials for their voyage to the unknown, some of these objects have managed to retain a portion of the power which brought them to life. By some strange magic, the result of artistic talent, these masks are not reduced to mere "ethnographic trophies" hung on the cold walls of museums or private homes; whether studied by researchers or confronted by museum visitors, they keep intact and display proudly that famous, indefinable aura the "layman" experiences in their presence.

The mask at the centre of this study[1] *is one of those objects which disarms both the specialist and the neophyte, neither of whom can express rationally the feelings it evokes.*
This work (Figure 1), currently at the Seattle Art Museum, is much travelled. Before coming to the museum, it belonged to C. White, and prior to its journey across the Atlantic, it belonged to the White Fathers of Antwerp. Before coming to Belgium, the mask was examined, photographed, and then apparently acquired by a White Father among the western Luba somewhere in the Luvua-Lukuga area[2]*. But before that?*

Very little is known about the astonishing round striated masks produced by the eastern Luba, and it is easier to highlight their strange beauty and their European pedigrees than to expand on the few established facts. They are known arbitrarily as kifwebe,[3] *after the society of the same name found among the Luba and Songye, although nothing confirms their association with this iconographically charged label.*

To centre a new study of these masks on the Seattle specimen is particularly valuable in several ways. First, this mask has retained more elements of its original costume than any other. Second, it is doubtless the most aesthetically remarkable of all the round striated masks known to us. Finally, this is the only such mask for which we have an important field document: a photograph (Figure 2).

1. *Momentum Publications released a limited edition of this study (VOLPER, 2010). The original differs from the current version in only two important ways:*
- A preface by F. Neyt
- The presence of three additional masks from the following collections:
- UCLA Fowler Museum of Cultural History (Inv. number 382.71)
- J. & L. Ross Collection
- R. T. Wall Collection (Inv. number W-0345).

2. *Some of the literature suggests that this mask was acquired in Kifwamba, in the Soswa chiefdom (see HERSAK, 1993, p. 158).*

3. Kifwebe *is the generic term applied to all Songye and eastern and central Luba masks. Among the latter, it is less commonly used than the term* bwadi, *which has the same meaning. Curiously, in Luba territory, Africanists generally reserve this term for* kifwebe *society masks and round striated masks, to the virtual exclusion of all others. This choice of terminology seems to emphasise, without any clear foundation, a relationship between round striated masks and the Luba* kifwebe *society and the Songye* bwadi bwa kifwebe.

AUTOUR DES SONGYE

Partie 1
Pour qu'en bas on l'entende

Introduction

Innombrables sont les masques ayant quitté l'Afrique pour rejoindre l'Europe ou les États-Unis. Comme des exilés qui limitent dans l'urgence les bagages au strict nécessaire avant d'entamer un voyage vers l'inconnu, certains de ces objets gardèrent en eux une part du pouvoir qui les animait. Par cette étrange magie, à laquelle l'artiste de talent qui réalisa l'œuvre participa pleinement, ces masques ne furent pas réduits à la condition de simples « trophées ethnographiques » suspendus aux murs froids des institutions muséales et des demeures privées. Qu'ils aient été étudiés par les chercheurs ou bien observés par les visiteurs des musées, ils gardent intacte et exposent fièrement cette fameuse présence indéfinissable que le « profane » ressent face à eux.

Le masque qui fut le pivot de ce dossier[1] entre dans cette catégorie d'objets devant lesquels le spécialiste comme le néophyte se trouvent désarmés parce qu'ils ne peuvent mettre de mots exprimant avec rationalité et connaissance les sentiments éprouvés.
Cette œuvre (Figure 1), actuellement conservée au Seattle Art Museum, a beaucoup voyagé. Avant d'être acquise par le musée, elle appartenait à C. White. Avant de passer l'Atlantique, elle faisait partie des collections des Pères Blancs d'Anvers. Avant d'arriver en Belgique, le masque fut observé, photographié puis vraisemblablement collecté par un Père Blanc chez les Luba orientaux, quelque part dans l'entre Luvua-Lukuga[2]. Et avant cela ?

Nous ne savons que peu de choses sur ces étonnants masques ronds striés que produisirent les Luba orientaux, et il est plus facile de mettre en avant leur étrange beauté et leur pedigree européen que d'approfondir les quelques données connues à leur sujet. Appelés arbitrairement « *kifwebe* »[3] en référence aux masques de la société éponyme que l'on trouve chez les Luba et les Songye, nulle information patente ne vient pourtant confirmer cette appellation lourde de connotation iconographique.

1. Une première édition, de faible diffusion, de ce dossier est sortie chez Momentum Publications (*VOLPER, 2010*). L'original ne diffère de la présente reprise que par deux aspects majeurs :
- une préface de F. Neyt
- la présence de trois masques supplémentaires
Ces trois masques sont issus des collections suivantes :
- UCLA Fowler Museum of Cultural History (N° inv. 382.71)
- Collection J. & L. Ross
- Collection R. T. Wall (N° inv. W-0345).

2. Dans certains ouvrages, il est précisé que ce masque a été collecté à Kifwamba dans la chefferie de Soswa (voir HERSAK, 1993, p. 158).

3. K*ifwebe* est le terme générique pour désigner le masque que l'on retrouve chez les Songye et les Luba orientaux comme centraux. Chez ces derniers, il est néanmoins moins courant que le terme *bwadi* qui a la même signification. Fort curieusement, les africanistes réservent généralement ce terme en territoire luba aux masques de la société *kifwebe* et aux masques ronds à stries, à la quasi-exclusion de tout autre. Ce choix terminologique semble souligner, sans la défendre clairement, la filiation de ces masques ronds avec la société *kifwebe* des Luba et le *bwadi bwa kifwebe* des Songye.

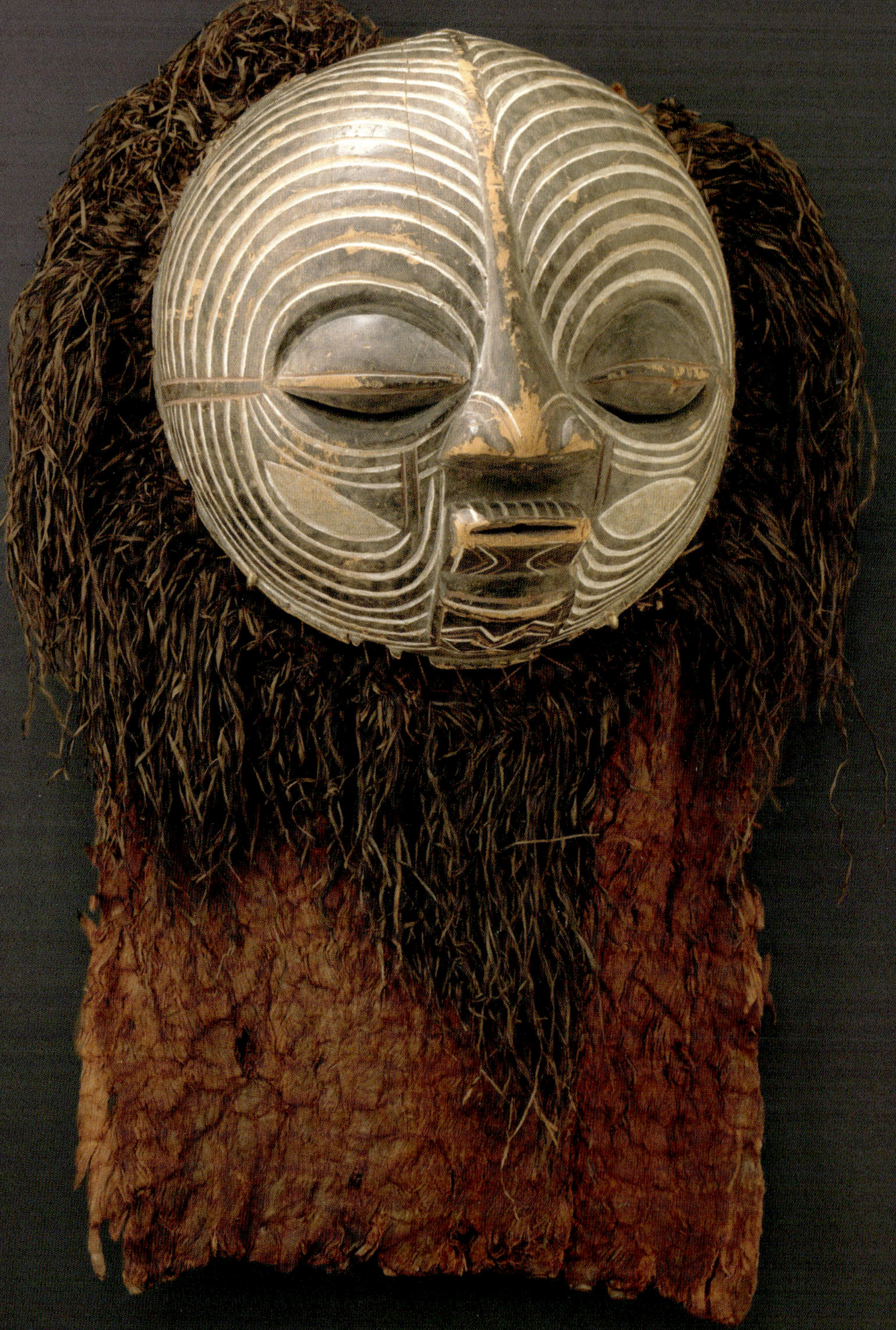

Figure 1

Relancer l'étude de ces masques en gravitant autour de l'exemplaire de Seattle est particulièrement important à plusieurs égards. Premièrement, ce masque est celui qui a conservé le plus d'éléments de son costume d'origine. Deuxièmement, il est certainement le plus remarquable, au point de vue plastique, des masques ronds à stries connus. Enfin, troisièmement, ce masque est le seul pour lequel nous possédons un document de terrain important : une photographie (Figure 2).

Cette mise en avant d'une simple photographie dépourvue d'arrière-plan, et donc apparemment hors contexte, peut apparaître comme disproportionnée. Pourtant, il faut reconnaître que depuis le Révérend Père Colle, aucun chercheur n'a pu observer de près ces masques, ni n'a pu obtenir plus d'informations à leur sujet.
C'est donc avec ces maigres données que nous allons reprendre l'étude de ces « *kifwebe* ».

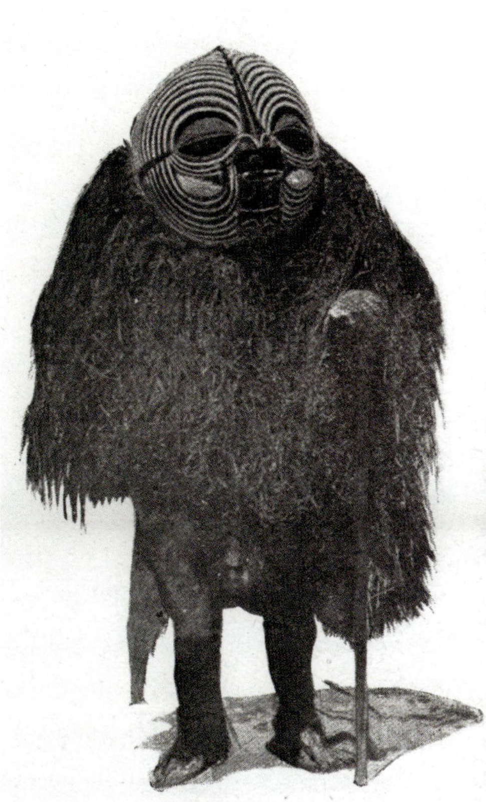
Sorcier danseur (masque Kifwele)

Figure 2

De l'origine supposée de la forme ronde

Dans la plupart des ouvrages, la forme ronde des masques striés comme celui de la Figure 1 est censée marquer une distinction entre les *kifwebe* des Songye et les « *kifwebe* » des Luba (les masques ronds à stries). A. P. Merriam illustre bien cet avis partagé par de nombreux auteurs :

> «Art historians and dealers almost automatically assign the round form to the Baluba and the oblong or keyhole, to the Basongye, and it has been my own inclination to do so has well.» (MERRIAM, 1978, p.67).

Il ne faut pourtant pas se hâter de classer toute forme ronde comme étant d'origine luba. En effet, certains masques d'origine songye (Figure 3) ont certainement été initialement classés comme luba d'après leur forme ronde.
Or, si les Songye affectionnent peu cette géométrisation bien particulière des formes dans leurs productions artistiques, elle existe néanmoins. Ainsi, certains auteurs comme R. Schmitz attestent de l'existence, chez des groupes songye orientaux, de masques en demi-calebasse entre 1904 et 1907. Laissons parler l'auteur :

> «J'ai trouvé dans divers villages basonge de l'est [...] des masques faits d'une demi-calebasse longue, ovale, sur le fond ocre de laquelle une figure d'homme avait été peinte en blanc, rouge et noir. Une barbe en fibre de raphia pendait en dessous [...] Il paraît que dans ces villages les jeunes hommes s'adonnent parfois à la danse et mettent ces masques pour faire plus d'effet. Je n'ai pu vérifier la chose.» (in VAN OVERBERGH, 1908, p. 369).

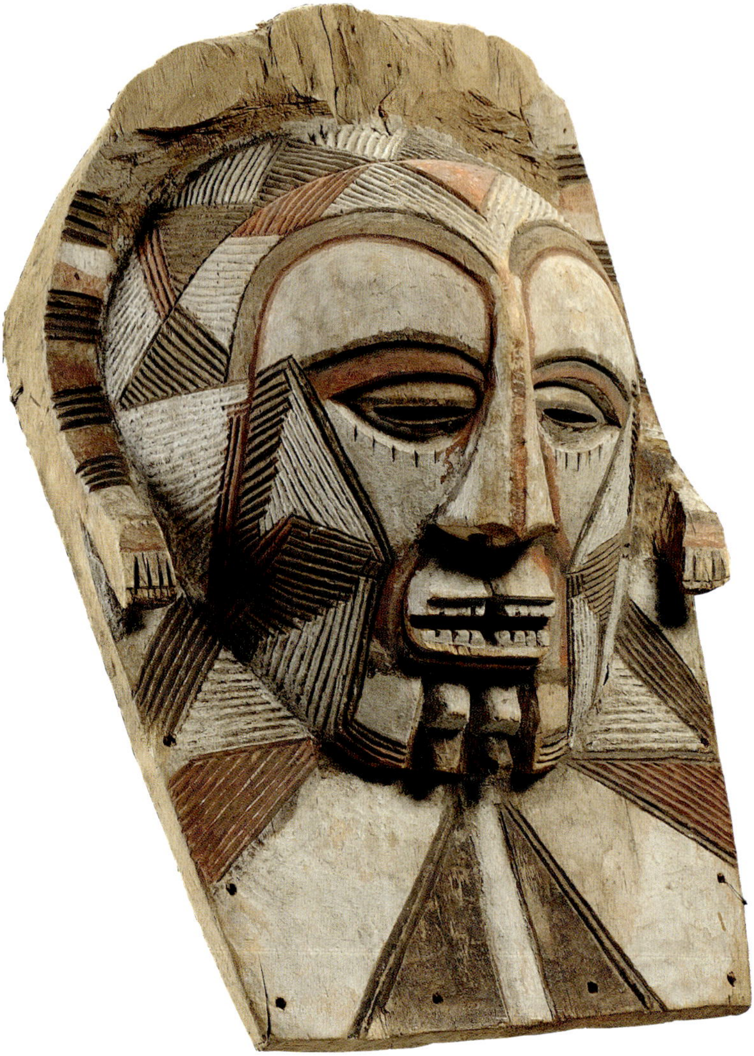

Figure 3

It might seem disproportionate to place so much emphasis on a simple photograph with no background. It is important to note, however, that no researcher since Reverend Father Colle has been able to study these masks in detail or obtain any more information about them.
It is therefore with only these meagre data that we set out on our renewed study of "kifwebe".

On the presumed origins of the round form

In most cases, the round shape of striated masks such as that shown in Figure 1 is presumed to distinguish Songye kifwebe *from Luba* kifwebe*. A.P. Merriam states a position shared by many authors when he writes:*

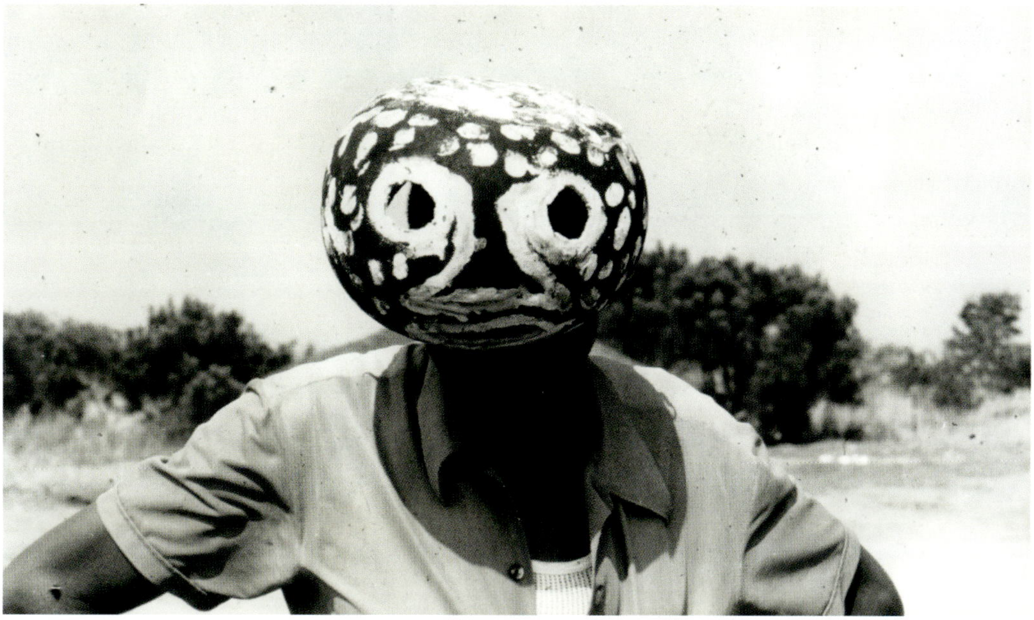

Figure 4

A. P. Merriam met en rapport cette pratique avec une société d'enfants et d'adolescents (dirigés par quelques adultes), encore active dans les années 1970, connue sous le nom de *lumachecha* (MERRIAM, 1978, pp. 98-99). Cette confrérie mal connue, qui semble avoir un rôle plus festif que rituel, fait usage de masques en calebasse qui, par la nature du matériau, sont de forme ronde, et sont des masques-heaumes ou semi-heaumes (Figure 4).
Bien que les informations soient très lacunaires, A. P. Merriam pense qu'il existe un lien confus entre cette société et le *bwadi bwa kifwebe*. Des masques de ce type ont-ils pu influencer les masques ronds à stries ? La réponse à cette question n'est pas évidente. En effet, bien que les Songye orientaux aient pour voisins des groupes luba (région de Kabalo-Kongolo), il n'existe, jusqu'à preuve du contraire, aucune source, aucune image, faisant état de tels masques en calebasse en territoire luba. En revanche, des pièces de ce type existent à l'Ouest parmi les Kete septentrionaux et chez les Leele.

J. Bernolles fait une comparaison intéressante entre l'usage ancien de la calebasse portée et les masques africains en bois de forme circulaire (BERNOLLES, 1966, pp. 109 et 116). Il voit dans la calebasse un prototype de masque originel. Toutefois, il est difficile de concevoir les masques ronds à stries comme des dérivés directs du masque-calebasse. En premier lieu, comme nous l'avons dit, nous ne connaissons pas de tels « masques végétaux » chez les Luba. Par ailleurs, l'utilisation de masques en

> *Art historians and dealers almost automatically assign the round form to the Baluba and the oblong, or keyhole, to the Basongye, and it has been my own inclination to do so as well. (MERRIAM, 1978, p.67.)*

We should not be in a hurry, however, to classify all round masks as Luba. It is almost certain, in fact, that some round Songye masks (Figure 3) were initially classified as Luba because of their shape.
Although the Songye rarely use this particular form, it nevertheless occurs. Thus authors such as R. Schmitz noted the existence, between 1904 and 1907, of half-gourd masks among eastern Songye groups. In his own words:

> *I found among various eastern Basonge villages [...] masks made of a long half-gourd, ovular, on the ochre ground of which the face of a man had been painted in white, red and black. A beard of raffia fibres hung beneath [...] It seems that in these villages young men sometimes engage in dance, and wear these masks for greater effect. I wasn't able to verify this. (In VAN OVERBERGH, 1908, p. 369.)*

A.P. Merriam links this practice to a society for children and adolescents (under the direction of a few adults), still active in the 1970s, known as lumachecha *(MERRIAM, 1978, pp. 98-99). This little-known brotherhood, whose role seems to be more festive than ritual, uses helmet or semi-helmet masks which, as they are made of gourds, are round (Figure 4).*
Despite the paucity of information, A.P. Merriam believes there is a buried link between this society and the bwadi bwa kifwebe. *Could masks of this type have inspired round striated masks? The answer is unclear, for while it is true that the eastern Songye and certain Luba groups are neighbours (in the Kabalo-Kongolo region), there is as yet nothing, no source or image, to testify to the existence of gourd masks in Luba territory. On the other hand, pieces of this type are known to exist to the west, among the northern Kete and the Leele.*

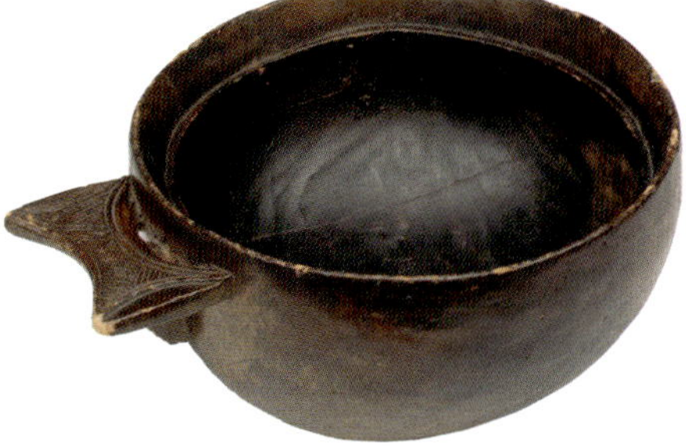

Figure 5

J. Bernolles, however, makes an interesting comparison between the historical wearing of gourds and round African masks made of wood (BERNOLLES, 1966, pp. 109 and 116). He sees in the gourd a prototype of the original mask. It nevertheless remains difficult to see round striated masks as a direct derivation of the gourd mask. After all, there are, as we have noted, no "vegetable" masks known among the Luba. Furthermore, the use of gourd masks by a particular culture doesn't necessarily lead to the existence of wood masks of the same shape – hence we find no such gourd-inspired wood masks among the Songye, although they used gourd masks in the past and continued to do so until fairly recently. Bernolles further argues that while the 20th-century tradition of round masks has few immediate links to the

calebasse dans une culture donnée n'implique pas forcément l'existence de masques en bois reprenant la forme originelle. Ainsi, chez les Songye qui utilisaient par le passé, et jusqu'à une date assez récente, de tels masques, nous ne trouvons pas de tels dérivés en bois. Cependant, J. Bernolles dit aussi que la tradition des masques circulaires du XXe siècle a peu de rapports explicites avec la calebasse, alors que dans un lointain passé, le rapprochement était plus évident. En accord avec ce point, nous pensons que, si les masques ronds à stries ont un rapport avec la calebasse, ce rapport est indirect et se fonde sur la calebasse en tant que contenant et non sur la calebasse considérée comme masque.

En effet, la calebasse, avant d'être un masque, est un formidable récipient naturel. Ainsi, les récipients *mboko* des devins *kilumbu* furent, et sont encore dans une large mesure, fabriqués à partir de cette plante. Le récipient en bois de forme circulaire a clairement pris comme modèle la calebasse. Certains sculpteurs de porteuses de coupe (*mboko*) firent même un renvoi explicite par le rajout d'une queue de cucurbitacée au contenant sculpté. Un contenant cylindrique, comme celui présenté Figure 5, est probablement à la base de la conception des masques ronds à stries. Outre la forme relativement similaire, nous voyons ici le recours à une même technicité sur un matériau semblable.

En résumé, les masques ronds à stries dérivent peut-être des récipients sculptés, qui eux-mêmes dérivent des calebasses. Or, les Luba furent de grands sculpteurs de récipients en tout genre. Nous connaissons le cas de plusieurs faux masques ronds à stries particulièrement intéressants pour le sujet qui nous occupe. Ils furent taillés par des faussaires dans de vieux bols usagés sur lesquels un visage fut sculpté afin d'en faire un masque patiné.

L'astuce des faussaires rend peut-être compte d'un cheminement plastique plus ancien qui fit des récipients ronds sculptés chers aux Luba, les modèles premiers des masques ronds à stries. De plus, certains masques ronds à stries, et d'autres apparentés (Figure 6 et Figure 36), possèdent un élément sub-buccal présent sur des récipients (Figure 5). Cette influence supposée s'exprimerait donc à travers la forme générale des masques ronds à stries qui, une fois retournés, font clairement penser à un bol ou à une coupe. Cependant, cette hypothèse n'est pas la seule qui éloigne les masques ronds à stries du complexe *kifwebe*. D'autres exemples comparatifs existent dans la sculpture luba.

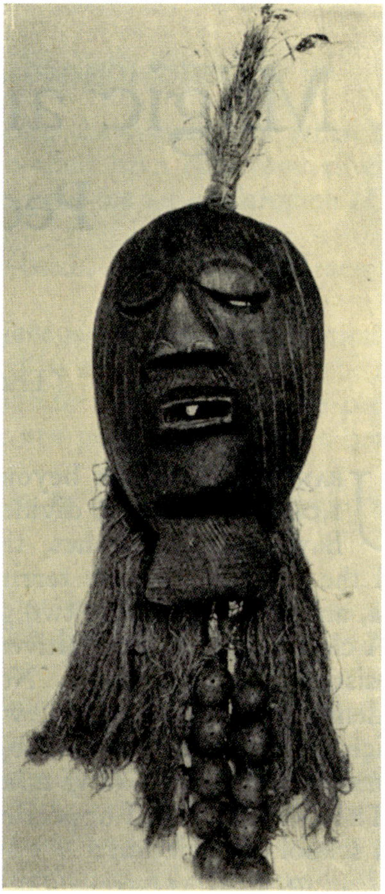

Figure 6

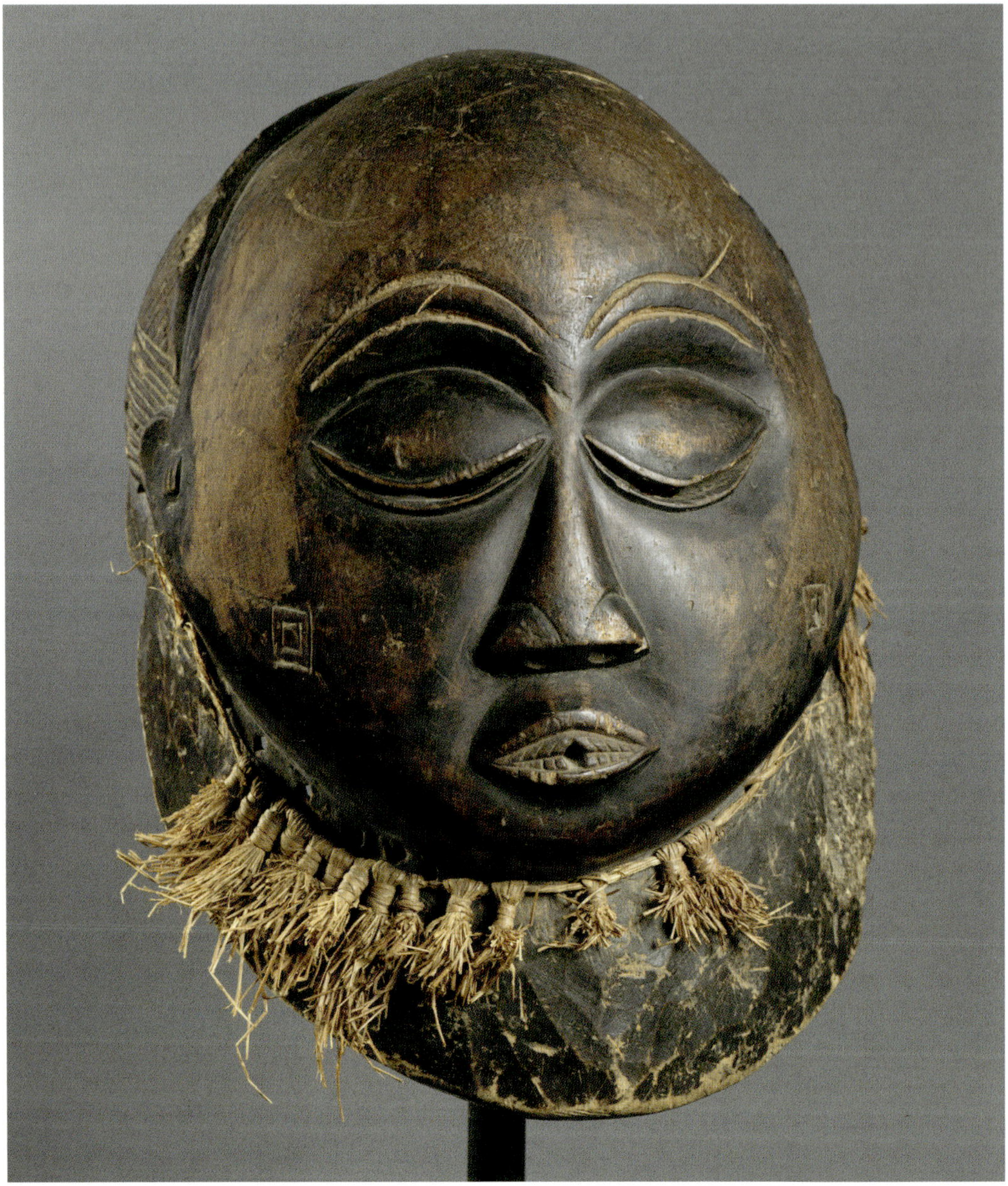

Figure 7

gourd, there would have been a much closer tie in the distant past. It is our view that, if round striated masks have any relationship with the gourd, it is indirect, and linked to the gourd as vessel, rather than to the gourd as mask.

Indeed, the gourd is a remarkable naturally occurring receptacle before it is a mask. Thus gourds were, and to a large extent still are, used to make nboko *containers for* kilumbu *diviners. Round wood containers have very clearly been modelled on the gourd. Some sculptors even make the relationship explicit by adding a carved gourd tail to their* mboko. *A cylindrical container, like*

J. Bernolles précise que les masques ronds à stries se différencient d'un masque en calebasse par la projection du nez au milieu du visage qui dénote un traitement plastique allant au-delà de la forme de la courge (BERNOLLES, 1966, p. 116). J. Bernolles en conclut que la calebasse n'est plus qu'un vague référent, dans le cas des masques récents. Cependant, cet aspect n'est pas un problème véritable pour l'artiste luba. En effet, fréquemment et depuis longtemps, les Luba se sont spécialisés dans un style général de figures sculptées, aux visages ronds ou ovoïdes, desquelles émergent, de façon plus ou moins dynamique, les organes sensoriels. Des masques, comme ceux des Figure 7 et Figure 8, sont la preuve de l'affirmation de ce style général très particulier.

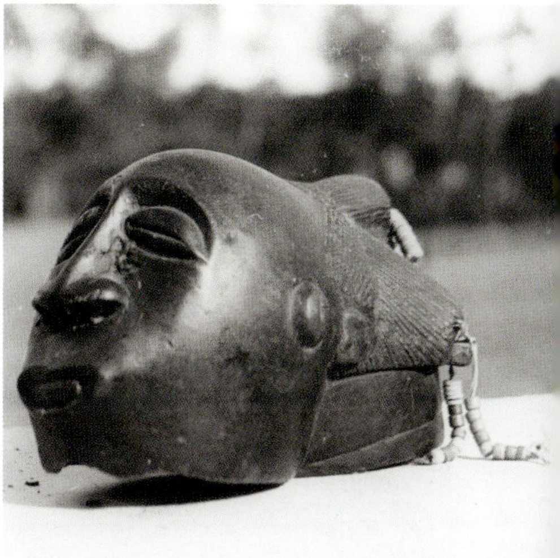

Figure 9

Il existe aussi un type d'objet qui relève du même ordre d'idée et de la même culture : les coupes céphalomorphes (Figure 9).

De petite taille et d'un traitement souvent similaire à la statuaire, elles montrent, par leur qualité de récipient, un rapprochement avec l'objet masque (elles sont creusées «comme un masque»). Nous n'oublions pas non plus un mystérieux «fétiche-boule *kifwebe*» décrit par le Révérend Père Colle qui serait de forme ronde et disposerait d'un nez suffisamment proéminent pour que l'on puisse y insérer des poils nasaux (COLLE, 1913a, p. 440). Ces différents exemples montrent bien que la forme ronde et les projections plastiques d'organes sensoriels sont présentes à tous les niveaux de la sculpture luba. Faut-il voir pour autant dans cette caractéristique une spécificité luba ? Quelques exemples permettent d'élargir le champ d'investigation.

Le premier concerne un masque facial rond d'origine bembe arborant des stries (Figure 10).

Cet objet est intéressant dans la mesure où il présente les deux critères principaux (aspect rond et stries) des masques luba que nous évoquons.

Il n'est pas ici question d'effectuer une filiation fondée sur quelques points communs sans avoir effectué au préalable une étude approfondie. Pourtant, la plénitude de la forme ronde s'exprime assez souvent dans l'art des Bembe, beaucoup plus que chez de proches voisins des Luba, furent-ils «lubaïsés».

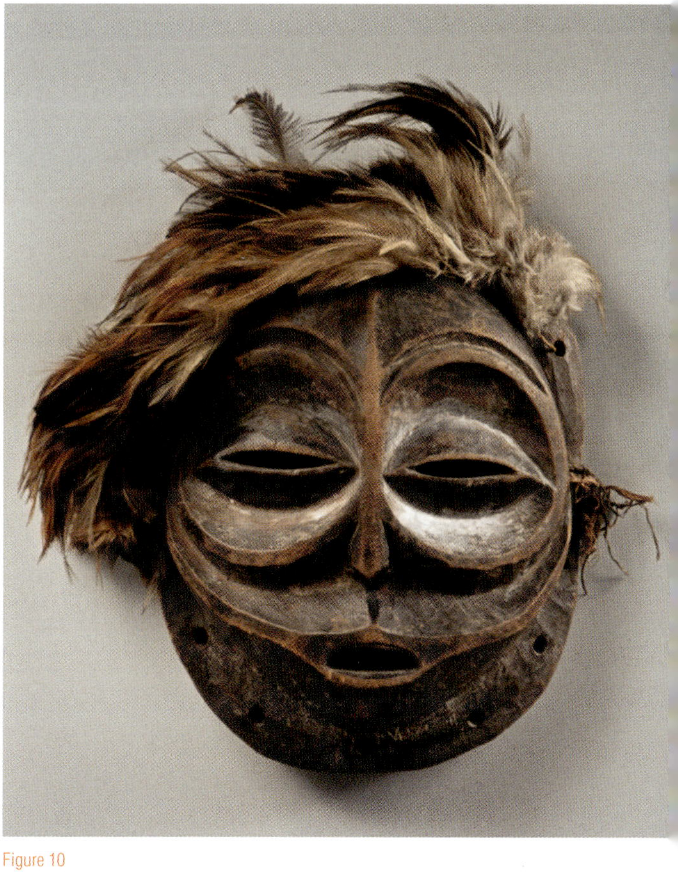

Figure 10

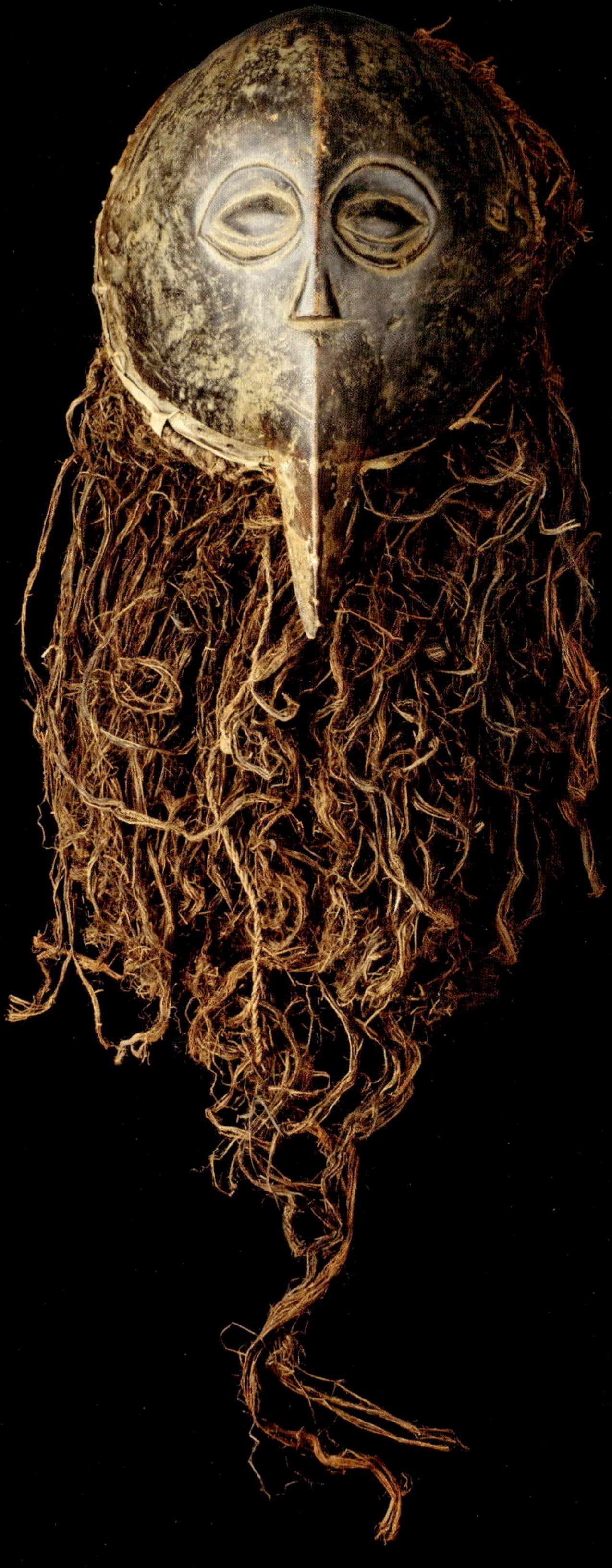

Figure 8

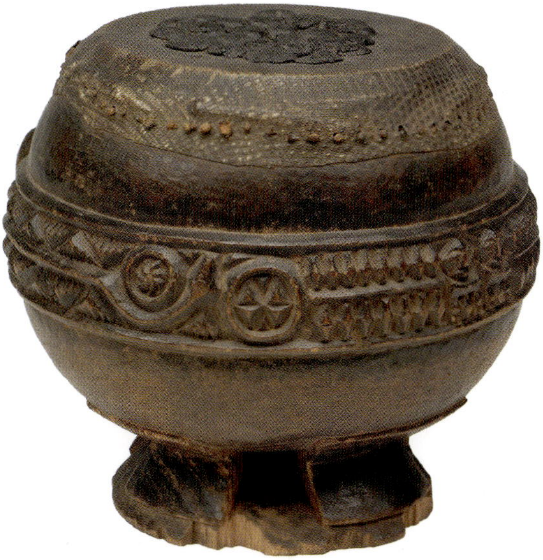

Figure 12

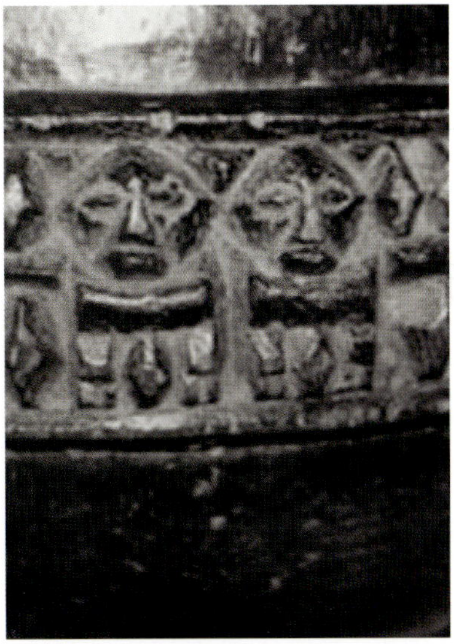

Figure 12 bis

Le deuxième exemple relève du même ordre d'idée. Il s'agit des figures d'ancêtres boyo (ou buyu) du clan baka kunga (Figure 11). Comme le dit L. Zangrie, alias L. de Heusch, ces figures présentent un visage rond comme un disque astral (ZANGRIE, 1947-50, p. 74). Bien que l'auteur (*ibidem*, p. 55) considère les Baka Kunga et d'autres groupes boyo comme « l'élément nordique le plus avancé » de la culture luba, il précise que ce visage en disque astral n'a pas d'équivalent chez les Luba.
Ici, nous ne pouvons suivre tout à fait l'auteur. S'il n'existe rien de totalement comparable dans la statuaire luba, les masques ronds à stries se rapprochent cependant de ces figures boyo par certains aspects formels[4]. Le style baka kunga dans sa sublimation de la rondeur luba a-t-il eu une influence sur les masques ronds à stries ?
Comme pour les Bembe, la réponse est incertaine à cause du manque de données. Cependant, il existe un tambour de type *ditumba* collecté avant 1905 par H. Fonck en territoire luba-hemba (nord-est de la zone luba orientale). Cette époque de collecte correspond, peu ou prou, à l'émergence des premiers masques ronds à stries connus. Ce tambour très curieux (Figure 12, Figure 12 bis) présente, sur son pourtour, des têtes rondes isolées ou des figures sculptées en bas-relief à visage ovoïde. Ces représentations sont étranges, car leur réalisation est assez peu « luba ». Les articulations sont très raides, les épaules sont carrées, le buste est mince. En fait, ces pièces évoquent des réalisations miniatures de figures d'ancêtre baka kunga (Figure 11). Cette pièce unique n'est pas forcément la preuve d'un échange plastique entre les Luba et les Boyo, qui se serait répercuté sur la réalisation des masques

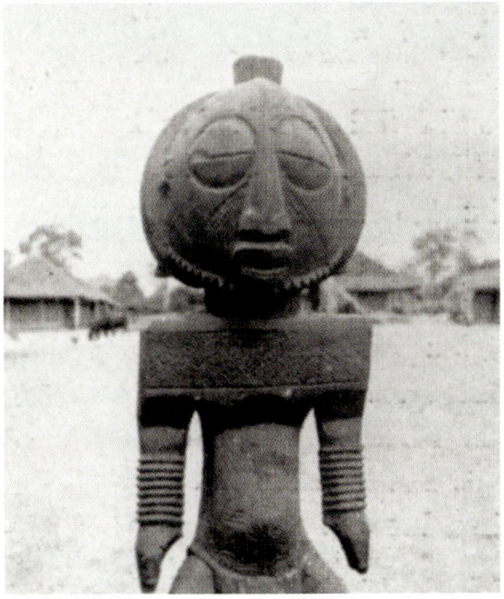

Figure 11

4. Nous ne connaissons qu'une statuette d'origine luba dont le faciès ne peut qu'évoquer un rapprochement direct avec les masques ronds à stries. De fait, il s'agit d'une figurine représentant un homme nu paré d'un masque de ce type. Cette pièce est actuellement conservée au MRAC (N° inv. EO.1980.2.500), et était déjà présente en Belgique lors de l'exposition Kongo-Kunst d'Anvers (1937). Pour autant, je me garderais bien de considérer cette pièce atypique comme authentique. Il s'agirait plutôt d'un objet folklorique fait pour les Européens.

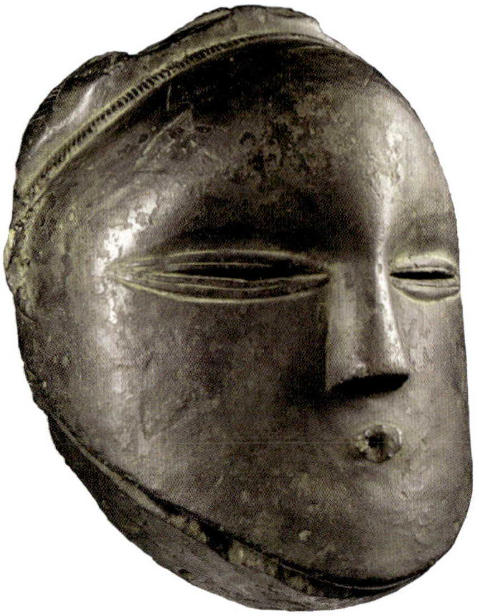

Figure 13

the one shown in Figure 5, is probably the inspiration for round striated masks. In addition to the relatively similar shape, we see here the same technique applied to like materials.

Briefly put, round striated masks may be derived from sculpted containers, which themselves were based on the gourd, and the Luba were prodigious sculptors of containers of all kinds. We are aware of several fake round striated masks that effectively highlight the point: in order the have the patina of age, the forger carved faces into old bowls.

This counterfeiter's trick may bring to light an earlier aesthetic progression in which the round sculpted containers dear to the Luba served as models for the earliest round striated masks. Certain round striated masks and other related masks (Figure 6 and Figure 36) have a sub-buccal element also present on containers (Figure 5). This presumed influence is therefore expressed through the general form of round striated masks which, when flipped over, clearly resemble bowls or cups. Nor is this the only theory to distance round striated masks from the kifwebe*. Other comparable examples exist in Luba sculpture.*

Bernolles specifies that round striated masks differ from gourd masks in the projection of the nose from the face, which demands a handling that extends beyond the gourd shape (BERNOLLES, 1966, p. 116); he concludes that in recent sculpture the gourd is no more than a vague reference. This aspect nevertheless poses no problem for Luba artists: they have long and regularly specialised in a style of sculpted Figure with a round or ovoid face from which emerge, to a greater or lesser extent, the sensory organs. Masks such as those seen in Figure 7 and Figure 8 are the proof of this very particular general style.

*There is another kind of object made in the same vein and originating in the same culture: cephalomorphic cups (Figure 9). Small and often highly sculptural, these drinking vessels present clear similarities to masks (they are hollow "like a mask"). Nor should we forget the mysterious "*kifwebe *ball-fetish" described by the Reverend Father Colle, round but possessing a nose prominent enough to accommodate the insertion of nasal hairs (COLLE, 1913a, p. 440). These different examples demonstrate that a round shape and the physical projection of the sensual organs are present at all levels of Luba sculpture – but should we see this as a specifically Luba characteristic? A few examples allow us to expand our field of investigation.*

The first is a round Bembe face mask with striations (Figure 10). This object is interesting insofar as it meets the principal

ronds à stries. L'œuvre est atypique, et les conditions de son acquisition, ainsi que son lieu exact de collecte, sont fortement lacunaires. Il n'empêche que le rapprochement formel est troublant.

Le troisième exemple concerne des masques relevant de l'art des Hemba (les voisins septentrionaux des Luba orientaux). Bien que les masques les plus connus des Hemba, les masques *soko mutu*, n'aient que peu de points communs avec les masques ronds à stries, il existe aussi de très rares masques (Figure 13) présentant des traits minimalistes et un faciès arrondi non-strié. De plus, les Hemba comme les Luba affectionnent particulièrement la forme ronde ou ovoïde dans la statuaire.
Cette proximité culturelle, artistique et géographique des Hemba avec les groupes luba ayant produit les masques ronds à stries rend nécessaire, pour des recherches futures, la prise en compte d'une possible influence stylistique.
Ainsi, bien que nous pensions que la forme ronde ou légèrement ovoïde, dominante pour les masques ronds à stries, soit le fait d'une forte empreinte stylistique luba, d'autres pistes ne sont pas à négliger, malgré le peu de données confirmant ou infirmant les hypothèses.

Question de chorégraphie

Seules quelques rares sources mentionnent les danses auxquelles participèrent les masques ronds à stries (MAES, 1924, p. 36), mais elles insistent plus sur le contexte cultuel que sur la chorégraphie proprement dite.

Pour autant, nous avons trouvé, il y a de cela quelques années, une photographie inédite à même de relancer ce point d'étude. Ce cliché (Figure 14) montre le masque de la Figure 1 en train de danser.
Le masque danse au milieu d'une belle et longue esplanade flanquée de palmiers[5]. Il est entouré d'hommes et de quelques enfants. Tout en s'appuyant des deux mains sur sa canne, il a les jambes légèrement fléchies et semble dodeliner de la tête. Il est accompagné musicalement par cinq hommes se trouvant derrière lui. Trois sont équipés de tambours à fentes trapézoïdaux *nkumvi*, alors que les deux autres sont munis de tambours à peau d'un des trois types de *ditumba* (sans que nous ne puissions savoir lequel ou lesquels sont utilisés). J. Gansemans (1978, pp. 64-68) précise que les *ditumba* sont la base rythmique essentielle d'un orchestre, et qu'ils comportent le *mutumbwe* (le plus petit), le *musompola* (le plus grand) et le *ndanya* (tambour dont la base est bouchée avec de la terre glaise). Ces trois

5. L'apparence très ordonnée du lieu nous fait penser que le masque a peut-être dansé sur commande pour un administrateur colonial ou un missionnaire, et qu'il s'est déplacé pour répondre aux exigences du commanditaire.

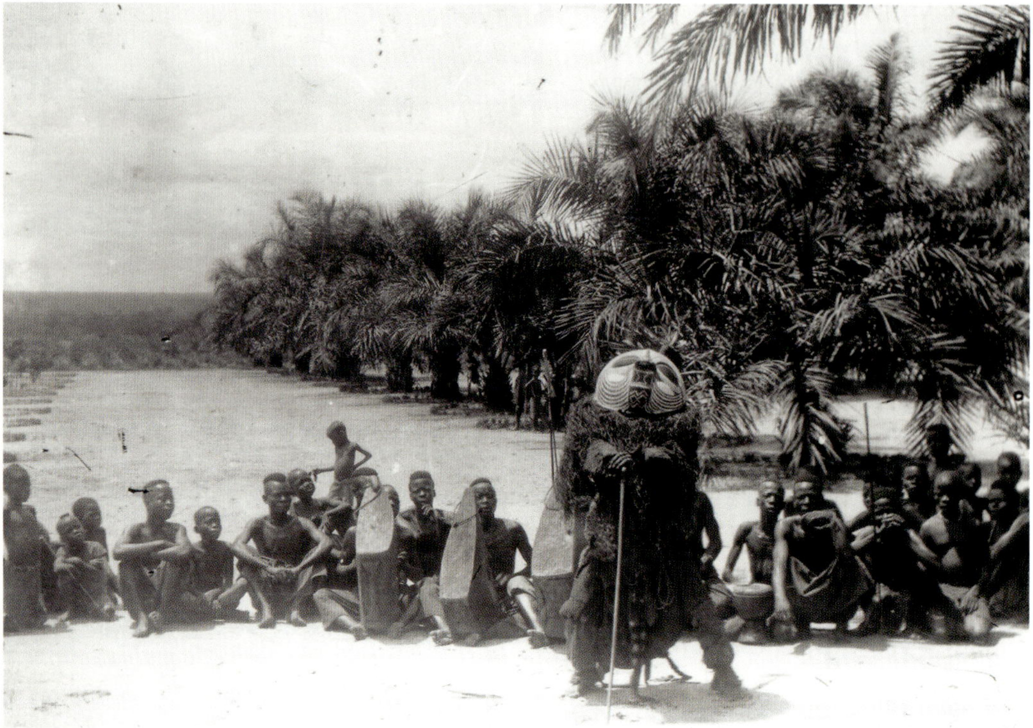

Figure 14

criteria for Luba masks that we have established: it is round and striated.
This is not about trying to prove a relationship based on a few common features without any in-depth study.Yet the round shape is found much more often in Bembe art than in the art of the Luba's closest neighbours, no matter how "Luba-ised".

*The second example, Boyo (or Buyu) ancestor Figures from the Baka Kunga clan (Figure 11), is similar. As L. Zangrie, alias L. de Heusch, puts it, these Figures have faces as round as an astral disc (ZANGRIE, 1947-50, p. 74). While the author considers the Baka Kunga and other Boyo groups "the farthest-flung northern element" of Luba culture, he specifies that this astral disc has no equivalent among the Luba (*ibid.*, p. 55).*
We cannot agree with this completely. If nothing exactly the same can be found in Luba statuary, round striated masks nevertheless share certain formal aspects with Boyo Figures.[4]
Has the Baka Kunga style, with its sublimation of Luba roundness, influenced round striated masks?
As with the Bembe, a lack of data makes it difficult to know. There exists, however, a ditumba *drum (Figure 12, Figure 12 bis), acquired by H. Fonck before 1905 in Luba-Hemba territory (north-east of the eastern Luba). The time of collection corresponds, give or take, with the emergence of the earliest known round striated masks. This very unusual drum features, along its circumference, isolated round heads or ovoid-headed Figures sculpted in bas-*

4. We know of only one Luba figurine whose face suggests a close tie to round striated masks: it represents a naked man wearing such a mask. The piece is currently housed at the Royal Museum for Central Africa (Inv. number EO.1980.2.500), and was already in Belgium at the time of the Kongo-Kunst exhibition in Antwerp in 1937. I would nevertheless be careful about considering this atypical piece authentic: it was likely made as a souvenir for Europeans.

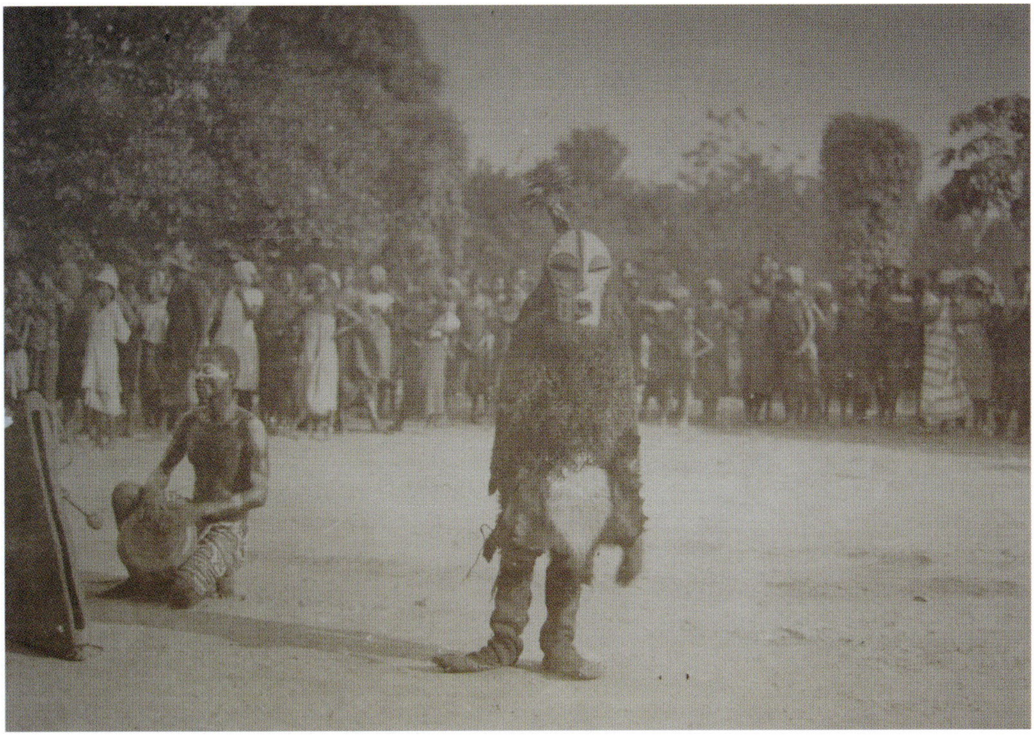

Figure 15

tambours sont normalement indissociables, ce qui laisserait supposer qu'un troisième tambour soit caché par le masque.

Selon J. Gansemans (*ibidem*), la présence des *nkumvi* est assez rare dans un orchestre luba. Ces grands tambours (audibles sur 40 km) étaient plutôt réservés pour la diffusion de messages concernant les grands dignitaires. Pour les chants et les danses, le tambour à fente cylindrique *kyondo* était préféré, bien qu'il puisse servir aussi à transmettre des informations. Le choix d'un *nkumvi* serait alors plus symbolique que musical et rend peut-être compte du statut important ou du pouvoir inhérent au masque. Dans tous les cas, les *ditumba* comme le *nkumvi* n'étaient pas des instruments de divertissement mais jouaient un rôle primordial dans la vie socio-religieuse. Ce document étant le seul que nous possédons, nous devons donc chercher d'éventuelles comparaisons en dehors des masques ronds à stries.

Il existe une photo d'archives de Tervuren datant d'avant 1928 (Figure 15) prise par Mr. Hoofd, montrant un masque *kifwebe* de la chefferie de Katompe (région de Kabalo). Le masque semble évoluer dans un environnement assez similaire à celui du masque rond à stries de la Figure 14. Il est seul sur une piste de danse,

relief. These representations are strange, handled in a way that is not especially "Luba". The joints are stiff, the shoulders square, the bodies thin. In fact, they bring to mind smaller versions of Baka Kunga ancestor Figures (Figure 11). This unique piece is not necessarily proof of an aesthetic exchange between the Luba and the Boyo leading to the creation of round striated masks. The work is atypical, and the conditions under which it was acquired, as well as the exact location at which it was found, are very uncertain. The formal similarities are nonetheless intriguing.

The third example involves masks related to the eastern Luba's northern neighbours, the Hemba. While the best-known Hemba masks, the soko mutu, *have little in common with round striated masks, there are also certain rare masks (Figure 13) with minimalist features and a non-striated face. Like the Luba, the Hemba have a fondness for round or ovoid forms in statuary.*
That the Hemba live in such close cultural, artistic, and geographic proximity to Luba producing round striated mask means all future research much necessarily consider the possibility of stylistic influence.
So while we believe that the predominantly round or lightly ovoid form of striated masks is the result of a strong stylistic imprint among the Luba, other avenues of investigation should not be left unexplored, despite the lack of data to confirm or inform hypotheses.

On choreography

Only a few rare sources mention the dances in which round striated masks would have appeared (MAES, 1924, p. 36), but they focus more broadly on cultural context than on choreography per se.

We nevertheless found, some years ago, an unpublished photograph capable of reviving this area of study. The image (Figure 14) shows the mask from Figure 1 dancing.

The mask dances in the middle of a long and pretty palm-lined esplanade,[5] surrounded by men and a few children. Leaning both hands on a cane, it has its legs slightly bent and seems to be nodding its head. Musical accompaniment is provided by five men seated behind the mask. Three have nkumvi *trapezoidal slit drums; each of the others is playing one of the three types of* ditumba *skin drum, although it's impossible to say who plays which. J. Gansemans (1978, pp. 64-68) notes that* ditumba *form the rhythmic basis of a Luba orchestra, and consist of* mutumbwe *(the smallest),* musompola *(the largest), and* ndanya *(the base of which is capped with clay). These three drums are generally always*

5. *The very ordered look of the location leads us to think the mask might have travelled to dance at a command performance for a colonial administrator or a missionary.*

entouré d'hommes et de femmes. On remarque aussi, à gauche de la photo, la présence d'un *ditumba* et d'un *nkumvi*.

Plus proche dans le temps, des notes de W. M. Mutimanwa portant sur les danses masquées du *kifwebe* de la région d'Ankoro, nous apprennent que cette société utilisait comme instrument principal le *nkumvi* (MUTIMANWA, 1974, pp. 160-177). Sur les neuf danses que décrit l'auteur, durant lesquelles interviennent les masques, sept font intervenir un masque solitaire nommé *Mande* (dont nous ne connaissons pas d'exemplaire) qui danse souvent sur le rythme indiqué par le *nkumvi*. Peut-être que le masque photographié par Hoofd est-il l'un de ces « *Mande* » ?

Au sujet des danses des masques ronds à stries et des *kifwebe*, il existe aussi une note assez importante du Révérend Père Colle.

> « Il y a chez les Baluba une danse [...] où les danseurs sont revêtus d'un costume spécial ; aux bras et aux jambes une sorte de sac en écorce d'arbre battue, aux reins des peaux, au cou un immense collier en fibres suspendues à un anneau, sur la tête un gros masque en bois. Ils dansent généralement deux à deux, l'un représente un génie d'homme, l'autre un génie de femme. Celui-ci est reconnaissable aux dimensions plus grandes du masque. Tous deux ont à la main une énorme massue en bois d'ambech plus léger que le liège. Leur danse se fait à l'honneur de certains génies. » (COLLE, 1913a, pp. 676-677).

Dans un premier temps, la description de cette danse énigmatique resta séparée des masques ronds à stries. C'est J. Maes (1924, p. 37) qui en fit implicitement les acteurs principaux, car le Révérend Père Colle publia dans le même ouvrage la fameuse photo montrant le masque rond à stries porté (Figure 2).
Bien que le Révérend Père ne fasse pas lui-même le rapprochement entre le masque et la danse énigmatique, un cheminement intellectuel basé sur sa monographie incita la plupart des auteurs à soutenir plus explicitement l'hypothèse de J. Maes en mettant côte à côte la description de la danse et l'image.

A. P. Merriam fut certainement l'auteur qui effectua le plus de recherches, sans se contenter de reprendre et d'appuyer les données de J. Maes. Son raisonnement s'élabore comme suit (MERRIAM, 1978, pp. 60-61). Dans la partie réservée aux « fétiches », le Révérend Père Colle en mentionne un répondant au nom de *kifwebe*, décrit de la façon suivante :

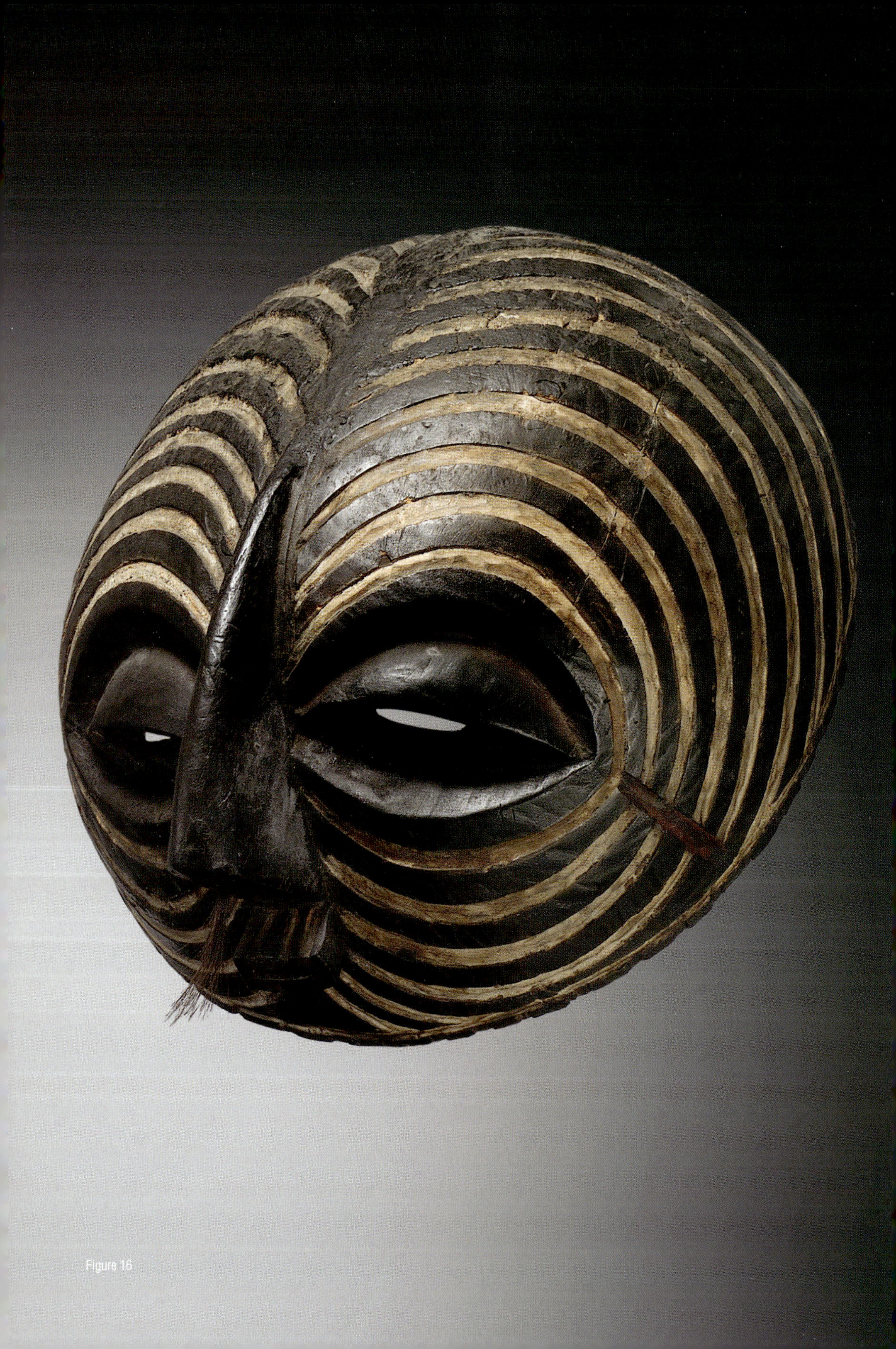

Figure 16

> « Kifwebe : c'est ou bien une boule de bois non évidée ou un masque. L'un et l'autre portent des yeux, un nez, une bouche, d'ordinaire même des poils raides au menton et des poils dans les narines. Pour honorer le fétiche-boule, on le porte en triomphe sur l'épaule ; pour honorer le fétiche masque, on danse avec lui. C'est le masque de danse Mukisi a kukaya [...] il y a le kifwebe mâle, plus petit, et le kifwebe femelle, grand, deux fois plus grand que le premier. » (COLLE, 1913a, p. 440).

La mention du « fétiche-boule » renvoie à la forme circulaire des masques ronds à stries. Les poils dans les narines de la boule et du masque se retrouvent sur certains exemplaires de masques ronds à stries connus (Figure 16).
Enfin, le nom même de *kifwebe* est celui que donne le Révérend Père Colle au masque figurant sur la planche XII de son ouvrage (voir Figure 2). Nous nous trouverions donc ici devant une description de masques ronds à stries. Le rapprochement avec la danse décrite par le Révérend Père Colle se fait dès lors très facilement. La description du costume montre une certaine ressemblance avec la photo du masque *kifwebe* publiée par le Révérend Père Colle (Figure 2). Par ailleurs, le fait que la danse comporte un masque féminin (le plus grand) et un masque masculin trouve une résonance avec la description du fétiche *kifwebe* où il est mentionné qu'il existe un *kifwebe* masculin et un autre féminin, qui est le plus grand.

Cette distinction sexuelle des masques par la taille se retrouve en quelque sorte dans le corpus de masques ronds à stries. Ainsi, sur la base du corpus des masques ronds à stries connus, il en existe de petits (Figure 17) et de grands exemplaires (Figure 16). Par ailleurs, nous avons répertorié des « couples » de masques d'un style commun mais de tailles différentes. L'un de ces « couples » concerne le masque du musée de Seattle (Figure 1) ainsi qu'un exemplaire passé en vente chez Sotheby's en 1998 (Figure 17 bis).

Ces diverses remarques tendraient donc à prouver que le rattachement des masques ronds à stries à la description du fétiche *kifwebe* et à la danse énigmatique dont parle le Révérend Père Colle, est amplement justifié. Cependant, certains aspects nous invitent à une plus grande prudence. En effet, il importe de rappeler que, d'après le Révérend Père Colle, le fétiche-boule *kifwebe* et le masque éponyme possèdent des poils raides au menton. Or aucun des masques ronds à stries ne possède, ou ne semble avoir possédé, un élément si particulier. De plus, il est peu vraisemblable que le Révérend Père Colle ait confondu poils et couronne de fibres. Quant au terme même de *kifwebe*, il faut se méfier car il s'agit d'un terme générique désignant

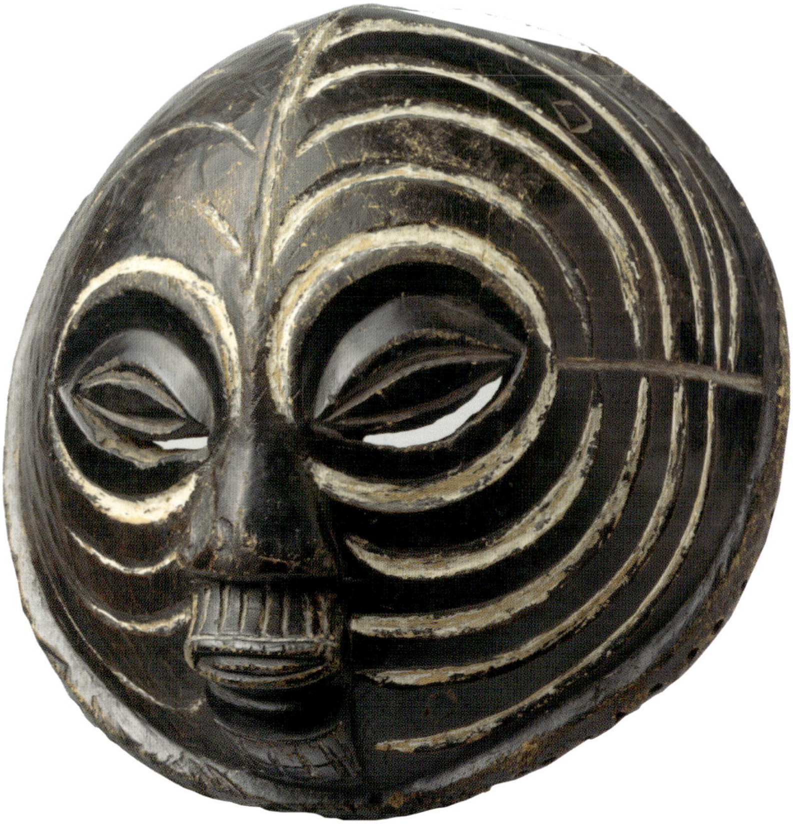

Figure 17

played together, which leads one to suppose that a third ditumba *drummer is hidden behind the mask.*

*According to Gansemans (*ibid.*), Luba orchestras rarely included* nkumvi. *These large drums, audible up to 40 kms away, were instead reserved for broadcasting messages concerning important dignitaries. The* kyondo *cylindrical slit drum was generally preferred for chants and dances (although it could also be used to transmit information). A* nkumvi *would therefore be a more symbolic than musical choice, one perhaps taking into account the mask's important status or inherent power. In any case, the* ditumba *and the* nkumvi *were used not for their entertainment value, but for their socio-religious roles. Since this document is the only one we possess, we can make no comparisons with other round striated masks.*

In the archives at Tervuren can be found a photo taken by Mr. Hoofd before 1928 (Figure 15). It shows a kifwebe *from the Katompe chiefdom (Kabalo region). This mask and the round striated mask from Figure 14 seem to exist in similar environments. A* ditumba *and a* nkumvi *are visible on the left side of the photograph.*

« le masque ». On remarquera d'ailleurs que dans la première publication de la Figure 2 la légende précisait bien que *kifwebe* n'était que le nom vernaculaire servant à désigner le masque (voir note Figure 2). Il n'est donc pas déterminant de constater que *kifwebe* désigne à la fois un « fétiche » pouvant être un masque et un « sorcier » masqué, sans que les deux soient forcément liés. De plus, rappelons que la photo du « sorcier » masqué (Figure 2) est présentée hors-texte et n'est rattachée ni à la description du fétiche, ni à la danse énigmatique.

Le rattachement de la danse *mukisi a kukaya* du fétiche à la danse énigmatique n'est pas non plus évident, car le Révérend Père Colle ne reprend pas le terme vernaculaire pour décrire cette dernière. Pour le costume utilisé lors la danse énigmatique, sa description pourrait correspondre à celle de la photo du « sorcier » masqué. Cependant, en territoire luba et songye, lors des mascarades de la société *bwadi bwa kifwebe* (ou société *kifwebe* en territoire luba) on utilise aussi un costume analogue à celui décrit (le costume noir en « toile de jute »). Les observations concernant le couple dansant ne sont pas non plus déterminantes, car aucune photo de terrain montrant des masques ronds à stries ne les présente avec un autre masque (c'est le cas du masque de la Figure 14 qui danse seul et non-accompagné d'un masque plus petit, comme celui de la Figure 17 bis, son « jumeau »). Tout ce que l'on peut dire d'après la description du fétiche et de la danse, c'est que la taille constitue un code iconographique pour indiquer dans certains cas le sexe d'un masque chez les Luba.

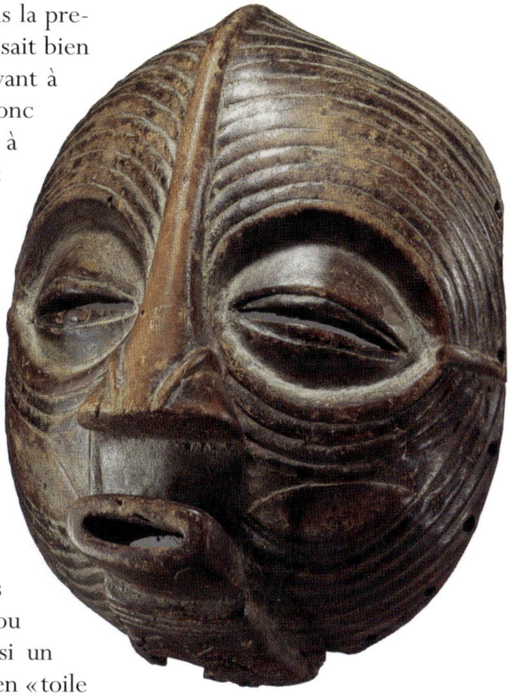

Figure 17 bis

Un détail donné par le Révérend Père Colle sur la danse énigmatique rend également douteux le rattachement aux masques ronds à stries : la présence comme accessoire d'une énorme massue en bois d'ambach. Aucune photo ne montre les masques ronds à stries munis d'un tel accessoire. Le masque du musée de Seattle possédait bien initialement une canne sur laquelle il s'appuyait (voir Figure 2 et Figure 14), mais il est difficile de la considérer comme une massue. Ces remarques invitent à la prudence quant au rattachement définitif des masques ronds à stries à la définition que propose Colle du fétiche *kifwebe*, et de la danse énigmatique[6].

Il est en effet fort envisageable que cette dernière soit une démonstration de la société *bwadi bwa kifwebe* adoptée par les Luba. La Figure 18 montre un groupe de quatre danseurs de la région de Lusaka (territoire des Songye Milembwe et de quelques groupes luba) dans les années 1930-1940. Ces danseurs portent un costume assez similaire à celui

6. J'accorderai néanmoins plus de crédit au rattachement des masques ronds à stries à la « danse *kifwebe* ». En effet, le Révérend Père Colle publia dans l'un de ses articles un dessin du fétiche-boule qui le rapproche, plastiquement parlant, d'un masque rond à stries (COLLE, 1906, p.81).

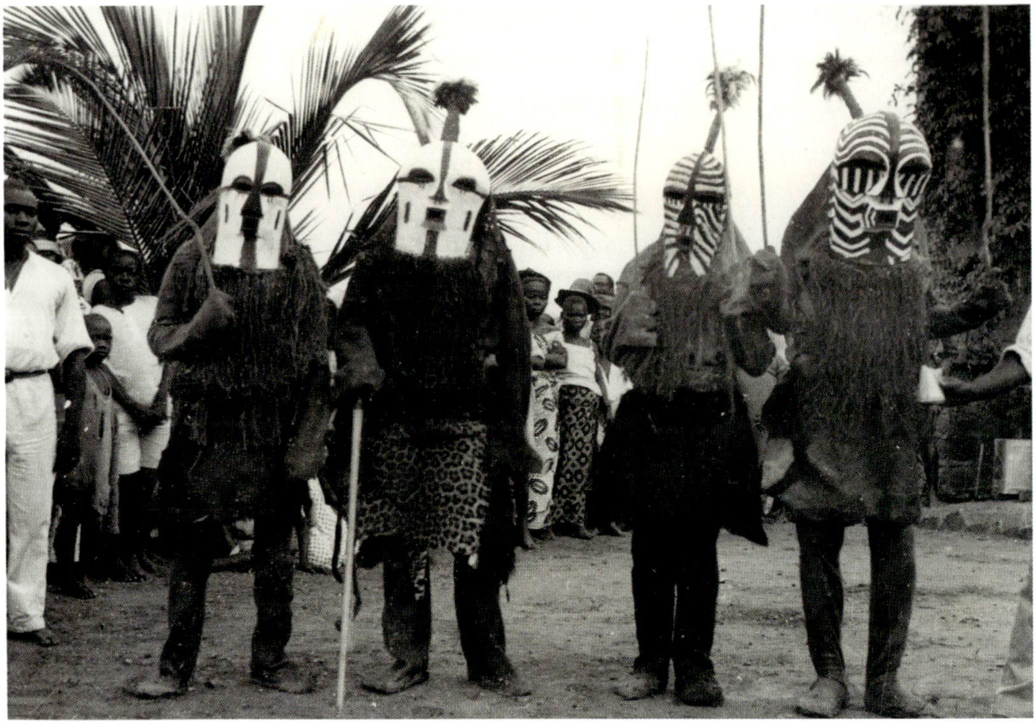

Figure 18

More recently, we learn from W. M. Mutimanwa's observations of masked kifwebe *dances in the Ankoro region that this society took the* nkumvi *as its principal instrument (MUTIMANWA, 1974, pp. 160-177). Of the nine dances he describes, seven involve a solitary mask called* Mande *(of which we have no sample) dancing to a rhythm beat on the* nkumvi. *Perhaps Hoofd's photo is of one of these* Mande?

The Reverend Father Colle also left an important note on the subject of kifwebe *and round striated masks.*

> *Among the Baluba there is a dance [...] in which the dancers wear a special costume; about the arms and legs there is a sort of sack of beaten tree bark, around the loins a skin, around the neck an immense collar of fibres suspended from a ring, and upon the head a large mask of wood. They generally dance in pairs, one represents the spirit of man, the other the spirit of woman. This one can be recognised by the larger mask. Each carries an enormous club made of ambatch, lighter than cork. Their dance is performed in honour of certain spirits. (COLLE, 1913a, pp. 676-677.)*

Originally this description of an enigmatic dance was not associated with round striated masks. It was J. Maes (1924, p. 37) who linked them, based on the famous photograph (Figure 2) of the round striated mask that was published in the same work. The Reverend Father never linked the mask to the enigmatic dance. A majority of authors nevertheless came to support Maes' hypothesis connecting the description with the image.

des masques ronds à stries, et forment deux « couples » avec pour chacun d'eux un petit et un grand masque. Ce type de « quatuor » est attesté à une date plus récente chez les Luba. Dans les années 1970, C. Henault et N. Seeuws ont photographié des réunions de masques de la ressemblante société *kifwebe* luba (Figure 19). Les masques possèdent de nombreux accessoires tels que hachettes, couteaux et lances en bois[7], qui n'apparaissent pas chez les Songye. La mention de cette énorme massue en bois léger, une massue factice, peut constituer une preuve que la danse mystérieuse décrite par Colle soit une danse de la société *kifwebe* des Luba, qui fait usage de masques relativement proches par leurs costumes des masques ronds à stries. Ce détail faciliterait un amalgame interprétatif des données.
Néanmoins, ce possible quiproquo comporte une variante, peut-être la plus commune dans les ouvrages. Ainsi, selon D. Hersak, les masques ronds à stries seraient une forme ancienne des masques féminins de la société *kifwebe* des Luba (HERSAK, 1993, p. 156). Ils auraient eu comme contrepartie masculine des masques plus allongés et plus petits (*ibidem*, cat. 77). Cette hypothèse comporte un rapprochement formel et cultuel entre les masques ronds à stries et les *kifwebe* luba. Elle soulignerait aussi l'inversion du rapport taille / sexe en vigueur chez les Songye. Cependant, d'autres éléments doivent être mis en avant. En effet, les diverses photos de terrain montrant des masques ronds à stries (Figure 14), ou des *kifwebe* (Figure 15, Figure 18-20), ne les montrent jamais ensemble. Par ailleurs, les sources écrites sont très lacunaires, comme nous l'avons vu avec les données du Révérend Père Colle et de J. Maes.

À notre sens, l'hypothèse des masques ronds comme forme ancienne des masques *kifwebe* des Luba trouve son origine dans le mémoire de W. M. Mutimanwa. L'auteur, se basant sur des données de terrain, dit ceci :

> « Nous ne nions pas que la forme ronde du masque féminin ait existé autrefois [...] ces masques circulaires étaient en usage dans certaines sociétés des danseurs d'antan ; maintenant avec l'évolution, on a abandonné cette forme et utilisé la même pour tous les masques. » (MUTIMANWA, 1974, p. 153).

Pourtant ces informations sont imprécises, et les informateurs de W. M. Mutimanwa font référence à « certaines sociétés de danseurs » (elles sont nombreuses en territoire luba) et non spécifiquement à la société du *kifwebe*. En outre, l'idée d'une évolution de la forme dans le temps est réfutable, si l'on se fie à certaines indications chronologiques. Ainsi, nous avions mis à jour dans notre

7. Un masque *kifwebe* observé en 1972 dans la région de Manono dansait avec une lance véritable à la pointe de laquelle se trouvait une carotte de maïs. Détail curieux, on remarque un accessoire similaire derrière le masque rond strié de la Figure 14. Ce masque pouvait-il, à l'instar du *kifwebe* de la région de Manono, danser avec une lance ?

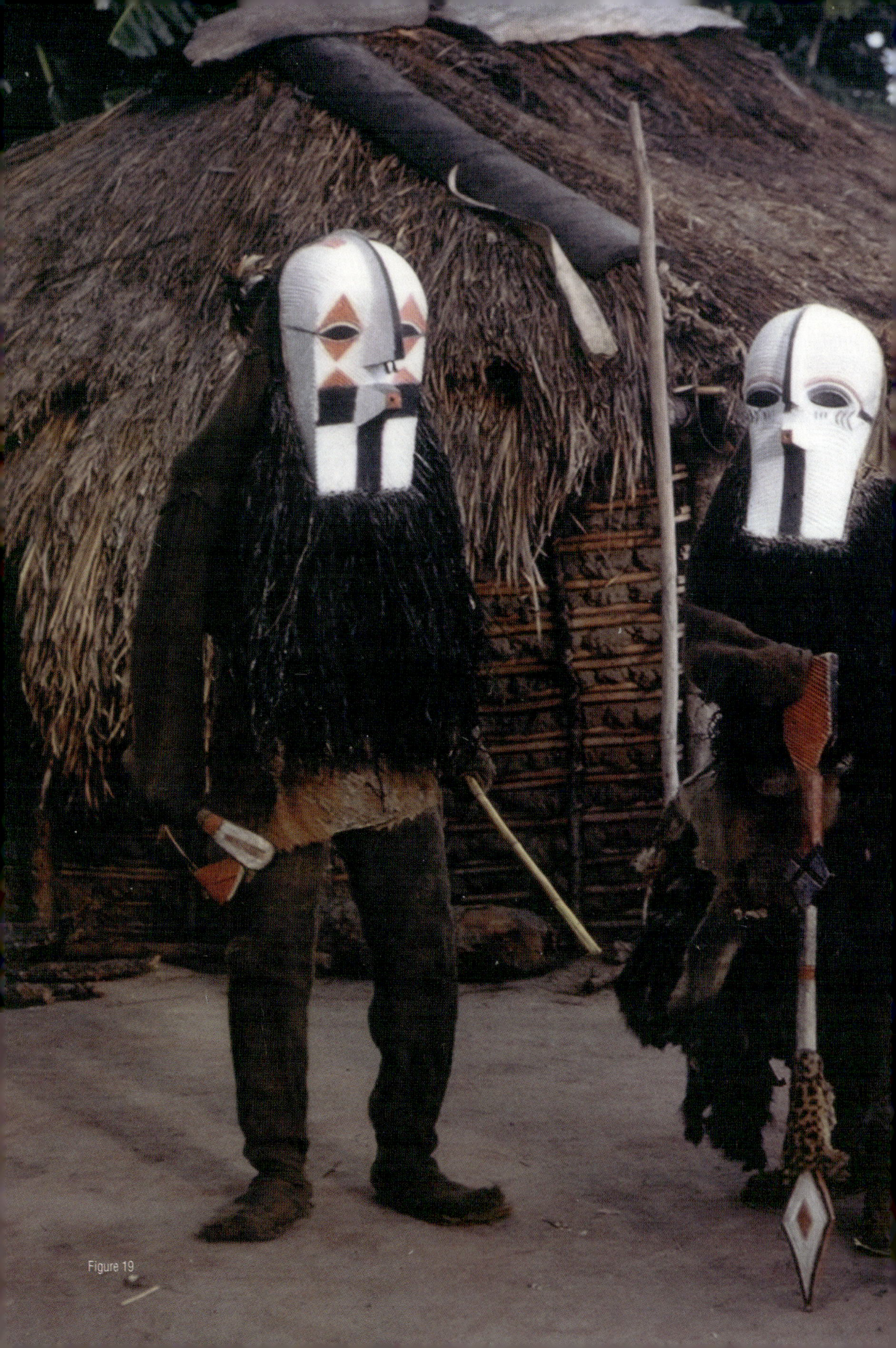

Figure 19

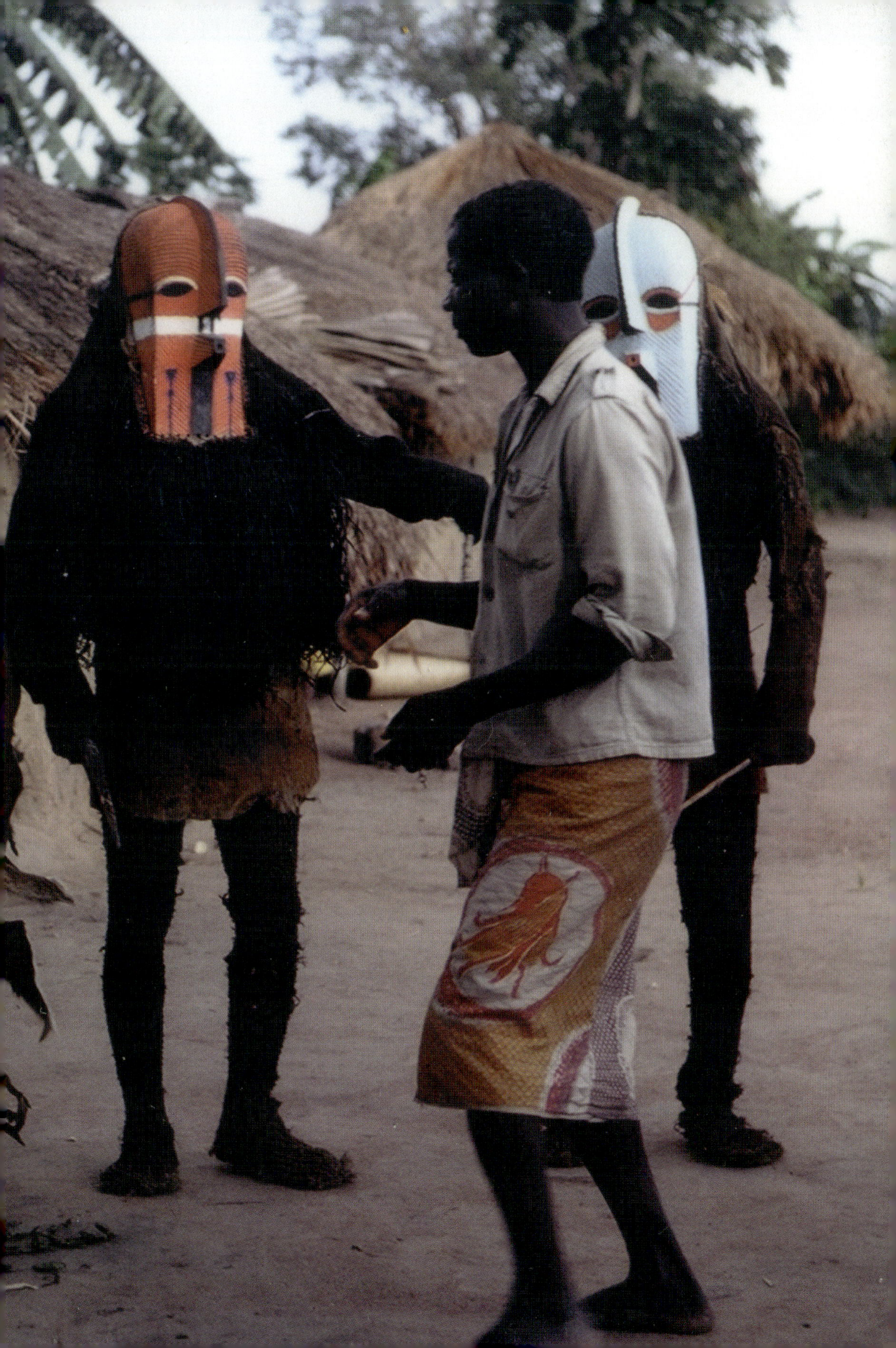

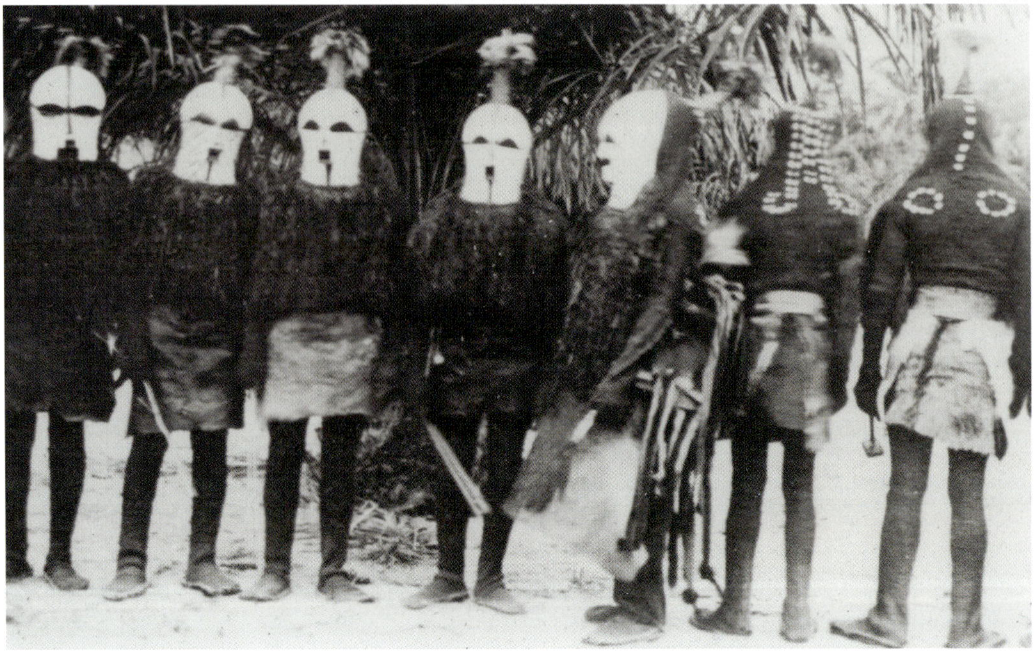

Figure 20

A.P. Merriam, not content simply to repeat and apply Maes' data, is doubtless the author to have done the most research. His reasoning (MERRIAM, 1978, pp. 60-61) is as follows: In the section on "fetishes", Colle mentions one called kifwebe, *which he describes:*

> *Kifwebe: is either a solid wooden ball or a mask. Both have eyes, a nose, a mouth, usually even stiff hairs on the chin and hairs in the nostrils. The ball-fetish is honoured by being carried on one's shoulder; to honour the mask, one dances with it. It's the* mukisi a kukaya *dance [. . .] there is the male kifwebe, smaller, and the female kifwebe, large, twice as large as the first. (COLLE, 1913a, p. 440.)*

The "ball-fetish" brings to mind the circular form of round striated masks. The hairs in the nostrils of the ball and the mask are to be found in known examples of round striated masks (Figure 16).

Finally, Colle appends the name kifwebe *to the mask shown in plate XII of his book (see Figure 2). We thus probably find here a description of round striated masks.*

A link with the dance described by the Reverend Father Colle is therefore made rather easily. Colle's description of the costume shows a certain resemblance to the kifwebe *photo he published (Figure 2). The fact that the dance includes both a male and a female mask and that the female is larger matches the description of the* kifwebe *fetish, which mentions that there is a male* kifwebe *and a larger female* kifwebe.

doctorat l'existence d'ateliers d'artistes ayant réalisé, dans les années 1920-1930, des masques ronds à stries (VOLPER, 2007, p. 304). Or, durant cette même période, des masques *kifwebe* avaient déjà été observés en territoire luba, et plus spécifiquement dans la zone de Katompe (voir Figure 15 et Figure 20). Il est donc difficile de voir dans les masques ronds à stries des modèles anciens des *kifwebe* dans la mesure où les deux types de masques ont existé conjointement à une époque donnée. Pourtant, pour des raisons que nous exposerons plus loin, il semble presque certain que les masques ronds à stries furent connus des Luba avant les masques *kifwebe*.

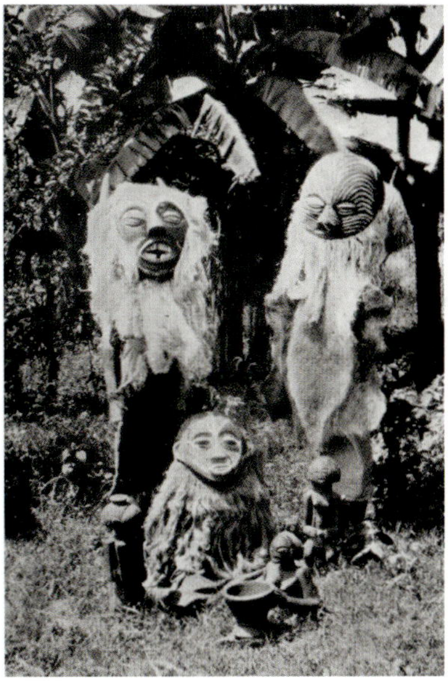

Figure 21

Question de costume

Comme nous l'avons dit, le masque du Seattle Art Museum (Figure 1-2, Figure 14) est certainement celui qui apporte le plus d'informations quant à la nature du costume accompagnant initialement les masques ronds à stries. Ce masque a conservé une sorte de capeline couvrant l'arrière du crâne que l'on peut observer sur d'autres exemplaires (voir Figure 21). Il semblerait que son costume (pantalon et veste) ait un maillage fin (type « toile de jute ») de couleur noire, et soit très large. La longueur des fibres autour du masque et les longues peaux ceignant la taille touchent presque le sol. Il possède aussi une canne. Sur la Figure 14, on dirait que le danseur a les mains et les pieds nus. Sur la Figure 2, en revanche, les pieds semblent être insérés dans des chaussures souples à semelles intégrées au pantalon.

Le costume tressé du type de celui arboré sur la Figure 2 est très proche de celui qui accompagne les masques *kifwebe* tant songye que luba. Les costumes complets faits de fibres tressées sont très courants en RDC et on les retrouve chez de nombreuses populations (les Tshokwe, les Pende ou les Lunda par exemple). Cependant, ceux des *kifwebe* sont teints en noir, alors que les costumes des autres groupes mentionnés ont souvent deux ou trois couleurs[8].

En fermant cette parenthèse, il importe de dire deux mots sur la nature du costume du *kifwebe*. Tout d'abord, il serait plus juste de mettre ce terme au pluriel. En effet, nous avons cru discerner, par l'observation de documents de terrain (Figure 15, Figure 18-20), deux types de costume de *kifwebe*. Tous les deux sont de couleur sombre. Le premier, le plus connu, consiste en un filet tressé extensible, un fuseau, qui colle au corps du danseur, moule ses muscles, surtout au niveau des jambes. Il se distingue par

8. Mais dans certaines cultures, comme chez les Lwalwa, les costumes de masque sont fabriqués à maillage serré et teints en noir.

The corpus of round striated masks exhibits a version of this sexual distinction based on size. In the body of known round striated masks, there are smaller (Figure 17) and larger versions (Figure 16). We have elsewhere listed "coupled" masks, which share a common style but are of different sizes. One of these couples includes the Seattle mask and an example sold at Sotheby's in 1998 (Figure 17a).

These observations seemingly support the idea associating round striated masks with the kifwebe *fetish and the enigmatic dance witnessed by the Reverend Father Colle. Several things nevertheless invite prudence.*

It is worth bearing in mind that, according to the Reverend Father Colle, the kifwebe *fetish-ball and the mask of the same name had stiff hairs on the chin. None of the round striated masks possesses, or appears ever to have possessed, such an unusual component.*

It is also unlikely that the Reverend Father Colle mistook a crown of fibres for chin hairs. Even the term kifwebe *must be viewed with some suspicion, as it is a generic term meaning "mask". We note that when it was first published, Figure 2 had a caption specifying that* kifwebe *was only the vernacular term for the mask (see caption for Figure 2). So, it is therefore not decisive to note that* kifwebe *means both a "fetish" that can be a mask and a masked "witch doctor", without the two necessarily being linked.*

We must also bear in mind that the photo of the masked witch doctor (Figure 2) is presented separately from the text, and is not assigned to either the description of the fetish or to the enigmatic dance.

Associating the fetish's mukisi a kukaya *dance with the enigmatic dance is not straightforward, either, as Colle doesn't use the vernacular term to describe it. The costume used in the enigmatic dance could be the same as is shown in the photo of the masked witch doctor, but it could also be the very similar costume (of black burlap) used during mask ceremonies by the Songye* bwadi bwa kifwebe *society or the Luba* kifwebe *society. The Reverend Father's notes concerning the dancing couple are also inconclusive, as no field photo shows a pair of round striated masks (the mask shown in Figure 14 dances alone, for example, and is not accompanied by a smaller mask such as the "twin" shown in Figure 17a). All we can say based on the description of the fetish and the dance is that size is sometimes used by the Luba as an iconographic code indicating gender.*

One detail offered by Reverend Father Colle about the enigmatic dance casts doubt on any possible link with round striated masks: the use of an enormous club made of ambatch wood. Photos of round striated masks have never shown them used with this or any similar accessory. The Seattle mask initially included the cane on which it is shown leaning (see Figure 2

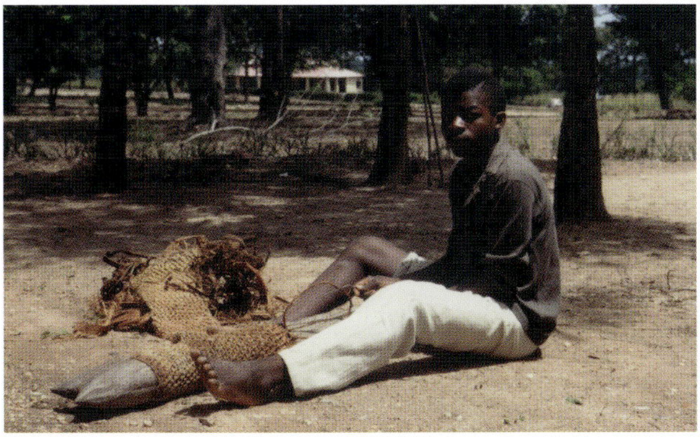

Figure 22

la conception même de la partie inférieure. Ici, on ne peut pas parler véritablement de pantalon, puisque les deux jambes sont conçues comme une paire de bas. Cela tient au fait que la réalisation de chaque membre se fait autour d'un tronc d'arbre, servant de support de gainage, autour duquel l'artisan-tresseur réalise la jambe au moyen d'une aiguille. Un document exceptionnel (Figure 22) pris en territoire luba dans les années 1970 montre la confection de jambières avant la coloration.

Des semelles en cuir ou en fibres sont par la suite adjointes pour protéger la plante des pieds. Ce choix de créer une paire de bas n'est pas si courant, car la plupart des groupes fabriquant des costumes de fibres optent plutôt pour un véritable pantalon tressé (les Tshokwe en réalisent cependant). Ces costumes de fibres noires au maillage très serré apparaissent seulement chez quelques rares populations comme les Zela ou les Kunda ou chez les populations lwalwa. Chez les Zela et les Kunda, l'emprunt au *kifwebe* luba est attesté[9].

Le deuxième type de costume est d'un genre un peu différent : le tissage est beaucoup plus fin, et l'ensemble du costume est plus ample, ne dévoilant pas la musculature du danseur.

De type « toile de jute », ce costume se retrouve chez diverses populations (Luntu, Luba centraux, Songye, Nsapo-Nsapo) arborant les masques de fibres triangulaires de type *kalengula* dont nous reparlerons dans le deuxième dossier. Pour le distinguer de l'autre costume tressé des *kifwebe*, il importe de prendre en compte la texture, le tressage et l'amplitude. Ces trois éléments permettent de ne pas confondre ce deuxième type avec un filet tressé ayant perdu de son élasticité ou étant porté par un danseur moins corpulent que celui pour lequel il a été fait[10].

Bien souvent, dans le *kifwebe* tant luba que songye, le costume de type « toile de jute » est accompagné d'un pagne aux pelisses plus imposantes que la « jupette » de peaux

9. Ces costumes existent de longue date chez les Luba, comme le montre le masque de la Figure 15, alors que chez les Zela et les Kunda, ils apparaissent très tardivement avec les masques *nyama*, et en particulier ceux frontaliers des Luba (régions de Ankoro-Manono où semblent avoir proliférés, dans les années 1970, les *kifwebe*).

10. Lorsque de tels cas se présentent, le filet peut vaguement ressembler, par son aspect informe, à un costume *kifwebe* de type « toile de jute ».

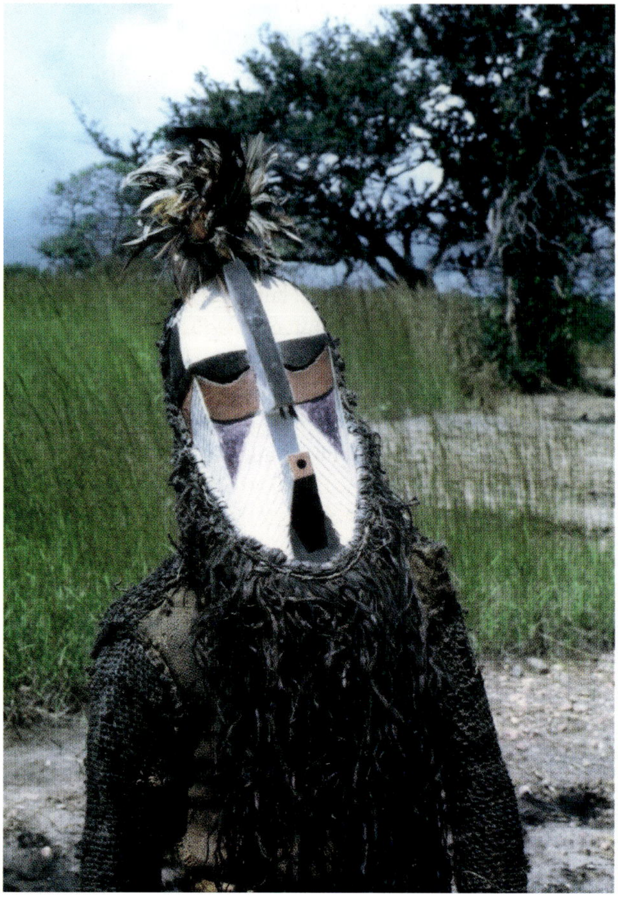

Figure 23

and Figure 14) but that can hardly be called a club.We should take care, in light of these observations, before definitely associating round striated masks either with Colle's proposed definition of a kifwebe *fetish, or with the enigmatic dance*[6]*. In fact it is quite possible that the dance was a* bwadi bwa kifwebe *society performance adopted by the Luba. In Figure 18 we see a group of four dancers from the Lusaka region (occupied by the Songye Milembwe and a few Luba groups) in the 1930s or 40s. These dancers, who wear costumes very similar to those of round striated masks, are divided into two "couples", each with one larger and one smaller mask. This type of "quartet" has been observed more recently among the Luba: in the 1970s, C. Henault and N. Seeuws photographed mask groups at Luba* kifwebe *society meetings (Figure 19). The masks incorporate numerous accessories – including fake axes, knives, and spears*[7] *– which the Songye do not use. It is possible that the enormous club of light wood – a fake club – proves that the mysterious dance described by Colle is in fact a Luba* kifwebe *society dance using masks with costumes very similar to those of round striated masks. This detail lends itself easily to misinterpretation.*

6. *I nevertheless find it likely that round striated masks were linked to the "*kifwebe *dance". Indeed, in one of his articles, the Reverend Father Colle published a drawing of the fetish-ball which associates it, plastically speaking, with a round striated mask (COLLE, 1906, p.81).*

7. *A* kifwebe *mask seen in 1972 in the Manono region danced with a real spear, on the tip of which was carried an ear of corn. Curiously, a similar accessory is seen behind the round striated mask in Figure 14. Might this mask have danced, like the Manono* kifwebe*, with a spear?*

des costumes en fuseaux (voir Figure 19 : le deuxième masque en partant de la gauche ; Figure 20 : le masque de profil). Mais cela n'est peut-être qu'une impression ou un hasard. Il faudrait plus de documents photographiques pour confirmer ou infirmer cette hypothèse.
Pour résumer nos propos, la « toile de jute » et le « fuseau » accompagnent les *kifwebe* tant luba que songye.

Toutefois, plus récemment (dans les années 1970), un troisième type de costume a fait son apparition. Spécifique aux *kifwebe* luba et songye, il pourrait être qualifié de composite (Figure 23). Il se caractérise par un bustier en « jute » et des membres en « filet ». Ce costume ne semble pas exister pour les masques ronds à stries, et ne se retrouve pas non plus chez d'autres groupes.
Si l'on se fie à la Figure 14, le costume du masque de Seattle semble être du type « toile de jute ». On notera au passage qu'en rapport avec ce que nous avons dit précédemment, les peaux fixées à la taille descendent très bas. Sur la Figure 2, le type est plus difficile à définir. Il pourrait s'agir d'un costume de type fuseau qui s'est relâché. Bien qu'il soit difficile de se prononcer, nous avons l'impression que le costume n'est pas identique sur les deux photos, même si le masque l'est. Cela voudrait peut-être dire que différents danseurs ont porté le masque.

Il existe cependant des différences entre le costume noir du masque rond à stries et les deux types vestimentaires du *kifwebe*. Ainsi, sur la Figure 14, les pieds et les mains du danseur semblent mis à nus. Ce n'est jamais le cas pour les *kifwebe* dont les mains (manches gantées) et les pieds sont toujours dissimulés. Le cas pourrait être différent sur la Figure 2 où les pieds semblent couverts (il est plus difficile de se prononcer pour les mains). En outre, les masques ronds à stries semblaient posséder une capeline couvre-nuque (Figure 1 et Figure 21). Or, ce détail n'apparaît pas sur ce que nous connaissons des *kifwebe* tant songye que luba qui arborent plutôt un couvre-nuque de type toile de jute ou en filet[11].

Il faut donc parfois, d'un point de vue formel, minimiser l'importance du rattachement éventuel des masques ronds à stries avec les *kifwebe* songye et luba. Bien que les comparaisons, fondées sur la forme générale des masques, sur la chorégraphie ou le costume, aient révélé des similitudes avec les *kifwebe*, d'autres éléments relèvent d'influences extérieures. Plastiquement parlant, les masques ronds à stries affichent une indépendance mésestimée par rapport au complexe *kifwebe*. De plus, ils nous semblent bien moins en marge, du point de

11. Sauf sur quelques cas isolés, comme un *kifwebe* luba que nous avons observé et qui possède un couvre-nuque en peau tannée.

Despite the fact that it is possibly incorrect, the literature nevertheless offers a common variation on this interpretation; D. Hersak, for example, argues that round striated masks are a very old female form of Luba kifwebe *society masks (HERSAK, 1993, p. 156). Their male counterparts would have been smaller and more elongated (*ibid., *cat. 77). This hypothesis associates round striated masks formally and culturally with Luba* kifwebe. *The possibility underlines the size/gender inversion in effect among the Songye. Other elements must be considered, however. Some field photographs show round striated masks (Figure 14) or* kifwebe *(Figure 15, Figure 18-20), but never the two together. Additionally, the available written sources are both incomplete and inaccurate, as the data presented by Colle and Maes attest.*

It seems to us that the theory of round masks as a very old form of Luba kifwebe *mask can be traced back to a dissertation by W.M. Mutimanwa, who, on the basis of his field data, concluded the following:*

> *There is no denying that round female mask existed previously [...] these circular masks were used by some of the societies of yesteryear; through evolution this form has been abandoned and the same form is used for all masks. (MUTIMANWA, 1974, p. 153).*

But these data are imprecise, and Mutimanwa's sources refer only to "certain societies of dancers" (of which the Luba have many), never specifically to the kifwebe *society. Further, this idea of an evolution from one form to another runs counter to certain chronological data – such as the existence, demonstrated in my doctoral dissertation, of workshops producing round striated masks in the 1920s and 30s (VOLPER, 2007, p. 304), when* kifwebe *masks had already been observed among the Luba, specifically in the Katompe area (see Figure 15 and Figure 20). It is therefore difficult to see round striated masks as earlier models of* kifwebe, *insofar as the two types of mask existed simultaneously at one point in time. Even so, it seems almost certain, for reasons we will discuss later, that round striated masks were known to the Luba before* kifwebe *masks.*

On costume

As we have already noted, the mask at the Seattle Art Museum (Figure 1-2, Figure 14) is certainly the one from which we can gather the most information concerning the costume accompanying round striated masks. This mask has retained a sort of cape covering the back of the head, similar to those known from other examples (see Figure 21). It seems that the costume (trousers and jacket) has a very fine, burlap-like weave,

vue formel s'entend, à l'art et à la culture artistique luba, que ce que l'on veut bien laisser croire. En ce sens, les masques *kifwebe* luba apparaissent comme plus « étrangers ». En effet, les *kifwebe* luba n'ont pas de véritables référents plastiques dans l'art luba (que ce soit au niveau de la statuaire ou des autres masques). Plus proches des *kifwebe* songye, ils soulignent un lien, une filiation forte, avec cette confrérie éponyme et son art. Le cas n'est pas tout à fait identique avec les masques ronds à stries qui présentent, sous bien des aspects, une double filiation complexe[12] à laquelle s'ajoutent des éléments formels qui leur sont propres[13]. Il faut donc se méfier d'un jugement ultérieur qui rattacherait, de façon cultuelle certaine, ces masques à la société *kifwebe*.

L'ancienne société kifwebe des Luba

La société *kifwebe* est certainement l'une des plus connues des africanistes travaillant sur l'actuelle République Démocratique du Congo. Pourtant cette connaissance n'est que parcellaire. En effet, le *kifwebe* est surtout étudié chez les Songye centraux et orientaux où il porte le nom complet de *bwadi bwa kifwebe*. En revanche, peu d'informations nous sont parvenues en ce qui concerne le *bwadi bwa kifwebe* chez les Songye occidentaux (groupes eki et tempa par exemple), au point que nous ne savons pas avec certitude si cette société s'est véritablement implantée dans cette région. Le constat est le même pour le *kifwebe* en territoire luba pour lequel peu de données sont disponibles. Les informations les plus conséquentes viennent d'un étudiant congolais : W. M. Mutimanwa. Ce dernier rédigea un mémoire de licence portant sur les masques *kifwebe* actifs près des villes d'Ankoro, de Kabalo et de Manono (MUTIMANWA, 1974).

Pourtant, ces données, bien qu'importantes, sont insuffisantes. Elles ne reflètent l'état du *kifwebe* qu'à une date relativement récente, et ne prennent pas en compte ses origines, ni ses évolutions. Toutefois, nous devons préciser que les données anciennes sont, pour ainsi dire, quasiment inexistantes. Nous allons pourtant tenter d'apporter quelques suppléments d'informations. Les lignes qui vont suivre seront donc dévolues à l'ancienne société *kifwebe* (premier tiers du XXe siècle). Il y sera question de ses origines, de ses fonctions (ce qui inclut l'usage des masques) et de ses relations avec d'autres confréries.

Les seuls auteurs à véritablement aborder le « *kifwebe* ancien » en territoire luba sont W. F. P. Burton, le Père Tastevin et Mr. Hoofd.

12. Cette double filiation concerne non seulement les *kifwebe* mais aussi des expressions artistiques émanant des Luba et d'autres groupes.

13. Certes, les *kifwebe* des Luba ne sont pas identiques à ceux des Songye. Toutefois, cette différence stylistique s'est vraisemblablement accentuée au début des années 1970 (Figure 19 et Figure 23). Les premiers exemplaires connus de *kifwebe* luba sont relativement similaires à leurs homologues songye (Figure 15 et Figure 20). Il en va autrement des masques ronds à stries qui se démarquent des *kifwebe* songye dès leurs origines. Sur ce dernier sujet, je renvoie plus volontiers à ma thèse en ce qui concerne les distinctions au niveau des stries et des éléments anatomiques (yeux, bouche, nez) entre les *kifwebe* songye, les *kifwebe* luba et les masques ronds à stries (VOLPER, 2007, pp. 261-268).

is black, and is very large. The fibres around the mask and the skins girdling the waist are so long they nearly reach the ground. There is also a cane. It appears that the dancer's hands and feet are bare in Figure 14, but the trousers in Figure 2 seem to incorporate a pair of soled shoes.

The woven costume seen in Figure 2 is very similar to those that accompany both Songye and Luba kifwebe *masks. Complete outfits made of woven fibre are very common across many groups in the DRC, including the Tshokwe, the Pende, and the Lunda, among others. Kifwebe costumes are dyed entirely black, however, while the costumes used by other groups tend to be three or four different colours.*[8]

It would also be worthwhile to consider the nature of the kifwebe *costume – or costumes, as the study of field documents has allowed us to establish two forms (Figure 15, Figure 18-20). Although both are of dark colours, the first and better known of the two consists of an expandable braided net, a body stocking which clings tightly to the dancer's body, particularly around the legs. More tights than trousers, each leg is braided around the trunk of a tree with the help of a needle. Remarkable documentation from Luba territory during the 1970s (Figure 22) shows leggings during manufacture, before they are dyed.*
Leather or fibre soles are then added to protect the bottom of the feet. This is an uncommon approach, and most groups using fibre costumes opt to weave true trousers (the Tshokwe are an exception). Very few groups – the Zela, the Kunda, the lwalwa – use these tight, black fibre-mesh leggings; and it is well documented that the Zela and Kunda were influenced by the Luba kifwebe.[9]

The other style of costume is made of much finer material, and is more ample, showing less of the dancer's physique.
This burlap-type costume is found among many groups (Luntu, central Luba, Songye, Nsapo-Nsapo) that use triangular kalengula *fibre masks, to which we will return in the next section. To distinguish the two* kifwebe *costumes, one must examine texture, weave, and fit. An examination of these three qualities will make it possible to differentiate a costume of the second type from one of the first which has lost its elasticity or is being worn by a dancer smaller than the one for whom it was originally made.*[10]
In both Luba and Songye kifwebe, *this burlap costume is accompanied by a pelt loincloth more impressive than the body stocking's "skirt" of skins (see the second mask from the left in Figure 19; and the mask shown in profile in Figure 20). But this is perhaps just coincidental: we would need a far larger selection of photographic documents should we wish to test the hypothesis.*

8. *In some cultures, for example the Lwalwa, mask costumes are made using a tight mesh dyed black.*

9. *These costumes have long existed among the Luba, as the mask in Figure 15 demonstrates, while they have appeared only lately accompanying* nyama *masks among the Zela and the Kunda, especially those neighbouring the Luba (in the Ankoro-Manono, where* kifwebe *seem to have proliferated in the 1970s).*

10. *Once stretched out in this way they can resemble the burlap* kifwebe *costume.*

Pour le Père Tastevin, le *kifwebe*, qu'il appelle phonétiquement *ko-fu-e-be*, se traduit par : « le grand mort » (TASTEVIN, 1938, cours 19, p. 9). L'auteur nous en décrit brièvement l'initiation.
Dans un premier temps, le novice doit passer entre les jambes de l'initiateur. Par la suite, il apprendra le langage codé de la confrérie, dont Tastevin nous livre quelques exemples. Le front se dit paille, le nez est l'arbre *kikunu*, la bouche est le nid d'abeilles, la joue gauche est la lune, la joue droite est le soleil, le dos se dit crocodile, la poitrine est le serpent, les jambes sont pilons, les bras sont cuillères, les plantes de pieds sont les sorciers. Tastevin ne dit rien des fonctions du *kifwebe*, mais précise que son protecteur a pour nom *ngombe* (le buffle ou « bœuf » pour Tastevin) et que chaque initié a un charme ayant pour nom phonétique *ka-n-gombe* (l'objet du buffle).

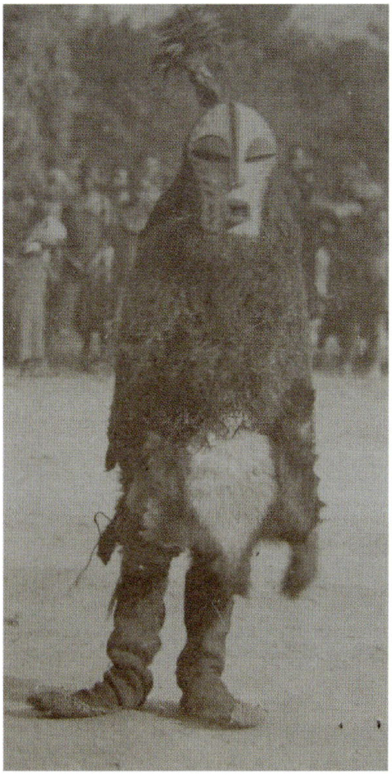

Figure 15 (détail)

Hoofd est complémentaire de Tastevin puisqu'il révèle les fonctions et la localisation de la confrérie. Pour lui, le *kifwebe* serait présent dans la région de Kabalo, et aurait eu pour but jadis de combattre la sorcellerie. En effet, les hommes du *kifwebe* semblaient traquer et faire disparaître (souvent par le poison) : « [...] l'indigène prévenu de sorcellerie ou chose ou autre » (HOOFD, n.d.). Cependant, à l'époque de Hoofd (avant 1928), le *kifwebe* semblait se résumer, d'après l'auteur, à un divertissement. Il décrit ses membres comme se déplaçant de village en village, pour danser et recevoir en récompense de l'argent, ou des biens en nature. Pour le costume et les danses, Hoofd précise que les *kifwebe* s'habillent et se déshabillent incognito dans une hutte réservée à cet effet. Ils sont accompagnés pour leur sortie du chef de la confrérie qui lui n'est pas masqué. Les masques ne sont pas portés lorsqu'ils sont en brousse, mais dès qu'un passant arrive, ou dès que les membres de la confrérie approchent d'un village, ils sont enfilés. Quant aux danses, elles ressemblent en tout point à celles du *bumbuli* (variante du *bumbudye* ou *mbudye*), mais elles s'exécutent le soir (chez les *bambuli*, les danses s'exécutent dans la journée).

Aux informations fournies par l'auteur s'ajoute un autre « document » d'une grande importance.
Il s'agit d'un masque de la confrérie collecté par Hoofd et qui arriva dans les collections de Tervuren en 1928 (N° inv. EO.0.0.30593). Cette pièce fut photographiée en action par le collecteur (voir Figure 15).
W. F. P. Burton ne dit rien de précis sur le *kifwebe*, mais a pris une photo d'un groupe de danseurs de la confrérie dans la région de Kabalo (Figure 20)

To summarise: we believe both the Luba and Songye use burlap and body-stocking costumes for kifwebe.

More recently (starting in the 1970s) a new kifwebe *costume, which could be characterised as a composite (Figure 23), has appeared among both the Luba and the Songye. It consists of a burlap top with net leggings. This costume doesn't seem to accompany any round striated mask, and is not found among other groups.*
Based on Figure 14, the Seattle mask has a burlap costume. As previously noted, the skins around the waist hang very low. The costume shown in Figure 2 is harder to define. It might be the body-stocking costume that has stretched out. While it is difficult to be certain, we have the impression that the two costumes are not identical, even if the mask is the same. This might mean that different dancers wore the mask.

There are differences between the black costume that accompanies round striated masks and the two different kifwebe *costumes. The dancer in Figure 14, for example, seems to have bare hands and feet, whereas* kifwebe *dancers wear gloved sleeves and always have their feet covered. It might be different in the case of Figure 2: the dancer's feet seem to be covered, but it is difficult to see if the hands are bare or not. In addition, round striated masks apparently include a short cape to cover the neck (Figure 1 and Figure 21). This does not correspond to what we know of* kifwebe *masks, whether Luba or Songye, which have a neck covering of either burlap or net.*[11]

We must therefore minimise the possible formal relationship between round striated masks and Songye and Luba kifwebe. *Indeed, while comparisons using the general shape of the masks, choreography, or costumes have revealed similarities with* kifwebe, *other elements reveal external influences. Round striated masks demonstrate an aesthetic independence from the* kifwebe *tradition that has been underestimated; they seem to be far less unusual within the trends of Luba art and culture than many would have us believe. Luba* kifwebe *appear more "foreign" by comparison, and it is true that Luba* kifwebe *have no true visual precedents in Luba art, either statuary or masks. Closely related to Songye* kifwebe, *they underline a link, a strong association, with the eponymous brotherhood and its art. This is not at all the case for round striated masks, many aspects of which present complex "double kinship",*[12] *to which are added formal elements that are strictly their own.*[13] *We must therefore be wary of any subsequent judgement that assumes these masks share a definite cultural link with the* kifwebe *society.*

11. *With certain isolated exceptions, such as the Luba* kifwebe *with a neck covering of tanned hides, which we have observed.*

12. *This double kinship is characteristic not only of* kifwebe *but also of other artistic products among both the Luba and other groups.*

13. *Indeed, while Luba and Songye* kifwebe *are not identical, these stylistic differences developed chiefly during the early 1970s (Figure 19 and Figure 23). The first known examples of Luba* kifwebe *are very similar to their Songye equivalents (Figure 15 and Figure 20). Round striated masks, on the other hand, have always been markedly different from Songye* kifwebe. *On this point, I would direct readers to my dissertation, especially those sections dealing with the features – the striations and anatomical elements (eyes, mouth, nose) – which differentiate Songye* kifwebe, *Luba* kifwebe, *and round striated masks (VOLPER, 2007, pp. 261-268).*

Quelles informations pouvons-nous tirer de ces trois sources ? La société semble s'être développée initialement dans la région élargie de Kabalo[14]. Bien que les premières notes concernant ces masques furent collectées avant 1928, nous pensons que la société est plus ancienne et se développa plutôt vers 1900-1910.
Cette supposition se base sur le fait que, d'après Hoofd, la société avait déjà bien évolué, fonctionnellement parlant, entre ce qu'elle était « jadis » et ce qu'elle était « maintenant » (un peu avant 1928). Une évolution rituelle, telle que nous l'avons décrite, met au moins une dizaine ou une vingtaine d'années pour se réaliser. Pourtant, nous nous refusons à voir, dans les déplacements de village en village et dans les paiements contre prestation, la preuve d'une totale « désacralisation ». Si la société était déjà rentrée dans une première phase d'évolution en 1928, elle conservait encore une partie de son pouvoir. Le fait qu'elle monnaie ses prestations n'est en rien le signe d'une pseudo-décadence. Le *bumbudye*, le *bulumbu* ou le *bukasandji* font aussi payer leurs services. Or, ces confréries sont parmi les plus puissantes en territoire luba, et leur pouvoir est encore largement reconnu de nos jours.
Si le *kifwebe* luba a perdu de son prestige et de sa force, c'est peut-être pour des raisons bien précises que nous tenterons d'expliciter plus loin. Enfin, les informations les plus importantes concernent les descriptifs des rituels initiatiques et des mascarades. En effet, ces divers éléments, tels que nous les décrivent les auteurs, laissent présager des liens et des emprunts forts au *bwadi bwa kifwebe* des Songye et à diverses sociétés luba.
Nous avons déjà évoqué succinctement les liens stylistiques existant entre les *kifwebe* des Songye et ceux existant chez les Luba. Cependant, à ces similitudes s'ajoutent des ressemblances rituelles et iconographiques. Ainsi, dans le *kifwebe* luba, l'initiateur fait passer le novice entre ses jambes. Or, cette pratique se retrouve aussi dans le *bwadi bwa kifwebe*.

D. Hersak précise que lors de l'initiation, le novice doit ramper entre les jambes d'un membre de la confrérie songye revêtu d'un *kifwebe* masculin (HERSAK, 1986, p. 52). Il en va de même pour le langage secret utilisé pour désigner les différentes parties du corps et du masque (*ibidem*, p. 60). Ce langage « ésotérique » est présent dans le *bwadi bwa kifwebe*. Bien que les termes utilisés ne soient pas toujours les mêmes, on remarque de nombreuses ressemblances. Ainsi, la joue gauche et la joue droite sont respectivement nommées lune et soleil dans le *bwadi bwa kifwebe*, le dos est appelé *lushita* (le mufle du crocodile), les jambes sont appelées *mishi* (l'une désigne le pilon, l'autre le mor-

14. Le MRAC possède aussi deux jambières de type *kifwebe* ayant été collectées par W. F. P. Burton à la fin des années 1920. La fiche technique muséale précise que ces objets ont été acquis dans le village de Pungwe. La présence de telles pièces dans la région du lac Kisale permet-elle de supposer une surprenante et précoce diffusion de la confrérie chez les Luba centraux ?
Nous nous permettons de réfuter cette hypothèse qui ne repose que sur une erreur de localisation. En effet, nous avons récemment découvert que ces jambières ne venaient pas de chez les Luba de Pungwe mais bien de chez les Songye Kalebwe.

The early kifwebe society

The kifwebe *society is certainly well known among Africanists working in the Democratic Republic of Congo today, but knowledge is fragmentary.* Kifwebe *has been studied primarily among the central and eastern Songye, where its full name is* bwadi bwa kifwebe. *On the other hand, so little is known about the* bwadi bwa kifwebe *of the western Songye (Eki and Tempa, for example) that we cannot say for certain if the society has really taken root in the area. The same can be said of* kifwebe *in Luba territory, about which very few data are available. The most valuable information comes from a Congolese student, W.M. Mutimanwa, whose Master's thesis examined* kifwebe *masks active near the villages of Ankoro, Kabalo, and Manono (MUTIMANWA, 1974).*

These data, however important, are insufficient. They only reflect kifwebe *in its recent state, and fail to take into account its origins and evolution. It must be admitted, however, that there is little or no older data to hand. We will nevertheless try to supplement the available information. The following passages will consider the early* kifwebe *society (first third of the 20th century), examining its origins, its activities (including the use of masks), and its relations with other societies.*
The only authors to have tackled this "early kifwebe*" among the Luba are W.F.P. Burton, Father Tastevin, and Mr. Hoofd.*

Father Tastevin translated kifwebe *(or* ko-fu-e-be, *as he knew it) as "great death" (TASTEVIN, 1938, lecture 19, p. 9). The author briefly describes initiation: First, the novice must pass between the legs of the initiator. Then he is taught the coded language of the brotherhood, of which Tastevin is able to provide a few examples: the forehead is called straw, the nose is the* kikunu *tree, the mouth is the bee's hive, the left cheek is the moon, the right cheek is the sun, the back is called crocodile, the chest is the snake, the legs are pestles, the arms spoons, the soles of the feet witches. Tastevin says nothing about the activities of* kifwebe, *but specifies that it has a protector called* ngombe *(the buffalo, which Tastevin translates as "ox") and that each initiate wears a charm called (phonetically)* ka-n-gombe *("belonging to the buffalo").*

Hoofd's observations complement Tastevin's, revealing the activities and location of the brotherhood. He believes kifwebe *was present in the Kabalo region, where its purpose was to fight witchcraft. Society members would apparently track and remove (often by use of poison) "[...] natives accused of witchcraft or something or other" (HOOFD, n.d.). During Hoofd's time (before 1928)* kifwebe *was, at least according to him, more of an entertainment. He describes*

tier). Nous pourrions aussi citer en parallèle les bras qui sont nommés *mitengwa* dans le *bwadi bwa kifwebe*. Ce terme est expliqué par une phrase sibylline : « cette rame, nous la rencontrons dans la maison et jamais sur la route ». Elle pourrait désigner la cuillère, rame miniature qui brasse la nourriture, qui est le terme par lequel on désigne les bras dans le *kifwebe* des Luba.

Un autre détail se retrouve dans le *kifwebe* et le *bwadi bwa kifwebe*. Hoofd précise que les membres de la confrérie luba disposaient d'une case dans laquelle ils pouvaient se changer discrètement et peut-être entreposer les costumes. Cette case existe dans le *bwadi bwa kifwebe* et a pour nom *kyobo*. Le *kyobo* (HERSAK, 1986, p. 50) est le lieu où les masques et les costumes sont entreposés chez les Songye, et où les danseurs s'habillent. Dans le *kifwebe* des Luba, nous avions aussi relevé la présence d'un personnage non-masqué qui dirige les masques lors de leur sortie. Or, un personnage très similaire existe dans le *bwadi bwa kifwebe* et porte pour nom *musenge*.

D'autres similitudes apparaissent. Ainsi le *kifwebe* comme le *bwadi bwa kifwebe* sont des confréries que l'on pourrait définir comme essentiellement masculines. En territoire luba, ce cas est extrêmement rare, car les confréries y sont presque toutes mixtes.

Précisons que l'un des moyens de propagande du *bwadi bwa kifwebe* était de se rendre, après invitation, dans diverses localités, pour danser et parfois pour initier un important personnage de la chefferie. Leurs diverses prestations étaient payées en argent ou plus souvent en nature (HERSAK, 1986, p. 54). On peut dès lors se demander si les danses « festives » (d'après Hoofd), effectuées contre paiement de village en village par le *kifwebe* luba ne constitueraient non pas le signe d'un caractère profane, mais bien une propagande similaire.

Pourtant, au-delà des ressemblances, des différences existent aussi entre les deux sociétés. La première, la plus visible, est qu'il n'y a pas de masques masculins ni de masques d'anciens (*elder*) à crête plus ou moins prononcée dans le *kifwebe* des Luba. Ceux des Luba semblent plus s'inspirer du modèle féminin du *bwadi bwa kifwebe,* avec toutefois, pour la plupart des exemplaires récents, une arête naso-frontale saillante ressemblant à une petite crête (voir Figure 19). Enfin, la fonction des masques est diamétralement opposée. Ce point fut débattu à plusieurs reprises avec Dunja Hersak. Chez les Songye, la société *bwadi bwa kifwebe* est considérée comme une sorte de « mafia » se mettant au service du pouvoir en place, mais pouvant aussi le contredire. Cette société fait usage de deux types de magie : le *buci* et le *masende*.

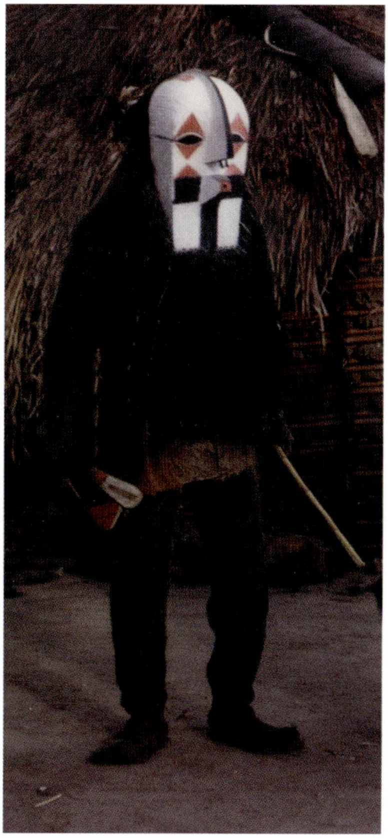

Figure 19 (détail)

members travelling to the village to dance and be rewarded with money or goods in kind. Hoofd writes that kifwebe dressed and undressed in secret in a hut reserved for this purpose. On appearing, it would be accompanied by the chief of the brotherhood, who would not be masked. Masks were not worn in the bush unless an outsider were to pass. Members would don their masks when approaching a village. The dances were reminiscent of bumbuli dances (a variation of bumbudye or mbudye), save that they were performed in the evening (among the bambuli, dancing takes place in the daytime).

Hoofd added an artefact of great importance to his observations: a society mask, which has been in the collection at Tervuren since 1928 (Inv. number EO.0.0.30593) and which Hoofd photographed in action (see Figure 15). W.F.P. Burton doesn't have much to say specifically on the subject of kifwebe, but he took a photo of a group of kifwebe society dancers in the Kabalo region (Figure 20).

What can these three sources tell us?
The society seems to have developed initially in the greater Kabalo region.[14] While the earliest observations concerning these masks date from 1928, we believe the society is older, and developed sometime between 1900 and 1910.
This conclusion is based on the fact that, according to Hoofd, the society had already evolved in a functional sense, from what it had been "before" to what it was "now" (a little before 1928). A ritual evolution such as this takes ten to twenty years. We refuse, however, to see the itinerancy and payment for services as a sign of complete deconsecration. If the society was undergoing important changes in 1928, it nevertheless remained influential. Receiving payment for performances does not guarantee some kind of pseudo-decadence. The bumbudye, bulumbu, and bukasandji are also paid for their services, and remain among the most powerful Luba societies. Their influence is still recognised today.
If kifwebe has lost some of its prestige and strength, it might be for certain very specific reasons we will attempt to explain later.
The most important information concerns descriptions of initiation rituals and mask ceremonies. These various elements as they have been described allow us to intuit strong bonds and a range of borrowed influences among the Songye bwadi bwa kifwebe and the many Luba societies.
We have already highlighted briefly the stylistic links between Songye and Luba kifwebe. To these we must add ritual and iconographic resemblances, as well: during a Luba kifwebe initiation, for example, the novice passes beneath the legs of the initiator, just as in the bwadi bwa kifwebe.

14. MRAC also holds two kifwebe-type leggings that were acquired by W. F. P. Burton in the late 1920s. The museum's records specify that they were acquired in the village of Pungwe.
Does the existence of such pieces in the Lake Kisale region allow us to assume the surprisingly early presence of the brotherhood among the central Luba? We can contest this hypothesis, which in fact rests on nothing more than an error of location: we have recently discovered that these leggings originate not with the Luba in Pungwe, but with the Kalebwe Songye.

Le *buci*, de caractère héréditaire (par la mère), peut être assimilé à une forme bénigne et bénéfique de puissance magique, surtout si on le compare au terrible *masende*. Celui-ci tire sa puissance du contrôle et de l'asservissement de défunts servant à accomplir une besogne sinistre. Le *masende* était, par le passé, communiqué de père en fils. Cette source puissante de sorcellerie était souvent l'attribut des masques masculins, et plus spécialement des masques d'anciens, alors que le *buci* revenait plus souvent aux masques blancs féminins. Les dérives nuisibles de la magie n'étaient pas véritablement combattues chez les Songye, mais elles servaient surtout à asseoir le pouvoir de la confrérie.
Depuis longtemps des chercheurs tentent de déterminer comment le *kifwebe* se diffusa depuis la culture songye (surtout celle des Songye centraux et orientaux) jusqu'aux groupes luba nord-orientaux. Le débat est ancien, mais nous allons essayer d'apporter quelques nouvelles pistes de recherches.

Au vu des ressemblances évoquées, deux théories sont crédibles. Le *bwadi bwa kifwebe* des Songye fut un dérivé du *kifwebe* des Luba ou inversement.
Selon d'importants travaux antérieurs, le *kifwebe* des Luba aurait été « emprunté » au *bwadi bwa kifwebe* des Songye. Nous nous baserons ici en grande partie sur les recherches de W. M. Mutimanwa (1974, pp. 119-120) et de D. Hersak (1986, p. 42-44). Pour W. M. Mutimanwa, qui trouve ses sources dans les traditions orales, le *kifwebe* luba serait d'origine songye pour les raisons suivantes. Tout d'abord la langue utilisée dans le cadre du *kifwebe* est un dialecte songye que les Luba nomment kiyembe. Or, d'après l'auteur, si ces masques étaient d'origine luba, ils utiliseraient le parlé luba et non une langue allochtone. La deuxième information concerne l'origine géographique de la société qui se situerait dans la chefferie de Bena Gende (à cinquante kilomètres au sud de Kisengwa). Cette chefferie est habitée à la fois par des groupes songye et par d'autres populations émanant de la culture luba. L'auteur suggère enfin que le caractère « cubiste » des masques du *kifwebe* des Luba correspond au style plastique « classique » des masques songye. Nous soutenons cette preuve formelle dont nous avons déjà traité.
D. Hersak avance des preuves similaires en précisant que la nature même des masques songye trouve une correspondance certaine avec la statuaire songye, ce qui n'est pas le cas chez les Luba. Elle s'accorde avec W. M. Mutimanwa pour localiser l'origine du *kifwebe* dans cette zone de mixité culturelle qu'est la chefferie de Bena Gende.

D. Hersak explains that during initiation, the novice must crawl between the legs of a society member wearing the male kifwebe mask (HERSAK, 1986, p. 52). She also reports a secret language used to describe the parts of the body and the mask (ibid., p. 60). This "esoteric" language is also present in the bwadi bwa kifwebe. While the terms used are not always the same, there are many resemblances: the left and right cheek are called moon and sun, the back is called lushita (crocodile's muzzle), the legs are called mishi (the one is a mortar, the other a pestle). We can also see a parallel in the naming of the arms, which are called mitengwa in bwadi bwa kifwebe, a term explained by the cryptic phrase "this oar, found in the house and never on the road", perhaps meaning a spoon, the miniature oar that stirs food; arms are called spoons in Luba kifwebe.

The kifwebe and the bwadi bwa kifwebe share another trait: Hoofd notes that society members had a hut where they could change and perhaps store their costumes. This hut exists in the bwadi bwa kifwebe, who call it kyobo. Kyobo is the place where Songye store masks and costumes, and where the dancers dress (HERSAK, 1986, p. 50). We have noted the presence in Luba kifwebe of a non-masked character who leads the masks upon their appearance; a similar character, call musenge, exists in the bwadi bwa kifwebe.

There are other similarities, as well: the kifwebe and the bwadi bwa kifwebe are essentially male societies, which is rare among the Luba, whose societies are mostly mixed.

One of the important public acts of the bwadi bwa kifwebe was to visit various places to which they had been invited, either to dance or to initiate an important member of the local chiefdom. The society would be paid for its services, either in money or, more often, in kind (HERSAK, 1986, p. 54). This begs the question: were the festive dances performed, against retribution, from village to village by the Luba kifwebe – which Hoofd suggests were profane – not in fact a similar kind of public "propaganda"?

Similarities notwithstanding, the two societies are also very different. The first and most visible difference is that there are no male masks or elder masks in Luba kifwebe. Luba masks seem to draw their inspiration from the female bwadi bwa kifwebe masks, with, at least in recent examples, a naso-frontal crest protruding in the form of a small ridge (see Figure 19). Finally, these masks perform diametrically opposed functions. This is a point that I have argued on many occasions with Dunja Hersak. Among the Songye, the bwadi bwa kifwebe is considered a sort of "mafia", serving the powers that be, but also in a position to challenge them. The society uses two kinds of magic: buci and masende. Buci, a matrilineal inheritance,

Nous pouvons compléter ces affirmations. Tout d'abord, si l'on se fie à la date de récolte des plus vieux masques *kifwebe* connus[15], on s'aperçoit qu'ils le furent en territoire relevant clairement de la culture songye. Deuxièmement, en étudiant le fonctionnement du *kifwebe* luba, on constate qu'il s'agit d'un amalgame du *bwadi bwa kifwebe* et d'autres confréries luba (nous aborderons ce point plus loin). Dans le cas du *bwadi bwa kifwebe*, qui ne comporte que peu d'éléments du *kifwebe* des Luba, on est frappé par sa «pureté» relative. Ceci prouverait que le *kifwebe* des Luba est un emprunt adapté à des besoins culturels propres à cette culture. Enfin, nous avions relevé que le *kifwebe* semble être une association purement masculine, ce qui ne constitue pas une habitude chez les Luba. Le seul élément du *bwadi bwa kifwebe* qui pourrait avoir une origine luba est l'usage du kiluba dans certaines confréries du *bwadi bwa kifwebe* (inversant ainsi la pratique linguistique du *kifwebe*).
En effet, il est possible qu'après avoir assimilé le *bwadi bwa kifwebe*, le *kifwebe* ait eu une certaine influence sur cette société présente chez les Songye limitrophes. Ainsi, l'usage d'une langue allochtone, qui souligne le caractère étrange et mystérieux des masques, a pu séduire les Songye qui en empruntèrent la pratique aux Luba. Comme les Luba utilisaient le kiyembe (un dialecte songye), qui ne pouvait être repris par les intéressés, les Songye choisirent le dialecte kiluba. Cette inversion de langue aurait pu naître dans la chefferie de Bena Gende ou dans celle de Paye / Katompe toutes deux étant à forte mixité linguistique et culturelle.

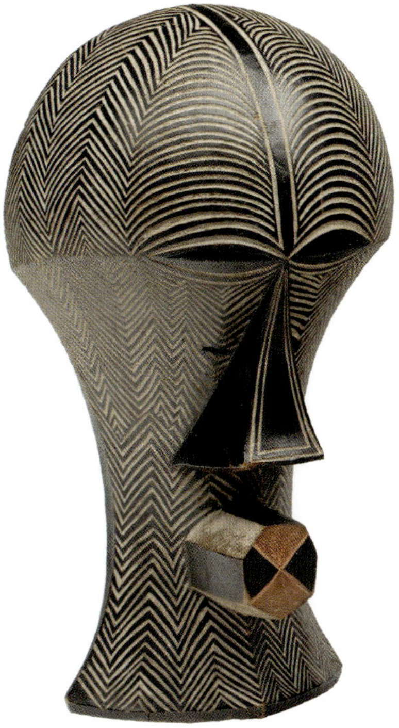

Figure 24

Le développement de la société *kifwebe* peut donc être résumé comme suit.
À un moment donné (certainement au début du XXe siècle), les Luba de la chefferie Bena Gende sont entrés en contact avec le *bwadi bwa kifwebe* tel qu'il était pratiqué dans les chefferies songye. Certains aspects de cette société ont répondu à une attente culturelle. Nous pensons ici notamment au rôle des masques féminins blancs dans le *bwadi bwa kifwebe*. Ces masques sont ceux qui se rapprochent le plus de la fonction première du *kifwebe* des Luba : chasser les déviants. D'après D. Hersak (1986, p. 38), les masques blancs rattachés au *buci* détectent les «choses cachées». Par ailleurs, ces masques sont associés à la nuit et à la lune alors que les masques masculins correspondent plus volontiers à l'astre diurne. Nous savons que la lune joue aussi un rôle très important dans la culture luba. De plus, la couleur blanche des masques les prédisposait à une insertion facile dans la symbolique lunaire des Luba. Cela expliquerait le choix des masques féminins du *bwadi bwa kifwebe*. Leur rôle

15. Il s'agit de quelques rares masques et maschiformes détenus dans des collections publiques et privées qui furent majoritairement collectés dans la dernière décennie du XIXe siècle. L'un des plus connus est celui du Linden Museum de Stuttgart collecté par L. Frobenius (voir Figure 24).

can be assimilated as a benign and beneficial magical power. By comparison, masende *is terrible, drawing power from the dead to advance sinister intentions.* Masende *is traditionally passed from father to son. This powerful source of magic was often an attribute of male masks, especially ancestor masks, while* buci *was associated with female white masks. The Songye had no compunction about using potentially evil magic if it would help to establish the power of the brotherhood.*
Researchers have long sought to understand how kifwebe *spread from Songye culture (especially central and eastern Songye culture) as far as the north-eastern Luba. The debate is old, but we will attempt to explore some new avenues for research.*

Based on the similarities we have highlighted, two theories seem most credible: the Songye bwadi bwa kifwebe *influenced the Luba* kifwebe, *or the other way around.*
According to important earlier work, Luba kifwebe *was borrowed from the Songye* bwadi bwa kifwebe. *Our study will largely be based on the work of W.M. Mutimanwa (1974, pp. 119-120) and D. Hersak (1986, p. 42-44). Mutimanwa argues that the Luba* kifwebe *originated among the Songye. Basing his study on oral traditions, he notes that the language used in* kifwebe *is a Songye dialect, which the Luba call Kiyembe, and contends that masks of Luba origin would be associated with Luba languages, rather than an allochtoon. His second argument is based on the society's apparent place of origin in the Bena Gende chiefdom (50 kilometres south of Kisengwa). Populations of both Songye and Luba origin inhabit this chiefdom. Mutimanwa also suggests that the "cubist" character of Luba* kifwebe *masks corresponds to "classic" Songye handling. As discussed already, we find this formal argument convincing.*

D. Hersak puts forward similar arguments, noting that Songye masks bear a strong natural resemblance to Songye statuary, which is not the case among the Luba. She agrees with Mutimanwa that kifwebe *originated in the culturally mixed zone of Bena Gende chiefdom.*

We can extend this line of reasoning. First, the earliest known acquisitions of kifwebe *masks*[15] *clearly took place in Songye territory. Second, by studying the activities of the Luba* kifwebe, *we see that it resembles a combination of the* bwadi bwa kifwebe *with certain Luba societies (which we will discuss at greater length later). Compared with the Luba* kifwebe, *the* bwadi bwa kifwebe *– which has few of the Luba elements seen in* kifwebe *– seems strikingly "pure". This would suggest* kifwebe *has been borrowed by the Luba and adapted to their specific cultural needs. Finally, we have seen that the* kifwebe

15. *Some rare masks and mask-like objects held in public and private collections acquired mostly in the last ten years of the 19th century. One of the best known, acquired by L. Frobenius, is now in the Linden Museum in Stuttgart (see Figure 24).*

fut renforcé par « l'antenne » que possèdent les masques. Celle-ci sert chez les Luba à détecter et à combattre de manière défensive et offensive les sorciers. Cette interprétation n'est pas attestée chez les Songye qui définissent l'objet comme une corne liée à la sagesse et à l'expérience (HERSAK, 1986, pp. 62-63). Ainsi, il semblerait que les Luba aient mis de côté les masques masculins du *bwadi*, qui entraient certainement trop en contradiction avec les us de leurs confréries. Ils auraient en revanche incorporé et cristallisé le pouvoir du masque blanc féminin (tous les masques blancs du *kifwebe* des Luba ne sont cependant pas des masques féminins). Ce renforcement du pouvoir actif du masque blanc fut peut-être affermi par l'incorporation d'une partie des pouvoirs du *masende*.
Ce dernier aurait été détourné de sa fonction initiale pour servir la communauté, et non la menacer potentiellement de son funeste pouvoir[16].

Moins d'une vingtaine d'années plus tard, la société *kifwebe* nouvellement créée s'est déplacée un peu plus vers l'Est, dans la chefferie luba voisine de Paye / Katompe. Certains exemplaires collectés à Katompe (Figure 15), montrent une influence stylistique clairement songye. Cela tendrait à prouver qu'initialement, les liens avec le *bwadi bwa kifwebe* ne furent pas rompus, et que des sculpteurs de la société *bwadi*, les *kipanga*, ont travaillé pour les sociétés *kifwebe* des Luba. Cela est vraisemblable compte tenu du fait que des productions artistiques songye, comme les statuettes *nkishi*, se sont déplacées bien au-delà de leur culture d'origine. On en trouve des traces chez les Kuba, mais aussi chez les Luba.
De fait, R. V. G. Wauthion précise qu'il existait dans la région de Kongolo une société ayant pour nom *dawa la nkima*. Cette confrérie luba éphémère, était placée sous la protection du « fétiche » *nkima* (« petit singe rouge »), lequel apportait santé, fertilité et protection contre les fauves (WAUTHION, 1940, p. 312). Ce « fétiche » (statue) de plus de 60 centimètres était, d'après l'auteur, de style très clairement songye, et était taillé par le chef de la confrérie, Yakumba, qui était aussi sculpteur. Ce dernier rajoutait des lamelles de cuivre aux paupières de la statue, un autre signe de l'appartenance stylistique songye. Si la mention du *nkima* renforce l'idée d'une diffusion du style songye, elle indique aussi que la zone de Kongolo fut probablement un grand lieu d'échanges culturels et stylistiques entre les Songye et les Luba.

Il est possible que les artistes de la société *kifwebe* aient d'abord travaillé dans un style songye d'après des modèles présents dans le *bwadi bwa kifwebe*. Mais, quoi qu'il en soit,

16. Il existe au moins un masque du *kifwebe* luba collecté dans les années 1970 (région de Kiambi) qui représente « le roi de *majende* » (terme désignant la magie potentiellement néfaste, voir aussi BURTON, 1961, pp. 109-110). Ce masque, actuellement conservé au Musée National de Kinshasa (N° inv. 72.302.176), pourrait confirmer l'incorporation du redoutable *masende* songye dans le *kifwebe* des Luba.

seems to be a purely male association, which is unusual for a Luba society. We believe that the only aspect of bwadi bwa kifwebe which might have a Luba origin is the use of Kiluba in certain bwadi bwa kifwebe brotherhoods (an inversion of the linguistic borrowing we have already noted in kifwebe).
Indeed, it is possible that after having assimilated the bwadi bwa kifwebe, the kifwebe in turn had a certain influence on societies among neighbouring Songye. The use of an allochtoon language to heighten the strange and mysterious character of a mask might have seduced the Songye, who then imported the custom. As the Luba used the Songye dialect Kiyembe, the Songye chose Kiluba. This linguistic inversion could have been born in the chiefdom of Bena Gende, or in Paye/Katompe, which also enjoyed great linguistic and cultural diversity.

The development of the kifwebe society can therefore be summarised as follows: At a particular moment – almost certainly the beginning of the 20th century – Luba in the Bena Gende chiefdom came into contact with the bwadi bwa kifwebe as practiced by the Songye chiefdoms, and were attracted by a certain resonance with their own culture (we are thinking specifically of female white masks, whose role in the bwadi bwa kifwebe – to chase deviants – is closest to that played by the earliest Luba kifwebe masks).
According to Hersak (1986, p. 38), the white masks associated with buci can detect "hidden things". These masks are also associated with night and the moon, while male masks are related more easily with the day-star. We know that the moon plays a very important role in Luba culture, and the white of the masks would have fitted easily into the Luba's lunar symbolism. All of this would explain the use of the white bwadi bwa kifwebe masks. The masks' "antennae" would have strengthened the association. The Luba use these to detect, protect from, and combat witchcraft; the Songye define them as a sort of horn related to wisdom and experience (HERSAK, 1986, pp. 62-63). It would appear the Luba simply set aside the male masks used by the bwadi, which were inconsistent with the custom of Luba societies, instead adopting and focussing the power of the female white mask (note, however, that not all white Luba kifwebe masks are female). The power of the white mask would perhaps have been strengthened in part by the powers of masende, who would thereby have been harnessed into serving the community, alleviating the threat of his dark and deadly power.[16]

Less than twenty years later, the newly created kifwebe society expanded east into the neighbouring Luba chiefdom of Paye/Katompe. Some of the examples found in Katompe (Figure 15) display a clearly Songye stylistic influence. This suggests that, initially, the society maintained its links with the bwadi bwa kifwebe and that bwadi sculptors, known as kipanga,

16. *At least one Luba* kifwebe *mask acquired in the 1970s in the Kiambi region represents "the king of* majende*" (term for a potentially devastating magic power, see also BURTON, 1961, pp. 109-110). This mask, currently housed at the National Museum of Kinshasa (Inv. number 72.302.176), could confirm the incorporation of the dreaded Songye* masende *into Luba* kifwebe.

des différences formelles et des innovations stylistiques virent rapidement le jour et démarquèrent les masques du *kifwebe* de ceux du *bwadi bwa kifwebe*.

Quant à la dispersion de la société, il semble que durant cette période (premier tiers du XXe siècle), celle-ci ne poursuivit pas son essor vers le Sud-Est (zone Ankoro-Manono). En revanche, certains de ces éléments (comme la pratique d'une langue étrangère) ont pu repartir vers l'Ouest, en territoire songye. Cependant, les emprunts du *bwadi bwa kifwebe* au *kifwebe* ont dû être relativement faibles, au regard de la grande différence existant entre les deux. En effet, le *kifwebe* des Luba, qui fut mâtiné de pratiques rituelles empruntées à d'autres confréries, n'avait plus grand-chose à voir avec la société telle qu'elle existait en territoire songye. Le *kifwebe* n'était pas une branche du *bwadi bwa kifwebe* mais bien une confrérie semblant avoir fait sécession. Les échanges durent être peu nombreux voire quasi inexistants. Il est même possible que la pratique d'une langue étrangère au sein du *bwadi* et du *kifwebe* soit une création songye. Cependant, pour étoffer ces diverses hypothèses, il importe maintenant de comprendre le rôle joué par des confréries luba dans le *kifwebe*.

Hoofd donne la plus ancienne description de terrain mettant très clairement en relation le *kifwebe* avec d'autres confréries des Luba et en particulier avec le *bumbuli*. Comme nous l'avons dit, Hoofd précise que les danses de la société *kifwebe* sont similaires à celles du *bumbuli*, bien que dans le *kifwebe* les danses se fissent la nuit. Le *bumbuli*, comme le *bumbulye*, constitue très certainement une variante ou un barbarisme du bien connu *bumbudye* (voir VOLPER, 2007, pp. 371-378). Fort heureusement, Hoofd (non-daté) nous apporte quelques renseignements complémentaires sur les *bambuli*. Pour lui, la secte viendrait de Kabongo et aurait pour fonction principale de danser en cercle à pas rythmés et en effectuant des torsions du corps au rythme du gong, du tambour et du xylophone. Les danseurs s'activent tandis qu'un chanteur se place au milieu du cercle et conte un événement quelconque comme l'arrivée d'un personnage local important ou d'un Européen. La tenue de ces hommes consiste en un vêtement ample recouvert de peaux diverses et comme coiffure une bande d'étoffe sur laquelle sont cousues de petites perles qui forment divers dessins. Au sommet de la coiffe se trouvent des plumes. D'après l'auteur, les *bambuli* tiennent en main soit une longue canne, soit une lance. On retrouve la lance en possession de danseurs *kifwebe* luba dans les années 1970. Grâce à ce complément d'information sur le *bumbuli*, nous pouvons souligner les fortes similitudes existant entre le *bumbuli* et le *bumbudye*. La danse décrite ressemble en tous points

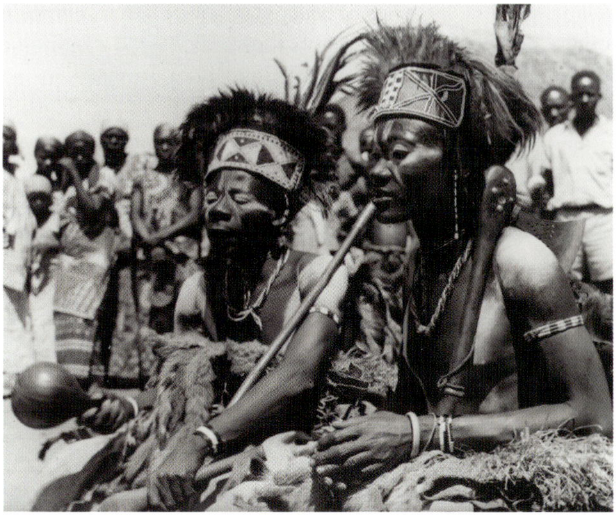

Figure 25

worked for Luba kifwebe *societies – highly probable, given that Songye products (such as* nkishi *statuettes) travelled well beyond their culture of origin. There are traces among the Kuba, for example, as well as among the Luba.*
R. V.G. Wauthion records the existence in the Kongolo region of a society called dawa la nkima. *This ephemeral Luba community was protected by the fetish* nkima *("little red monkey"), which promised health and fertility, and protection from wild beasts (WAUTHION, 1940, p. 312). A statue 60 centimetres tall, this fetish was, Wauthion writes, of a clearly Songye style, and had been carved by the head of the society, Yakumba, who was also a sculptor. He added copper strips to the Figure's eyelids, another stylistic borrowing from the Songye. If* nkima *suggests the spread of the Songye style, it also suggests that the Kongolo was an area of major cultural exchange between the Songye and the Luba.*
It's possible that kifwebe *artists initially worked in a Songye style using models from the* bwadi bwa kifwebe. *Whether or not this is the case, there were soon formal differences and stylistic innovations that differentiated* kifwebe *masks from those of the* bwadi bwa kifwebe.

It seems that during this period (the first third of the 20th century) the society did not spread any further to the south-east (into Ankoro-Manono). Instead, certain elements (such as the use of a foreign language) might have moved west into Songye territory. Given the great differences between the kifwebe *and the* bwadi bwa kifwebe, *it seems borrowings between them must have slowed. In fact, the Luba* kifwebe, *which incorporated ritual practices borrowed from other societies, had little to do with the* bwadi bwa kifwebe *as it existed in Songye territory. The* kifwebe *was not a branch*

à celle pratiquée par les *bambudye* tant pour la chorégraphie que pour les accompagnements musicaux. Il en va de même pour le costume et plus spécialement pour la coiffe qui est certainement le diadème perlé *nkaka* (voir Figure 25). Quant à la lance ou à la longue canne, elles sont aussi des attributs privilégiés du *bumbudye*. Ainsi, le lien entre le *bumbuli* et le *kifwebe* semble bien attesté par Hoofd ; nous sommes à même d'ajouter quelques preuves.

Rappelons que, d'après Tastevin, le protecteur du *kifwebe* des Luba aurait pour nom *ngombe* (le buffle). Or, chez les *bambudye*, l'un des personnages phares de l'association est Lolo Inanombe (la « mère buffle »). De plus, le boviné se retrouve aussi dans un chant d'une confrérie luba très ancienne, le *kabwala* (COLLE, 1913b, pp. 35-38), dans laquelle le *bumbudye* semble puiser certaines de ses origines. Par ce rapprochement avec le buffle, le *kifwebe* des Luba serait fortement lié à la société *bumbudye*, et ce d'autant plus que dans le *bwadi bwa kifwebe*, ce personnage / animal tutélaire n'intervient pas. Nous voudrions aussi attirer l'attention sur un titre honorifique qui figure dans le *bumbudye*. Ce titre est celui de *musenge*, qui désigne dans le *bumbudye* le chef initiateur.

Nous avions noté que le *musenge* figurait aussi dans le *bwadi bwa kifwebe* et qu'il désignait le « meneur de masques ». Pour D. Hersak (1986, p. 46), ce personnage existe et a la même fonction dans le *kifwebe* des Luba. Nous pensons que si ce titre évoque une fois de plus le lien unissant le *kifwebe* au *bumbudye*, l'origine de ce terme n'est pas à rechercher dans le *bwadi bwa kifwebe* mais dans le *bumbudye*. En effet, nous n'imaginons pas cette confrérie, véritable « fer de lance » de la culture luba, faire des concessions aussi importantes que le nom du chef initiateur emprunté à une société étrangère. Ce terme pourrait dénoter l'un des rares emprunts du *bwadi bwa kifwebe* au *kifwebe* des Luba. Pourtant, si le lien avec le *bumbudye* est assez clair, il est une autre société qui semble avoir eu des liens avec le *kifwebe* : le *bukasandji*.

La société du bukasandji (ou buyembe)

La confrérie du *bukasandji* fut l'une des plus critiquées et des plus combattues en territoire luba durant la période coloniale. Bien souvent, l'administration et les missionnaires ne s'arrêtèrent qu'au « grand crime » des membres du *bukasandji* : les pratiques nécrophages.

Cependant, outre le fait qu'il faille minimiser cette « coutume » (ce n'était que certaines parties du cadavre qui étaient ingurgitées et bien souvent lors de rites particu-

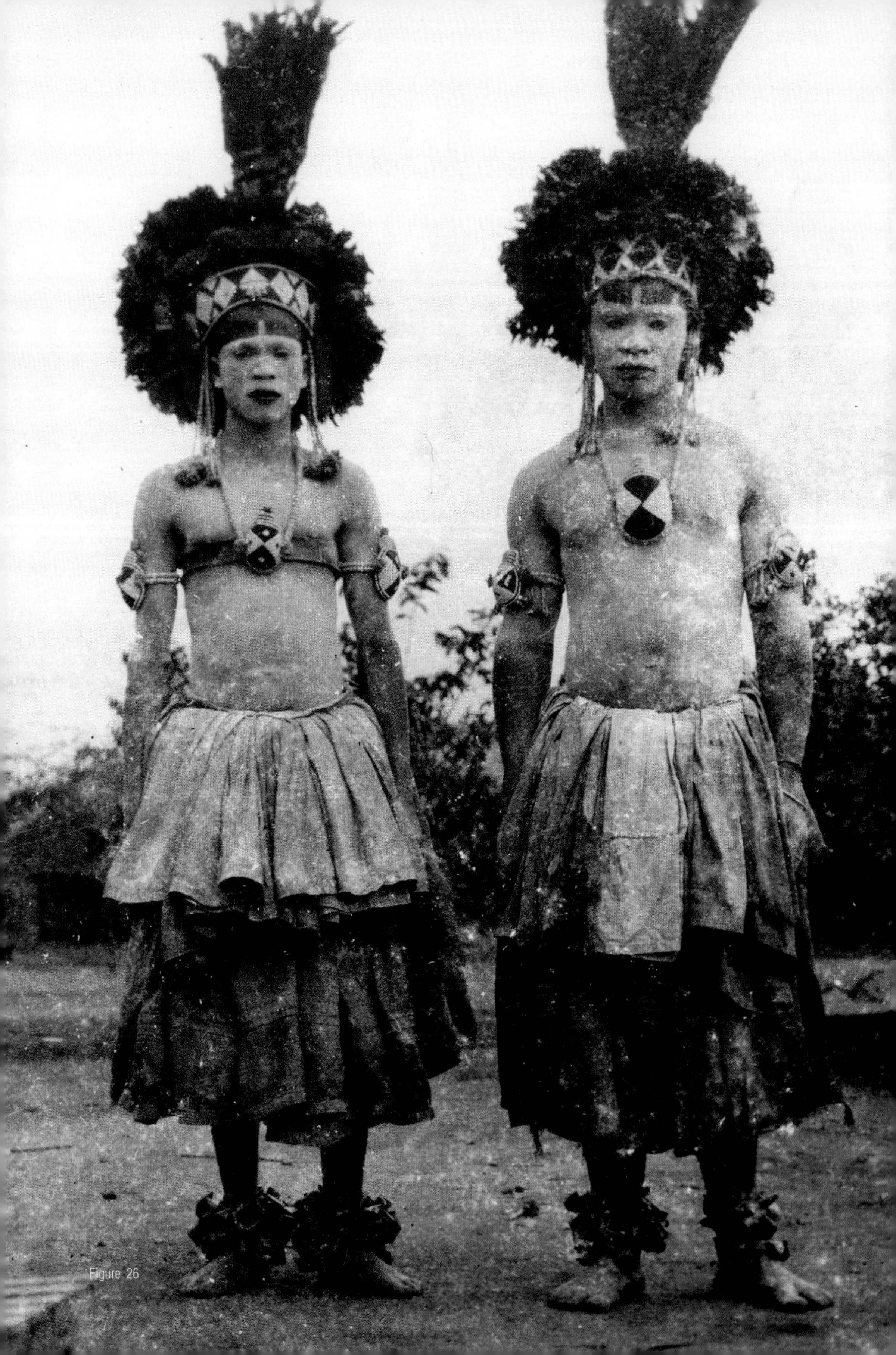

Figure 26

liers), l'activité des *bukasandji* allait beaucoup plus loin que cette particularité gastronomique (COLLE, 1913b, p. 4, nuance d'ailleurs cette pratique). L'une des actions des *bakasandji* (voir Figure 26) était de vendre des charmes et de proposer leur protection à une personne ayant eu prémonition d'un malheur, ou se sentant menacée par l'action néfaste d'une tierce personne ou de l'esprit d'un mort. Ces charmes se matérialisaient sous forme de cornes « chargées » ou, dans des cas plus sérieux, sous forme de statuettes plus ou moins grandes dans lesquelles était fichée une corne chargée (BURTON, 1961, p. 170).

Mais leur intervention apotropaïque la plus importante est d'une toute autre nature. Lorsqu'un *kilumbu* (membre du *bulumbu*) ou un *bakasandji* identifie l'esprit d'un mort comme étant responsable du malheur de leur client, la société du *bukasandji* peut, dans certains cas, décider d'une cérémonie d'un type assez particulier. Se rendant nombreux sur la tombe du coupable, les *bakasandji* exhumaient le corps et, selon son degré de décomposition, en consommaient une grande ou une petite partie. Quand la viande était trop faisandée, elle était mangée en petites portions accompagnées de bananes ou de viande d'un suidé sauvage du type phacochère. Le reste du corps était ensuite brûlé et les cendres jetées dans le cours d'eau le plus proche. Cette pratique avait plusieurs buts. Le premier était de réduire à néant l'habitacle de l'esprit au caractère revanchard qui refusait de quitter sa dépouille terrestre, et faisait subir son courroux aux vivants. L'autre objectif était de récupérer lors de cette opération certains éléments du cadavre qui serviraient plus tard à confectionner des charmes efficaces. Par ces actions et par leurs fonctions, on ne doute pas du lien intime qui unissait les *bakasandji* au monde des morts. À de nombreuses reprises, des morceaux de squelettes humains figurent dans les différentes initiations de la société : des morceaux de crâne (charme le plus puissant du *bukasandji*), des tibias, une mâchoire inférieure, un diadème d'osselets (voir pour plus de détails BURTON, 1961, p. 169 et COLLE, 1913b, pp. 5-9). La présence d'un corps humain était nécessaire pour que le novice apprenne les secrets et les remèdes de la société. D'autre part, le récit fondateur du *bukasandji* est riche de relations avec le monde souterrain.

Nous allons résumer ce récit d'après la version fournie par le Révérend Père Colle (1913b, pp. 3-4). Il y a longtemps, une femme du nom de Mukinda (*mukinda* est aussi un titre élevé de la confrérie), qui habitait dans la région de Buyembe (territoire songye), creusa dans une termitière pour dénicher des termites (mets recherché) au moyen d'une houe. Cependant, alors qu'elle creusait

of the bwadi bwa kifwebe but rather a brotherhood which seems to have seceded. Interaction would have been limited, or else non-existent. It is even possible that the use of a foreign language by both the bwadi and the kifwebe was a practice of Songye origin. In order to flesh out these various hypotheses, we must examine the effect of Luba societies on the kifwebe.

The oldest field document clearly describing the relationship between the kifwebe and other Luba societies, particularly the bumbuli, is a description by Hoofd. As we have noted, Hoofd writes that kifwebe dances are similiar to those of the bumbuli – although kifwebe dances took place at night.
The bumbuli, like the mbulye, was almost certainly a variation or bastardisation of the well-known bumbudye (see VOLPER, 2007, pp. 371-378). Fortunately Hoofd (undated) left further observations describing the bambuli. He believed the sect came from Kabongo, and that its principal gathering was a dance performed in a circle. Bodies were contorted to the rhythm of a gong, drum, and xylophone. A singer in the circle's centre would describe an important event, such as the arrival of an important local personage or a European. The men's clothing was loose and covered with various skins. Their heads were dressed with a band of cloth on which designs had been sewn using small pearls. This was topped with feathers. He further noted that they each carried a long cane or lance. In the 1970s, Luba kifwebe dancers were known to carry lances. Thanks to this information about the bumbuli, we can underline a strong similarity between the bumbuli and the bumbudye. The dance described resembles in all points that practiced by the bambudye both in its choreography and its musical accompaniment. The same is true of the costumes, especially the headdress, which is certainly the pearled nkaka diadem (see Figure 25). The lance or long cane was also an important bumbudye accessory. Hoofd seems to have provided the link between the bumbuli (probably a variation of the bumbudye) and the kifwebe, but we will present further proof.

Remember that, according to Tastevin, the protector of the Luba kifwebe was called ngombe (the buffalo). One of the more important characters associated with the bambudye is Lolo Inanombe ("mother buffalo"). A bovine also appears in a song sung by a very old Luba society, the kabwala (COLLE, 1913b, pp. 35-38), from which the bumbudye seems in part to have originated. Through their relationship with the buffalo, the Luba kifwebe seems strongly linked to the bumbudye, especially since this tutelary character/animal doesn't play a part in the bwadi bwa kifwebe.

sa galerie, elle déboucha dans un vaste lieu sombre. Il était habité par des êtres étranges, des spectres, badigeonnés de couleurs noire, rouge et blanche. Ces créatures dansaient munies de hochets (*minyanga*). Voyant Mukinda, ils la rassurèrent en lui disant qu'ils ne lui voulaient aucun mal. Ils se présentèrent alors comme des *bakasandji* (*bakasanji* ou *bakazanzi*). Ils expliquèrent à cette femme, qui était stérile, la cause de son malheur. D'après eux, sa « mère-mère » (ancêtre ? grand-mère ?) avait coupé la bouillie comme un chien, c'est-à-dire sans la pétrir dans ses doigts. Il fallait, pour conjurer le sort, qu'elle soit initiée ainsi que son frère Kasongo et sa femme Mande (qui est le nom de l'esprit « tutélaire » de la confrérie pour le Révérend Père Colle).

Cette rencontre d'un vivant avec le monde des morts n'est pas un cas isolé dans les mythes luba. Ainsi, dans le récit de Kazula, le fondateur légendaire des confréries du *buyangwe*, du *kabwala* et du *bulumbu*, le héros descend lui aussi dans le monde chthonien dans lequel il rencontre les ombres qui lui enseigneront certains secrets (voir COLLE, 1913b, pp. 15-21).

Pour autant, outre les similitudes de récits, le *bukasandji* entretient quelques liens plus patents avec d'autres confréries. Évoquons d'abord le cas du *tupoyo*, une confrérie en bien des points similaire au *bukasandji*. C'est W. F. P. Burton (1938, pp. 261-262 & 1961, pp. 171-173) qui traita le mieux de cette société. Pour lui, il n'existe guère de différences entre le *tupoyo* et le *bukasandji* : les deux confréries se trouvent dans la même zone géographique (surtout le long du Lualaba) et pratiquent, peu ou prou, les mêmes rites. On retrouve cependant le *bukasandji*, comme le *bumbudye*, en territoire holoholo (voir SCHMITZ, 1912, pp. 278 et 282). Cette extension vers le Nord-Est n'est pas attestée pour le *tupoyo*. De plus, si le grand chef du *bukasandji* a le titre de *bwana mutombo* et est appelé « père » (*tata*) par les initiés[17], celui du *tupoyo* se nomme *kikungulu*. Ce titre, présent dans le *bumbudye*, s'exprime de manière caractéristique dans le *tupoyo* car il n'y a qu'un seul *kikungulu* pour toute la confrérie alors que chez les *bambudye*, chaque faction a un *kikungulu*. Une autre différence réside dans le fait que si les *bakasandji* n'ont pas de « hutte de réunion », les *tupoyo* en ont une dans chaque village où ils officient (la *kaumbangwa*). Outre ces divergences mentionnées par W. F. P. Burton, d'autres points diffèrent, notamment les extractions de morts néfastes.

Dans le *tupoyo*, on plantait dans le crâne du mort une lance pour le clouer définitivement. Précisons aussi que les « esprits tutélaires » du *tupoyo* ne sont pas les mêmes que ceux du *bukasandji*. Ceux du *tupoyo* sont au nombre de trois : *kimongote* (un esprit masculin), *masombo* (un esprit féminin), et *ntambo a tupoyo* (« le lion du *tupoyo* »).

17. Pour Colle (1913b, p. 14), il serait appelé *mukulu ya buyembe* (l'ancien du *buyembe*) et parfois *Ilunga ntambo*, (« Ilunga le lion »).

It is also interesting to note one of the bumbudye*'s honorific titles,* musenge*, used for the chief initiator. We have pointed out that* musenge *has a role in the* bwadi bwa kifwebe *as "keeper of the masks". D. Hersak (1986, p. 46) believes this personage exists and has the same function in the Luba* kifwebe*. We think that if the title links the* kifwebe *to the* bumbudye*, its origin is there, and not in the* bwadi bwa kifwebe*. Put simply, it is hard to imagine the* bumbudye*, a veritable pillar of Luba culture, borrowing something as important as the title of its chief initiator from a foreign society. This term might be one of the rare borrowings the* bwadi bwa kifwebe *takes from the Luba* kifwebe.

Even if the link with the bumbudye *is fairly obvious, however, there is yet another society that has links with the* kifwebe*: the* bukasandji.

The bukasandji (or buyembe) society

The bukasandji *was one of the most heavily criticised and persecuted Luba societies of the colonial period. Administrators and missionaries generally knew only one thing about the* bukasandji*: their "great crime", necrophagy.*
While the bukasandji *may have practiced this "custom", in which only certain parts of the cadaver were ingested, mostly during specific rituals (COLLE, 1913b, p. 4, plays down the practice), it was a means rather than an end.*

The bakasandji *(see Figure 26) sold charms and offered protection to people suffering premonitions of misfortune, or feeling threatened by a third party or the spirit of someone dead. These charms took the form of "filled" horns or, in more serious cases, statuettes of various sizes to which such a horn was affixed (BURTON, 1961, p. 170). But their most important apotropaic activity was of a completely different nature. When a* kilumbu *(*bulumbu *member) or a* bakasandji *identified the spirit of a dead person as being responsible for a client's misfortune, the society might, in certain cases, engage in a very unusual ceremony. Assembling in large numbers at the grave of the guilty party, the* bakasandji *would exhume the body and, depending on the state of decomposition, ingest larger or smaller quantities of the corpse. If the flesh was too rancid, it was eaten in very small portions accompanied by bananas or the meat of a wild, warthog-like pig. The rest of the corpse was then burned and the ashes dumped in the nearest body of water. This practice had several goals: the first was to reduce to nothing the receptacle for the vengeful spirit who refused to leave his earthly home, subjecting him to the wrath of the living. The other was to harvest certain body parts which*

Malgré ces quelques dissemblances, on peut cependant se demander si ces deux sociétés n'ont pas une origine commune et si elles n'entretenaient pas des relations privilégiées avec le *bumbudye*. Nous avions déjà fait remarquer, en ce qui concerne le *tupoyo*, que le titre du haut dignitaire se retrouvait dans le *bumbudye*. Par ailleurs, les rares écrits abordant la question des rapports qui existent entre le *bumbudye*, le *tupoyo* et le *bukasandji* mettent en avant une certaine collaboration[18]. G. A. Joset (1934, pp. 38-41), par exemple, écrit que dans la région de Kinda et de Kabongo, les *bambudye* exécutaient des danses pour les cérémonies du *bukasandji*. Selon lui, ces danses avaient lieu lors du rituel visant à se débarrasser d'un mauvais mort et se déroulaient comme suit : le soir précédant la cérémonie, les *bambudye* venaient danser avec les *bakasandji*. L'auteur dit que ces derniers se distinguaient par leur pagne de peaux (singe, serval, léopard, hyène) qui leur ceignait les reins. Les *bambudye,* de leur côté, ne portaient qu'une peau de singe (colobe ?) au niveau des fessiers. Le jour de la cérémonie, les *bambudye* continuaient de chanter et danser pendant que les *bakasandji* entraient en action et déterraient le corps. L'auteur dit par ailleurs que les *bakasandji* sont « liés au bouc » et ne mentionne pas de pratiques anthropophagiques. Nous supposons donc que les *bambudye* et les *bakasandji* travaillaient parfois de concert. Pour aller plus loin, un autre auteur, A. Van Malderen (1935a, p. 22), précise que le *buyembe* (*bukasandji*) n'était autre que la branche supérieure du *bumbuli*. A. Van Malderen continue en disant que le *buyembe* avait en charge la direction des *visanguka* (les « homme-lions »). Le rôle initial de ces *visanguka* était de mettre physiquement fin aux agissements des sorciers, mais ils pouvaient aussi faire office de sicaires pour le compte d'un puissant et accomplir des vengeances personnelles (voir aussi VOLPER, 2009a, pp.60-62).
En revanche, nous n'avons pas d'information sur les éventuels rapports unissant les *bambudye* et le *tupoyo*.

Une autre « société » est très proche du *bukasandji* : le *bumbudi*. A. Van der Noot est le seul auteur à en faire une brève mention (VAN DER NOOT, 1935, pp. 113-115). Les membres de cette confrérie portaient, entre autres emblèmes, une coiffe de plumes de l'oiseau de nuit *lubwata*. Cependant, l'existence de cette confrérie comme entité indépendante est incertaine, car elle présente sous bien des aspects des traits empruntés au *mbudye* et au *bukasandji*.
Ainsi, elle est définie par A. Van der Noot comme ayant des tendances nécrophagiques, car le repas des initiés se compose de pâte et de feuilles de manioc accommodées de chair humaine. Cette particularité culinaire la

18. W. F. P. Burton est véritablement le seul auteur à insister sur les rivalités ayant pu exister entre le *bukasandji*, le *tupoyo* et les *bambudye* (BURTON, 1961, p. 171). D'après lui, le *bukasandji* et le *tupoyo* sont en lutte de pouvoir permanente, mais ils cessent leurs rivalités lorsqu'ils se confrontent aux *bambudye*.

would later serve to make powerful charms. The bakasandji *were very strongly linked, by their actions and their purpose, to the world of the dead. Human skeletal remains often played a role in society initiation rituals: pieces of skull (the most powerful charm known to the* bakasandji*), tibias, the lower jaw, or crowns of small bones (for more detail, see BURTON, 1961, p. 169 and COLLE, 1913b, pp. 5-9). The presence of the human body was needed if the novice was to learn the society's secrets and remedies. The narrative describing the society's origins is rich with relations to the underworld.*

*Using the version provided by Reverend Father Colle (1913b, pp. 3-4), we can briefly summarise the story as follows: Long ago, a woman named Mukinda (*mukinda *is also an elevated title in the society) was digging for termites, a much sought-after food, using a hoe. Her digging uncovered a vast, dark place, inhabited by strange creatures, spectres painted in red, black, and white. They were performing a dance using rattles (*minyanga*). They reassured Mukinda, explaining they wished her no harm, and introduced themselves as the* bakasandji *(*bakasanji *or* bakazanzi*). They also explained to her why she was sterile, telling her that her "mother-mother" (ancestor? grand-mother?) had prepared porridge "like a dog", that is, without kneading it with her fingers. Mukinda, her brother Kasongo, and his wife, Mande (which is the name Colle gives to the "patron" spirit), would all have to be initiated.*

This is not the only time a living person encounters the world of the dead in Luba mythology.
In the story of Kazula, the legendary founder of the buyangwe, kabwala *and* bulumbu *societies also descends to the chthonic world. The shades he meets there teach him certain secrets (see COLLE, 1913b, pp. 15-21).*
There are other, more manifest links between the bukasandji *and other societies. One is the* tupoyo*, a society with many similarities to the* bukasandji*. W.F.P. Burton (1938, pp. 261-262 & 1961, pp. 171-173), who knows the society well, feels there are hardly any differences between the* tupoyo *and* bukasandji*. They are found in the same locations (particularly along the Lualaba) and practice more or less the same rites.*

However, while both the bukasandji *and the* bumbudye *are to be found in Holoholo territory (see SCHMITZ, 1912, pp. 278 and 282), the* tupoyo *does not spread as far to the north-east. Whereas the title of the* bukasandji *high chief is* bwana mutombo *and he is called "father" (*tata*) by initiates,*[17] *the* tupoyo *chief is called* kikungulu*. This title is also used by the* bumbudye*, but applied differently by the* tupoyo*, who have only one* kikungulu *for the entire society, whereas each* bumbudye *faction has its own* kikungulu*. Another difference*

17. *Colle (1913b, p. 14) believes he is called* mukulu ya buyembe *(elder of the* buyembe*) and sometimes* Ilunga ntambo, *"Ilunga le lion".*

rapprocherait du *bukasandji*. D'un autre côté, l'auteur précise que cette société est puissante et compte parmi ses membres des « grands sorciers » (des *kilumbu* ?) et des chefs de terre, ce qui constitue le cheptel d'ouailles du *bumbudye*. D'autre part, le chef de la confrérie posséderait un panier, le *dikumbo*, qui est source de pouvoir et qui est présent à toute occasion. Or, le *dikumbo* est l'un des objets les plus sacrés de la royauté luba et est destiné à conserver la tête des souverains décédés (DE HEUSCH, 1972, pp. 44-46). Il ne s'agit pas ici de dire que le *dikumbo* de la royauté est celui du *bumbudi*, mais, pour avoir connaissance de ce type d'objet et pour le réutiliser dans un autre contexte, la société devait être très proche du pouvoir en place, ce qui nous renvoie encore au *bumbudye*.
De plus, la localisation de cette « secte » la placerait à l'est du territoire de Kabongo, bien que, d'après l'auteur, son origine soit à rechercher à l'est du Lualaba (comme le *bumbudye*).
Il est donc possible que cette « société » ne soit qu'un amalgame de renseignements collectés par l'auteur sur le *bumbudye* et sur l'une de ses excroissances : le *bukasandji*.

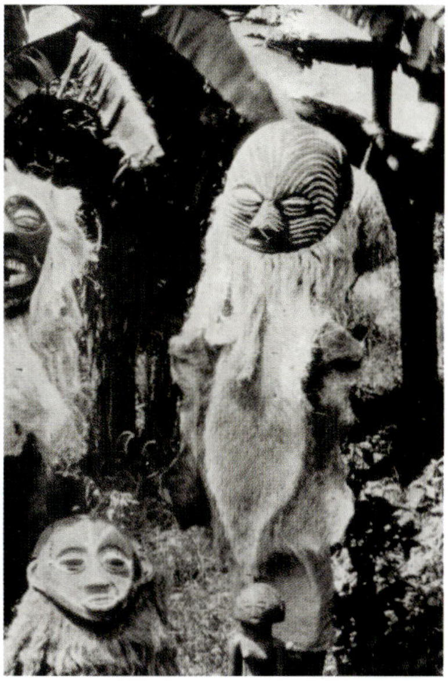
Figure 21 (détail)

Une troisième confrérie est à mettre en rapport avec le *bukasandji* : le *kyeusi*. Le seul chercheur qui collecta des données à son propos fut W. M. Mutimanwa. Il obtint des renseignements auprès d'un unique informateur, une « maman » du village de Lukunde souvent possédée par l'esprit Kyeusi (MUTIMANWA, 1974, pp. 33-34).
D'après cette femme, la confrérie tirerait son nom de l'esprit éponyme. Ce dernier était la sœur des esprits appelés *bifwebe*. Tous étaient sortis d'un souterrain et s'installèrent en brousse. Seule Kyeusi (originaire de la région de Buyembe) quitta ce lieu pour s'en aller auprès des hommes. Toujours d'après l'informatrice, Kyeusi peut « saisir » des êtres humains et les faire entrer en transe. Le costume des membres du *kyeusi* est assez simple et se caractérise par une coiffure de plumes et des peaux de singes nouées par une corde. Cette dernière particularité se retrouverait sur un masque féminin de la société, le masque *mande*, possédant des peaux comme certains masques ronds à stries (Figure 21). Divers rangs marquent la hiérarchie de la confrérie. *Kitenge* est le plus haut placé, puis viennent d'autres titres comme *makonde*, *lumani*, *kasongo*, *ntambo* et *lumamba*.
Le *kyeusi* accomplit deux tâches. La première, la plus importante, est d'écarter les mauvais revenants. Pour cela, les initiés déterrent et brûlent le corps coupable, puis récupèrent certains ossements pour en faire des charmes. La deuxième fonction est liée à la connaissance de charmes permettant de guérir et de soigner.

is that while the bakasandji have no "meeting huts", the tupoyo keep one (a kaumbangwa) in each village where they are active. There are other dissimilarities besides those noted by Burton, particularly the extraction of harmful spirits.

The tupoyo would pierce the skull of the deceased with a lance to seal it definitively. We should also note that the "tutelary spirits" of the tupoyo and bukasandji are not the same. The tupoyo recognise three: kimongote (a male spirit), masombo (a female spirit), and ntambo a tupoyo (" the lion of the tupoyo").

Despite these few differences, we can ask ourselves if these two societies don't share a common origin, and if they didn't have privileged relations with the bumbudye. We have already noted that the high dignitaries of the tupoyo and the bumbudye share a title. Additionally, the rare texts examining the relationships which exist between the bumbudye, the tupoyo, and the bukasandji stress a level of collaboration.[18] G.A. Joset (1934, pp. 38-41), for example, writes that the bambudye in the Kinda and Kabongo region performed bukasandji ceremonial dances. According to him, these dances were part of a ritual expelling evil spirits. As he describes it, the evening before the ritual, the bambudye came to dance with the bakasandji, who could be recognised by their loincloths of animal hides (monkey, serval, leopard, hyena). The bambudye would only wear a single (colobus?) monkey skin across their buttocks. The day of the ceremony, the bambudye continued chanting and dancing, while the bakasandji disinterred the corpse. Joset writes elsewhere that the bakasandji are "linked with the goat" and doesn't mention any anthropophagic practices. We assume the bambudye and the bakasandji sometimes worked together. Another author, A. Van Malderen (1935a, p. 22), claims that the buyembe (bukasandji) are none other than an elevated branch of the bumbuli (a bastardisation or variant of the bumbudye). Van Malderen further states that the buyembe oversaw the visanguka ("lion-men"). The earliest role of the visanguka was to put a physical stop to the work of witches, but they could also act as assassins for powerful people, taking part in personal vendettas (see also VOLPER, 2009a, pp. 60-62). On the other hand, we have no information about any possible association between the bambudye and the tupoyo.

Another society very similar to the bukasandji is the bumbudi. In his brief mention (VAN DER NOOT, 1935, pp. 113-115) – the only one in the literature – A. Van der Noot reports that members of this society wore, among other emblems, a headdress of feathers from the nocturnal lubwata bird. The existence of

18. W.F.P. Burton is the only author to have investigated the rivalries that might have existed between the bukasandji, the tupoyo, and the bambudye (BURTON, 1961, p. 171). He claims the bukasandji and the tupoyo are engaged in a permanent power struggle, but cease their hostilities when confronting the bambudye.

Ces informations montrent les grandes similitudes entre le *bukasandji* et le *kyeusi*. Premièrement, le costume *kyeusi* rappelle fortement celui du *bumbudi,* société dans laquelle nous voyons un amalgame du *bumbudye* et du *bukasandji*. Deuxièmement, la plupart des grades du *kyeusi*, comme le *kitenge*, le *kasongo* ou le *ntambo*, existent dans le *bukasandji*. Il y a cependant quelques différences, notamment en ce qui concerne le chef des deux confréries. Dans le *bukasandji*, le *ntambo* est le plus haut dignitaire alors que dans le *kyeusi* ce rôle revient au *kitenge*.
Pourtant, ces dissemblances ne sont rien en regard d'autres similitudes. On notera ici le rapprochement de la fonction principale des deux sociétés qui déterrent, brûlent et récupèrent les ossements des « mauvais morts ». Mentionnons également que l'esprit Kyeusi venait du Buyembe et que c'est dans cette région songye que se trouverait l'origine du *bukasandji*. Enfin, on relèvera la présence dans le *kyeusi* d'un génie ayant pour nom Mande.

Mande est un esprit de l'Est présent dans le *bumbuli*, confrérie dans laquelle il forme un duo avec Kibawa (TASTEVIN, 1938, cours 19, pp. 14-15). De plus il relève aussi, en tant que génie tutélaire, du *bukasandji*.
Au vu des éléments comparatifs évoqués entre le *kyeusi* et le *bukasandji* nous concevons le *kyeusi* comme une variante moderne du *bukasandji*.
Pourquoi moderne ? Tout simplement parce que les seuls éléments existants sur cette société furent collectés dans les années 1970 et que nous n'en avons aucune trace antérieure.

Les arts dans le bukasandji

Lorsqu'on évoque le terme art et « société secrète » chez les Luba, on pense toujours à des confréries comme le *bulumbu* et le *bumbudye* dont certaines des œuvres produites en leur sein sont maintenant bien connues du public européen, notamment les porteuses de coupe *mboko* des *kilumbu* et les planches mnémotechniques *lukasa* des *bambudye*. Pourtant ces œuvres emblématiques ne sont pas les seules qu'ont créées ces confréries. Ainsi, de nombreuses statuettes étaient utilisées lors des initiations des novices au *bumbudye* et le *bulumbu* faisait aussi usage de statuettes fichées sur une pointe en fer. Nous savons peu de choses sur ces divers objets, et cette ignorance ne rend que plus patente l'absence de travaux traitant spécifiquement de l'expression artistique des confréries luba.

Le cas particulier du *bukasandji* n'échappe pas à cette règle bien que quelques types d'objets cultuels relevant de cette confrérie furent présentés dans des ouvrages spécialisés.

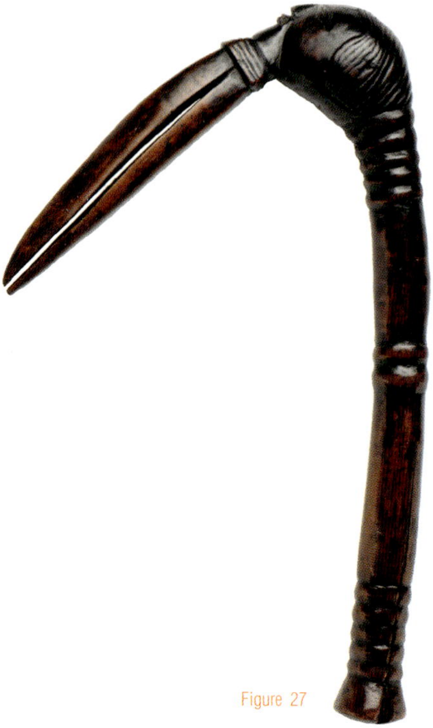

Figure 27

this society as an independent entity is uncertain, however, as it demonstrates traits borrowed from both the mbudye *and the* bukasandji.

A. Van der Noot defines the society as having necrophiliac tendencies: initiates ate a meal of pounded manioc leaf with human flesh. This culinary particularity seemingly links it to the bukasandji. *On the other hand, Van der Noot specifies that the society is powerful and includes among its member "great witch doctors" (*kilumbu?*) and chieftains, the shepherds of the* bumbudye *flock. The leader of the society possesses a basket, the* dikumbo, *which is a source of great power, present on all occasions. The* dikumbo *is also one of the most sacred objects of Luba royalty, used to hold the heads of deceased kings (DE HEUSCH, 1972, pp. 44-46). This doesn't mean the royal* dikumbo *is used by the* bumbudi, *but to know about this type of object and to be able to use it in a different context would require a very close relationship to the structures of power, and once again sends us back to the* bumbudye.

Additionally, the location of this "sect" would put it to the east of the Kabongo, even though Van der Noot believes that, like the bumbudye, *it originated to the east of the Lualaba.*

It is therefore possible that this "society" is in fact no more than a synthesis of information collected by Van der Noot about the bumbudye *and its offshoot, the* bukasandji.

A third society is linked with the bukasandji*: the* kyeusi, *about which W.M. Mutimanwa is the only researcher to have collected data. His information came from a single informant, a "mother" from the Lukunde village who was often possessed by the spirit of Kyeusi (MUTIMANWA, 1974, pp. 33-34).*

According to this woman, the society takes its name from an eponymous spirit, sister of those called bifwebe. *These* bifwebe *all left the underground and went to live in the bush. Only Kyeusi, (who comes from the Buyembe region) moved on to live near men. Still according to the same source, Kyeusi can "seize" humans and place them in a trance. The costume worn by* kyeusi *members is quite simple, and is characterised by a headdress of feathers and monkey skins knotted with a rope. This last detail is also seen on* mande, *one of the society's female masks, which possesses hides similar to those of some round striated masks (Figure 21). The society has a complex hierarchy.* Kitenge *is the highest title, followed by others, such as* makonde, lumani, kasongo, ntambo, *and* lumamba.

The kyeusi *have two purposes. The first and most important is to chase away evil spirits, which they do by exhuming and burning the guilty body, before harvesting certain bones. The second function is linked to skill with healing charms, for which the collected bones are used.*

Les œuvres réalisées par les sculpteurs de la confrérie sont pourtant variées et nous allons en présenter certaines d'entre elles.

Il y a en premier lieu des insignes honorifiques sculptés bien connus des spécialistes et des amateurs que l'on nomme communément « herminettes » sans que ce terme ne renvoie spécialement à un usage véritable. Elles sont monoxyles et se caractérisent surtout par une tête humaine sculptée dans le prolongement de laquelle se trouve un bec d'oiseau plus ou moins ouvert selon les exemplaires (Figure 27-28).
Il arrive cependant que certaines herminettes ne présentent qu'une tête d'oiseau (Figure 29) ou bien une tête de volatile et une tête humaine bien distinctes (Figure 30).
D'après Colle, cette herminette était utilisée lors des funérailles d'un membre du *bukasandji*. En cette occasion, chaque initié se couvrait de kaolin et tenait d'une main une hache, et de l'autre un « instrument » (*nyuzya*) représentant une tête d'oiseau à long bec (COLLE, 1913a, p. 538). Cette dernière description conviendrait à l'objet dont il est question. Celui-ci pourrait être une herminette cérémonielle, symbole de l'herminette véritable qu'utilisent les *bakasandji* pour déterrer les corps (VAN MALDEREN, 1935b, p. 40). Nous disons « cérémonielle » dans le sens où nous ne pensons pas que le *nyuzya* fut utilisé dans le cadre de l'extraction des corps. Le fait qu'il soit en bois (non-ferré) et de taille médiocre ne le destine pas à un usage véritable. D'autre part, les *nyuzya* que nous avons observés ne portent guère de marques d'usure au niveau du bec fouisseur.

La question iconographique du *nyuzya* demeure problématique. Il apparaît comme primordial de mieux comprendre le pourquoi d'une représentation unissant dans la plupart des cas, bien qu'en les différenciant clairement, la part animale et la part humaine.
Nous avons dit précédemment que les *bakasandji* pouvaient œuvrer de concert avec les *kilumbu*. Cette collaboration avait lieu notamment lorsqu'il s'agissait de découvrir l'agissement d'un mauvais mort. Cette donnée est d'autant plus intéressante que W. F. P. Burton (1961, p. 55) précise que les *kilumbu* possédés par l'esprit Kibawa portent autour du cou un bec de calao terrestre (*bucorvus leadbeateri*). A. Van Malderen dit que les adeptes de la société ne mangeaient pas le calao (que l'auteur nomme erronément vautour), puisqu'il est « tabou » (VAN MALDEREN, 1940, p. 230). En nous fondant sur le travail de W. F. P. Burton dans la région Sud-Ouest du Lualaba (mission de Mwanza), nous émettons l'hypothèse que les

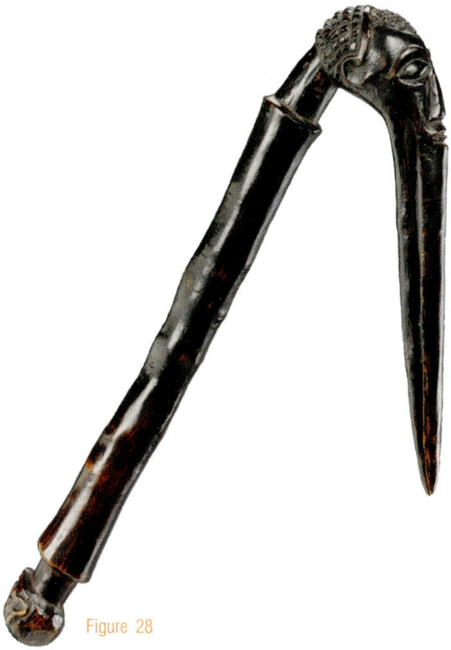

Figure 28

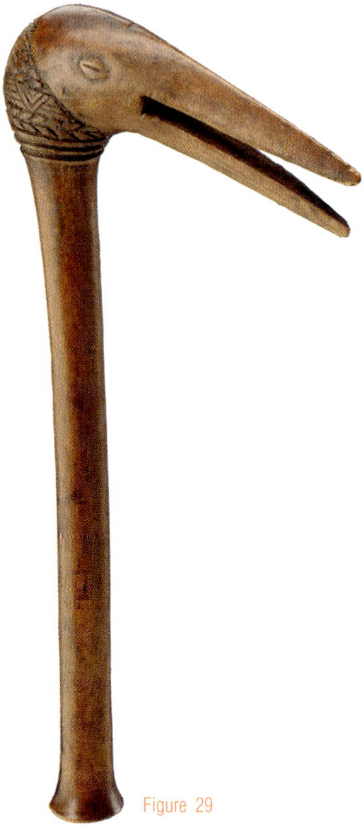

Figure 29

These details reveal the great similarities between the bukasandji *and the* kyeusi. *First, the* kyeusi *costume strongly recalls that of the* bumbudi, *a society incorporating aspects of the* bumbudye *and* bukasandji. *Second, most of the titles used by the* kyeusi *for different grades – such as* kitenge, kasongo, *and* ntambo *– exist in the* bukasandji. *There are nevertheless some differences, especially concerning the leaders of the two societies. In the* bukasandji, ntambo *is the highest grade; in the* kyeusi, *the highest grade is* kitenge.
These variations are nothing, however, compared to the resemblances. We are thinking specifically of the two societies' most important activity: disinterring, burning, and harvesting the bones of "vengeful dead". We also recall that the Kyeusi spirit came from Buyembe, the Songye region where bukasandji *originated. Finally, we note the relation in the* kyeusi *to a spirit called Mande.*

Mande is a spirit of the east known to the bumbuli, *where he forms a duo with Kibawa (TASTEVIN, 1938, lecture 19, pp. 14-15). This tutelary spirit also derives from the* bukasandji.
In light of all the elements linking the kyeusi *and the* bukasandji, *we consider the* kyeusi *to be a modern variant on the* bukasandji.
Why modern? Quite simply because the only elements known about this association were acquired in the 1970s, and we can find no earlier evidence of their existence.

Art in the bukasandji

The first groups to come to mind when contemplating the art of Luba "secret societies" are brotherhoods such as the bulumbu *and* bumbudye, *which produced certain works, notably* bulumbu mboko *cup-carriers and* bambudye lukasa *memory boards, which have become well-known in Europe. These societies produced many other objects, however, including statuettes used by the* bumbudye *during initiation. The* bulumbu *also used statuettes, stuck on an iron spike. We don't know much about these objects, and our ignorance only serves to highlight the lack of work specifically examining the artistic production of Luba brotherhoods.*

The bukasandji *are no exception. A few objects relating to this society have been the subject of scholarly work, but* bukasandji *sculptors produce a wide variety of items, some of which we will examine here.*

First there are the well-known carved honorific insignia which specialists and connoisseurs call "adzes", even if they are not really used as such. They are characterised by a human head

devins de Kibawa, accoutrés du bec du sympathique volatile, venaient de cette région. À son tour, V. L. Cameron vit près de Kinkondja (village de Kohouedi), un *kilumbu* possédant autour du cou un pendentif composé de crânes d'oiseaux sculptés (CAMERON, rééd. 1878, p. 348). Enfin, une photo de terrain prise en 1988 par M. H. Nooter dans la zone de Kabongo (NOOTER & ROBERTS, 1996, Figure 184) confirme la pérennité de l'usage du « collier à becs » par les *kilumbu* à une date plus récente.

L'hypothèse que les *nyuzya* reprennent l'image du devin portant au cou le bec de calao se tiendrait. Mais, si cela est le cas, pourquoi le calao est-il rattaché à l'esprit Kibawa, et pourquoi cette symbolique « kilumbesque » est-elle entrée dans le *bukasandji* ?
Afin de mieux appréhender ces différentes questions, il importe tout d'abord de dire quelques mots sur Kibawa. Selon Colle, Kibawa est l'un des grands esprits de l'Est (KIBAWA, 1913a, p. 439). Très puissant, il aurait pour demeure une grotte, peu éloignée du village de Mpenge, sur le mont Mugila. Il a pour « fétiche » une pierre blanche vaguement céphalomorphe incrustée de grenats. Cette pierre se place dans une courge à l'intérieur d'une cabane faite d'écorces d'arbres aux vertus spécifiques.
Pour A. F. Roberts, il est un redoutable esprit du monde souterrain et serait apparenté à la lune (ROBERTS, 1980, pp. 105-126). L'action d'un esprit qui prend possession d'un *kilumbu* se dit *kutentama*. Or, ce terme est plus généralement employé pour désigner l'apparence de la lune nouvelle. Toujours d'après A. F. Roberts, la majorité des esprits / défunts dépendent de Kibawa.
Quant au rapprochement avec la lune, J. D. Studstill (1969, p. 129) pense que Kibawa, vivant dans une grotte montagneuse (en hauteur), est forcément en rapport avec l'astre nocturne et, par ce biais, lié à la fertilité (action bénéfique de la lune chez les Baluba). Cette explication est très vraisemblable, car selon le Révérend Père Colle les montagnes du Nord-Est du pays luba (dont relève le mont de Kibawa) ont un aspect blanchâtre (COLLE, 1913a, p. 911). Or, la couleur blanche se rattache à la lune à laquelle les Luba accordent une grande importance[19].
Chez les Bwile de la région du lac Moero, une croyance veut que les esprits partent de la montagne-caverne de Kibawa pour franchir la rivière Luvua à bord d'une pirogue menée par un des leurs, le nocher Mwilambwe, pour entrer dans le monde des vivants et susciter la transe du médium (PETIT, 1995, p. 121). Au sujet de la résidence de Kibawa, la caverne dans une montagne, quelques rapprochements sont à faire avec la lune. Une montagne claire et bien visible dans laquelle se situe, comme un

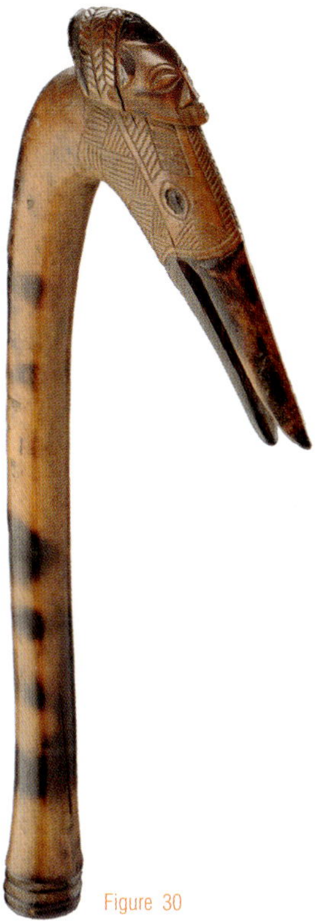
Figure 30

19. Autrefois dans la ville de Kinkondja (PETIT, 1995, p. 114), il existait près de chaque maisonnée des petites huttes portant le nom de *kabafu* (« les petites maisons des morts »). Ces *kabafu* abritaient le *mpemba* (kaolin) cultuel et parfois quelques perles blanches. À chaque lune nouvelle, ou lorsque l'aide des défunts était souhaitable, le chef de foyer se poudrait de kaolin avec les gens de sa lignée présents, et convainquait les esprits familiaux résidant dans les *kabafu* de protéger la maisonnée. Le jour suivant la lune nouvelle, on sortait tous les charmes, les ustensiles ménagers ainsi que les jeunes enfants pour les poudrer de cette terre blanche et les exposer à la lumière de l'astre nocturne. Toutefois, la lune n'est pas directement objet de culte, mais son apparition indique une reprise de contact avec les esprits, véritables destinataires des libations. Les exemples de ce type sont multiples, aussi bien dans le domaine privé qu'au sein des confréries.

extending into a beak, which is more or less open depending on the specimen (Figure 27-28). Sometimes adzes feature only a bird's head, or else two distinct heads, one human, one avian (Figure 30).
According to Colle, the adze was used at funerals for bukasandji *members. Initiates, covered with kaolin, would carry an axe in one hand and an "instrument"* (nyuzya) *representing a bird with a long beak in the other (COLLE, 1913a, p. 538). This would seem to be a description of the object in question. This ceremonial object might be symbolic of the real adzes* bakasandji *used to disinter corpses (VAN MALDEREN, 1935b, p. 40) – ceremonial in the sense that a* nyuzya *would probably not have been used in actual digging. Small and made of wood (rather than iron), they would not have been very practical as tools, and the* nyuzya *that we have examined show very little wear at the tip of the beak.*

The nyuzya *presents a difficult iconography. The first step would be to understand why in most cases, albeit to different extents, they are part animal and part human.*
We suggested above that the bakasandji *might have collaborated with the* kilumbu*. This would have happened mostly when seeking out malicious dead. Interestingly, W.F.P. Burton (1961, p. 55) reports that* kilumbu *possessed by the spirit Kibawa would wear the beak of a ground hornbill (*bucorvus leadbeateri*) around their necks. A. Van Malderen writes (VAN MALDEREN, 1940, p. 230) that it was "taboo" for society members to eat the hornbill (which he incorrectly described as a "vulture"). Based on W.F.P. Burton's work in the area, we hypothesise that Kibawa soothsayers, wearing the beak of this bird, came from the south-west Lualaba region. Near Kinkondja (Kohouedi village), V.L. Cameron saw a* kilumbu *wearing around his neck a pendent of sculpted birds' skulls (CAMERON, republished 1878, p. 348). Lastly, a field photo taken by M.H. Nooter in 1988 in the Kabongo area (NOOTER & ROBERTS, 1996, Figure 184) confirms the continued use of "beak necklaces" by* kilumbu *until very recently.*

It is tempting to theorise that the nyuzya *comes from the image of the soothsayer wearing a hornbill beak, but if this were the case, why would the hornbill be linked with the spirit Kibawa, and how did this "Kilumbesque" symbolism come to be used by the* bukasandji*?*
Before attempting to answer these questions, we must first say a few words about Kibawa. According to Colle, Kibawa is one of the most important and powerful spirits of the east (COLLE, 1913a, p. 439). He lived in a grotto near the village of Mpenge, on Mount Mugila. His fetish was a vaguely cephalomorphic white stone incrusted with garnets. This stone was kept in a gourd in a hut built from the bark of certain specific trees.

oxymore, un lieu caché et sombre. Cette opposition pourrait renvoyer aux deux faces de la lune. Bienveillante dans sa resplendissante rondeur, elle est, suivant les rites luba, néfaste lorsqu'elle disparaît durant son cycle. La montagne-caverne pourrait donc être interprétée comme une lune terrestre dans laquelle siègerait le maître des lieux : Kibawa.
Gardons-nous de toute surinterprétation aisée. La symbolique étant source de nombreuses interprétations parfois très divergentes, nous retiendrons seulement qu'il existe un lien unissant la lune, Kibawa et le monde des morts.

En ce qui concerne le calao (*bucorvus leadbeateri*), A. F. Roberts (1995, pp. 67-70) écrit que ce volatile serait un gardien infaillible de « l'autre monde ». L'auteur ajoute (*idem*, 1980, p. 116) que cet animal est assimilable au lion en raison de cris semblables aux rugissements de ce félin, animal lunaire. Toujours selon Roberts, des parties de l'oiseau seraient utilisées lors de la confection de tambours, pour que le calao donne la force du lion à l'instrument. Ces éléments ont pour nom *kizimba* (jointure ? articulations ?). Or, la femme de Kibawa se dénommerait aussi Kizimba (conjonction ? liaison ?) mais cela relève peut-être de la simple homonymie. J. D. Studstill, de son côté, voit dans le bec du calao une représentation du croissant lunaire, et cela expliquerait pourquoi cet animal est attaché à Kibawa, mais l'auteur ne développe pas plus la symbolique de cette période de la lune (STUDSTILL, 1969, p. 124).

Toutefois, les diverses cérémonies de la lune nouvelle pratiquées par des « sociétés secrètes » luba se déroulent surtout quand la lune réapparaît, quand elle est prête à entrer dans son premier croissant. Cette phase de transition ténèbres / clarté joue un rôle cultuel et symbolique important chez les Luba (voir PETIT, 1995, p. 114 ou NOOTER & ROBERTS, 1996, p. 145).
Nous savons aussi, d'après l'administrateur Van Vyne, que les Luba et les Tumbwe dansent lors de l'apparition du premier et du dernier quartier de lune. L'apparence d'un quartier de lune étant plus proche d'un bec de calao que le croissant, il est possible que cette phase lunaire soit plus à mettre en rapport avec le *bucorvus*.
Ces renseignements ne suffisent pourtant pas à définir avec précision le lien qui unit l'oiseau à Kibawa. Ces suggestions reposent sur l'attribut potentiellement lunaire du bec, caractère qu'il partage avec Kibawa, et sur sa possible fonction de gardien infaillible de l'autre monde, car pour veiller sur le monde des morts, il faut l'accord d'un de ces grands maîtres : Kibawa.

A.F. Roberts says he is a formidable spirit of the underworld affiliated with the moon (ROBERTS, 1980, pp. 105-126): when a spirit takes possession of a kilumbu, *his actions are called* kutentama, *a term more commonly used to describe the appearance of the new moon. Roberts also believes that most spirits and the deceased are under the influence of Kibawa.*

The link with the moon is also addressed by J.D. Studstill (1969, p. 129), who believes that Kibawa, living high in a mountainous grotto, must have a relationship with this nocturnal body, and, on that basis, must also be linked with fertility, which the Luba consider a beneficial action of the moon. This seems likely, as according to Colle, the mountains in the north-east of Luba counry (which include Kibawa's mountain) are of a whitish aspect. (COLLE, 1913a, p. 911). White is a colour associated with the moon, to which the Luba attach great importance.[19]

Among the Bwile in the region of Lake Moero it is believed that in order to enter the world of the living and put the medium in a trance, spirits leaving Kibawa's mountain cave are ferried across the river by the boatman Mwilambwe (PETIT, 1995, p. 121). We can connect Kibawa's mountain cave to the moon: for example the two faces of the moon might relate to the clearly visible mountain in which is concealed a dark lair. According to Luba rites, the kindly moon becomes dangerous when it disappears during its cycle. The mountain cave could be interpreted as an earthly moon occupied by its master, Kibawa.

Let us beware any overly simple interpretation. Symbolism is sometimes subject to a variety of widely divergent readings; we therefore assert only that there is a link between the moon, Kibawa, and the world of the dead.

*Concerning the hornbill, A.F. Roberts (1995, pp. 67-70) writes that this bird is a guardian of "the other world". He adds (*idem, *1980, p. 116) that its roar-like call associates it with the lion, a lunar animal, and that parts of the bird are used in drum-making to impart a lion's strength to the instrument. These parts are called* kizimba *(joints?); Kibawa's wife is also called Kizimba (union? link?), but this perhaps no more than a homonym.*

J.D. Studstill sees the hornbill beak as representative of the crescent moon, which would explain why the animal is associated with Kibawa. Unfortunately, he offers no further examination of the symbolism of the crescent (STUDSTILL, 1969, p. 124).

It is nevertheless true that new moon ceremonies practiced by Luba "secret societies" mostly occur when the moon reappears in its crescent shape. This transitional phase between darkness and light plays an important symbolic and cultural role among

19. *Previously, in the city of Kinkondja (PETIT, 1995, p. 114), small huts called* kabafu *("little houses of the dead") were built near every home. In each* kabafu *there was kept* mpemba *(kaolin) and sometimes some white pearls. At each new moon, or when someone sought the help of the dead, the head of the household would cover himself with clay before his assembled family members and convince the family spirits residing in the* kabafu *to protect his home. The day following the new moon, all the home's charms and household utensils, along with the children, would be brought outside to be covered with the same white earth and exposed to the moonlight. The moon itself is not directly the object of worship, but its appearance signals renewed contact with the world of the spirits, who are the true focus of these offerings. There are many examples of this both in the private domain and among societies.*

Nous ne pouvons nier la présence de cet élément nasal autour du cou des devins de Kibawa. Pourtant, chez des groupes lunda de Zambie, le calao terrestre joue un rôle apotropaïque important, à mettre en rapport avec le monde surnaturel. Voici ce que M. Jordan écrit à ce sujet :

> « On attribue au calao terrestre (mungomba) une place symboliquement très en vue. L'oiseau sert de compagnon ou de chef dans un voyage surnaturel durant lequel la chasse [...] est associée à la recherche humaine de la source d'un malheur. Le voyage conduit à un carrefour [...] Cet endroit est considéré comme un seuil surnaturel fréquenté par des devins et des êtres spirituels. » (JORDAN, 2004, p. 128).

Cette interprétation symbolique transposée au *nyuzya* du *bukasandji* s'expliquerait par le lien unissant les *bambudye* et les *kilumbu* avec cette société. Cependant, les textes traitant du *bukasandji* n'évoquent pas la présence de Kibawa. En revanche, W. F. P. Burton (1961, p. 172) précise que ce dernier peut être l'un des esprits de la possession dans le *tupoyo*, confrérie qui, comme nous l'avons vu, est très proche, rituellement parlant, du *bukasandji*. Nous retrouvons aussi le nom de Mande chez les *bakasandji*. Il désigne à la fois un titre élevé (revenant à une femme), le nom d'un des trois premiers initiés, mais aussi un esprit important de la confrérie. Mande, esprit de l'Est comme Kibawa (COLLE, 1913a, p. 447), est un protecteur contre tous les dangers visibles comme invisibles. Par ailleurs, dans certaines « confréries » comme le *bumbuli*, Mande forme avec Kibawa le principal duo protecteur de la société (TASTEVIN, 1938, cours 19, pp. 14-15). Par ces informations, on suppose qu'à l'instar du *tupoyo*, le *bukasandji* intégra Kibawa dans son panthéon. Le rapport qu'entretient cette dernière société avec le monde des morts confirmerait le lien avec Kibawa. Ce n'est peut-être pas un hasard si l'herminette des *bakasandji* reprend comme élément le bec du calao. N'est-ce pas cette lame symbolique qui est censée fouir la tombe où se cache le mauvais mort ? Le calao ne peut-il être considéré comme le gardien intransigeant du royaume d'en bas ? N'est-ce pas le rôle du « cerbère » proche de Kibawa de remettre dans le « rang » celui qui ne voulait pas d'un paisible repos et de protéger ceux qui l'empêchent de nuire ?

Abordons maintenant un autre type d'objet utilisé par le passé dans le *bukasandji*. Il s'agit de coupes céphalomorphes souvent admirablement sculptées (Figure 9). On a émis plusieurs suppositions sur l'usage de ces œuvres. M. H. Nooter précise qu'elles auraient pour nom *musenge* et qu'elles servaient lors de certaines pratiques rituelles d'un personnage important, notamment

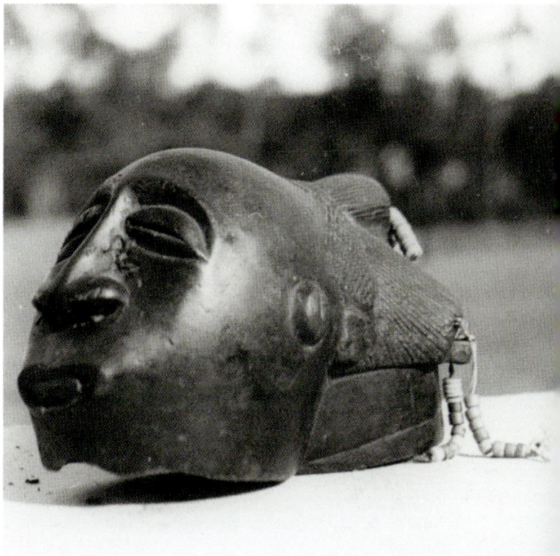

Figure 9

the Luba (see PETIT, 1995, p. 114 or NOOTER & ROBERTS, 1996, p. 145).
We also learn from the colonial administrator Van Vyne that the Luba and the Tumbwe would dance to celebrate the first and third quarters of the moon. A quarter moon resembles the hornbill beak, perhaps meaning that this phase of the moon is more closely associated with the bird.
There is not enough information precisely to define Kibawa's relationship with the hornbill. Our suggestions rely on the potentially lunar aspect of the beak, a characteristic it shares with Kibawa, and on its possible function as a guardian of the other world. It would require Kibawa's consent, as one of the masters of the other world, to occupy such a position.
Beaks are undeniably worn about the neck of Kibawa soothsayers. Among the Lunda in Zambia, the ground hornbill plays an important apotropaic role, offering a link to the world of the supernatural. Here is what M. Jordan writes on the subject:

> *The ground hornbill (mungomba) is given a very prestigious symbolic place. The bird serves as a companion or a chief in a supernatural voyage during which the hunt [...] is associated with the human quest for the source of misfortune. The voyage leads to a crossroads [...]. This place is considered a doorway to the supernatural open to soothsayers and spiritual beings. (JORDAN, 2004, p. 128.)*

This symbolic interpretation transposed to the nyuzya *of the* bukasandji *could be explained by the bond linking the* bambudye *and the* kilumbu *to that society. Texts dealing with* bukasandji *do not discuss the presence of Kibawa, however. On the other hand, W.F.P. Burton (1961, p. 172) suggests this might be one of the possessing spirits of the* tupoyo*, which, as we have seen, is ritually very close to the* bukasandji*. We also find the Mande named among the* bakasandji*. It is both an eminent title (given to women) and the name of one of the three first initiates; it is also the name of a spirit important to the society. Originating, like Kibawa, in the east (COLLE, 1913a, p. 447), Mande protects against dangers visible and invisible. Mande and Kibawa are the two central guardian spirits (TASTEVIN, 1938, lecture 19, pp. 14-15) of societies such as the* bumbuli*. From this we can deduce that the* bukasandji*, like the* tupoyo*, have integrated Kibawa into their pantheon – as their relations with the world of the dead would confirm. It is perhaps no accident that the* bakasandji *adze includes the hornbill beak. Is not this symbolic blade meant to drive away the malicious dead? Is the hornbill considered the unyielding guardian of the kingdom below? Would it not fall to a "Cerberus" closely linked to Kibawa to put in his place whoever refused to rest peaceably, and to protect those the dead might seek to harm?*

quand il va faire « sacrifice aux ancêtres » (NOOTER, 1984, p. 60). D'après H. Van Geluwe (*ibidem*, p. 61), ces coupes auraient pu remplacer un vrai crâne humain qui aurait servi pour d'anciennes cérémonies condamnées pendant la période coloniale. Les informations fournies par la fiche technique du Musée National de Lubumbashi ayant trait à la pièce de la Figure 9 sont très différentes. D'après celle-ci, cette coupe aurait pour nom *kifwebe kya kazanzi* (« masque des *bakasandji* ») et aurait servi à contenir la bière de maïs pendant les cérémonies de la société (dans la région de Manono)[20]. Bien que cet objet ne soit pas un masque, il est important, comme nous le verrons plus loin, de constater que les membres de la confrérie le considèrent comme tel. Pour autant, les données de H. Van Geluwe apportées à M. H. Nooter ne sont pas à rejeter, car il est possible que toutes les coupes céphalomorphes n'aient pas été des coupes du *bukasandji*. Cependant, la description d'usage décrite par H. Van Geluwe pourrait bien trouver quelques échos dans le *bukasandji*. En effet, par le passé, la tenue en main d'un crâne humain par un aspirant au *bukasandji*, ou l'utilisation du crâne comme récipient à « brouet d'anthropophage », était un élément important de l'initiation à la confrérie (COLLE, 1913a, pp. 532-535). Par ailleurs, les hauts dignitaires du *bukasandji* avaient en leur possession une boîte crânienne humaine lavée et huilée qui servait à la confection de remèdes (*ibidem*, p. 540). On peut donc supputer que les coupes en bois telles que nous les connaissons ont à un moment donné remplacé l'utilisation d'un crâne véritable comme récipient.

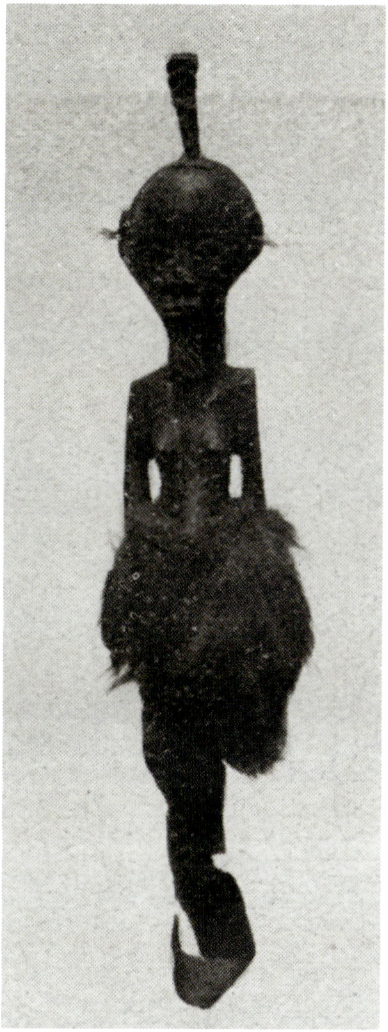

Figure 31

Le *bukasandji* a aussi fait usage de statuettes. Comme je l'ai dit auparavant, elles semblaient servir à la lutte contre les actions néfastes de vivants ou de morts.
Colle publia la photographie d'une statuette (Figure 31) connue sous le nom de *Kasongo muyembe* (« Kasongo du *buyembe* ») qui servait, d'après la légende de l'image, lors de l'initiation au *bukasandji*. Le nom de la statuette est intéressant dans la mesure où Kasongo est le nom de l'un des premiers initiés mythiques du *bukasandji* avec Mande et Mukinda et que ces personnes étaient bien originaires du *buyembe* (en territoire songye). Il est donc vraisemblable de dire qu'à l'instar de Mande, Kasongo joue un rôle important en tant qu'esprit protecteur du *bukasandji*. *Kasongo muyembe* est aussi le nom d'une statuette figurant dans une très ancienne confrérie luba, le *buyangwe* qui, avec le *bulumbu* et le *kabwala*, semble être aux sources de confréries plus « récentes » comme le *bumbudye* et le *bukasandji* (VOLPER, 2007, pp. 347-357). Dans le *buyangwe*, *Kasongo Muyembe* est bien utilisé dans les initiations[21].

20. D'après Colle (1913a, pp. 533 et 537), la confection et la consommation de bière, qu'elle soit à base de maïs, de manioc ou d'éleusine, se faisait lors des initiations ou lorsqu'un membre de la confrérie venait à mourir.

21. Pour plus d'informations sur le *kabwala*, voir Colle (1913b, pp. 21-34) et Tastevin (1938, cours 17, pp. 1-17).

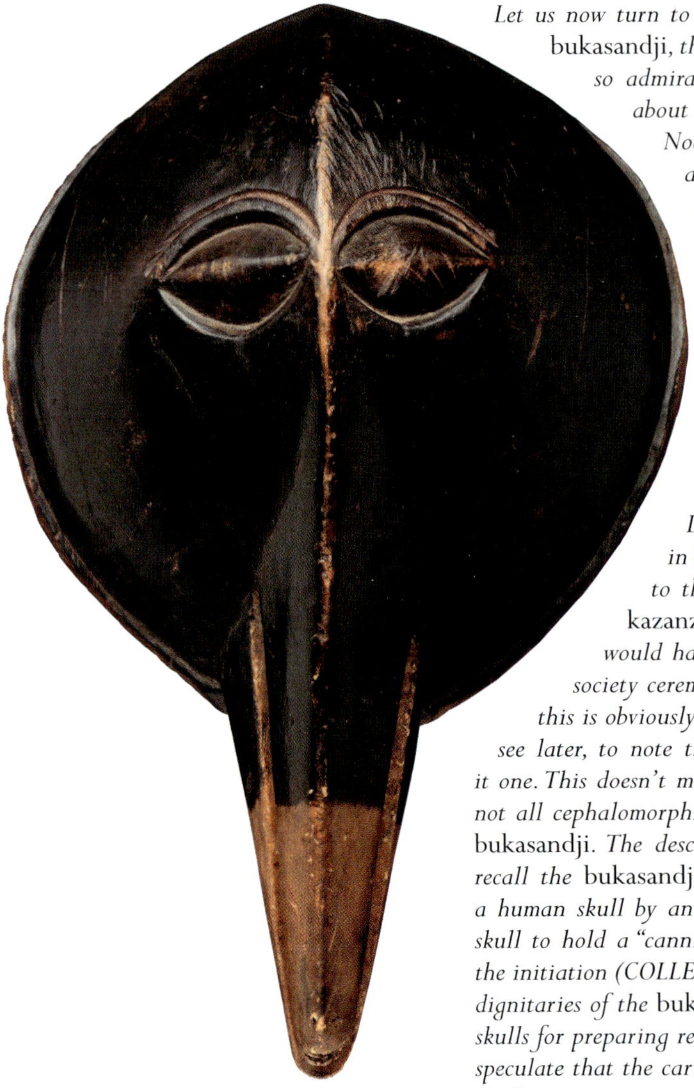

Figure 32

Let us now turn to another object previously used by the bukasandji, *the cephalomorphic cups which are often so admirably carved (Figure 9). Many theories about their use have been posited. M.H. Nooter says they were called* musenge, *and that they were used in certain ritual practices by important personages, notably when performing a "sacrifice to the ancestors" (NOOTER, 1984, p. 60). According to H. Van Geluwe (*ibid.*, p. 61), these cups might have replaced actual human skulls, which would have been used in ceremonies until the practice was banned during the colonial period. The specifications provided by the National Museum of Lubumbashi relating to the piece shown in Figure 9 tell a different story: according to these, the cup was called* kifwebe kya kazanzi *("the mask of the* bakasandji*") and would have been used to serve corn beer during society ceremonies (in the Manono region).*[20] *While this is obviously not a mask, it is important, as we will see later, to note that members of the society considered it one. This doesn't mean that Van Geluwe's data are wrong: not all cephalomorphic cups necessarily originated with the* bukasandji. *The description he gives nevertheless seems to recall the* bukasandji. *Indeed, in the past, the holding of a human skull by an aspiring* bukasandji, *or the use of a skull to hold a "cannibal's brew", were important aspects of the initiation (COLLE, 1913a, pp. 532-535). Moreover, high dignitaries of the* bukasandji *kept cleaned and oiled human skulls for preparing remedies (*ibid.*, p. 540). We can therefore speculate that the carved wooden cups we know replaced real skulls at some point.*

The bukasandji *also used statuettes. As noted earlier, these are apparently used to combat the harmful actions of both the living and the dead.*
Colle published a photograph of a statuette (Figure 31) known by the name Kasongo muyembe *("Kasongo of the* buyembe*"), which the caption tells us was used during initiations. The name of the statuette is interesting insofar as Kasongo is the name of one of the legendary first* bukasandji *initiates along with Mande and Mukinda, all of Buyembe origin (in Songye territory). This means it is likely that Kasongo, like Mande, plays an important role for the* bukasandji *as a guardian spirit.*
Kasongo muyembe *is also the name of a statuette used by a very old Luba society, the* buyangwe. *Like the* bulumbu *and the* kabwala, *this seems to have been a source for more*

20. *According to Colle (1913a, pp. 533 et 537), beer brewed from corn, manioc, or millet is consumed during initiation or upon the death of a member.*

Ainsi, lorsque le novice est amené par les membres de la confrérie près d'une ancienne tombe dont on a enlevé le corps (l'un des lieux principaux de l'initiation), trois figures sculptées l'attendent.
La première est *Kasongo muyembe*. La statuette est au fond de la tombe, recouverte d'un pot en terre renversé : c'est le protecteur de la confrérie.
La deuxième porte pour nom *kalibu*. Situé au bord de la tombe et armé de deux hameçons, *kalibu* saisit les ensorceleurs néfastes, rejette les novices aux mauvaises intentions.
La troisième et dernière statuette représente *kalunga ndozi*. Placé aussi en bordure de la tombe, il représente le protecteur du dignitaire *bwana nyengele* présidant la cérémonie.
Pour le reste, en l'état actuel de nos connaissances, il est difficile d'attribuer l'une ou l'autre statuette luba dépourvue de renseignement au *bukasandji*. On remarquera pourtant que celle présentée par Colle comporte quelques éléments formels dont la réunion est assez peu courante dans la statuaire luba. Il y a tout d'abord la présence de la corne fichée dans le sommet du crâne (certaines statuettes de la confrérie du *bugabo* en ont également). Deuxièmement, les oreilles sont elles aussi percées et laissent transparaître des poils. Troisièmement, la pièce semble avoir une barbe. Des sculptures présentant deux ou l'ensemble de ces éléments pourraient éventuellement être des œuvres du *bukasandji*.

Nous allons maintenant aborder une autre catégorie d'œuvres qui furent en usage dans certaines confréries du *bukasandji* : les masques.
Au moins trois types de masques furent utilisés (pas forcément conjointement, ni à la même époque) dans le *bukasandji*.

Le premier est d'un type peu usuel dont nous ne connaissons que peu d'exemplaires (Figure 8, Figure 32-33).
Celui présenté en Figure 8 est certainement le plus beau. Il fut collecté par Werner Von Grawert, un lieutenant allemand qui fut commandant de la station d'Usumbura (actuellement Bujumbura au Burundi) de 1898 à 1899. Par la suite, il devint capitaine et dirigea le district militaire d'Usumbura de 1904 à 1906. De 1906 à 1907, il devint un simple résident militaire du Ruanda-Urundi. Le masque étant arrivé en 1909 au Linden Museum de Stuttgart, il a donc pu être récolté durant toute la partie de vie africaine de cet officier. Cependant, la fiche du musée précise qu'il fut collecté par l'*oberleutnant* (lieutenant) Von Grawert, ce qui situe l'acquisition du masque entre 1898 et 1899, période durant laquelle Von Grawert dirigeait la station d'Usumbura. Or, jusqu'en

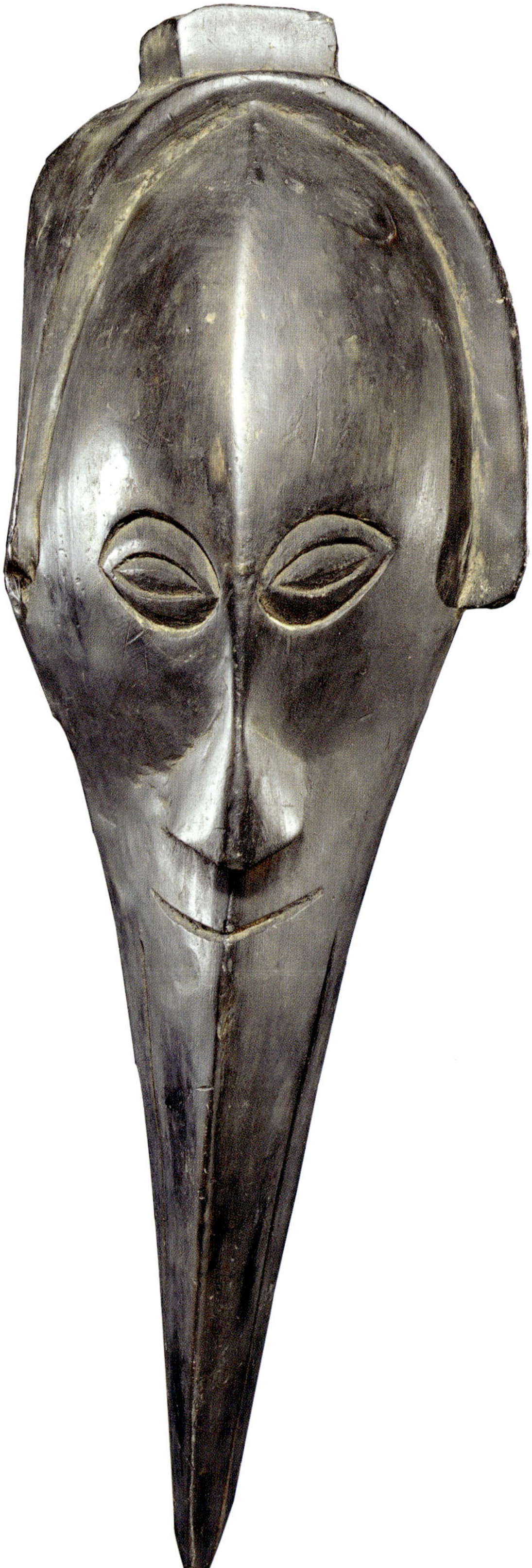

Figure 33

1899, le district d'Usumbura comprenait aussi la ville d'Ujiji (dans l'actuelle Tanzanie), et ce n'est que par la suite que les deux districts furent clairement séparés. La ville d'Ujiji constitue un cas assez similaire à la ville de Pweto au nord du Moero, dans le sens où elle fut un lieu de commerce important. Il est donc fortement probable que W. Von Grawert ait collecté ce masque, d'un style très luba, dans cette ville. À la fin du XIXe siècle, deux voies de commerces aboutissaient à Ujiji.
La première partait du Moero et longeait ensuite le Tanganyika en passant par les territoires des Tumbwe et des Bwile, groupes dont la production artistique est très éloignée de notre masque. En revanche, la seconde voie de commerce est plus intéressante, car elle partait de la région des lacs du Lualaba, puis passait par l'entre Luvua-Lukuga pour ensuite traverser le Tanganyika et arriver à Ujiji, qui n'était qu'une étape avant de continuer vers Tabora (dans l'actuelle Tanzanie) et aboutir enfin aux ports de la côte Est.
Or, comme nous l'avons supposé dans notre thèse (VOLPER, 2007, pp. 213-215), les autres masques ou maschiformes à bouche et à bec connus[22] furent récoltés dans des zones, certes assez larges, faisant partie du trajet de ce second réseau commercial aboutissant à Ujiji. Le masque de la Figure 8 aurait donc pu faire partie d'une caravane marchande allant vers la côte Est, avant d'être acquis à Ujiji par W. Von Grawert, peut-être lors d'un « contrôle douanier ». Quant à savoir de quel endroit ce masque est véritablement originaire, la réponse n'est pas des plus simples. Il existe pourtant un masque ancien d'une grande douceur onirique (Figure 7) collecté dans des conditions similaires à celui de la Figure 8. Ce masque semi-heaume fut acquis par le commandant F. Stuhlmann vers la fin de l'année 1890 à Tabora, et il est mentionné brièvement dans une lettre (STHULMANN, 1891). F. Stuhlmann raconte la collecte de bracelets, de dagues, et de « deux masques de danse » (le deuxième exemplaire étant celui de la Figure 10). Celui de la Figure 7 constitue un cas très intéressant, déjà étudié par J. Vansina (rééd. 1995, pp. 29-31), d'un masque de style luba oriental collecté à des centaines de kilomètres de son lieu d'origine. Lorsqu'il décrit ce masque, J. Vansina met en avant le rôle que jouent les réseaux caravaniers dans le déplacement des œuvres d'art[23].
Le réseau caravanier qui va à Tabora étant le même que celui qui débute dans la région des lacs du Lualaba, il est donc possible que le masque de la Figure 7 ait été collecté dans la même zone katangaise que celui de la Figure 8.
Le masque de Stuhlmann (Figure 7) présente de fortes affinités stylistiques avec des statuettes luba réalisées dans l'entre Luvua-Lukuga (Figure 34). C'est surtout par la

22. Celui de la Figure 32 constitue un cas particulier car s'il présente bien un cas de *naturalistische permutation* oiseau / humain, il n'arbore pas deux orifices buccaux distincts.

23. Le cas de ces objets n'est cependant pas isolé. Nos recherches effectuées dans les réserves du musée de Berlin ont révélé de nombreux objets de style luba ou tabwa collectés en territoire tanzanien.

"recent" societies, such as the bumbudye *and the* bukasandji *(VOLPER, 2007, pp. 347-357). In the* buyangwe, Kasongo Muyembe *is certainly used during initiations.*[21] *Society members lead the novice to a very old tomb from which the body has been removed, one of the principal sites for initiation; three sculpted Figures wait there.*
The first is Kasongo muyembe. *This statuette is placed at the bottom of the tomb, beneath an over-turned clay bowl. This is the society's guardian.*
The second is called kalibu. *Placed on the edge of the tomb and armed with two hooks,* kalibu *captures malicious sorcerers, and rejects ill-intentioned novices.*
The third and final statuette is of kalunga ndozi. *Also placed on the edge of the tomb, this represents the guardian of the dignitary* bwana nyengele, *who presides over the ceremony.*
Given how little we know, it is difficult to attribute one or another unidentified Luba statuette to the bukasandji. *We will note, however, that the statuette photographed by Colle combines certain formal elements that rarely occur together in Luba sculpture. First of all there is the filled horn affixed to the crown of the skull (also found on some* bugabo *society statuettes). Secondly, the ears are pierced to accommodate hairs. Lastly, the piece seems to have a beard. Sculptures having two or all of these elements might be* bukasandji *works.*

We will now examine another category of work used by certain bukasandji *groups: masks.*
At least three kinds of masks were used by the bukasandji – *although not necessarily together, or even during the same era.*

The first is unusual in being known through only a handful of specimens (Figure 8, Figure 32-33). The mask shown in Figure 8 is certainly the most beautiful. It was acquired by Werner Von Grawert, a German who commanded the Usumbura station (now in Bujumbura, Burundi) in 1898 and 1899 as a lieutenant. Promoted to captain, he directed the Usumbura military district from 1904 to 1906. In 1906 and 1907, he served in Ruanda-Urundi. The mask only reached the Linden Museum in Stuttgart in 1909, and might therefore have been acquired at any time during Von Grawert's time in Africa. The museum specifications report, however, that the mask was aquired by oberleutnant *(lieutenant) Von Grawert, which would mean sometime in 1898 or 1899, when Von Grawert directed the Usumbura station. Usumbura district included the city of Ujiji (in modern Tanzania) until they were separated in 1899. Ujiji is not unlike Pweto, north of Moero, in the sense that it was an important commercial centre. It is probably here that Von Grawert came upon this very Luba mask.*
At the end of the 19th century, two trade routes met in Ujiji. The first led from Moero and followed the Tanganyika through

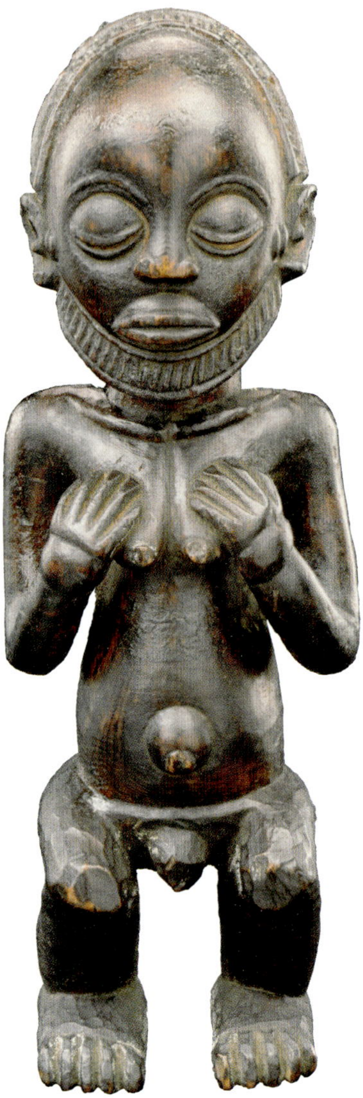

Figure 34

21. *For more about* kabwala, *see Colle (1913b, pp. 21-34) and Tastevin (1938, lecture 17, pp. 1-17).*

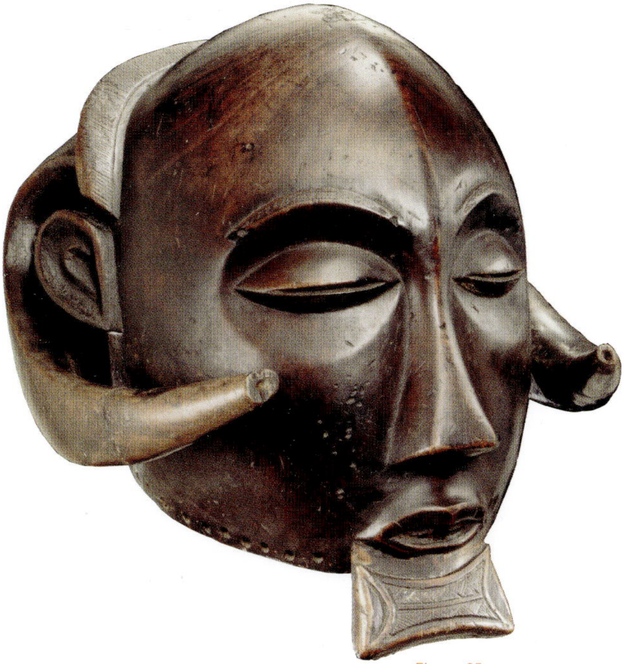

Figure 35

représentation des yeux, tombants et mi-clos par de lourdes paupières leur donnant un air endormi, que ces statuettes se rapprochent de l'exemplaire de Stuhlmann. Le nez droit aux narines bien représentées se retrouve aussi sur la Figure 7, ainsi que le diadème, le front fortement bombé, les trois chéloïdes sur les tempes et la bouche fine et pincée.

Si nous insistons sur ce masque, c'est parce que, malgré la différence de sujet, il présente des affinités avec celui de la Figure 8 : le traitement des oreilles, des chéloïdes, du diadème décoré, des yeux aux paupières lourdes, se retrouvent sur les deux exemplaires.

Bien sûr on peut arguer que les traits du masque de la Figure 8 sont plus stylisés, et que son front, bien que bombé, possède cette longue saillie naso-frontale qui n'apparaît pas sur l'exemplaire de la Figure 7.

En fait cette saillie, tout comme la coloration noire ou la forme du nez triangulaire et sans ailette nasale, ne sont pas sans rappeler le fameux masque-heaume à cornes de Tervuren (Figure 35) collecté par O. Michaux en 1896 (MICHAUX, rééd. 1913, p. 339)[24].

Or, si ce masque-heaume cornu a véritablement été collecté dans le village de Luulu, bien loin de la zone qui nous préoccupe, nous avons aussi supposé qu'il présentait pourtant certains traits communs avec des masques de la zone Ankoro-Manono-Kiambi (Figure 36) et qu'il avait

24. La redécouverte du lieu de collecte de ce fameux masque revient à R. Ceyssens (CEYSSENS, 2011, p. 122).

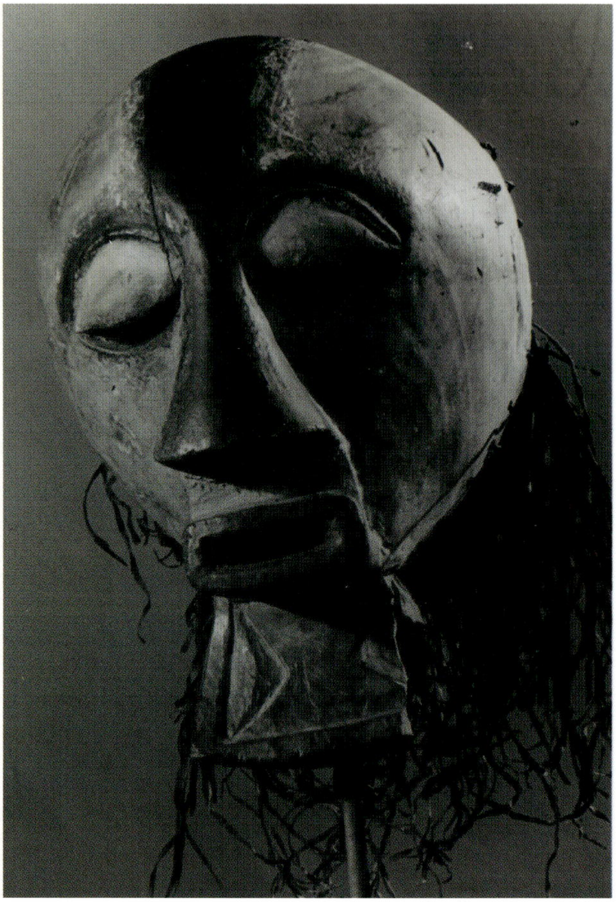

Figure 36

territories occupied by the Tumbwe and the Bwile, whose artistic production is very unlike our mask. The second route, on the other hand, is more interesting: it began in the Lualaba lake district, then passed through the Luvua-Lukuga interbasin before crossing the Tanganyika at Ujiji, from where it continued on to Tabora (now in Tanzania) and the ports of the east coast.

As discussed in my dissertation (VOLPER, 2007, pp. 213-215), other known masks and mask-like objects with mouths and beaks[22] *came from the – obviously rather sizeable – areas that were part of this second trade route. The mask in Figure 8 might therefore have arrived in Ujiji as part of a caravan heading towards the east coast when Von Grawert acquired it during a "customs inspection". It is no simple matter to establish the mask's true place of origin. There is, however, a very old, wonderfully dreamlike mask (Figure 7) which was acquired under similar conditions as the mask in Figure 8. This semi-helmet mask was acquired in Tabora by a commandant, F. Stuhlmann, toward the send of the year 1890, and is mentioned briefly in one of his letters (STUHLMANN, 1891).*

22. *The one shown in Figure 32 is an unusual case of human/bird* naturalistische permutation, *and doesn't have two distinct buccal orifices.*

certainement été réalisé par un sculpteur ne venant pas de la région de Kabongo (voir VOLPER, 2007, pp. 175-176). Par ailleurs, le masque de la Figure 35, avec sa bouche à peine ouverte dévoilant une fine rangée de dents ayant subi une transformation (incisives biseautées), présente une grande similarité avec le masque de la Figure 7 collecté par F. Stuhlmann[25]. La courbe des sourcils gravés de la Figure 35 se retrouve sur les pièces des Figure 7-8.

À l'énoncé de ces comparaisons, nous serions tenté de dire qu'à la fin du XIXe siècle il existait dans une région assez mal définie mais proche de la Luvua, un ou plusieurs ateliers, qui se spécialisèrent dans la réalisation de masques-heaumes et semi-heaumes d'une grande finesse, aux formes arrondies et aux traits doux et vaguement rêveurs. C'est dans cette région qu'il nous faut chercher la provenance de l'exemplaire du Linden Museum (Figure 8).

Évoquons maintenant la fonction et l'iconographie de ces masques à bouche et à bec au travers de la pièce présentée à la Figure 8.

M. H. Nooter (NOOTER & ROBERTS, 1996, p. 180) entreprit le rattachement des masques à bouche et à bec au *bukasandji*[26] en se fondant essentiellement sur le fait qu'il existe une forte ressemblance entre ce masque et un objet relevant de cette confrérie qui arbore les mêmes caractéristiques iconographiques : le *nyuzya* (Figure 27-30).

Nous ajouterons que les rares masques qui reprennent l'iconographie de l'herminette (comme celui de la Figure 8) ont pu jouer un rôle dans les cérémonies visant à détruire le mauvais mort, mais malheureusement nous manquons d'information sur ce sujet.

Un autre type de masque existait par le passé dans le *bukasandji*. Très rares (Figure 37), ils sont connus sous le nom de *kabemba* (« l'épervier »)[27].

Aucun texte ne les mentionne, et les quelques informations que nous avons recueillies à leur sujet proviennent de documents détenus par le Musée National de Lubumbashi. Deux exemplaires de *kabemba* furent collectés dans la région de Manono (ville de Kiambi) en 1947.

Bien qu'ils présentent certaines affinités avec les masques *kifwebe* tant luba que songye (coloris, bouche protubérante, forme générale), les *kabemba* s'en démarquent aussi par l'absence de barbe (ces masques ne semblent pas avoir une rangée de fixations sur leurs pourtours), des trous de fixation peu nombreux ou inexistants, une antenne monoxyle[28], un style général et un coloris plus sobres.

D'après les renseignements connus à leur sujet, il semblerait que les *kabemba* étaient utilisés lors des danses des confréries *bukasandji* et *bitwimina*. Lors de ces chorégraphies, le *kabemba* avait pour pendant le *kifwebe kilume*

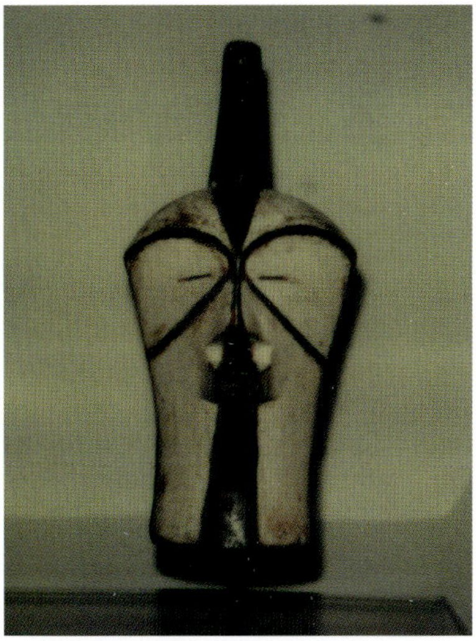

Figure 37

25. Toutefois, cette transformation dentaire s'observe aussi sur des masques-heaumes à coiffure cornue des Bena Mballa du Kasaï.

26. Toutefois, le premier rattachement d'un masque de ce type avec le *bukasandji* se retrouve dans une parution bien plus ancienne (JOHNSTON, 1908, pp. 405-407). Dans cet ouvrage, le masque de la Figure 33 est décrit comme : « *a mask worn by members of a baluba brotherhood in ceremonial dances* ». Or, la photographie de l'objet accompagne une compilation de données réunies par E. Torday concernant la confrérie des « *bakanzanzi* ».

27. Le terme *kabemba* renvoie en kiluba à plusieurs rapaces du genre *accipiter sp.* Ce terme se retrouve dans la langue kisonge. Compte tenu de la chromatique noire et blanche de ces masques, le rapace concerné pourrait être l'*accipiter melanoleucus melanoleucus* (épervier-pie) assez commun au Katanga et qui, comme son nom commun l'indique, est de couleur noire et blanche.

28. L'antenne monoxyle n'existe pas sur les *kifwebe* luba et songye. En revanche, elle est présente sur certains exemplaires de masques ronds à stries (Figure 43). Ajoutons au passage que, très rarement, les masques ronds à stries peuvent avoir une antenne faite de matériaux composites assez semblable à celles des *kifwebe* songye et surtout luba.

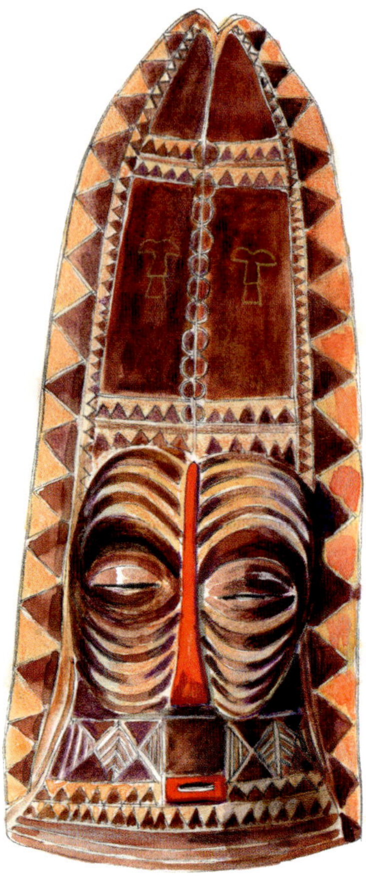

Figure 38

He describes acquiring bracelets, daggers, and two "dance masks" (the second appears in Figure 10). The mask from Figure 7 is an interesting case, already studied by J. Vansina (republished 1995, pp. 29-31), of an eastern Luba mask acquired hundreds of kilometres from its place of origin. In his discussion, Vansina highlights the role caravan routes played in the movement of artwork.[23]

As the caravan route to Tabora was the one which began in the Lualaba lake district, it is possible that the mask from Figure 7 was acquired in the same part of Katanga as that in Figure 8. Stuhlmann's mask (Figure 7) shares many stylistic features with Luba statuettes created in the Luvua-Lukuga interbasin (Figure 34), above all in the representation of the eyes, drooping half-closed under heavy lids. The straight nose with well-defined nostrils is also to be found in Figure 7, as are the diadem, the drastically curved forehead, the three keloids on the temples, and the fine, pinched mouth.

If we emphasise this mask, it is because despite the difference of subject, it presents similarities with that of Figure 8: the treatment of the ears, the keloids, the decorated diadem, the heavy eyelids, are to be found in both.

It is possible to argue that the features of the mask in Figure 8 are more stylised, and that the forehead, while convex, has a long naso-frontal projection not to be seen in Figure 7.

In fact, this protrusion, like the black colouring or the triangular nose without nasal fins, might easily recall the famous horned helmet mask in Tervuren (Figure 35) acquired by O. Michaux in 1896 (MICHAUX, republished 1913, p. 339).[24]

If this horned helmet mask was really acquired in the village of Luulu, far from the area which interests us, we nevertheless note that it shares certain features with masks from the Ankoro-Manono-Kiambi area (Figure 36) and that it was certainly created by a sculptor who was not from the Kabongo region (see VOLPER, 2007, pp. 175-176). Furthermore, the mask in Figure 35, its mouth open to display a thin row of modified teeth (the incisors have been chiselled) is very similar to Stuhlmann's mask in Figure 7.[25] *The curve of the engraved eyebrows seen in Figure 35 reappears in Figure 7-8.*

Upon making these comparisons, we are tempted to conjecture an ill-defined area around Luvua where, towards the end of the 19th century, one or more workshops specialised in the production of helmet masks and semi-helmet masks of great subtlety characterised by rounded forms and soft, vaguely dreamy features. It is in just such an area that we would expect the Linden Museum specimen (Figure 8) to have originated.

Let us now turn to the piece shown in Figure 8 to examine the function and iconography of these masks with mouths and beaks. M.H. Nooter (NOOTER & ROBERTS, 1996, p. 180) attempted to link these masks to the bukasandji[26] *on the*

23. *These are not isolated cases, however. Research undertaken at the museum in Berlin revealed several objects in a Luba or Tabwa style that were acquired in Tanzania.*

24. *R. Ceyssens, located the place of acquisition of this mask (CEYSSENS, 2011, p. 122).*

25. *This dental alteration can also be seen on Bena Mballa horned helmet masks from Kasaï.*

26. *The first association of this mask type with the* bukasandji *is much older, however (JOHNSTON, 1908, pp. 405-407). This work describes the mask in Figure 33 as* "a mask worn by members of a Baluba brotherhood in ceremonial dances". *The photograph of the object is accompanied by a list of data compiled by E. Torday about the* "bakanzanzi" *society.*

kabemba (« masque du mari / homme de l'épervier » ?). Ces derniers objets (Figure 38) sont assez particuliers. Il s'agit de planches sculptées pourvues d'une reproduction de masque à leur base[29].
Le *kifwebe kilume kabemba* constituait le pendant masculin du *kabemba* et était porté « comme un bouclier ». Cette dernière mention est intéressante dans la mesure où il existe chez les Luba et les Songye des boucliers véritables en bois léger qui sont ornés en leur milieu d'un maschiforme (Figure 39).

La fonction de ces boucliers est loin d'être définie. Dunja Hersak fut la première personne à véritablement se pencher sur la question (HERSAK, 1995, pp. 168-172). L'auteur émet l'hypothèse qu'ils ont servi comme emblème de prestige, compte tenu de l'importance symbolique accordée, dans la culture tant luba que songye, à la lance et au bouclier qui pouvaient être offerts en guise de tribut. De tels insignes auraient pu être considérés comme marque visible d'une expansion territoriale et culturelle. Toutefois, au vu des quelques renseignements apportés sur les *kifwebe kilume kabemba*, une autre explication pourrait être avancée. De fait, on peut se demander si leur fonction n'est pas à rechercher, chez les Luba du moins, au sein du *bukasandji*. Ainsi, peut-être que les boucliers à maschiforme (Figure 39) constituent une forme ancienne et plus maniable du *kifwebe kilume kabemba.* Leur abandon progressif coïncide probablement avec l'affaiblissement de la société, et la nécessité de changer un symbole ostensiblement guerrier peu apprécié par les défenseurs de la « *pax belgica* ». Pour autant, nous n'excluons pas l'hypothèse que certains boucliers n'aient été fabriqués que pour être vendus au Blanc. Les informations fournies par Mr. Daniel sont d'ailleurs assez significatives à cet égard, puisqu'il photographia à Albertville (actuellement Kalemie) en 1922 des « œuvres fantaisies » de facture luba et songye créées dans un but purement mercantile (Figure 40 et Figure 41).

Pour revenir aux masques *kabemba*, on peut aussi se demander s'ils sont une invention récente dans la mesure où les seuls exemplaires datés, avec plus ou moins de précision, furent collectés en 1947, soit bien après l'entrée en Europe des masques à bouche et à bec (Figure 8) du *bukasandji*[30]. Cette chronologie reste douteuse dans la mesure où le Museum für Volkerkunde de Munich possède un masque très semblable aux *kabemba* (notamment par la présence d'une antenne monoxyle et l'absence de perforations d'attache) collecté avant 1911 (Figure 42).

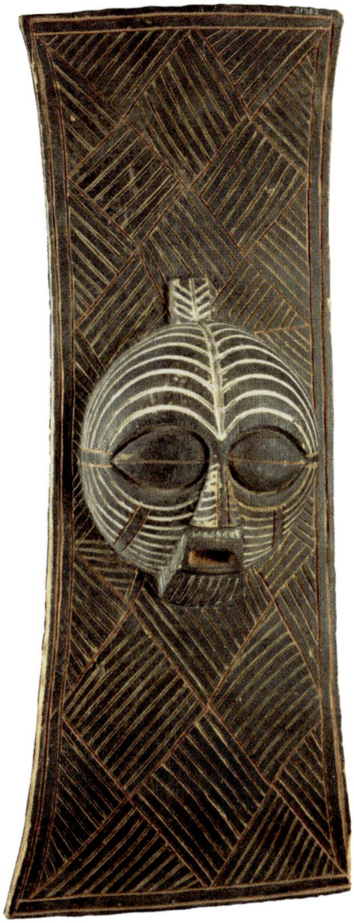

Figure 39

29. Précisons cependant que toutes les planches sculptées pourvues d'un masque ne sont pas des *kifwebe kilume kabemba*.

30. Rappelons que l'exemplaire de la Figure 8 fut certainement collecté entre 1898 et 1899. Quant à l'exemplaire du British Museum's Department of Ethnography (Figure 33), il fut collecté par E. Torday entre 1900 et 1904.

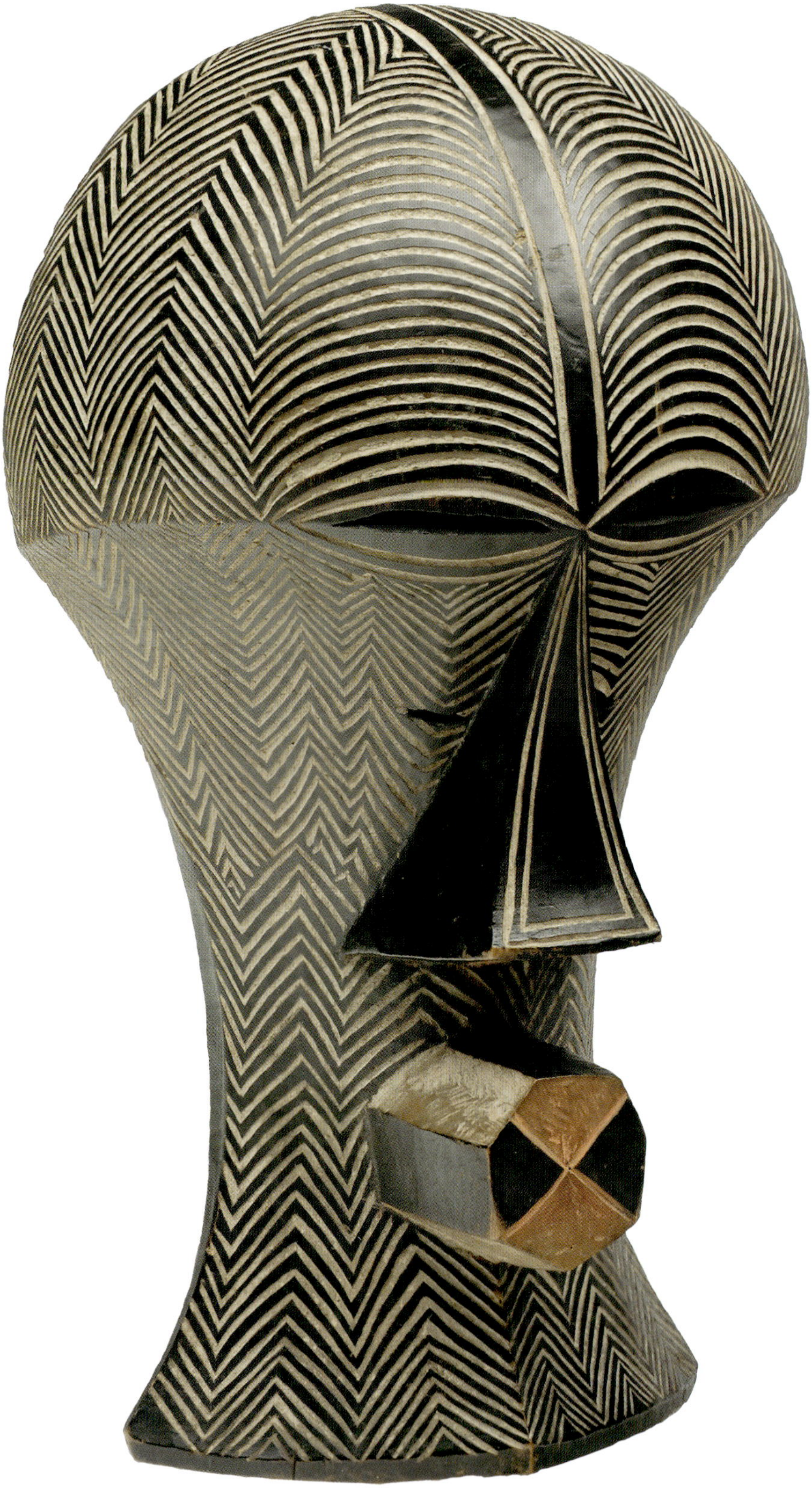

Figure 24

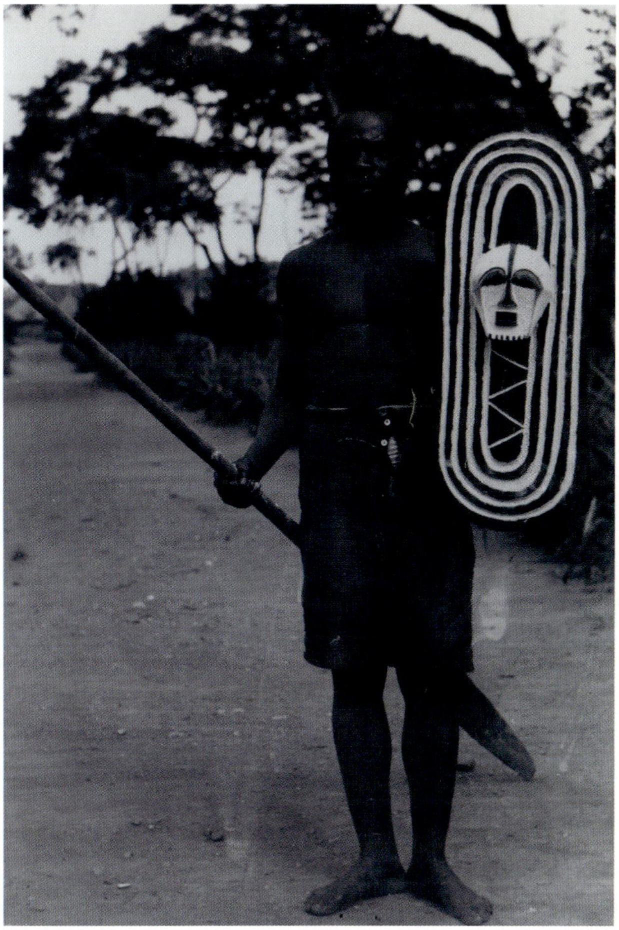

Figure 40

Ce masque est bien plus proche des *kifwebe* songye que les exemplaires de *kabemba* attestés et plus récents (Figure 37). En fait, les stries en chevron de ce masque ne sont pas sans évoquer celles se trouvant sur des masques ou maschiformes songye de type plus ancien, comme l'œuvre présentée à la Figure 24.

Outre ce masque (Figure 42), que nous considérons comme étant hypothétiquement un *kabemba*, nous posons aussi la question de savoir si la mention par le Révérend Père Colle d'un « fétiche-boule » porté sur les épaules ne pourrait constituer un témoignage précoce de l'utilisation d'un objet assimilable à un *kifwebe kilume kabemba*.

Cette description de Colle pourrait d'ailleurs rejoindre celle du Père Vandermeiren. En effet, Vandermeiren mentionne l'existence chez les Luba orientaux d'un « masque *kaomba* » qui aurait la forme d'une planche arrondie à l'une de ses extrémités et présentant des organes sensoriels (in COLLE, 1913a, p.449).

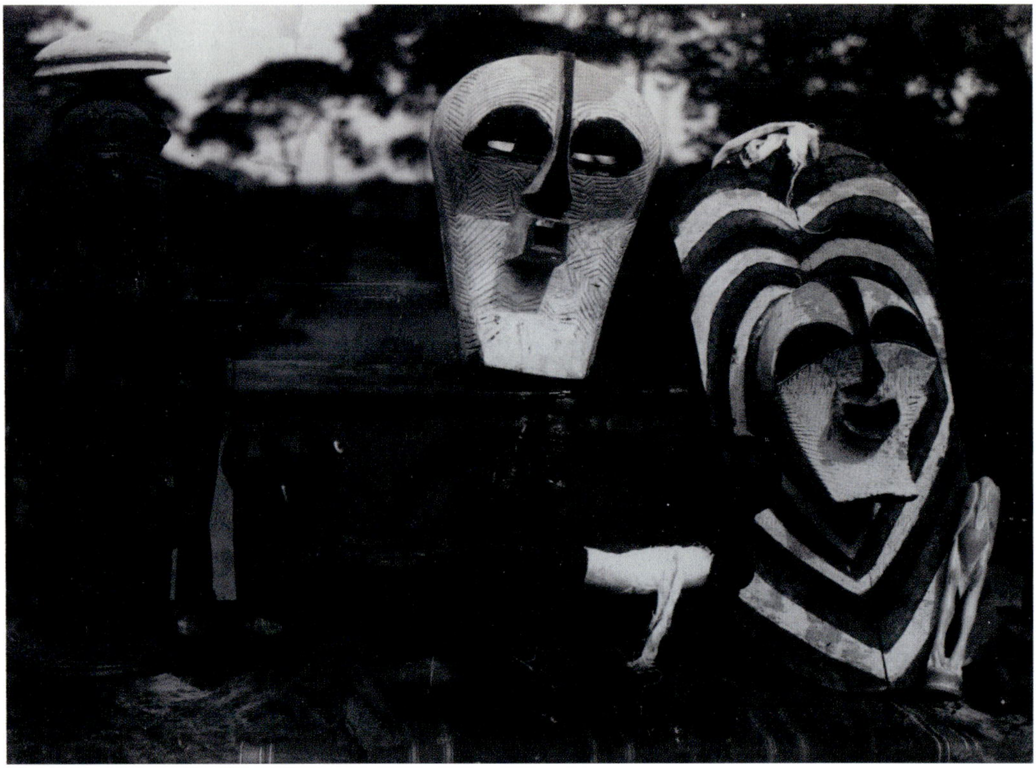

Figure 41

basis of a strong resemblance between this mask and an object belonging to the society, the nyuzya *(Figure 27-30), featuring similar iconographic traits.*
We will add that the rare masks (such as that in Figure 8) with adze-like iconography might have played a role in ceremonies designed to destroy malicious dead, but we have no information on this subject.

The bukasandji *previously had another, very rare type of mask (Figure 37) known to us as* kabemba *("sparrowhawk").*[27]
No text mentions them, and the little available information we have comes from documents held at the National Museum in Lubumbashi. Two specimens of kabemba *were acquired in the Manono reagion (city of Kiambi) in 1947.*
While they resemble both Luba and Songye kifwebe *masks (colouration, protruding mouth, general form),* kabemba *are distinguished by being beardless (they seem to have no fasteners on their edges), few or no fixation holes, a monobody antenna,*[28] *and a generally subdued style and colour.*
Based on the information we have, it appears that kabemba *were used in dances by the* bukasandji *and* bitwimina *societies. Hung from the* kabemba *during these dances was the* kifwebe kilume kabemba *("mask of the husband/man of the sparrowhawk"?). These are very unusual planks with a reproduction of a mask carved into the base (Figure 38).*[29]

27. *The term* kabemba *refers in Kiluba to several birds of prey belonging to* accipiter sp.*; the word also occurs in Kisonge. As the masks are black and white, the bird in question might be* accipiter melanoleucus melanoleucus *(sparrowhawk), a black and white bird fairly common in Katanga.*

28. *This monobody antenna doesn't appear on Luba or Songye* kifwebe*. It is, however, present on some examples of round striated masks (Figure 43). We note in passing that round striated masks sometimes, albeit rarely, have antennae made of composite materials such as those found on Songye and (particularly) Luba* kifwebe.

29. *Note, however, that not all planks with a carved mask are* kifwebe kilume kabemba.

Un troisième type de masque a existé dans le *bukasandji* : les masques ronds à stries.

C'est M. H. Nooter (NOOTER & ROBERTS, 1996, p. 86) qui rendit véritablement publique l'hypothèse selon laquelle les masques ronds à stries appelés communément «*kifwebe*» relevaient du *bukasandji*[31]. L'auteur se fonde pour cela sur l'étymologie du terme *kifwebe* qui signifierait : «chasser, repousser la mort». Cette traduction conviendrait à la société du *bukasandji*, qui se trouve en première ligne dans la lutte contre les mauvais morts et les sorciers. Cependant, un rattachement fondé seulement sur cette traduction paraît incertain. En effet, si «*kifwebe*» désigne, selon Colle (1913a, p. 440), un grand esprit de l'Ouest, c'est aussi un terme générique usité pour désigner «le masque». Tous les masques sont donc des *kifwebe*, mais cela n'en fait pas pour autant des masques du *bukasandji*.

D'autres points soulevés précédemment dans le texte poussaient déjà à considérer très sérieusement cette possible intégration des masques ronds à stries dans le *bukasandji*. Ainsi, un bouclier à figure maschiforme (Figure 39) mis en rapport avec les *kilume kabemba* arbore bien la reproduction miniature d'un masque rond à stries. Par ailleurs, nous avons déjà fait remarquer que les *kabemba* partageaient avec certains masques ronds à stries l'antenne monoxyle.

Les informations concernant un masque rond à stries du Musée National de Lubumbashi (Figure 43) confirment quelque peu ces hypothèses.

Cet objet porte comme nom «*kifwebe Ngoy mudimbula*» et est utilisé par les danseurs des sociétés *bukasandji* et *bitwimina* (comme les *kabemba* et les *kilume kabemba*) qui dépistent la présence de sorciers dans les villages. Cette fonction trouve une résonance dans l'étymologie du nom que nous traduisons par : «masque de *Ngoy*, celui qui brise / dompte / renseigne grandement». Ngoy est, d'après Colle (1913a, p. 438), un esprit de l'Ouest représenté matériellement par une courge ornée de deux cauris symbolisant les yeux. Ce «génie» intervient dans des cultes domestiques, et semble lié à la chasse. La forme du «fétiche de *Ngoy*» expliquerait la similitude éventuelle unissant le masque rond strié et la calebasse. Par ailleurs, le nom de Ngoy se retrouve dans la désignation d'une des étapes initiatiques du *bukasandji* : le *kasubu ka ngoy wa kwakahenda* (*ibidem*, p. 534).

D'autre part, Ngoy est originaire de l'ouest du Lualaba. Compte tenu des renseignements connus sur le *bukasandji*, il est fortement probable que cette confrérie vienne de la même région que Ngoy.

31. Cependant, cette hypothèse avait été déjà été émise antérieurement par W. M. Mutimanwa (1974, pp. 29-30) dans son mémoire de licence. F. Neyt (1993, p. 204) reprit aussi ces données dans une brève note.

The kifwebe kilume kabemba was the male counterpart of the kabemba and was worn "as a shield". This last statement is interesting, as real shields with mask-like ornaments at the centre are to be found among both the Luba and the Songye (Figure 39).

The function of these shields is far from clear. Dunja Hersak was the first to investigate the matter in depth (HERSAK, 1995, pp. 168-172); she hypothesises that, with the symbolic significance given in both Luba and Songye culture to the lance and the shield – which could be offered in tribute – they must have served as emblems of prestige, a visible sign of territorial and cultural expansion.
Given what we know about the kifwebe kilume kabemba, however, another explanation might be possible, and we must ask if, at least among the Luba, their origin is not to be found in the bukasandji. It is possible that mask-like shields (Figure 39) were an older and more manageable form of kifwebe kilume kabemba. Their gradual abandonment probably coincides with a decline of the society's influence and the need to replace an ostensibly war-like symbol that would have been unpopular with the custodians of "pax belgica" – and yet we cannot exclude the possibility that these shields were produced to be sold to Europeans. M. Daniel provides significant support of this idea: in 1922 in Albertville (now Kalemie), he photographed Songye and Luba "fantasy works" manufactured specifically as souvenirs (Figure 40 and Figure 41).

We must also wonder if kabemba masks are not a recent invention, insofar as the only specimens to have been (more or less) dated were acquired in 1947 – well after the arrival in Europe of bukasandji masks with mouths and beaks (Figure 8).[30] The chronology is uncertain: the Museum für Volkerkunde in Munich has a mask very like a kabemba (notably the presence of a monobody antenna and the absence of fixation holes) acquired before 1911 (Figure 42).
This mask is much more similar to Songye kifwebe than more recent confirmed kabemba (Figure 37). Indeed, the chevron striations on this mask are not unlike those found on much older Songye masks and mask-like objects, such as the piece shown in Figure 24, which we believe is most likely a kabemba. We also wonder if the "fetish-ball" carried on the shoulder in the description provided by the Reverend Father Colle couldn't be equated with a kifwebe kilume kabemba.
This description by P. Colle could be related to some information coming from Father Vandermeiren. As a matter of fact, Vandermeiren mentions the presence of a "kaomba mask", in the shape of a board with one rounded extremity and sensorial organs, among Eastern Luba (in COLLE, 1913a, p. 449).

30. *Remember that the specimen shown in Figure 8 was almost certainly acquired in 1898 or 1899. The specimen in the British Museum's Department of Ethnography (Figure 33) was acquired by E. Torday between 1900 and 1904.*

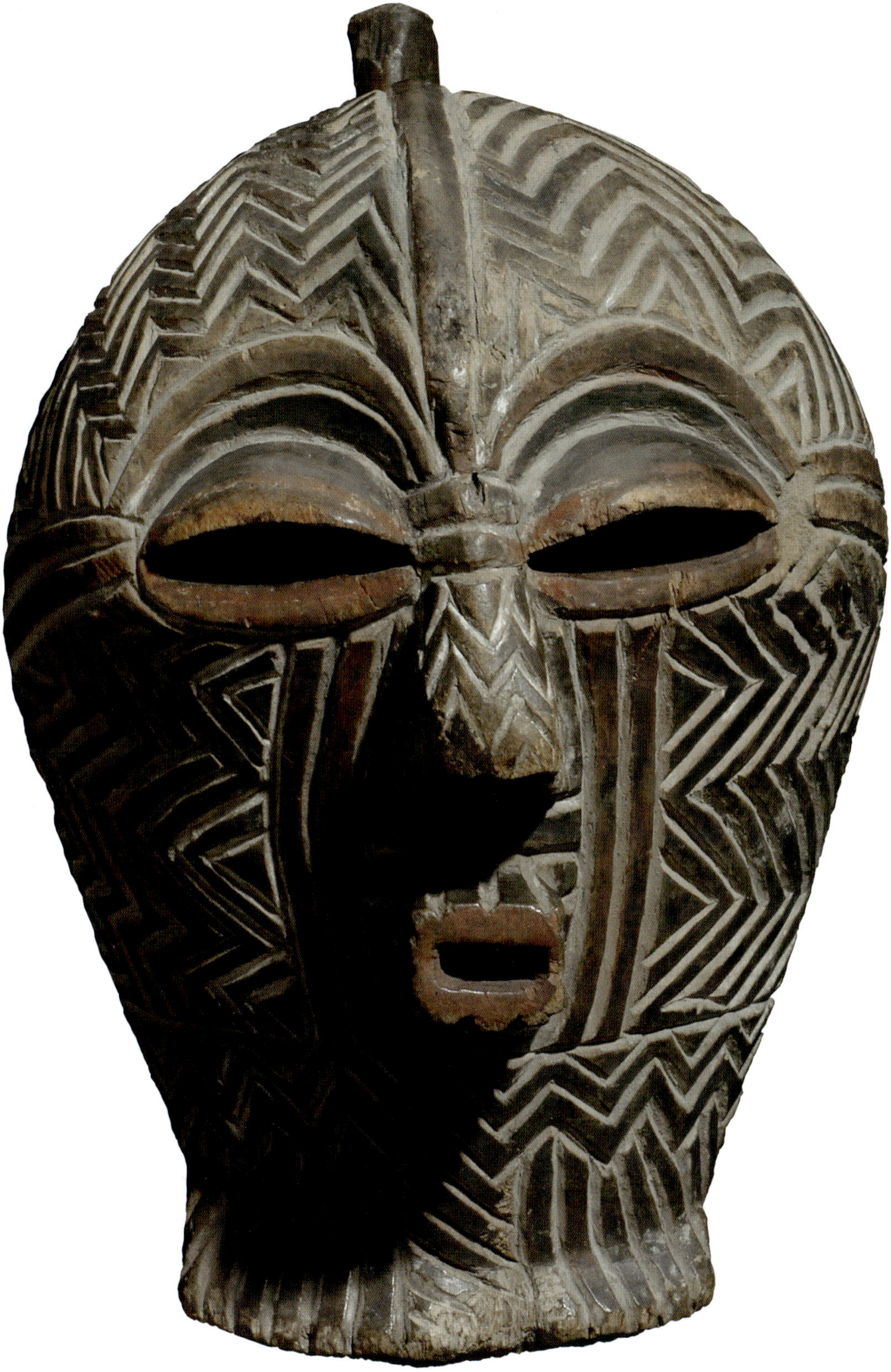

Figure 42

A third type of mask used by the bukasandji *was the round striated mask.*
It was M.H. Nooter (NOOTER & ROBERTS, 1996, p. 86) who first put forward the hypothesis that the round striated masks known collectively as "kifwebe" *belonged to the* bukasandji.[31] *She based this conclusion on the etymology of the word* kifwebe, *meaning "to chase or repulse death". This translation would certainly suit the* bukasandji *society, which places itself on the frontline in the battle against witches and malicious dead. A link based on nothing more than this translation seems inconclusive, however. If* kifwebe *refers, as Colle maintains, to a powerful spirit of the west, it is also a generic term for masks. All masks are therefore* kifwebe, *without necessarily belonging to the* bukasandji.
Other points raised earlier lead us to consider very seriously the possibility that the bukasandji *used round striated masks. A shield with a mask insignia (Figure 39) linked to the* kilume kabemba *shows a miniature reproduction of a round striated mask. We have also noted that* kabemba *shared the feature of monobody antennae with certain round striated masks.*

A round striated mask at the National Museum in Lubumbashi (Figure 43) offers some support to this theory.
Called "kifwebe Ngoy mudimbula", *it was used by dancers from the* bukasandji *and* bitwimina *societies (such as the* kabemba *and the* kilume kabemba*) who detect the presence of witches. This use is echoed in the etymology of the name, which we translate as "mask of* Ngoy, *he who breaks / subdues / explains much". Ngoy is, according to Colle (1913a, p. 438), a spirit of the west represented by a gourd decorated with cowry shells to symbolize eyes. This "genie" takes part in domestic worship, and seems to be linked with the hunt. The shape of the* "Ngoy *fetish" would explain the similarity between round striated masks and the gourd. Further, the name Ngoy is found in the title of a* bukasandji *rank: le* kasubu ka ngoy wa kwakahenda *(*ibid., *p. 534).*
Ngoy comes from the west of Lualaba. Given what we know about the bukasandji, *it is highly likely the society originates from the same region as Ngoy.*

Remember that bukasandji *is also known by the name of* buyembe *(the region from which it comes). Bayembe is a name sometimes given to the Kalebwe, one of the large Songye groups living to the west of Lualaba (MUTIMANWA, 1974, p. 119). This link to the Kalebwe – among whom the* bwadi bwa kifwebe *was very successful (HERSAK, 1986) – is fundamental. We have already noted certain resemblances between round striated masks and the masks of this society.*

Even if the bukasandji *borrowed certain formal and even iconographic aspects, it doesn't mean round striated masks*

31. *The theory had already been put forward by W.M. Mutimanwa (1974, pp. 29-30) in his Master's thesis. F. Neyt (1993, p. 204) also used the data in a brief note.*

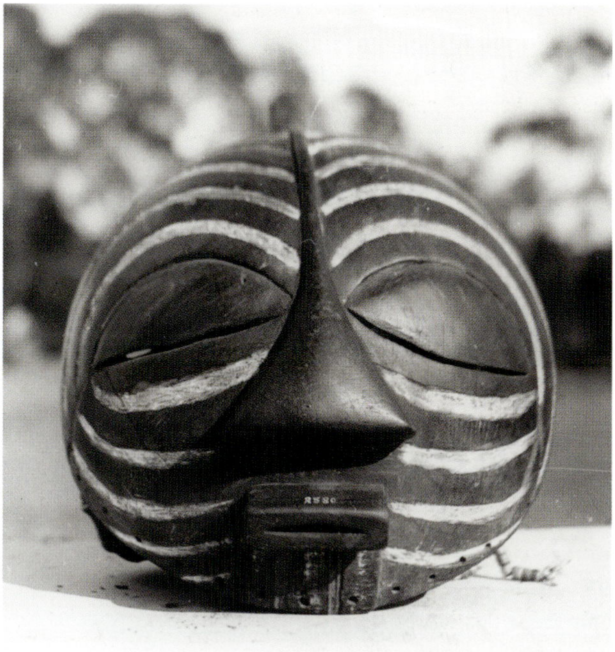

Figure 43

Ainsi, rappelons que le *bukasandji* est aussi connu sous le nom de *buyembe* (la région d'où il est issu). Or, Bayembe est le nom parfois donné à l'un des grands groupes songye vivant à l'ouest du Lualaba, les Kalebwe (MUTIMANWA, 1974, p. 119). Ce renvoi aux Kalebwe est primordial. Au sein de ce groupe, le *bwadi bwa kifwebe* connut un grand essor (HERSAK, 1986), et nous avions déjà fait remarquer certaines similitudes entre les masques ronds à stries et ceux de cette société.

Mais s'il y eut un emprunt formel voire iconographique de la part du *bukasandji*, les masques ronds à stries ne sont pas à rattacher totalement au *bwadi bwa kifwebe*. En effet, les attributs iconographiques et formels principaux de ces pièces, à savoir les stries et la rondeur, se retrouvent sur d'autres œuvres de la région de l'entre Luvua-Lukuga, comme certains couvercles céphalomorphes de *mboko* (STEPHAN, KERCHACHE & PAUDRAT, 1988, Figure 704). Ces cercles sont aussi représentés par les peintures faciales de certaines confréries comme celle des « *bambulye* ».
De nombreux éléments iconographiques de ces masques sont à chercher au sein d'une culture commune luba-songye ; en revanche, la fonction de certains exemplaires du *bwadi bwa kifwebe* trouve une résonance dans les masques ronds à stries des Luba. Ainsi, les masques masculins (HERSAK, 1986, p. 35-38) du *bwadi bwa kifwebe* sont

are to be associated only with the bwadi bwa kifwebe. *The most important formal and iconographic aspects of these pieces – that is, the striations and their round shape – are found in other works from the Luvua-Lukuga interbasin, including cephalomorphic* mboko *lids (STEPHAN, KERCHACHE & PAUDRAT, 1988, Figure 704). Circles are also found in the face paintings of other societies, such as the* mbulye.
The origin of many of these masks' iconographic elements are to be found in a shared Luba-Songye culture; the function of some bwadi bwa kifwebe *masks recalls Luba round striated masks. For example, male* bwadi bwa kifwebe *masks (HERSAK, 1986, p. 35-38) are associated with the aggressive magic of* masende *(a magic in practice much like Songye witchcraft), linked, according to some sources, to the enslavement of the spirits of the dead. These masks played a law enforcement role, inflicting terror with the power of* masende. *This is a role similar to that played by* kifwebe Ngoy mudjimbula *(Figure 43), who battles harmful magic. This purpose (fighting what the Songye would call* masende*) is to some extent the opposite of that pursued by the Songye, who use* masende *rather than opposing it.*
It is possible that this function and symbolism were grafted onto concepts deeply rooted among the Luba (especially among the societies), such as the importance of spirits who are linked with the moon and the world of the dead – for example, Kibawa, who would be well-represented by this mask.[32] *If, for the Luba, the shape of the striations recall the moon, among certain Songye groups (the Eki, for instance) they evoke other symbols which could be used by the Luba. C. Wauters (1949, p. 154) writes that the alternating dark and light striations of* bukishi wa ntoshi[33] *symbolise the relationship of the world of men with the other world, an idea that could be easily assimilated by the Luba* bukasandji *and* kifwebe *societies and applied to the masks they use. In Luba* kifwebe, *the striations lead to the underground from which the founding spirits of* kifwebe *emerged (MUTIMANWA, 1974, p. 109). In the founding myth of the* bukasandji, *knowledge was acquired by a living man who passed through an underground labyrinth leading to the world of the dead – another idea which could easily be incorporated.*

In order to move forward, we must know for sure if the name kifwebe Ngoy mudjimbula *is a generic term for all round striated masks, or if it refers to a specific mask. It is not impossible that some works of this type have a more immediate relationship with other entities. We believe certain other important spirits could be linked to round striated masks:*

a) Mande: Mande is, as we have already seen, intrinsically linked with the bukasandji, *and might therefore be represented by a*

32. *Concerning the possible relationship between masks and the world of the dead, we propose the following theory: Certain round striated masks are characterised by the same drooping but unclosed eyelids (Figure 6) which give many Luba pieces a "dreaming" quality (see Figure 7). Sleepers generally have their eyes closed, but the dead, as is well known, often have them open or partially open. It is therefore reasonable to ask if this style of eye doesn't indicate a direct representation of an inhabitant of the underworld.*

33. *A society active in Eki territory with indirect links to the* bwadi bwa kifwebe.

associés à la magie agressive du *masende* (une pratique magique proche de la sorcellerie chez les Songye) qui est liée, selon certains informateurs, à l'asservissement d'esprits de défunts. Ces masques avaient un rôle de policiers et faisaient régner la terreur en usant du *masende*. Cela correspondrait à peu près à la fonction du *kifwebe Ngoy mudjimbula* (Figure 43) qui combat la magie néfaste. Cette fonction (combattre ce que les Songye nommeraient *masende*) serait en quelque sorte l'inverse de celle des Songye (utilisation du *masende* sans le combattre).
Il est possible qu'à cette fonction et à cette symbolique se soient greffées des conceptions bien ancrées dans la culture luba (et surtout dans ses confréries), telle l'importance des esprits liés à la lune et au monde des morts comme Kibawa (qui trouverait dans ces masques un bon support de représentation)[32]. Par exemple, si les stries renvoient par leur forme à la lune (pour les Luba), elles rappellent chez certains groupes songye (comme les Eki) d'autres symboles réutilisables par la culture luba. Ainsi, C. Wauters (1949, p. 154) précise que les stries alternées sombres et claires dans le *bukishi wa ntoshi*[33] symbolisent le rapport entre le monde des hommes et l'infra-monde, une conception pouvant parfaitement s'ancrer dans la symbolique des confréries luba évoquées (*bukasandji* et *kifwebe*), et dans les masques qu'elles utilisent. Dans la société du *kifwebe* luba, les stries renverraient, d'après W. M. Mutimanwa, aux souterrains d'où sont sortis les esprits qui créèrent la société *kifwebe* (MUTIMANWA, 1974, p. 109). Or, dans les mythes fondateurs du *bukasandji*, la connaissance fut acquise par un vivant ayant emprunté un dédale souterrain communiquant avec le monde des morts. Ici aussi un rapprochement est plausible.

Pour continuer cette étude, il faudrait savoir avec précision si le nom de *kifwebe Ngoy mudjimbula* est un nom générique désignant les masques ronds à stries, ou s'il s'agit du nom d'un seul masque. Il ne serait pas impossible que certains exemplaires de ce type entretiennent un rapport plus direct avec d'autres entités. Nous pensons que quelques autres grands esprits pourraient être liés aux masques ronds à stries :

a) Mande : Il est, comme nous l'avons déjà vu, intrinsèquement lié au *bukasandji* et peut donc être représenté par un masque. Il y a des similitudes entre la chorégraphie d'un masque rond à stries (Figure 14) et celle d'un masque de type *kifwebe* (Figure 15) qui pourrait être un masque représentant Mande. Rappelons qu'il existe un masque dans le *kyeusi* qui a pour nom «*Mande*». La description que nous en connaissons peut correspondre à celle d'un

32. Au sujet du rapport possible entre les masques et le monde des morts, nous émettons l'hypothèse suivante. Certains masques ronds à stries se caractérisent par des yeux aux paupières supérieures tombantes, mais pas totalement closes (Figure 6). C'est ce type de paupières qui donne souvent l'aspect « rêveur » à de nombreuses œuvres luba (voir Figure 7). Toutefois, un dormeur n'a jamais les yeux entrouverts. En revanche, un mort, par un phénomène physique bien connu, peut avoir les yeux ouverts ou entrouverts. Nous pouvons donc raisonnablement nous demander si ce type d'yeux ne renvoie pas directement à la représentation d'un habitant du monde souterrain.

33. Une société initiatique active notamment en territoire eki qui serait liée de manière indirecte au *bwadi bwa kifwebe*.

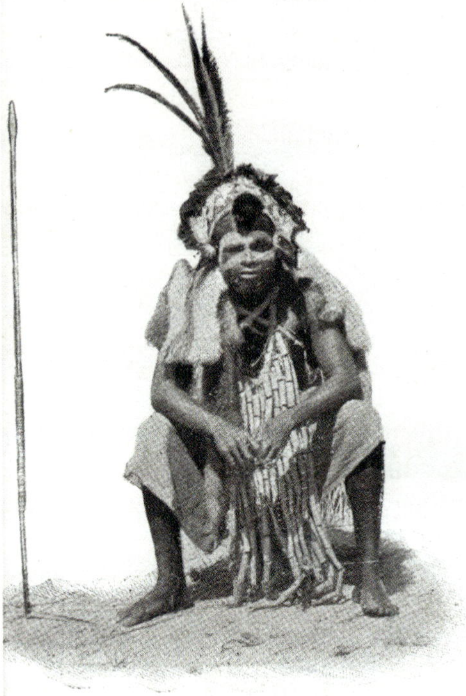

Sorcier

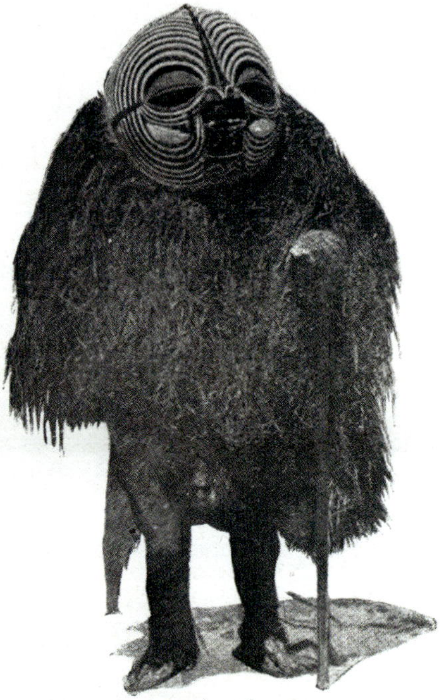

Sorcier danseur (masque Kifwele)

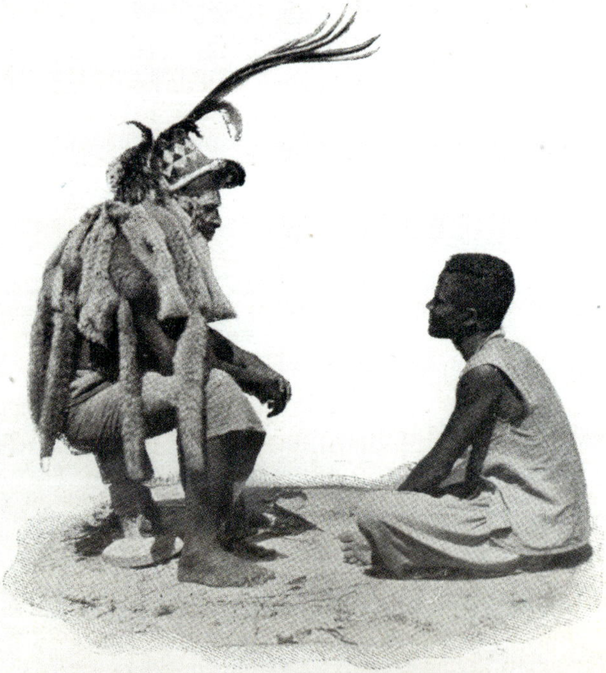

Sorcier donnant une consultation

Figure 44

masque rond à stries. Enfin, précisons que Mande, comme Ngoy, peut être matérialisé par une courge / calebasse, avec ce que cela implique comme rapprochements formels éventuels avec les masques ronds à stries.

b) Kibawa : le rapprochement avec les masques ronds à stries semble de prime abord lacunaire. Nous avons évoqué quelques ressemblances formelles entre les masques ronds et la lune (qui est liée à Kibawa). Bien que Kibawa ne soit pas explicitement rattaché au *bukasandji*, il importe de mentionner qu'il peut trouver sa place dans la confrérie. En effet, le rapport qu'entretient avec le monde des morts ce grand esprit du *bulumbu* et le fait qu'il forme un « couple » avec Mande dans une possible variante du *bumbudye*, montrent que cet esprit trouverait facilement sa place dans des mascarades du *bukasandji*. La planche figurant dans la monographie du Révérend Père Colle (voir Figure 44) sur laquelle est présenté le masque rond strié de la Figure 2 pourrait renvoyer à un devin (*kilumbu ? bakasandji ?*) rattaché à Kibawa. En effet, cette planche montre trois photos légendées comme suit : [1] « Sorcier » ; [2] « Sorcier danseur (masque kifwele) » ; [3] « Sorcier donnant une consultation ».
Le personnage étant le même sur les photos 1 et 3, on suppose que le personnage masqué qui figure sur la photo 2 est le même « sorcier » revêtu du costume de danse à la demande du Révérend Père Colle. Or, ce « sorcier » (que Colle ne rattache à aucune société), pourrait être un devin de Kibawa, vu l'imposant collier de roseaux clairement visible sur la photo 1.
Pour J. D. Studstill, qui s'appuie sur des données de W. F. P. Burton, les devins liés à Kibawa se distinguent entre autres par des parures de roseaux (STUDSTILL, 1969, p. 123). Le collier de roseau *jilande* (insigne du *buyangwe*) est porté par les *kilumbu* en contact avec Kibawa (COLLE, 1913b, p. 38). Ces remarques démontrent que les sociétés peuvent se « prêter » leurs protecteurs et que le collier de roseau est bien un symbole de Kibawa. Si l'homme masqué se révèle être le « sorcier » des deux autres photos, le lien entre les masques ronds, Kibawa et peut-être le *bukasandji* (dont les membres travaillent avec les *kilumbu*) se voit renforcé.

c) Mulenda : C'est un esprit mal connu qui semble surtout être attaché au *buyangwe*. D'après Colle (1913b, pp. 553-554), Mulenda est un « lutin » qui parcourt les airs vers la fin de l'initiation d'un novice au *buyangwe*. Extrêmement vindicatif, il tente de s'emparer du jeune initié qui n'a pas encore de fétiche protecteur. Pour le combattre et l'éloigner, le maître initiateur lâchera une armée de fourmis

mask. A dance performed by a round striated mask (Figure 14) is very similar to that of a kifwebe *type mask (Figure 15) which might represent Mande. Remember as well that among the* kyeusi *there is a mask called* "Mande" *the description of which could correspond to that of a round striated mask. Lastly, we note that Mande, like Ngoy, can take physical form through a gourd, with all the possible formal links to round striated masks that implies.*

b) Kibawa: Any link with round striated masks seems incomplete. We have discussed the formal resemblance between round masks and the moon, with which Kibawa is associated. While Kibawa is not explicitly associated with the bukasandji, *its relationship to the world of the dead, the fact that it is one of the important spirits of the* bulumbu, *and that it forms a "couple" with Mande in a possible variant of the* bumbudye, *demonstrate that this spirit has its place in* bukasandji *mask ceremonies. The image in Reverend Father Colle's monograph (see Figure 44) showing the round striated mask from Figure 2 could lead us back to a (*kilumbu? bakasandji?*) soothsayer linked with Kibawa. The plate shows three photos captioned as follows: [1] "Witch"; [2] "Witch dancer (kifwele mask)"; [3] "Witch offering counsel".*
The person shown in photos 1 and 3 is the same, so we can assume that the masked character in photo 2 is the same "witch" dressed at Colle's request in a dance costume. Given the impressive reed necklace clearly visible in photo 1, it is possible this witch – not linked by Colle to any society – might be a Kibawa soothsayer.
J.D. Studstill, using data provided by W.F.P. Burton, writes that soothsayers linked with Kibawa worn ornaments made of reeds (STUDSTILL, 1969, p. 123). The jilande *reed necklace (a* buyangwe *symbol) is worn by* kilumbu *in contact with Kibawa (COLLE, 1913b, p. 38). This shows that societies could "loan" their guardians, and that the reed necklace is in fact a symbol of Kibawa. If the masked man is indeed the "witch" of the other two photos, then the link between round masks, Kibawa, and possibly the* bukasandji *(members of which work with the* kilumbu*) seems more likely.*

c) Mulenda: This is a pretty unknown spirit who seems to be associated above all with the buyangwe. *According to Colle (1913b, pp. 553-554), Mulenda is a "goblin" who enters upon the air toward the end of* buyangwe *initiations. Extremely vindictive, it tries to seize new initiates who do not yet have guardian fetishes. To fight Mulenda off, the master initiator unleashes an army of red ants, causing him to flee. While Colle describes Mulenda in a rather abstract manner, Tastevin specifies that this "spirit of the air" has both a mask and a disguise of its own, although he doesn't describe them (TASTEVIN, 1938,*

rouges qui le mettront en fuite. Si Colle le décrit de façon abstraite, Tastevin en revanche précise que ce personnage est un « génie des airs » possédant un masque et un déguisement qui lui est propre, sans toutefois le décrire (TASTEVIN, 1938, cours 17, p. 13). Bien que Tastevin ne cite pas ses sources (il semble s'être inspiré pour une grande part des travaux de Colle), on est enclin à penser que *mulenda* a bien pu être évoqué par un masque compte tenu de son entrée théâtrale et impressionnante. Tastevin insiste aussi sur la présence de cet objet dans la société du *buyangwe* qu'il appelle « société du léopard ».
Ainsi, il retranscrit deux mythes décrivant l'origine de la société. Celui qui nous occupe ici est le récit d'Ewondo, l'histoire d'un autre homme descendant dans le monde des morts. Le héros, perdu dans ce territoire inconnu, découvre par hasard une grande salle, dont les parois sont couvertes de peaux d'éléphants gardées par une vieille femme. Ces peaux servent de déguisements aux « ombres » pour faire bombance dans les plantations des vivants. Le héros attache la vieille femme et met ensuite du piment sur les peaux pour punir les voleurs.
Notons dans ce récit un lien toujours présent avec le monde des morts et l'idée de déguisement. Cette idée se renforce lorsque l'auteur précise qu'à côté des peaux, le héros voit des costumes d'herbes et des feuillages à masque dont se servent les défunts pour se déguiser lorsqu'ils viennent voir les activités des vivants. Ainsi, le masque semble, d'après Tastevin, bien ancré dans la société du *buyangwe*. Or, comme nous l'avons vu avec le « fétiche » *Kasongo muyembe*, certains esprits et objets les matérialisant se retrouvent à la fois dans le *bukasandji* et le *buyangwe*. L'éthéré *mulenda* est mis en fuite par des fourmis rouges (couleur à rattacher à la sécheresse, au soleil) et pourrait bien être un esprit lunaire (eau, fertilité) agressif et ambivalent, comme l'est l'astre nocturne. Cette référence à un possible « esprit sélénite » trouverait bien son expression dans des masques ronds comme la pleine lune, ronds comme des paniers et des calebasses (Figure 1 et Figure 7). Entre les coupes céphalomorphes et les masques, les sculpteurs travaillant pour le *bukasandji* semblent avoir été doués pour rendre floues les frontières typologiques en réalisant des contenants semblables à des masques, et des masques semblables à des contenants.

Revenons maintenant sur une question restée en suspens. Si l'on considère certaines similitudes chorégraphiques et vestimentaires entre les masques ronds à stries et les *kifwebe*, doit-on réfuter totalement l'intégration des masques ronds à stries dans la confrérie *kifwebe* des Luba ?

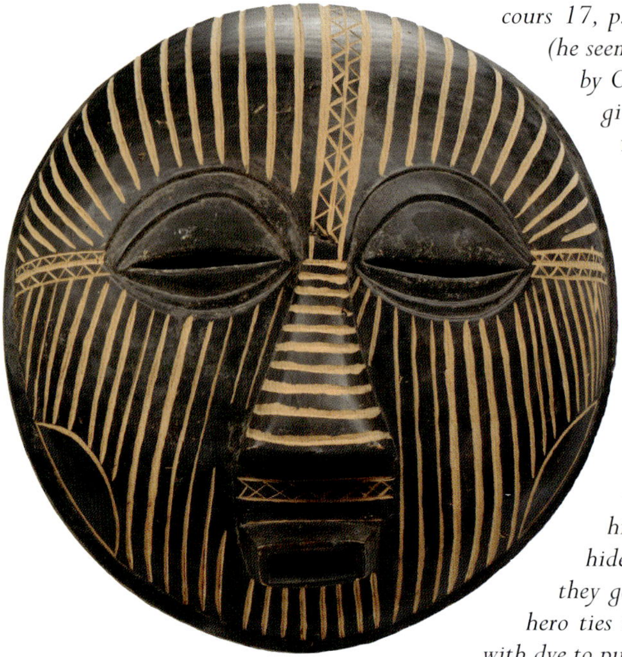

Figure 45

cours 17, p. 13). Tastevin doesn't name his sources (he seems to have been inspired for the most part by Colle), but we are inclined to believe that, given its impressively theatrical entrance, mulenda *might well have been invoked by a mask. Tastevin insists that this type of object belonging to the* buyangwe*, which he calls "the society of the leopard".*

In support of this he transcribes two myths recounting the origins of the society. We are concerned here with the story of Ewondo, another man to have descended to the world of the dead. Lost in this unfamiliar place, he stumbles upon a large hall hung with elephant hides and guarded by an old woman. The hides are used by "shades" as disguises when they go to feast on the crops of the living. The hero ties up the old woman and stains the hides with dye to punish the thieves.

Note that the world of the dead is again linked with the idea of disguise. This is reinforced when the hero also finds clothing made of grass and leaves with which the dead would disguise themselves in order to spy on the living. The mask therefore seems well rooted in the buyangwe*, according to Tastevin. As we saw in the case of the* Kasongo muyembe *fetish, certain spirits and the objects through which they are invoked are found in both the* bukasandji *and the* buyangwe*. Ethereal* mulenda *is chased away by red ants (associated by their colour with drought and the sun); aggressive and ambivalent, like the moon, this could be a lunar spirit (water, fertility). A possible "lunar spirit" could easily be represented by masks which are round in the manner of the full moon, baskets, and gourds (Figure 1 and Figure 7). Between cephalomorphic cups and masks,* bukasandji *sculptors would appear to have been skilled at blurring typological boundaries by producing vessels that resemble masks, and masks that resemble vessels.*

Let us now return to a question that we previously left unanswered: given certain similarities of dress and choreography between round striated masks and kifwebe*, are we right to reject entirely the idea of round striated masks being used by the Luba* kifwebe *brotherhood?*

The primary task of the kifwebe *was to hunt deviants, especially those practicing magic for malicious purposes. The* bukasandji *and its "military wing", the* visanguka*, also have a role fighting this kind of criminality. The* bumbuli*, to which*

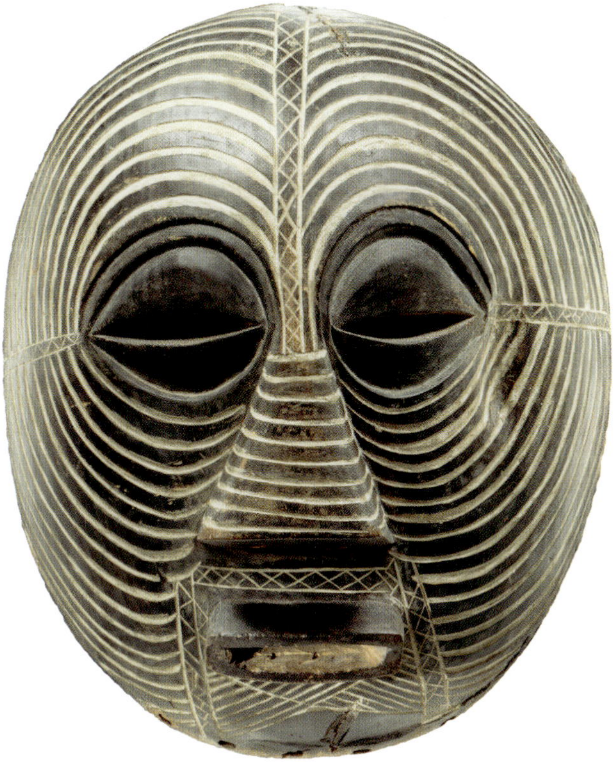

Figure 46

Le rôle premier du *kifwebe* était de chasser les déviants, notamment les personnes usant de magies à des fins néfastes. Or c'est l'un des rôles du *bukasandji* et de sa « branche armée », le *visanguka*, de se livrer à la traque de ce genre de hors-la-loi. Le « *bumbuli* », auquel se rattache le *kifwebe*, se distinguait par des danses faites à l'occasion de l'arrivée d'un important personnage (HOOFD, n.d.). Une interprétation rituelle des masques ronds à stries, assez ancienne et apparemment fiable, est évoquée par J. Maes (1924, pp. 36-37). Ce renseignement fut noté par un Père Blanc de la mission de Lukulu (première décennie du XXe siècle). Le missionnaire précise que les masques ronds à stries qu'il collecta (Figure 45 et Figure 46) étaient utilisés lors d'une danse appelée *makaye a kifwebe* (« la danse du masque »). Celle-ci se déroulait lorsqu'un grand chef ou un notable venait à mourir, quand un homme était nommé *kalala*[34], ou bien lorsqu'un visiteur de marque (chef ou autre) venait en visite.
On peut dès lors se demander si les masques ronds à stries ne relevèrent pas initialement du *kifwebe* ou si la société *bukasandji* n'est pas à rattacher au *kifwebe*.

Cette question est d'importance et ne fut pas suffisamment traitée. Pour la plupart des auteurs qui nomment

34. Pour J. Maes ce terme désigne le représentant du chef, l'administrateur d'un village. Cependant, pour W. F. P. Burton, ce titre revient à celui qui brilla sur le champ de bataille ou qui combattit avec courage des bêtes sauvages (BURTON, 1961, p. 26).

the kifwebe *is linked, were known for performing dances to mark the arrival of an important personage (HOOFD, undated). A ritual interpretation of round striated masks, fairly old and apparently trustworthy, is discussed by J. Maes (1924, pp. 36-37): a White Father in the Lukulu mission in the first decade of the 20th century recorded that round striated masks he had acquired (Figure 45 and Figure 46) were used during a dance called* makaye a kifwebe *("the mask dance"). This took place whenever an important chief or other notable died, when a man was elevated to* kalala,[34] *or upon the arrival of an important visitor, such as a chief.*
This leads us to wonder if round striated masks weren't initially developed by the kifwebe, *or if the* bukasandji *and the* kifwebe *weren't somehow linked.*

It's an important question that has received too little attention. Among authors who use the term kifwebe *for round striated masks, a link to the society is generally assumed, if not specifically proven. This misunderstanding is almost certainly a result of the erroneous reading of Colle (1913a, pp. 676-677) discussed above.*
Did round striated masks ever have a relation to the kifwebe? *In fact, any link might be very different, and would be based on the following theory.*

It seems likely that when the kifwebe *was expanding into Luba territory (around the beginning of the 20th century), other societies didn't take kindly to the growing power of a foreign brotherhood. While the* kifwebe *was in some ways "Luba-ised" by cultural and ritual borrowing which linked it with the* bumbudye, *it nevertheless remained an allochtoon society, not fully integrated into Luba culture, despite taking over the important role of policing and pacifying deviants and perhaps also the malicious dead. The obvious risk was that the brotherhood, having become influential, would reject any attempts to incorporate a Luba identity as represented by the* bumbudye*: the* kifwebe *threatened to become an entrenched outpost of the* bwadi bwa kifwebe *within Luba territory.*
After all, among the Songye, the society's political power rivalled that of the chiefs. The threat of interference and cultural upheaval was therefore very real. Leading the opposition to the expansion of kifwebe *among the Luba was the most powerful of the societies: the* bumbudye. *Remember that the* bukasandji *(which performs many of the same activities as the* kifwebe*) is a branch of the* bumbudye *the origins of which can be linked to the Bayembe (or Kalebwe), the largest group of central Songye. We believe that the* bukasandji *is much older than the* kifwebe. *Indeed, Colle maintains that the sect originated with a Luba group that crossed Wilande and Buyembe countries during the reign of the Luba* mulopwe *Ilunga Nsungu (COLLE, 1913b,*

34. *J. Maes believes this term designates the chief's delegate and village administrator. W.F.P. Burton, on the other hand, says this title is given to someone who has shown skill on the battlefield or fought courageously with wild animals (BURTON, 1961, p. 26).*

kifwebe les masques ronds à stries, le rattachement à la société éponyme est sous-jacent bien que guère expressément soutenu. Ce quiproquo trouve certainement son origine dans une mauvaise lecture et une interprétation erronée des données de Colle (1913a, pp. 676-677) que nous avons abordées.
Les masques ronds à stries ont-ils jamais eu une relation avec le *kifwebe* ? En fait, le lien pourrait être tout autre et se baserait sur l'hypothèse suivante.

Lorsque le *kifwebe* se développa en territoire luba (approximativement au début du XXe siècle), il est vraisemblable que de nombreuses confréries ne virent pas d'un bon œil le pouvoir grandissant d'une société étrangère. Certes, le *kifwebe* était en quelque sorte « lubaïsé » par les emprunts rituels et culturels qui le rapprochaient du *bumbudye*, mais il demeurait toujours une société allochtone, incomplètement intégrée à la culture luba, jouant un rôle important : celui de régulateur et de pacificateur contre les déviants et peut-être aussi les mauvais morts. Le risque manifeste était de voir cette confrérie, au devenir influent, rejeter à un moment donné la tentative de greffe luba s'exprimant par le biais du *bumbudye*. Le *kifwebe* pouvait donc potentiellement devenir une véritable extension du *bwadi bwa kifwebe* en territoire luba.
Or, ce dernier jouait un rôle politique de première importance en territoire songye pouvant remettre en cause le pouvoir des chefs. La menace d'ingérence et de bouleversement culturel était donc réelle. Dans la première ligne de front qui opposerait le *kifwebe* à l'ordre luba se trouvait la plus puissante des confréries : le *bumbudye*. Rappelons que le *bukasandji* (qui a des fonctions assez similaires à celles du *kifwebe*) est une branche du *bumbudye*, et que ses origines sont à mettre en rapport avec les Bayembe (ou Kalebwe), le plus important groupe songye central. Nous pensons que le *bukasandji* est bien antérieur au *kifwebe*. En effet, Colle précise que la secte trouve son origine dans un groupement de baluba ayant parcouru le pays de Wilande et le pays de Buyembe sous le règne du *mulopwe* luba Ilunga Nsungu (COLLE, 1913b, pp. 2-3). Or, Ilunga Nsungu, qui régna de 1780 à 1810, était un roi dont la généalogie par sa mère se rattachait aux grands groupes songye et plus particulièrement aux Ilande.
Cette remarque prouve que le *bukasandji* se développa près d'un siècle avant l'arrivée du *kifwebe* en territoire luba. Cela laisse aussi supposer que le *bukasandji* fut adopté de façon active par la culture luba. Apparu sous le règne d'un souverain entretenant une relation de « suzerain » avec certains groupes songye[35], le *bukasandji* fut le fait « d'aventuriers » qui entrèrent en contact avec des éléments rituels songye.

35. F. Neyt précise que Ilunga Nsungu (ou Sungu) recevait un tribut de plumes (objets précieux) de certains groupes songye (NEYT, 1993, pp. 228-229).

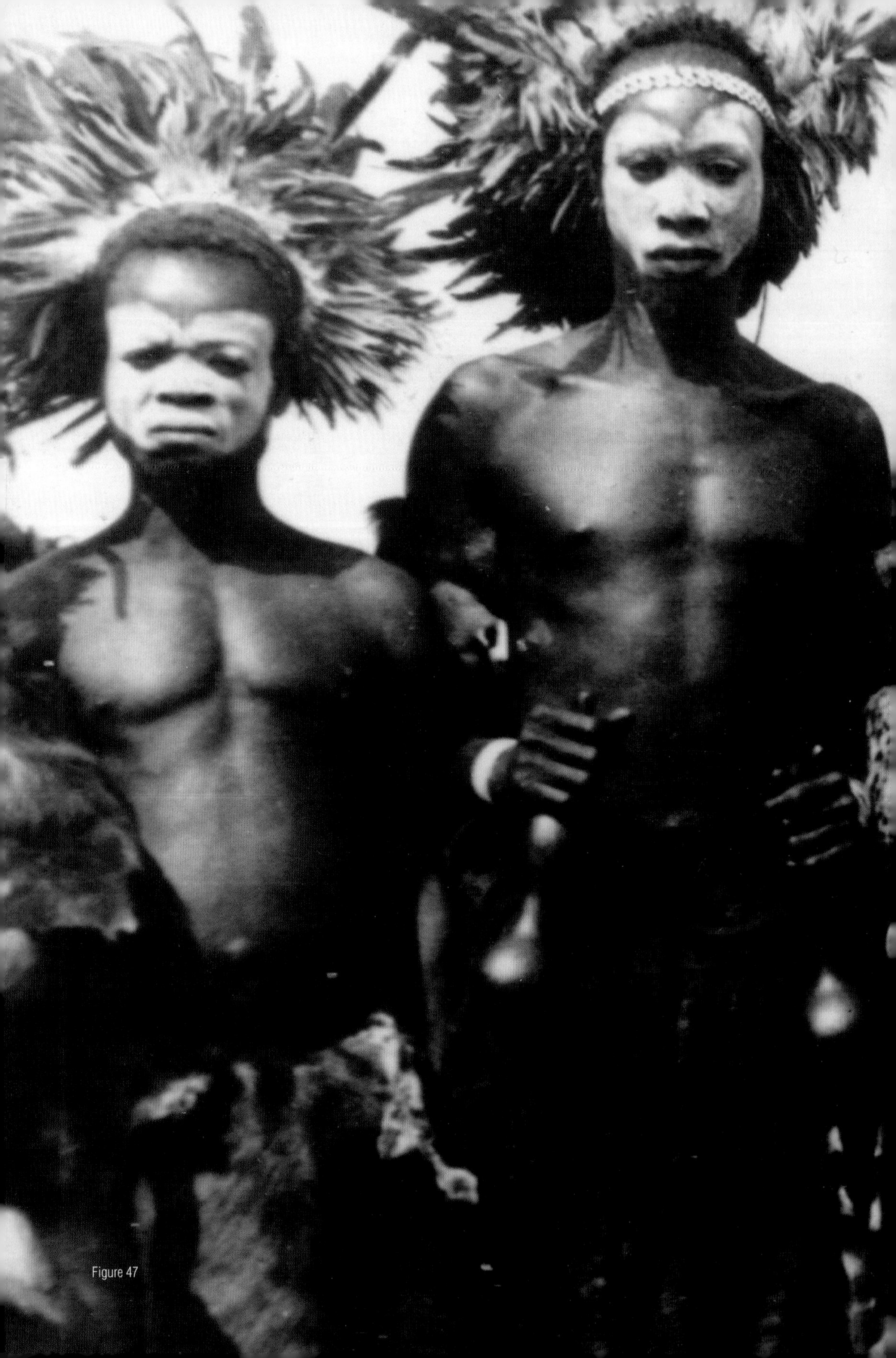
Figure 47

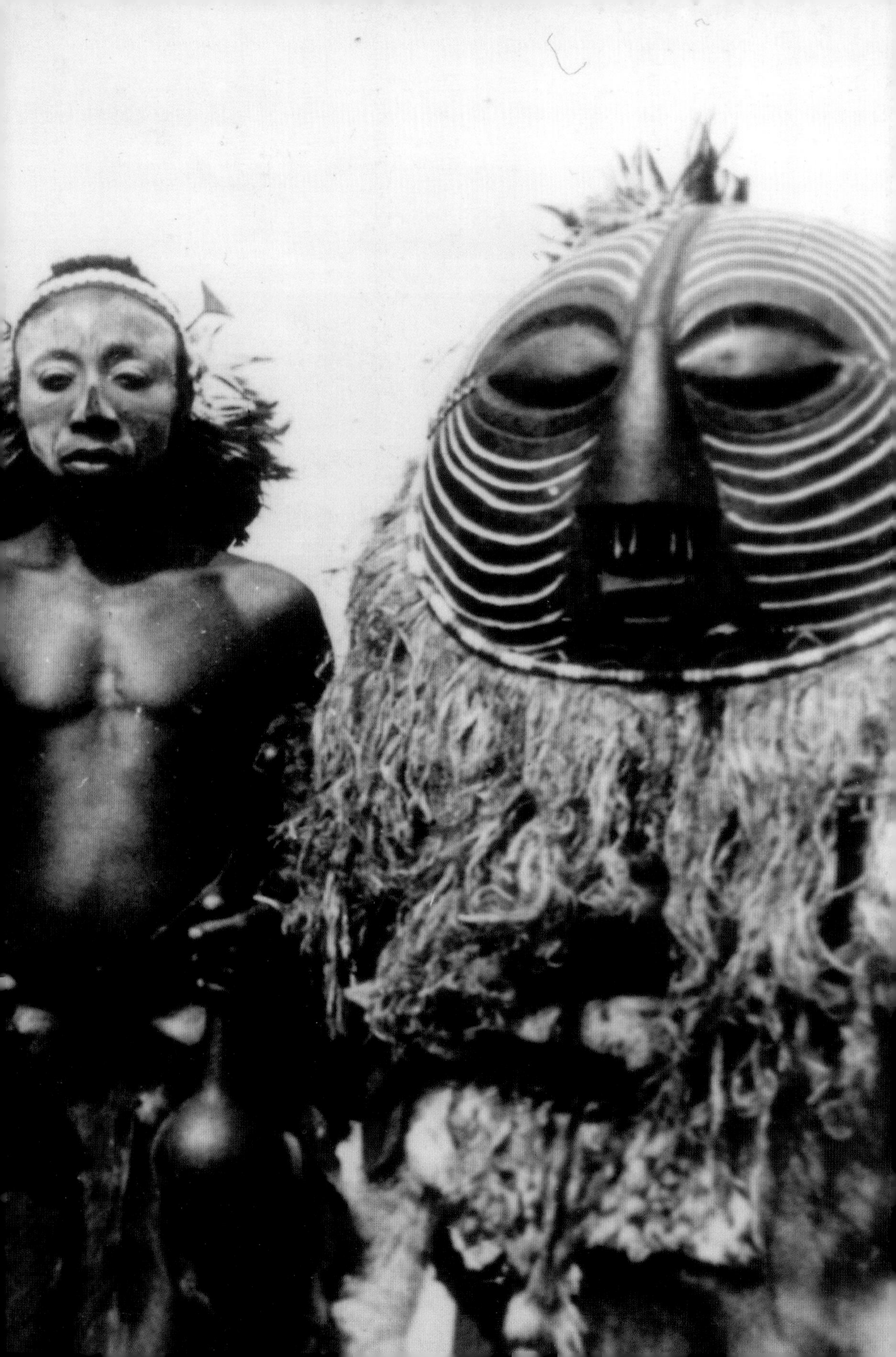

pp. 2-3). Ilunga Nsungu, who ruled from 1780 to 1810, was a king whose maternal lineage could be traced back to the large Songye groups, in particular the Ilande.
This demonstrates that the bukasandji developed almost a century before the kifwebe arrived in Luba territory. It also suggests that the bukasandji was actively embraced by the Luba. Appearing during the reign of a sovereign who was also a suzerain to certain Songye groups,[35] the bukasandji were "pioneers" exploring the realm of Songye rituals, setting out on a "quest" for increased power in a kingdom that was essentially a dependent territory belonging more or less to the mulopwe. According to this principle, the selection of elements representing the society's strength and the relationship to power through association with the most influential societies of the kingdom could be aspects of a ruthless dualism. With the kifwebe, however, things were different.
Indeed, when, at the end of the 19th century, the society began to encroach from Songye territory, the Luba kingdom retained only a shadow of its former power. Relations with the Songye had long since changed. Under the reign of Ilunga Kabale (1840-1870), the last of the great mulopwe, the kingdom engaged in numerous battles against the Kalebwe. The acceptance of kifwebe was essentially passive, and almost certainly the result of bwadi bwa kifwebe propaganda: Luba central power was no longer able actively to direct cultural politics.
Despite its transformation into a Luba society, the brotherhood threatened possible interference and secession. It could be argued that stories of such intrigue were somewhat exaggerated during the colonial period, but we shouldn't overestimate the power of the pax belgica. Colonisation was only just beginning; the territory was vast. It is worth recalling, therefore, that ancient disputes and local power struggles continued, albeit more quietly and with less conspicuous displays of arms – circumstances in which an assault by cultural means could prove extremely effective. The Luba would have recognised this, given the important role societies had played in spreading their culture among the "Luba-ised".
It was the role of the bukasandji to fight kifwebe incursion, if possible with its own weapons. Masks would certainly have been one of the weapons that helped the kifwebe in its earliest expansion. They struck the imagination, and emphasised the brotherhood's magic power.
The bukasandji might therefore have co-opted them. W. Fagg was partially correct when he wrote about a Songye bwadi bwa kifwebe mask that the "[...] Baluba influence is very clear in the upper portion of this mask" (FAGG, 1970, p. 148).

We believe that the upper, less angular, portion of the mask would have been the part most easily adapted to Luba iconography and style. The round shape and the white colour

35. F. Neyt writes that Ilunga Nsungu (or Sungu) received a tribute of feathers (valuable objects) from certain Songye groups (NEYT, 1993, pp. 228-229).

Ces hommes se sont déplacés, ont « cherché » une possibilité d'accroissement de pouvoir du royaume dans un territoire dépendant plus ou moins du *mulopwe*. Selon ce principe, la sélection des éléments qui constitueraient le pouvoir de la confrérie, et le rapport qu'elle entretiendrait avec le pouvoir par le biais d'associations avec les confréries les plus puissantes du royaume, pouvaient être le jeu d'un dualisme implacable. En revanche, le cas n'était pas identique en ce qui concerne le *kifwebe*.

Lorsqu'à la toute fin du XIXe siècle la société commença à se diffuser depuis le territoire songye, le royaume luba n'était plus que l'ombre de sa puissance passée. Les relations avec les groupes songye avaient changé, et ce depuis un certain temps. Sous le règne d'Ilunga Kabale (1840-1870), le dernier des grands *mulopwe*, le royaume livra de nombreux combats contre les Kalebwe. L'adoption du *kifwebe* fut essentiellement passive et résulta certainement d'une propagande du *bwadi bwa kifwebe*, le pouvoir central luba ne pouvant plus vraiment mener de politique culturelle active.

Bien qu'ayant subi des transformations la menant à la société *kifwebe* luba, cette confrérie détenait en elle les germes d'une possible sécession et d'une ingérence. On pourrait alléguer que, dans cette période coloniale, ces histoires sont un peu exagérées. Néanmoins, il ne faut pas surévaluer la puissance de la *pax belgica*. Tout d'abord, la colonisation n'en était qu'à ses débuts, et le territoire était vaste. Il n'est donc pas inutile de préciser que les querelles anciennes et les luttes de pouvoir locales avaient toujours cours, bien que plus feutrées et moins ostensiblement armées. La lutte du pouvoir par le biais d'un élément culturel peut être très efficace. Cela pourrait être une devise luba lorsque l'on sait l'importance du rôle joué par les confréries dans l'extension de la culture luba chez les « lubaïsés ».

Il revenait au *bukasandji* de lutter contre l'extension du *kifwebe*, et si possible en utilisant ses armes. À notre sens, les masques font partie de ces « armes » qui firent du *kifwebe* une société à forte expansion dans ses débuts. Ils frappaient l'imagination et renforçaient la puissance magique de la confrérie.

Le *bukasandji* les a donc peut-être réutilisés tout en les transformant.

W. Fagg avait partiellement raison lorsqu'il écrivait à propos d'un masque songye du *bwadi bwa kifwebe* que la : « [...] Baluba influence is very clear in the upper portion of this mask » (FAGG, 1970, p. 148).

Nous pensons que la partie supérieure, la moins angulaire, était celle qui pouvait le mieux servir une adaptation

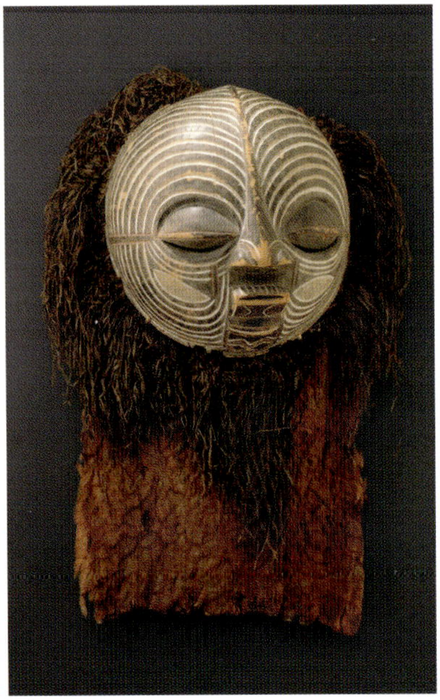

Figure 1

can evoke the moon. The striations on the forehead of a mask are called ngulu *by the* bwadi bwa kifwebe*, meaning mountains (HERSAK, 1986, p. 60). We have already explored how Kibawa links the world of the spirits, the moon, and the mountain. Could the* kifwebe *and the* bukasandji *have known this detail?*

It's possible, given that the kifwebe *assumed a great deal of the secret vocabulary used by the* bwadi bwa kifwebe*. The* bukasandji*, meanwhile, with its Songye origins and uneasy relations with the* kifwebe*, might certainly have known certain things about the* bwadi bwa kifwebe*. Also it is likely that changes to* kifwebe *society masks began at their top or that, at least, this top part was accorded great importance.*

The greatest propaganda coup would have been the round striated masks that we know from public and private collections. The iconography seems much more approachable, less hermetic. The round shape would recall the moon and possibly certain entities (Mande, Ngoy, Mulenda, or Kibawa) and fit much more easily into Luba sculptural tradition than angular forms. As we have already discussed, it is the moon, home of Kibawa, that regulates the spirit world. Spirits have relationships with the living, especially those who belong to the societies under consideration. T. Centner tells us that in Sanga country, there is a children's dance which is nothing less than a trip around the moon. The children circle a round basket called kibenji *(the moon), while singing, "The full moon speaks [...]. She dips her head so we can hear her below, the full moon speaks" (CENTNER, 1963, p. 248).*

It is not impossible that certain earlier masks, whether round and striated or not (Figure 1, Figure 7-8), were linked with this kind of lunar symbolism, centred on a basket or a gourd, or on a sculpted mask inspired by those things.

In addition, we have noted some hypothetical links between round striated masks and certain sculptures made by the Buye (Boyo), a group of Luba origin. These sculptures (Figure 11) are, according to L. Zangrie, royal ancestor statues (ZANGRIE, 1947-50, p. 74). In this light, the round form is part of an established symbolism linked to the moon, the world of the dead, and the great spirits, which was sublimated by the Baka Kunga Buye clan.

If this theory proves correct, it would mean that round masks were even more suitable to Luba culture. We think they would have been used against the kifwebe *as a kind of counter-propaganda, turning the brotherhood's own weapons against it by transforming them into something more easily incorporated*

stylistique et iconographique luba. En effet, la rondeur, comme la blancheur, peut renvoyer à l'astre lunaire. Qui plus est, les stries du front portent un nom particulier dans le *bwadi bwa kifwebe* : *ngulu,* qui signifie montagne (HERSAK, 1986, p. 60). Or, nous avons déjà vu au travers de Kibawa, les liens qui unissent le monde des esprits, la lune et la montagne. Le *kifwebe* et le *bukasandji* pouvaient-ils avoir connaissance de ce détail ?

Cela est concevable étant donné que le *kifwebe* reprenait une bonne partie du vocabulaire secret du *bwadi bwa kifwebe*. Quant au *bukasandji*, l'origine songye de la société et le rapprochement ambivalent avec le *kifwebe* laissent supposer qu'il pouvait connaître certains aspects du *bwadi bwa kifwebe*. Aussi, est-il probable que le départ de la transformation des masques du *kifwebe* ait commencé par la partie supérieure, ou tout du moins que celle-ci eut une grande importance. Mais le véritable coup de maître en matière de propagande fut certainement les masques ronds à stries tels que nous les connaissons dans les collections publiques et privées. L'iconographie y semble beaucoup plus parlante, moins hermétique. La forme ronde achevée renverrait à la lune et peut-être à certaines entités (Mande, Ngoy, Mulenda ou Kibawa), de même qu'elle est beaucoup moins étrangère aux canons de la sculpture luba que la forme angulaire. Comme nous l'avons déjà dit, c'est surtout la lune, la demeure de Kibawa, qui régente le monde des esprits. Ces esprits entretiennent des liens avec les vivants et plus spécialement avec ceux affiliés à des sociétés comme celles évoquées. Th. Centner précise qu'en pays sanga, il existe une danse enfantine qui n'est autre qu'une ronde à la lune. Les enfants tournent pour cela autour d'un panier circulaire appelé *kibenji* (la lune). Tout en tournant, les enfants entonnent le chant suivant : « La pleine lune raconte [...]. Elle penche la tête, pour qu'en bas on l'entende, la pleine lune raconte » (CENTNER, 1963, p. 248).

Il n'est donc pas impossible que certains masques anciens de forme ronde striés ou non (Figure 1, Figure 7-8) aient été liés à cette symbolique lunaire qui s'exprime autour d'un panier, d'une calebasse, ou d'un masque sculpté reprenant la forme des précédents éléments d'inspiration.

En outre, nous avions relevé des liens hypothétiques entre les masques ronds à stries et certaines sculptures des Buye (Boyo), un groupe d'origine luba. Ces sculptures (Figure 11) sont, d'après L. Zangrie, des statues d'ancêtres royaux (ZANGRIE, 1947-50, p. 74). Au vu de cet exemple issu de la culture buye, la rondeur s'inscrit dans

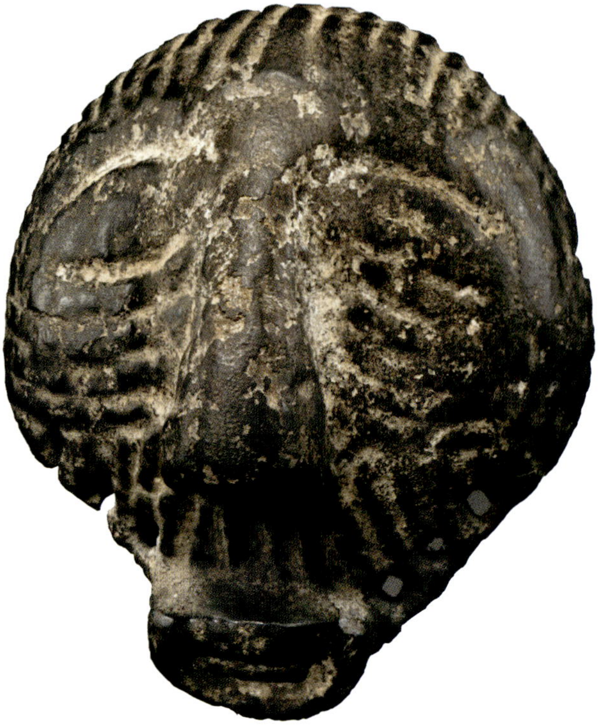

Figure 48

into Luba culture. This would explain why these masks were initially used in ceremonies – such as funerals and official visits – associated with the bumbudye, *but also why their use didn't spread to other Luba regions, remaining limited to the area – admittedly large – where the* kifwebe *was present or likely to spread. No mention is made of these masks appearing at the funeral of King Kabongo in the city of the same name (ORJO DE MARCHOVELETTE, 1950), nor in any other parts of the Luba world where the* bakasandji *were active.*

These works were initially developed to oppose the kifwebe. *When the threat had passed and the influence of the* kifwebe *had waned,*[36] *the association with events involving powerful people (visits, burials, advancements in rank) was no longer necessary, and round striated masks ceased to be exhibited in the ostentatious manner that had demonstrated their link with the* bumbudye *and opposition to the* kifwebe. *They could thereafter be devoted to such strictly* bukasandji*-related activities as expelling the malicious dead – which, with the fall of the* kifwebe, *was again entirely the responsibility of the* bukasandji *– before slowly disappearing.*[37]

These objects should not be called kifwebe. *Rather, they should have another name, so that they are no longer linked with the* kifwebe *brotherhood. We have chosen to call them* kwezi, *after the Kiluba word for moon, or possible* kibenji, *in honour of the Sanga nursery rhyme which is practically*

36. *W.M. Mutimanwa notes that during the 1970s* kifwebe *maks "[…] while not losing their sacred character […] were now used in dances of popular celebration" (MUTIMANWA, 1974, p. 142). The author also writes that while* kifwebe *brotherhoods still existed, some no longer had their masks. Of the two Ankoro brotherhoods, for example, only one was still active in 1974; the other had lost its masks.*

37. *There are, however, two curious documents worth noting for their view of round striated masks. They are observations recorded on the back of photos held in the archives of the White Fathers (Figure 14 and Figure 47). According to their author, the two masks were not linked with any societies, but were used purely for recreation. Could these masks have had such a role? It is not out of the question, but it seems hard to believe that entertainment would have been their only purpose. It is possible that whoever made the notes mistook a ceremony for entertainment, or was told it was "recreational" to avoid any embarrassing questions.*

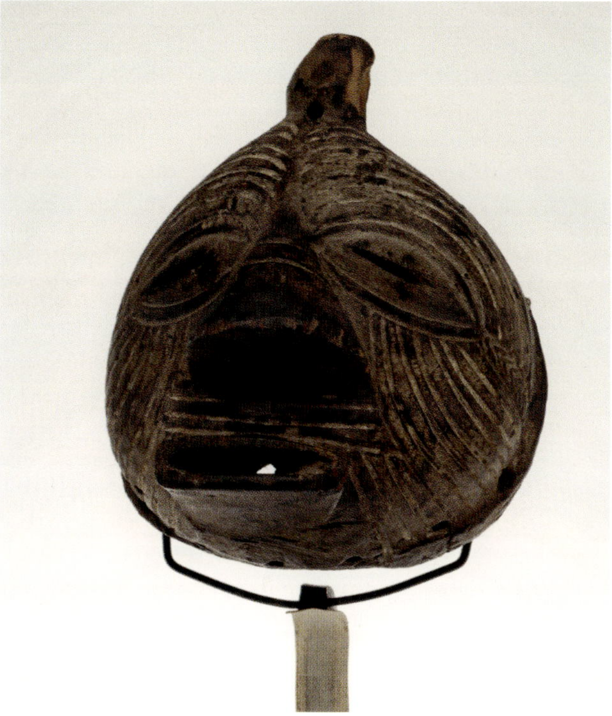

Figure 49

une vieille symbolique sublimée par le clan buye des Baka Kunga, une symbolique qui relie la rondeur à la lune, au monde des morts et aux grands esprits.

Si cette hypothèse se révélait exacte, elle rendrait les masques ronds encore plus accessibles à la culture luba. Nous pensons que ces derniers ainsi conçus constitueraient une sorte de contre-propagande au *kifwebe*, utilisant les armes de cette confrérie en les transformant pour mieux les inclure dans la culture luba. Cela expliquerait que ces masques aient été utilisés dans un premier temps lors de cérémonies, telles que funérailles et visites officielles, qui les rattachaient au *bumbudye*, mais aussi qu'ils ne soient pas répandus dans d'autres régions du territoire luba, mais seulement dans une zone, certes élargie, où l'influence du *kifwebe* était présente ou menaçait de s'étendre. En effet, nulle mention n'est faite de ces masques lors des funérailles du roi Kabongo dans la cité éponyme (ORJO DE MARCHOVELETTE, 1950), ni dans d'autres parties du monde luba où œuvraient les *bakasandji*.

Ces œuvres se sont surtout développées initialement pour contrer de manière forte le *kifwebe*. Par la suite, une fois la menace passée et le *kifwebe* rendu moins influent[36], leur lien avec le pouvoir (visites, enterrements, « montées en

36. W. M. Mutimanwa précise ainsi que dans les années 1970, les masques *kifwebe* : « […] tout en ne perdant pas leur caractère sacré […] interviennent maintenant dans des danses des réjouissances populaires » (MUTIMANWA, 1974, p. 142). L'auteur écrit aussi que si des confréries *kifwebe* existent encore, certaines d'entre elles ne possèdent plus leurs masques. C'est le cas des deux confréries d'Ankoro, dont une seule restait véritablement en activité (en 1974), la deuxième ne possédant plus de masques.

a description of the masks in verse. These names do not have indigenous origins and so cannot be refuted or accepted; we offer them only to illustrate our theory and to differentiate kifwebe *masks from round striated masks.*

We must return however to a matter we have already introduced, concerning the shape of masks. We have claimed that kwezi *demonstrate, particularly by their roundness, a very different handling than Songye* kifwebe, *and that this difference must be the result of a fairly long evolution. The* bukasandji*'s relationship with the Kalebwe, and maybe with* bwadi bwa kifwebe *masks (remembering that the* bukasandji *originate in Buyembe country) doubtless allowed the gradual conceptualisation of* kwezi *before the arrival of the* kifwebe *in Kabalo territory. These* kwezi, *which blend Luba and Songye styles, and which may have a foreign origin (Buye, for example) therefore existed, as we supposed, before the arrival of the* kifwebe *society. It is nevertheless likely that the arrival of the society drove the* bukasandji *to develop these masks as a cultural weapon. This development also affected the creation of mask-like objects incorporating the image of the* kwezi *(see Figure 39, Figure 48-50) as well as "hybrid" masks combining* kifwebe, kwezi, *and other Luba masks (Figure 51).*

The existence of kifwebe kabemba *(Figure 37) and* kilume kabemba *among the* bukasandji *(Figure 38) might lead us to rethink the use of certain round striated masks that have no means of fixation (Figure 52). J. W. Mestach (1985, p. 28-29) offers the following theory: that certain masks having few or no fixation holes were "house masks", used for the protection of the "mask storage house". If this appealing theory is not unlikely, it remains problematic in the case of the* bukasandji *since, unlike other societies from the region, they did not necessarily have "meeting houses" as such; we can reasonably doubt therefore they would have "mask storage houses". The masks existed, but we would need much more information about the manner in which they were stored before we could speculate on the existence of "mask-like guardians". It nevertheless seems, according to C. Henault (personal communication), that some mask-like planks called* kalengula *observed in the Kabalo-Manono zone played this protective role during the 1970s. Here again, the information is incomplete and does not allow us to establish that all "masks" without fasteners had the same function, and if they did have that function, under what conditions.*

We could also theorise that these "masks" (Figure 52) were carried on the shoulder or at the end of the arm like the kifwebe ngoy mudimbula, *which would explain the existence in some cases of wear and the absence of perforations. We can also guess that masks without fasteners were made for*

grade ») n'était plus nécessaire, et les masques ronds à stries n'avaient plus à être exhibés de manière ostentatoire pour montrer de façon claire leur lien avec le *bumbudye*, et leur opposition au *kifwebe*. Ainsi, ils pouvaient se consacrer à des activités spécifiques du *bukasandji*, comme la chasse aux mauvais morts et aux déviants magiques, avant de disparaître progressivement. Avec la chute du *kifwebe*, ce travail leur revenait pleinement[37].
Ces objets ne devraient pas être nommés *kifwebe*, mais bien désignés par un autre nom, pour éviter que l'amalgame ne continue entre eux et la confrérie *kifwebe*. Nous avons choisi de les « baptiser » *kwezi* (la lune en kiluba) ou éventuellement *kibenji* pour les mettre en rapport avec cette comptine enfantine sanga si proche d'une description poétique des masques. Ces appellations ne sont pas le fruit d'une dénomination autochtone, et peuvent donc être réfutées ou admises. Nous les donnons ici dans le but d'illustrer notre théorie et pour séparer les masques du *kifwebe* des masques ronds à stries.

Il faut pourtant revenir sur un point que nous avons traité et qui concerne la forme des masques. Nous avions dit que les *kwezi* attestaient un traitement plastique (surtout pour la rondeur) très différent des *kifwebe* songye et que cette différence avait dû résulter d'une évolution assez longue. Le rapport qu'entretenait le *bukasandji* avec les Kalebwe, et peut-être avec les masques du *bwadi bwa kifwebe* (rappelons que le *bukasandji* provient du pays de Buyembe) a sans doute permis de conceptualiser lentement les *kwezi* avant l'arrivée du *kifwebe* en territoire de Kabalo. Ces *kwezi*, qui mêlent des concepts plastiques luba / songye et peut-être aussi allochtones (buye pour exemple), existaient donc, comme nous l'avons supposé, avant l'arrivée de la société *kifwebe*. Cependant, c'est probablement avec l'arrivée de cette société, en réaction, que le *bukasandji* développa ces masques pour en faire une arme culturelle. Ce développement eut aussi une résonance quant à la fabrication d'objets maschiformes reprenant l'image du *kwezi* (voir Figure 39, Figure 48-50) d'une part, mais aussi de masques « hybrides » entre les *kifwebe*, les *kwezi* et d'autres masques luba (Figure 51).
L'existence des *kifwebe kabemba* (Figure 37) et *kilume kabemba* du *bukasandji* (Figure 38) donneraient peut-être à repenser l'utilisation de certains masques ronds à stries dépourvus de système de fixation (Figure 52). J. W. Mestach (1985, p. 28-29) proposa une hypothèse à leur sujet : certains masques, qui ne possèdent que très peu ou pas d'attaches, ont pu être des « masques de cases » utilisés

37. Il y a toutefois deux curieux documents ayant trait à l'usage des masques ronds à stries qu'il importe de mentionner. Il s'agit des notes figurant au dos des clichés consultés dans les archives des Pères Blancs (Figure 14 et Figure 47). D'après la personne qui écrivit ces notes, ces deux masques ne seraient pas à mettre en relation avec une quelconque société, mais avec le simple délassement. Ces masques pouvaient-ils avoir ce rôle ? Cela n'est pas invraisemblable, mais il nous semble difficile de croire que le divertissement fut leur seule fonction. Qui plus est, le ou les observateurs considérèrent peut-être comme délassement ce qui relevait plutôt de cérémonies particulières qu'ils ne comprenaient pas, ou qu'on leur présenta comme un « délassement » afin d'éviter les questions gênantes.

Europeans, who wouldn't have cared about functionality. This kind of production began very early, and might have provided masks which now have a long history and a pedigree of European collections.

To summarise by returning to round striated masks: it is possible that kwezi were the result of contact with kifwebe-type masks seen in Kalebwe territory in the first half of the 19th century or earlier. According to this theory, these Songye masks were progressively "transformed" by the bukasandji to include stylistic and iconographic elements of Luba origin or borrowed from neighbouring cultures.

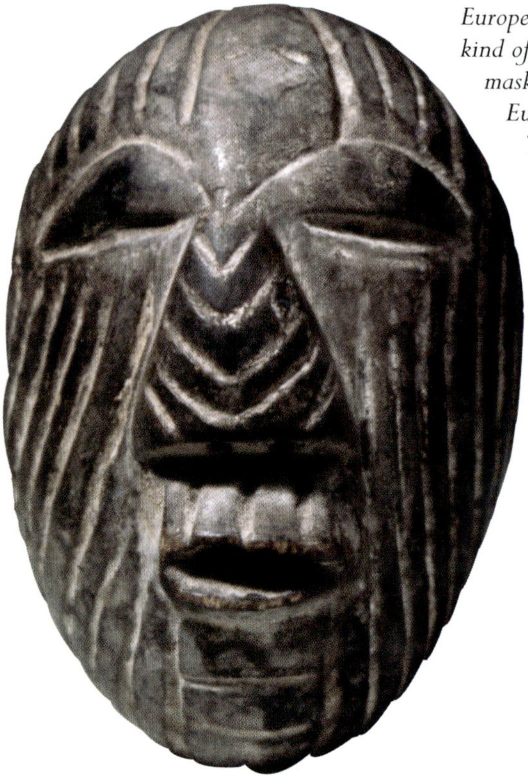

Figure 50

The fact that kwezi are only found in a well-defined area that was also where the kifwebe developed could be explained by several things:

1. The proximity of Songye territory.
2. The region appears to have a long history of mask production (see Figure 7-8). This implies bukasandji sculptors in the area who would have created fabulous masks (Figure 8) with little or no Songye influence at all.[38]
3. This area, the "headquarters" of many important "secret societies", was the site of a commercial and cultural crossroads linked to the Hemba, the Songye, the Kunda, and, by extension, the Buye. It was therefore a fertile breeding ground for kwezi.

When the kifwebe developed in the north-east, in the greater Kabalo region, probably during the first third of the 20th century, kwezi must already have existed. The confrontation with kifwebe masks would have led to a sort of artistic emulation, with the appearance of new stylistic and iconographic elements and the intensification of production and an expanded strategic and political role.
This last theory concludes this consideration of kifwebe masks and bukasandji kwezi. As noted in the introduction, however, only further research specifically focussing on kifwebe masks among the Songye and the Luba would allow us to confirm or deny these theories.

38. *The same is true of* kabemba, *which share a strong formal resemblance with* kifwebe *masks.*

pour la protection de « la case à masque ». Si cette hypothèse séduisante n'est pas invraisemblable, elle pose néanmoins un problème dans le cadre du *bukasandji*.

En effet, comme le *bukasandji*, à l'inverse d'autres sociétés de la région, ne possède pas de façon certaine une « case de réunion » attitrée, on peut alors légitimement douter d'une « case à masques » pour cette société. Cependant, les masques existent bel et bien, et il faudrait avoir plus de renseignements sur leur lieu de conservation avant de se prononcer sur l'existence de « maschiformes gardiens ».

Il semble pourtant, d'après C. Henault (communication personnelle), que certaines planches maschiformes nommées *kalengula* observées dans la zone de Kabalo-Manono avaient cette fonction de gardien dans les années 1970. Mais là encore, les informations sont lacunaires et ne permettent pas d'établir que des « masques » sans système d'attache aient eu la même fonction, et si oui, dans quelles conditions.

On pourrait aussi émettre l'hypothèse que, comme les *kifwebe ngoy mudimbula*, ces « masques » (Figure 52) aient été portés sur l'épaule ou à bout de bras, ce qui expliquerait dans certains cas les faibles traces d'usure ainsi que l'absence de perforations.

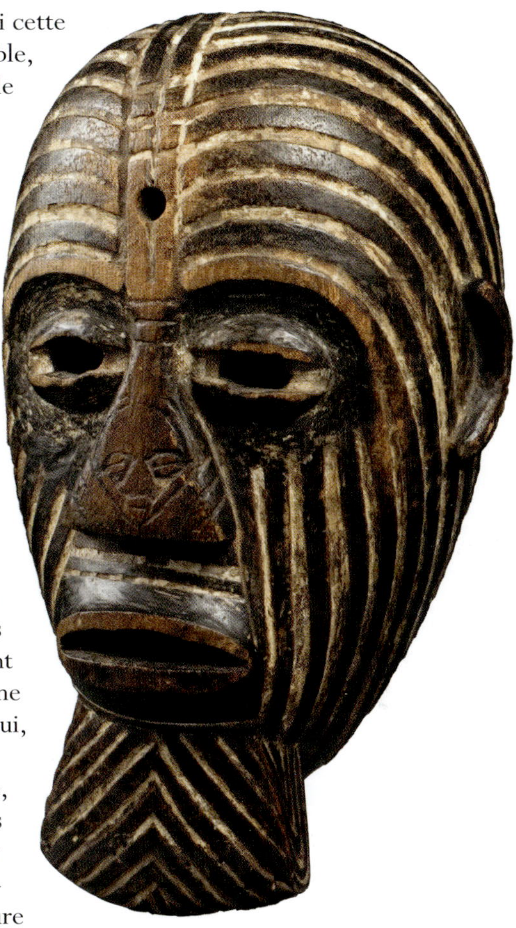

Figure 51

Néanmoins, on peut aussi supposer que certains de ces masques dépourvus de fixation furent le résultat d'une demande européenne pour laquelle le souci du réalisme utilitaire (les perforations d'attache) n'était pas nécessaire. Ce type de production ayant commencé très tôt, il n'est pas incongru de penser que certains des exemplaires connus soient de « vieux masques » ayant une longue histoire, un pedigree de collections en Europe.

En résumé, et pour revenir sur les masques ronds à stries, il est possible que les *kwezi* soient issus d'un contact avec des masques du type *kifwebe*, observés en territoire kalebwe dans la première moitié du XIXe siècle, ou avant. Suivant cette hypothèse, ces masques songye furent « transformés » progressivement par le *bukasandji* qui y inséra des éléments plastiques et iconographiques d'origines luba ou émanant de cultures voisines.

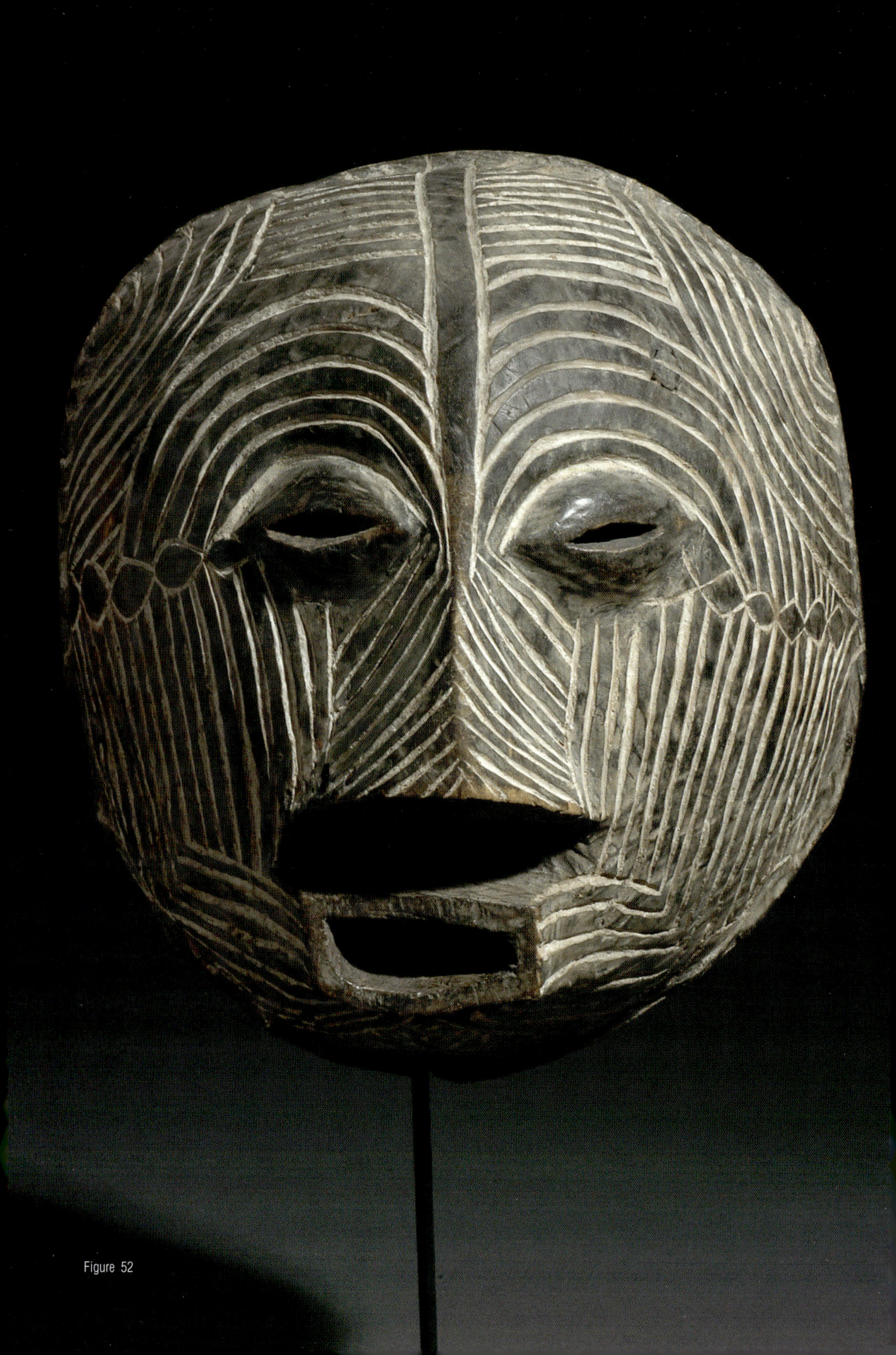

Figure 52

Que les *kwezi* ne se retrouvent que dans une zone bien circonscrite, dans laquelle s'est développée par la suite le *kifwebe*, s'expliquerait pour plusieurs raisons :

1. La proximité du territoire songye.
2. Cette région semble avoir un long passé artistique dans la production de masques (voir Figure 7-8). Cette remarque implique les sculpteurs des confréries du *bukasandji* de cette zone qui réalisèrent des masques fabuleux (Figure 8) pour lesquels l'influence songye semble minime, voire inexistante[38].
3. Cette zone géographique était le « siège » de nombreuses grandes « sociétés secrètes », et se situait au carrefour commercial et culturel avec d'autres cultures comme les Hemba, les Songye, les Kunda, et par extension les Buye. Elle constituait donc un terreau fertile pour la réalisation des *kwezi*.

Quand la société *kifwebe* se développa au Nord-Est dans la région élargie de Kabalo, vraisemblablement dans le premier tiers du XXe siècle, les *kwezi* devaient déjà exister. La confrontation avec les masques du *kifwebe* a pu entraîner une sorte d'émulation artistique avec l'apparition de nouveaux éléments stylistiques et iconographiques tout en intensifiant la production et le rôle des *kwezi* pour des raisons politiques et stratégiques.
Cette dernière hypothèse conclut cette réflexion sur les masques du *kifwebe* et les *kwezi* du *bukasandji*. Cependant, comme nous l'avons signalé dans l'introduction, seules des recherches plus approfondies et plus spécifiquement axées sur les *kifwebe* chez les Songye et les Luba permettront d'infirmer ou de confirmer nos hypothèses.

38. Il n'en va pas de même pour les *kabemba* qui présentent, par des aspects formels, une forte relation avec les masques *kifwebe*.

CONCLUSION

As we conclude this section, what remains of the spirit of the unknown which surrounded the magnificent piece from the Seattle Art Museum and kwezi *in general? Do we look at these masks, of uncertain origin and shrouded with mystery, any differently?*
In a sense, yes; but there is still much work to do. New data, new objects could emerge from some collection, some forgotten work, adding to what has been presented here.

But that is not all. Not just kwezi *and other* bukasandji *art, but all Luba art requires further stylistic and formal study. Too many objects have never been considered as more than "curios". The place of origin, the artist's workshop, the wood he chose, the personality he imparts to his work, all these often remain just so many uncertainties. The history of many pieces is little more than the name of a forgotten collector and an inventory number. Without more in-depth knowledge about the work of a particular workshop, a region, a culture, or a country, there can be no thorough study.*

The same if true of use and iconography. It is a great tragedy when the understanding of a civilisation is limited to the history of its discovery and subsequent study.

Most Luba masks, including kwezi, *seem not to be associated with the grand rites and lavish ceremonies of Luba royalty, even if much Luba art is above all royal art. It is perhaps because researchers long focused on this expression of power that Luba masks are so little understood.*
What first struck European observers about the Luba was their "modern" and "civilised" political structure. In the colonial mind, this wasn't just a grouping of chiefdoms but a kingdom with laws and lore. This structure fascinated and continues to fascinate researchers even as their understanding grows. P. Petit is being honest when he says:

> *Luba society presents a series of characteristics that are extremely interesting from an anthropological point of view. The Luba quickly replaced an early political model based on blood ties with an original state structure [...] This precocious process owes nothing to outsiders, European or Arab. At its height in the 19th century, the kingdom controlled a territory of about 200,000 square kilometres. (PETIT, 1993, p. 6.)*

The Luba kingdom was therefore seen initially as a strong state with a government well suited to anthropological analysis, owing nothing to the influence of the "great civilisations" of Europe and Arabia. It is not surprising therefore that texts from

CONCLUSION

Au terme de ce dossier, que reste-t-il de la part d'inconnu qui entourait la pièce magnifique du Seattle Art Museum et des *kwezi* en général ? Le regard porté sur ces masques mal localisés et empreints de mystère est-il différent ?
En un sens oui, mais il y a encore beaucoup à faire. De nouvelles données, de nouveaux objets peuvent encore surgir de quelques réserves, de collections ou d'ouvrages oubliés, qui permettront de renforcer les données ici présentées.

Mais cela ne fait pas tout. Au-delà des *kwezi,* et des autres œuvres du *bukasandji*, c'est pour une grande part de l'art luba qu'il importe de mettre en place une étude stylistique et formelle. Trop d'œuvres ne furent jamais considérées que comme des « objets de curiosité ». L'histoire de la création, du lieu où officia le sculpteur, du bois qu'il a choisi, de la personnalité qu'il insuffla à l'œuvre, tout cela constitue autant d'éléments souvent inconnus. Pour beaucoup de pièces, l'histoire se résume à un vague nom de collecteur et à un numéro d'inventaire. Or, sans une bonne connaissance des œuvres par un atelier, une région, une culture ou un pays, une étude objective sur un type d'objet d'art ne peut être menée totalement.

Il en va de même pour l'usage et l'iconographie. Le grand malheur pour la connaissance d'une civilisation est qu'elle soit entièrement soumise à l'histoire de sa découverte et de son étude.

La plupart des masques luba, *kwezi* y compris, ne semblent pas se rattacher, dans leur ensemble, aux grands rites et aux fastueuses cérémonies royales du royaume luba. Or, dans de nombreux ouvrages, l'art luba semble s'imposer avant tout comme un art royal. La méconnaissance des masques luba est peut-être liée au fait que les recherches en histoire de l'art se sont orientées, pendant longtemps, sur cette expression du pouvoir.
Ce qui frappa en premier lieu les observateurs européens des Baluba fut leur organisation politique très « moderne », très « civilisée ». Dans l'esprit colonial, il n'était pas question ici d'un ensemble épars de chefferies, mais d'un royaume soumis à des codes, à une étiquette précise. Cette structure étatique, aujourd'hui nuancée, fascina et fascine encore les chercheurs. P. Petit ne s'en cache pas lorsqu'il dit que :

> « La société luba présente une série de caractéristiques fort intéressantes au point de vue de l'anthropologie. Les Luba ont très tôt subordonné un ancien modèle politique basé sur les liens de parenté à celui d'une structure étatique originale [...] Ce processus précoce ne doit rien à une quelconque influence extérieure, européenne ou arabe. À son apogée au dix-neuvième siècle, le royaume contrôlait un territoire de 200 000 km carrés environ. » (PETIT, 1993, p. 6).

the colonial and post-colonial period focussed on that aspect of Luba culture.
After the initial excitement, however, ethnologists turned to the study of other social phenomena: circumcision, commerce, family worship, etc.

For art historians, the problem was slightly different. Always confronted by objects before understanding the concepts that underlie them, researchers work on pieces housed by museums (art historical field research is a relatively recent development), and most of the objects known from Luba culture were regalia (caryatid stools, bow-stands, sceptres, spears) or objects belonging to "secret societies" with links to the structures of power.

In short, most of the works studied by art historians or material culture anthropologists are linked with the notion of organised power, an area well studied by ethnologists. Such objects, part and parcel of the first scientific study of the Luba, could be researched and their functions easily understood using the existing literature. Other things, on the other hand, such as statues used in worship and kwezi *masks, were forgotten.*

Study based on pre-received "truths" is unfortunately not limited to the Luba. How many cultures remain "mysterious" because of the attitude of researchers rather than any shroud of secrecy cast by indigenous people? Few Luba "secrety societies" were any more enigmatic in the beginning than Cagliostro's Egyptian Rite of Freemasonry, about which specialised works abound. The "mystery" is often created by the "scholar" rather than by insiders. All of this has helped to establish the kwezi*'s supposedly "veiled" nature.*

It is difficult for us to catch up now: whole areas of culture have disappeared. We will probably never know the exact conditions under which the Seattle Art Museum mask was created, and especially who was the author of this major work from what is now the DRC – major in the sense that, despite all our theories, the constant quest for knowledge, this mask will always defy researchers with what C. Roy calls "[...] the emotion which no instrument can ever measure" (ROY, 1992, p. 141).

Le royaume luba était donc vu initialement comme un État fort au mécanisme se prêtant bien à l'analyse anthropologique, qui ne devait rien à l'influence des «grandes civilisations» européenne et arabe. Il semble donc logique que la plupart des textes de l'époque coloniale et post-coloniale se soient attachés à cet aspect de la culture luba. Cependant, passé ce premier émoi, les ethnologues s'intéressèrent à d'autres phénomènes de société : circoncision, commerce, cultes familiaux, etc.

Dans le cas de l'histoire de l'art, le problème se posa différemment. Se basant, avant toute autre démarche, sur les objets avant d'appréhender les concepts, les chercheurs travaillèrent sur les œuvres détenues par les musées, l'histoire de l'art couplée au travail de terrain étant relativement récente. Or, ces objets issus de la culture luba étaient principalement des regalia (sièges à caryatide, porte-flèches, sceptres, lances) ou des objets relevant de «sociétés secrètes» proches du pouvoir en place.

En résumé, une grande part des œuvres étudiées par les historiens de l'art ou les anthropologues de l'objet se trouvaient rattachées à la notion de pouvoir organisé qu'analysèrent fort bien les ethnologues. Les sources littéraires pour ces pièces étaient donc suffisamment denses pour permettre d'entreprendre leur étude et de comprendre leur fonction, car elles s'intégraient parfaitement à l'étude scientifique première des Luba. En revanche, un certain nombre d'objets, tels que des statuettes cultuelles ou des masques comme les *kwezi*, furent délaissés.

Une étude fondée sur des a priori considérés comme des «vérités» n'est hélas pas spécifique aux Luba. Combien de cultures, d'œuvres «mystérieuses» doivent leur part d'inconnu à l'approche qu'en firent les chercheurs, et non au voile du secret que drapèrent les autochtones. Dans le cas des «sociétés secrètes» luba, la plupart d'entre elles n'étaient, à l'origine, pas plus énigmatiques que la loge maçonnique égyptienne fondée par Cagliostro, sur laquelle de nombreux ouvrages spécialisés existent. «Le mystère» se renforce plus souvent par l'entremise de l'étude du «chercheur» que par l'action de l'initié. Toutes ces réalités ont aussi participé au caractère «entrevu» des *kwezi*.

De nos jours, il semble difficile de rattraper complètement des pans entiers de culture qui ont disparu. Ainsi, pour le masque du Seattle Art Museum, il sera probablement impossible de savoir dans quelles conditions exactes il fut créé, et surtout qui a sculpté cette œuvre majeure de l'actuelle RDC, majeure dans le sens où, malgré toutes les théories, ce masque confrontera toujours le chercheur à ce que C. Roy appelait : «[...] l'émotion dont les instruments de mesure ne peuvent rendre compte» (ROY, 1992, p. 141).

UNDER THE INFLUENCE OF THE SONGYE

Part 2
A return to Tetela masks

Introduction

Africa's contribution to the art of the mask is well known, as is the diversity of masks they produce. If pieces such as the round striated masks of the Luba are celebrities, a host of others remains unknown. In this section we will be looking at some of these overlooked masks (Figure 1). When first encountering them, the viewer can't help but be struck by their surprising appearance.

Our first encounter with them took place some years ago in the storage at the Tervuren museum. They were stacked on a high shelf, bundled in plastic like bouquets of flowers that had never been delivered – and yet, once unwrapped, they had a proud charm, with their huge tubular eyes, their bright colours and their fibre corollas. The impressive peaks they displayed like a bishop's mitre in the neon light led us to call them affectionately "bishop's masks" – and more seriously to refer to them as "crested masks". The literature has not given them much attention, and they have not fared much better in prestigious exhibitions.

In 1995, a scholar devoted an article to them, entitled "La beauté est ailleurs: pour en finir avec les masques Tetela" ("Beauty is elsewhere: Returning a verdict on Tetela masks"). The author of this study, the ethnologist Luc de Heusch, had spent two years (1953-54) among the northern Tetela. He demonstrated that these masks, which had been attributed to the Tetela by connoisseurs of African art, belonged in fact to the Tempa-Songye.

A few belated texts appeared on the subject, suggesting that the matter was not resolved (PETRIDIS, 2000b). This work will attempt to survey the data currently available on the subject.

There are few crested masks – perhaps only twenty or so known specimens – in collections either public or private. Among the museums which hold such pieces, we can name the British Museum in London (Figure 33 and Figure 41-42), the Smithsonian National Museum of African Art in Washington

AUTOUR DES SONGYE

Partie 2 Pour en revenir aux masques tetela

Introduction

La contribution de l'Afrique à l'art du masque est aussi connue que la diversité de ses productions. Si certains types d'œuvres comme les sélénites masques ronds à stries des Luba sont bien connus du grand public, il existe une foule de faux visages bien moins familiers. Les masques qui nous occupent ici relèvent de cette catégorie des méconnus (Figure 1). Au premier abord, le regard ne peut être qu'attiré par leur apparence insolite.

Notre première rencontre avec eux eut lieu, il y a de cela quelques années, dans les réserves du musée de Tervuren. Alignés au dernier étage d'une grande armoire, empaquetés dans des emballages de plastique transparent comme d'imposants bouquets de fleurs jamais offerts et condamnés à doucement sécher. Pourtant, une fois déballés, ils avaient bien fière allure avec leurs grands yeux tubulaires, leurs couleurs vives et leurs corolles de fibres. L'imposante crête qu'ils exhibaient sous les néons nous a conduit à leur donner le surnom affectueux de « masques d'évêque », puis un peu plus sérieusement celui de « masques mitrés ». La littérature ne leur accorda pas grand intérêt, et les expositions prestigieuses de masques ne leur ont guère consacré une place de choix.

En 1995, un scientifique leur consacra un article intitulé : « La beauté est ailleurs : pour en finir avec les masques tetela ». L'auteur de cette étude, l'ethnologue Luc de Heusch, qui avait passé deux ans chez les Tetela septentrionaux (1953-54) démontrait que ces masques attribués par les amateurs d'art africain aux Tetela étaient en fait des masques songye tempa.

Quelques textes plus tardifs portant partiellement sur ce sujet laissaient pourtant entrevoir que la question n'était pas close (PETRIDIS, 2000b). Le présent travail se propose de tenter une actualisation et une relecture des données obtenues sur ces œuvres.

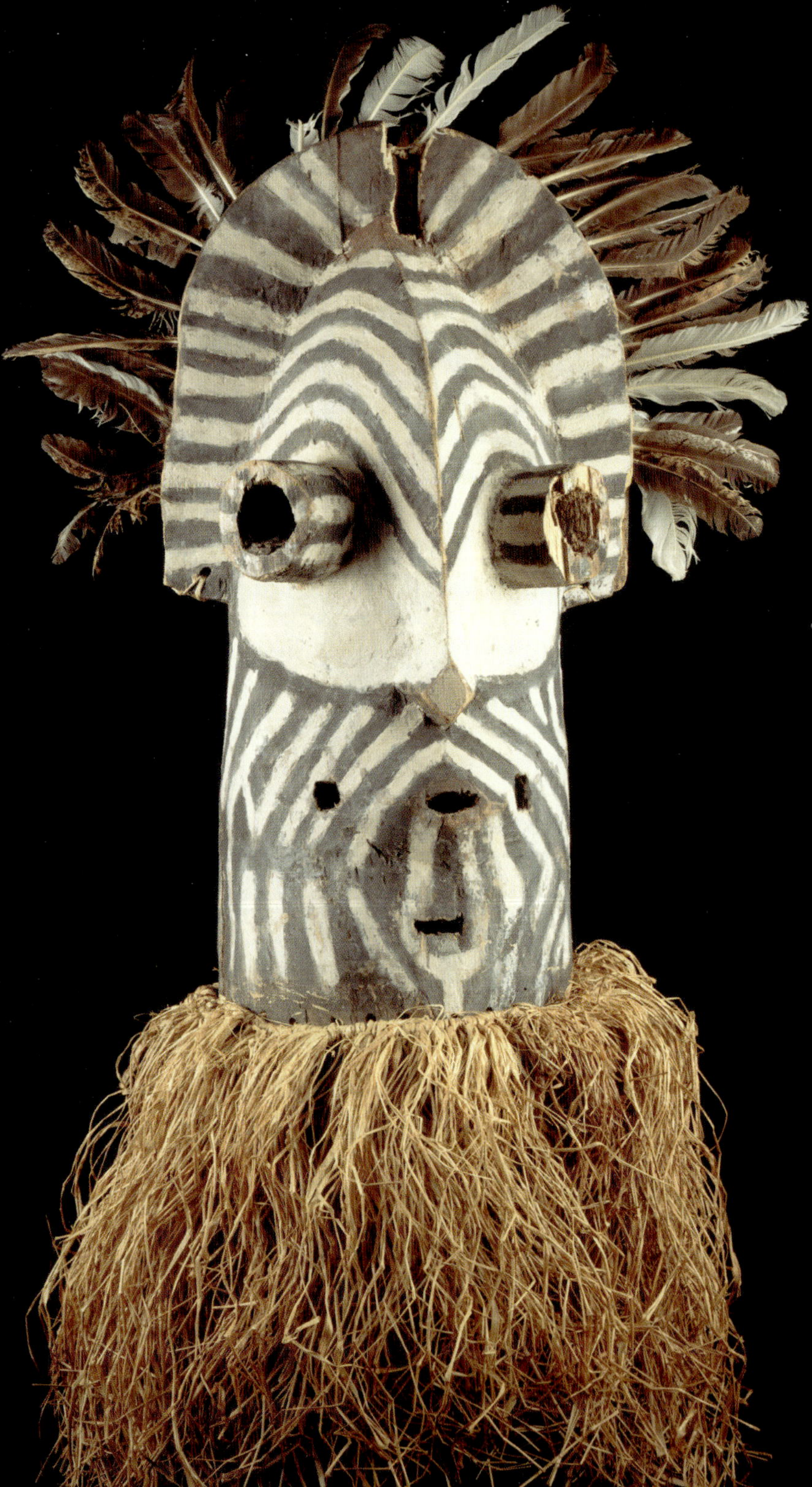

Figure 1

Les masques mitrés conservés dans les collections privées et publiques sont peu nombreux, il n'en existe qu'une vingtaine d'exemplaires. Parmi les musées qui détiennent de telles pièces, nous pouvons citer le British Museum de Londres (Figure 33 et Figure 41-42), le Smithsonian National Museum of African Art de Washington (Figure 43), le Museum of Art de Dallas (Figure 44), le Museum für Völkerkunde de Hambourg (Figure 15), le Metropolitan Museum de New York et le Musée royal de l'Afrique centrale de Tervuren (MRAC). La méthode utilisée relève du domaine de l'histoire de l'art plutôt que de l'ethnographie. C'est pourquoi notre analyse prendra pour point de départ les objets, qui ne peuvent être considérés, selon cette discipline, comme de simples illustrations. L'étude qui va suivre se basera surtout sur les masques du musée de Tervuren (Figure 1-6), mais se penchera aussi sur d'autres masques lorsque cela s'avèrera utile. De même, nous nous concentrerons surtout sur les groupes sungu (tetela) et tempa (songye) puisque la majorité des masques de ce type auraient été observés parmi ces deux peuples.

Tetela sungu ou songye tempa : réflexion autour de la question de l'attribution

Selon une ancienne théorie, les masques mitrés seraient l'expression d'un art plastique tetela, et plus particulièrement tetela sungu[1]. Pendant longtemps, cette théorie fut dominante et réductrice dans la mesure où tous les exemplaires de ce type furent considérés comme tetela. L. de Heusch mit à bas cette classification en démontrant que les « pseudo-masques tetela » étaient en fait songye, et presque essentiellement songye tempa.
Nous développerons diverses explications argumentées, mais nous n'évoquerons pour le moment que celles touchant plus directement à l'aspect formel et stylistique.

La première objection repose sur le fait que la « culture élargie mongo », dont relèvent les Sungu, ne fait pas usage de masques (DE HEUSCH, 1995, p. 188). Ainsi, l'organisation des *nkum'okunda* (« les maîtres de la forêt ») des Tetela du Nord, qui utilisent pourtant des objets sculptés, n'en possèdent pas. L'art sculptural tetela, tous sous-groupes confondus, reposerait donc essentiellement sur des statuettes (bien connues de L. de Heusch), et non sur des masques.

Le deuxième argument met en avant l'origine vraisemblable du quiproquo ethnique Tempa / Sungu. Selon L. de

1. Les Sungu constituent une petite entité culturelle tetela-hamba relevant du groupe des Ndjovu (voir DE HEUSCH, 1995, pp. 184-185). Il s'agit donc d'un sous-groupe de tetela méridional très proche géographiquement des Songye. Sauf précision de notre part, le terme tetela que nous utiliserons à maintes reprises dans la suite de ce texte fera référence aux Sungu.

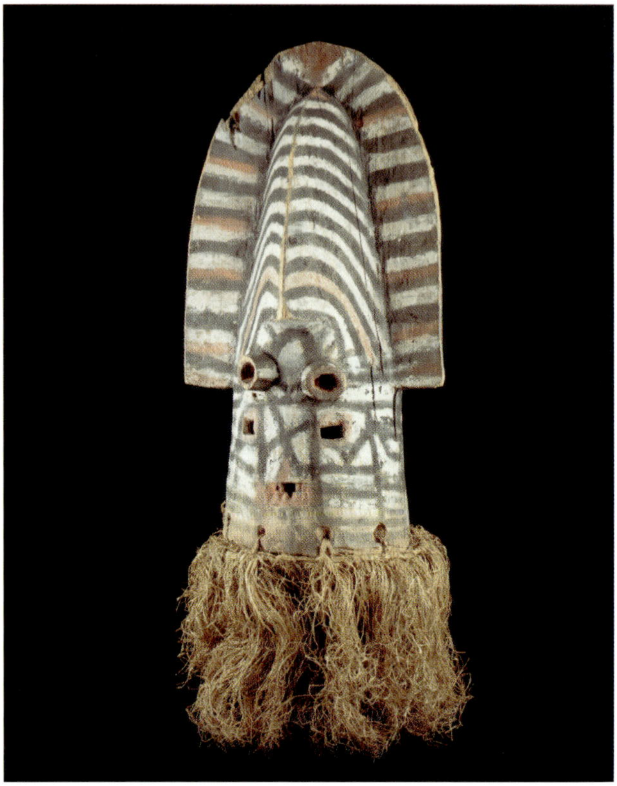

Figure 2

(Figure 43), the Museum of Art in Dallas (Figure 44), the Museum für Völkerkunde in Hamburg (Figure 15), the Metropolitan Museum in New York, and the Musée Royal de l'Afrique Centrale (MRAC) in Tervuren.

Our method will be art-historical rather than ethnographic. For this reason our analysis will begin with the objects themselves, which, according to this approach, cannot be considered mere illustrations. The following study will examine primarily masks from Tervuren (Figure 1-6), but will touch on others when it proves useful. We will concentrate on the Sungu (Tetela) and Tempa (Songye) groups, as most of the known masks of this type were observed among these two peoples.

Sungu-Tetela or Tempa-Songye: thoughts on the matter of attribution

According to an established theory, crested masks were a form practiced by the Tetela, specifically the Sungu-Tetela.[1] The ubiquity of this idea was extremely limiting, insofar as it meant all examples of this kind of mask were attributed to the Tetela. L. de Heusch put an end to this automatic classification by

1. *The Sungu are a small Hamba-Tetela cultural group from the Ndjovu (see DE HEUSCH, 1995, pp. 184-185). They are a central Tetela sub-group living very near the Songye. Unless otherwise specified, the term Tetela is used hereafter to refer to the Sungu.*

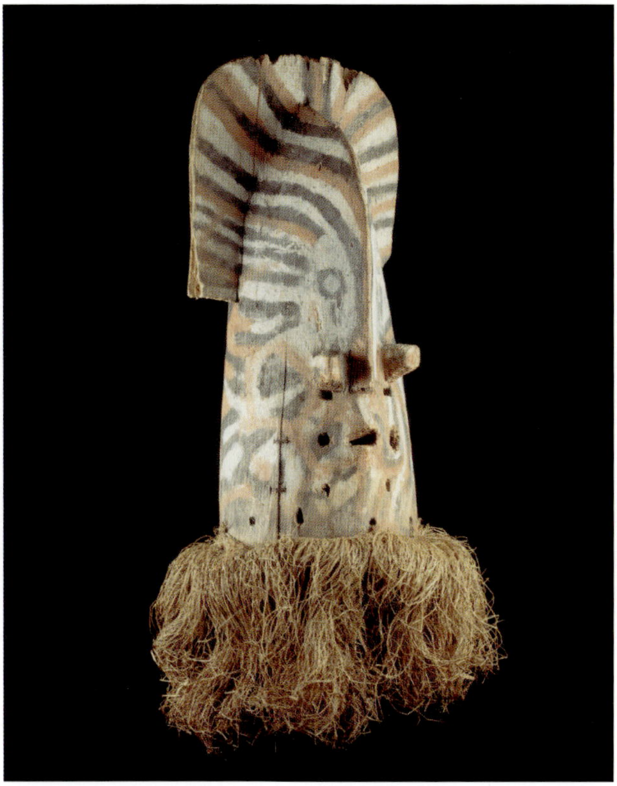

Figure 3

Heusch, c'est l'attribution sungu de deux masques mitrés publiés par E. Torday qui fut à l'origine de l'erreur. Sur cette planche (Figure 7), insérée et commentée dans le texte d'E. Torday, les deux exemplaires (Figure 41-42), dont l'un présente la particularité d'être Janus (Figure 42), sont donnés comme relevant de ce groupe tetela.

L'attribution est même confortée par une photographie de terrain de l'auteur montrant l'un des deux masques porté par un « homme sungu » (Figure 8).

En l'absence de données exactes de collectes, les indications d'E. Torday furent prises comme référent par de nombreux spécialistes et amateurs d'art africain, et on ne fit guère attention à la légende proposée par J. Maes pour les masques de la Figure 4 et de la Figure 5 qu'il définit comme songye (MAES, 1924, Figure 35-36 et p. 33). Précisons ici que l'exemplaire de la Figure 4 fut rendu public par le biais d'une photographie de terrain le montrant porté (Figure 9).

En 1990, J. Mack dévoila le lieu de collecte du masque de la Figure 41 : Kasongo (MACK, 1990, pp. 62-63)[2]. C'est cette dernière information qu'utilise L. de Heusch pour soutenir plus en profondeur son hypothèse (DE HEUSCH 1995, p. 188).

2. Le masque lui-même avait pour nom *moadi* ou *mwadi*.

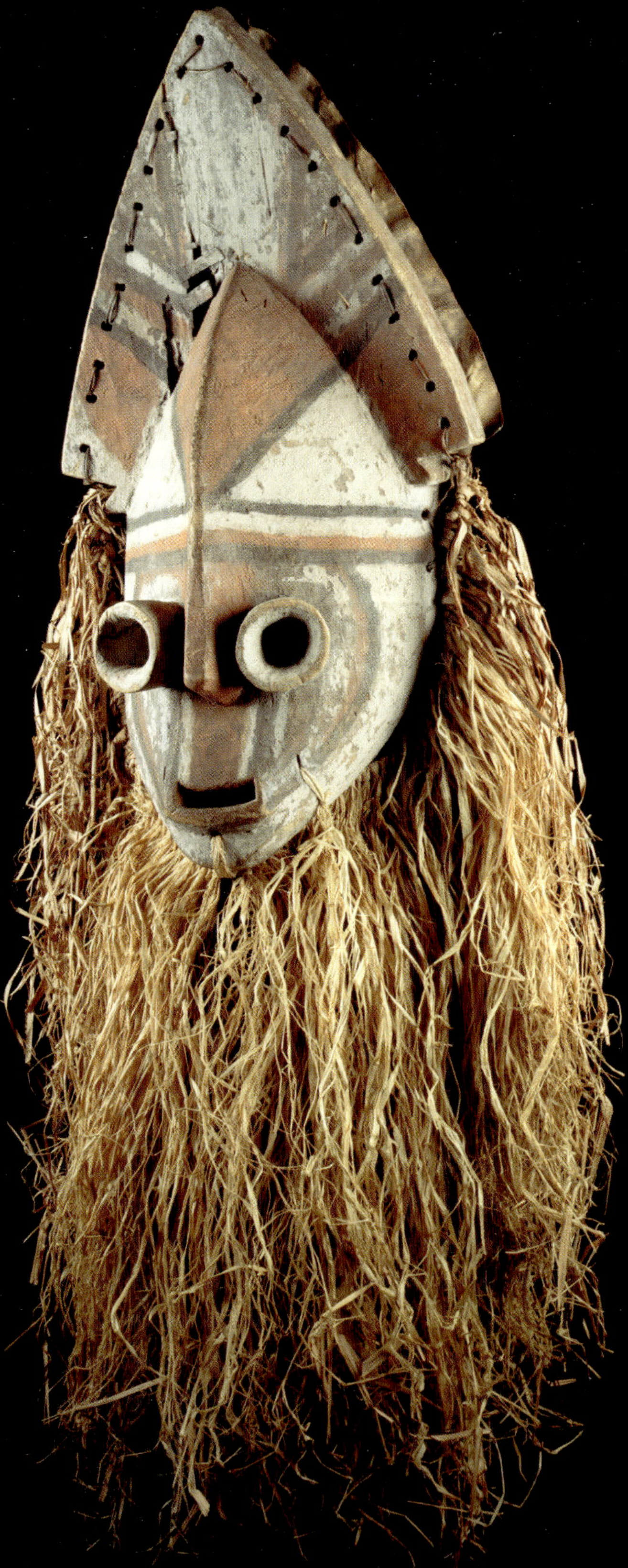

Figure 4

En fait, il existe un autre masque de type mitré (Figure 7 bis) qui fut photographié et collecté dans le village de Ona Kasongo en 1924 par J. N. White. À l'instar d'E. Torday, J. N. White attribue ce type de masque aux Tetela (WHITE, n.d., p. 41).
Cependant, D. Hersak (1993, p. 158) a établi qu'Ona Kasongo correspondait au village de Mona Kasongo, déjà relevé par L. Frobenius (1907, carte 8), et l'auteur de préciser que le terme même de Kasongo était d'origine songye. De son côté, L. de Heusch a retrouvé la trace de ce village sur une carte de 1953 sous le nom de Kilolo Kasongo (DE HEUSCH, 1995, p. 188). Or, Ona Kasongo se situe en territoire songye.
Enfin, le dernier argument de L. de Heusch repose sur les masques collectés par Müller (Figure 1-4). Ces objets qui finirent leurs pérégrinations au MRAC provenaient de chez les Tempa comme l'indique clairement une lettre figurant dans le dossier ethnographique de Müller, conservé au MRAC.
Ces divers éléments permirent d'établir que les masques tetela disparaissaient au profit des « nouveaux masques songye ».

Que penser de cette analyse ? En premier lieu, il faut reconnaître qu'elle offre un regard nouveau et qu'elle rend justice aux travaux et aux notes de terrain de Mr. Müller et de J. Maes qui n'avaient eu jusqu'alors que peu d'échos, bien qu'il faille relever la reprise des données de Mr. Müller par A. P. Merriam (1978, p. 62), accompagnées des quatre masques qu'il collecta (Figure 1-4).
Deuxièmement, le musée de Hambourg détient deux masques de type mitre collectés en 1906 par L. Frobenius chez les Tempa (Figure 15, documents A & B). Troisièmement, l'analyse avancée par L. de Heusch peut encore être renforcée par une photographie de terrain inédite présentant un masque de ce type (Figure 10). Ce cliché fut réalisé par E. Luja en 1913 chez les Basongye. Compte tenu de la biographie du photographe, cette attribution est fortement légitime car entre 1903 et 1914 E. Luja fut directeur de la S.A. Plantations Lacourt dans la région du Sankuru, en territoire songye.

Malgré ces arguments, nous avons quelques réticences à affirmer que toutes les attributions de masques mitres en bois aux Sungu soient erronées.
D'un point de vue théorique tout d'abord, il apparaît bien souvent que l'existence d'un type de masque dans une culture donnée n'exclut pas forcément son existence dans une autre culture, bien que l'usage qui en est fait puisse ne pas être totalement ou partiellement identique. Ainsi, si l'on prend l'exemple des masques de type *kifwebe* des Songye, on se rend compte qu'ils existent aussi chez les

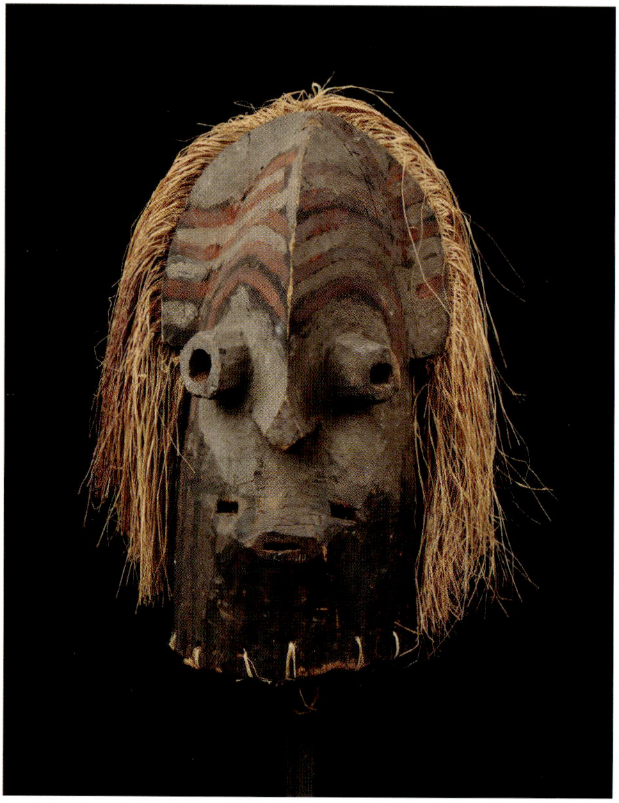

Figure 5

demonstrating that "Tetela pseudo masks" were in fact Songye, and almost exclusively Tempa-Songye.
We will investigate the matter from many sides, but for the moment we will concentrate on stylistic and formal aspects.

The first argument rests on the fact that "greater Mongo culture", which includes the Sungu, doesn't use masks (DE HEUSCH, 1995, p. 188). Thus the nkum'okunda *("masters of the forest"), a north Tetela society, doesn't have masks, although it does possess other sculpted objects. Even given all the various sub-groupings, Tetela sculpture is essentially an art of statuettes (which de Heusch knows very well) rather than of masks.*

The second argument suggests a case of mistaken identity in which the Tempa and the Sungu were confused. According to de Heusch, the source of the error is the attribution by E. Torday of two crested masks to the Sungu. A plate (Figure 7) used in Torday's text identifies both specimens (Figure 41-42), one of which (Figure 42) has a Janus-like double face, as belonging to this Tetela group. Reinforcing this is a field photograph taken by the author showing one of the masks being worn by a "Sungu man" (Figure 8).

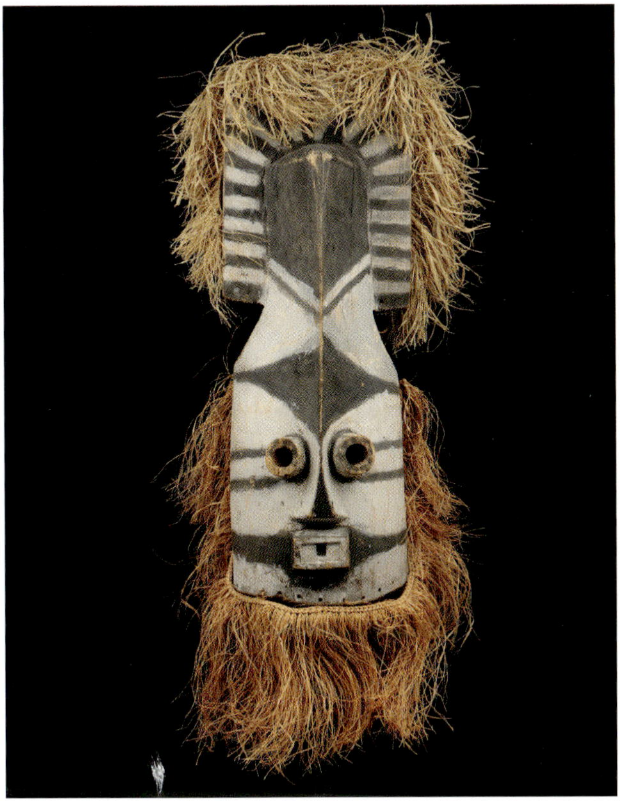

Figure 6

Luba orientaux mais qu'ils ont chez ces derniers une apparence différente de celle des exemplaires songye. Pour autant, avoir déterminé l'existence de ces masques chez les deux groupes ne permet en aucun cas d'attribuer une exclusivité de l'usage à l'un ou à l'autre.

Pour ce qui est de la localisation d'Ona Kasongo, qui a permis de revoir l'attribution ethnique de Torday pour les deux masques de la Figure 7, nous ne réfutons pas l'emplacement de ce village, qui est bel et bien en territoire songye, même si cette localité se trouve à une poignée de kilomètres seulement de la « zone sungu ». Or, ethnologues comme historiens de l'art savent bien que ces zones ethniques ne doivent pas être considérées comme des espaces clos, et que la collecte de masques à Ona Kasongo n'exclut pas que ces masques aient pu être réalisés par les Sungu voisins voire même utilisés par des Sungu en « territoire songye »[3]. De plus, il faudrait, pour réfuter géographiquement l'attribution de Torday, prouver que le « Kasongo » qu'il mentionne correspond à l'Ona Kasongo où fut collecté le masque de la Figure 7 bis. Or, certaines informations fournies par M. W. Hilton-Simpson tendraient à prouver que le masque de la Figure 41 fut collecté dans une localité homonyme.

3. Ceci n'aurait d'ailleurs rien d'étonnant, car il y eut des implantations de villages tetela en territoire songye à quelques kilomètres au Sud de Pania Mutombo, au Nord de Tshofa, et dans la région de Lusambo (BOONE, 1961, pp. 226-227).

In the absence of any exact details about the masks' acquisition, Torday's captions were accepted as given by most specialists and connoisseurs of African art, despite claims by J. Maes that the masks shown in Figure 4 and Figure 5 were Songye (MAES, 1924, Figure 35-36 and p. 33). We note that the specimen in Figure 4 became known to the public through a field photograph showing it being worn (Figure 9).
In 1990, J. Mack revealed that the mask in Figure 41 was acquired in Kasongo (MACK, 1990, pp. 62-63),[2] a fact de Heusch submits in support of his case (DE HEUSCH 1995, p. 188).
In fact, another crested mask (Figure 7a) was photographed and acquired in the village of Ona Kasongo in 1924 by J.N. White. Like E. Torday, J. N. White attributes that kind of mask to the Tetela (WHITE, n. d., p. 41).
Nevertheless, D. Hersak (1993, p. 158) has established that Ona Kasongo is the village of Mona Kasongo, already noted by L. Frobenius (1907, carte 8). Hersak points out that Kasongo is a name of Songye origin. De Heusch found evidence of the village on a 1953 map, where it is called Kilolo Kasongo (DE HEUSCH, 1995, p. 188): we can say with certainty that Ona Kasongo is in Songye territory.
Finally, de Heusch's argument is made on the basis of masks acquired by Müller (Figure 1-4). They began their long voyage to MRAC among the Tempa, as clearly stated in a letter filed among Müller's ethnographic notes at MRAC.
All of this was taken to demonstrate that Tetela masks must give way to "new Songye masks".

What can be made of this analysis? First, it should be noted that it does justice to field-work by Müller and Maes, which had previously received little attention – although A.P. Merriam made use of Müller's data (1978, p. 62), along with four masks he had acquired (Figure 1-4).
Second, the Hamburg museum has two crested masks acquired by Frobenius among the Tempa in 1906 (Figure 15 documents A & B). Third, de Heusch's theory is further supported by a field photograph taken among the Songye by E. Luja in 1913 showing a mask of this type (Figure 10). Given the biography of the photograph, the attribution seems highly likely: from 1903 until 1914 Luja was director of S.A. Plantations Lacourt in Sankuru, in Songye territory.

These arguments notwithstanding, we are wary of saying that any attribution of a crested mask to the Sungu must be wrong. At a theoretical level, it is worth noting that the existence of a type of mask in one culture doesn't necessarily exclude its existence in another, even if the use to which it is put is not wholly or even partially the same. As an example, we note that Songye kifwebe *masks also exist in a different format among the eastern Luba. We cannot attribute their use exclusively to one group or another.*

2. *The mask itself was called* moadi *or* mwadi.

En effet, M. W. Hilton-Simpson, qui participa à l'expédition de Torday, écrivit la chose suivante sur la longue route qui menait de Batempa à Lubefu :

> « Our second stage brought us to Kasongo-Batetela, the village of one of the two most important chiefs of this part of the batetela country ; the second one being the chief of Mokunji, whom we were on our way to visit » (HILTON-SIMPSON, 1911, p. 44).

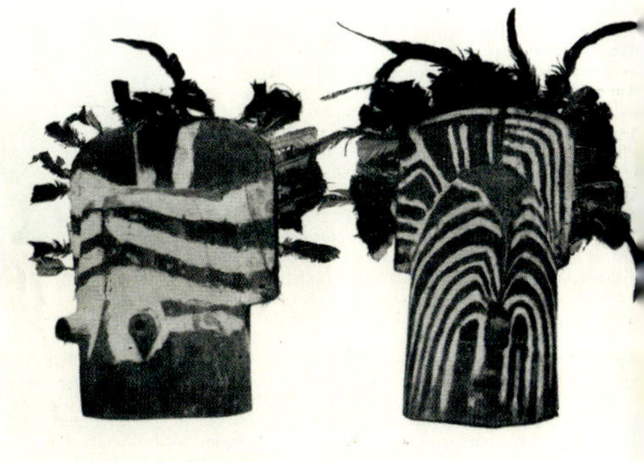

Figure 7

Nous avons retrouvé sur une carte de nos archives personnelles (Carte administrative N° 22, éditions R. De Rouck) la localisation d'un Kasongo-Batetela qui est peu éloigné de la ville actuelle de Kasongo-Mukulu. Or, les données de latitude et de longitude pour ce lieu ne sont pas celles avancées par L. de Heusch et D. Hersak pour Ona Kasongo. Le Kasongo-Batetela que nous connaissons est situé assez précisément en territoire tetela-sungu si l'on se fie aux données de Hilton-Simpson et aux cartes de O. Boone (1961, p. 226). Nous noterons toutefois que la « zone songye tempa » est distante de moins d'une vingtaine de kilomètres de cette localité.

Nous nous retrouvons donc dans le cas inverse de celui énoncé par L. de Heusch pour la ville d'Ona Kasongo, à savoir un village tetela peu éloigné de la zone songye.

Il est probable que ce village de Kasongo-Batetela soit celui dans lequel le masque fut collecté. Comme l'avait déjà relevé F. Neyt (1992, p. 8), lorsque quelques jours plus tard l'expédition arriva à Mokunji, et que Torday fit savoir qu'il était intéressé par l'acquisition « d'objets ethnographiques », il se passa la chose suivante :

> « The crowd thronged round the shed in which we sat, and implored us to buy knives, arrows, spears, charms, head-dresses, masks, stools, musical instruments [...] » (HILTON-SIMPSON, 1911, p. 55).

Suivant ce témoignage, il est possible que d'autres masques collectés par Torday et attribués aux Tetela (voir Figure 34) aient été acquis à Mokunji, et donc en territoire tetela.

Après ces quelques hypothèses géographiques, nous aimerions maintenant revenir sur l'attribution tetela proprement dite. Avec les cas du Major White et de l'expédition d'E. Torday, nous avons deux sources de terrain attribuant des masques mitres aux Tetela, ce qui suscite des interrogations légitimes. Néanmoins, ces observateurs privilégiés n'ont fait qu'une collecte unilatérale dans le sens où les seuls masques mitrés qu'ils ramenèrent furent attribués aux Sungu. L'erreur ethnographique demeure vraisemblable. En fait, il faudrait, pour

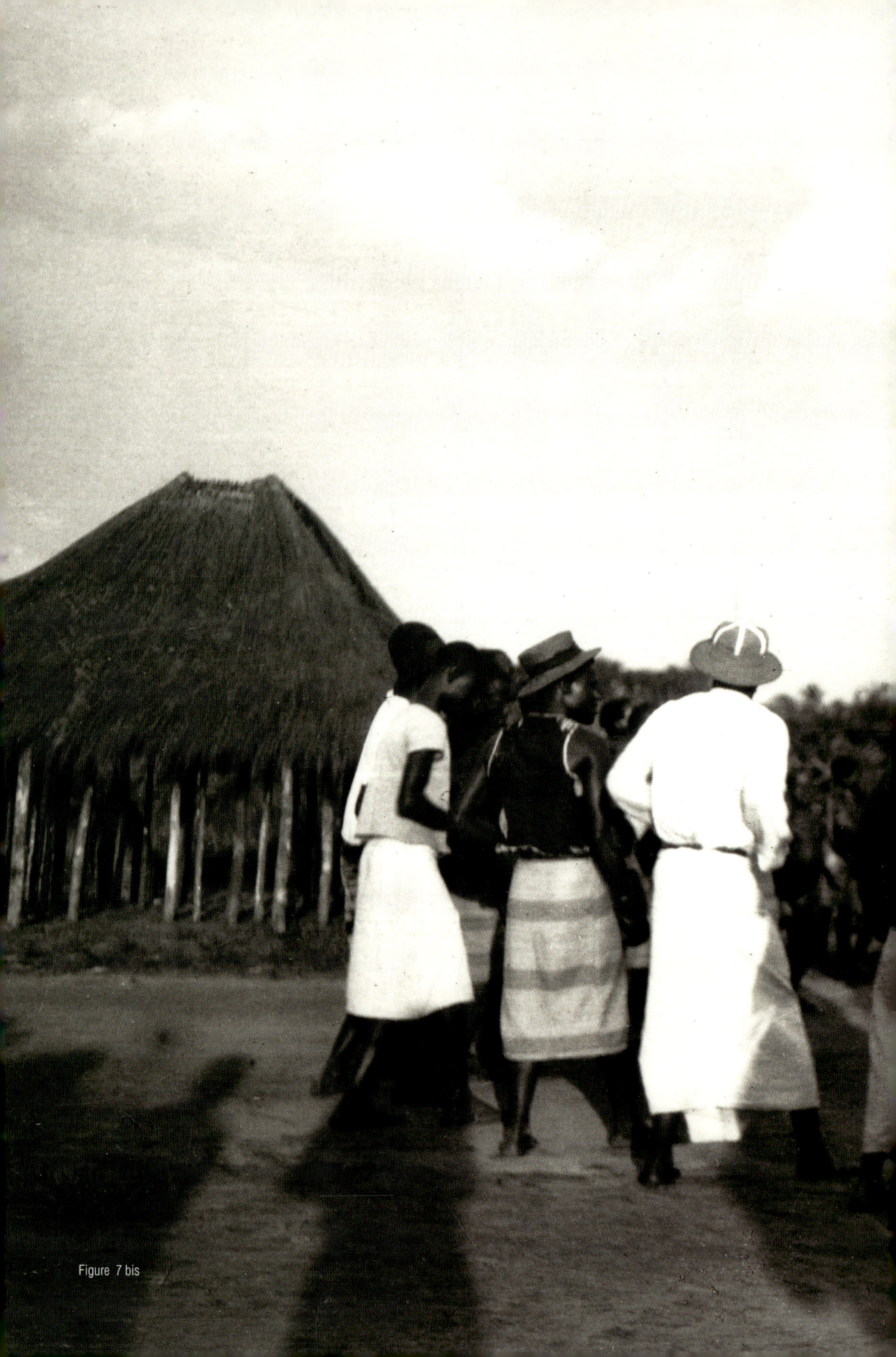

Figure 7 bis

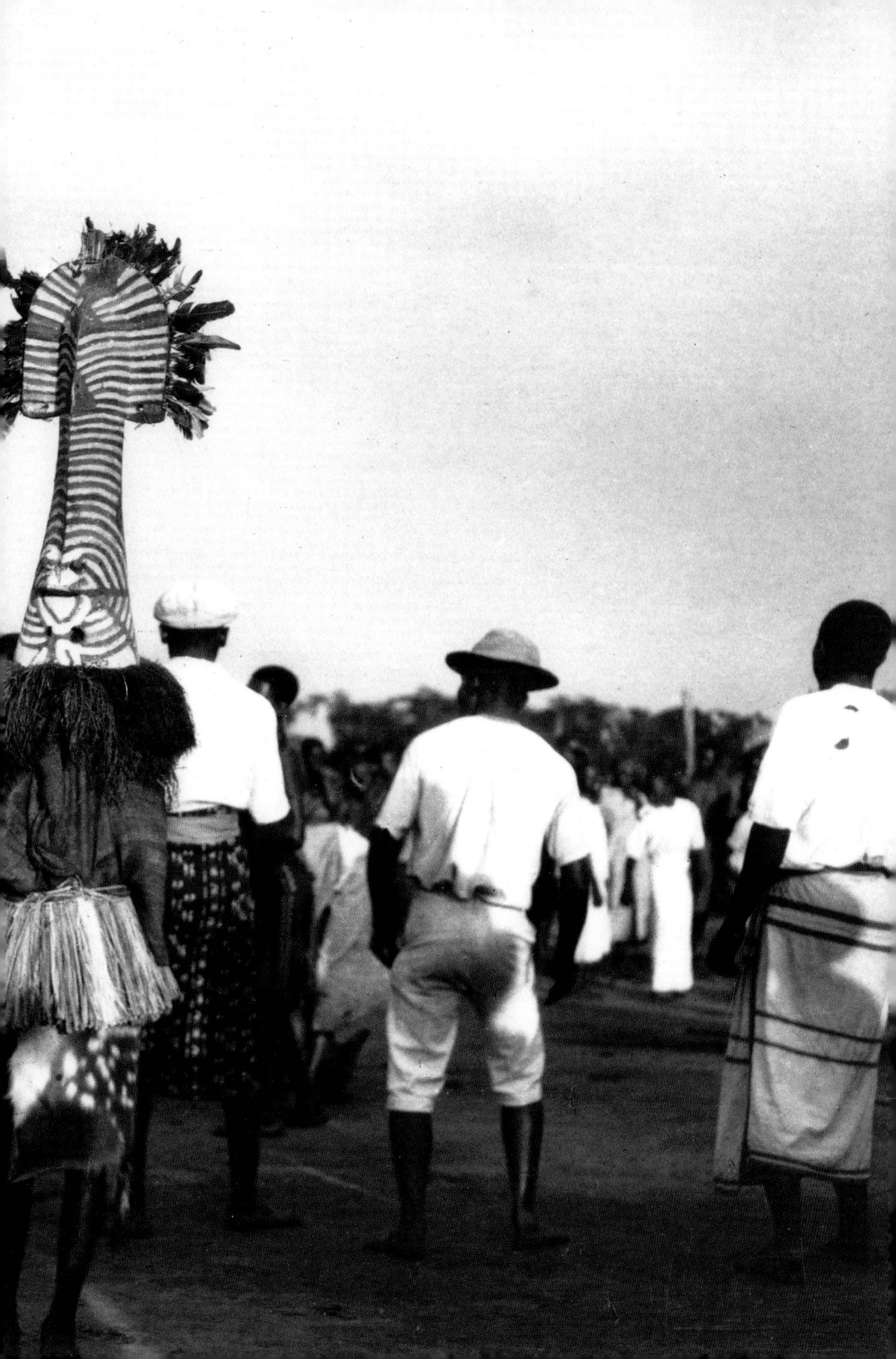

As for Ona Kasongo, the location of which allowed us to revisit Torday's ethnic attribution of the two masks in Figure 7, we do not deny that it lies well inside Songye territory, albeit only a few kilometres from the "Sungu zone"; nevertheless, ethnologists, like art historians, know perfectly well that ethnic zones are not hermetic, and that the acquisition of these masks in Ona Kasongo in no way excludes the possibility that they were made and even used by the Sungu in "Songye territory".[3]
In addition, notes made by M.W. Hilton-Simpson, who was part of Torday's party, suggest that the Kasongo where Torday acquired the mask in Figure 41 is not Ona Kasongo, but a village with a homonymous name.
Here is what Hilton-Simpson wrote on the long road from Batempa to Lubefu:

> *Our second stage brought us to Kasongo-Batetela, the village of one of the two most important chiefs of this part of the baTetela country; the second one being the chief of Mokunji, whom we were on our way to visit. (HILTON-SIMPSON, 1911, p. 44.).*

Using a map from our personal archives (administrative map n° 22, R. De Rouck) we have found a Kasongo-Batetela which is somewhat further than the contemporary city of Kasongo-Mukulu, but the geographical coordinates do not match those de Heusch and Hersak give for Ona Kasongo. If we trust Hilton-Simpson and the maps in O. Boone (1961, p. 226), the Kasongo-Batetela which we have found is located precisely in Tetela-Sungu territory. The "Tempa-Songye zone" is little more than twenty kilometres away, however.
It is therefore the opposite of the case put forward by de Heusch concerning Ona Kasongo, which is to say a Tetela village not far from Songye territory.
It is probably in this village of Kasongo-Batetela that the mask was acquired. As F. Neyt has already highlighted (1992, p. 8), when the expedition arrived in Mokunji a few days later, Torday made it know that he was interested in acquiring "ethnographic objects", whereupon:

> *The crowd thronged round the shed in which we sat, and implored us to buy knives, arrows, spears, charms, head-dresses, masks, stools, musical instruments [...]. (HILTON-SIMPSON, 1911, p. 55.)*

This suggests the possibility that other masks acquired by Torday and attributed to the Tetela (see Figure 34) were acquired in Mokunji, which is to say, in Tetela territory.
Turning from geography, we would like to look now at the question of Tetela attribution per se. *In the cases of Major White and the Torday expedition, we have two sources attributing crested masks to the Tetela, which raises legitimate questions. Nevertheless, these privileged observers*

3. *It would hardly be surprising. There were Tetela villages in Songye territory a few kilometres south of Pania Mutombo, north of Tshofa, and in the Lusambo region (BOONE, 1961, pp. 226-227).*

argumenter la possible existence des masques sungu, avoir eu un cas de collecte qui concerne des masques mitres sungu et tempa.

En 1913-1914, J. Maes, en mission ethnographique pour le compte du Musée de Tervuren, collecta un masque (Figure 5) qu'il définit comme basongye (vraisemblablement tempa). Ce masque, ainsi que celui figurant en Figure 4, furent publiés, rappelons-le, en 1924 dans l'ouvrage de Maes intitulé *Aniota-Kifwebe* (MAES, 1924, Figure 35-36). Ainsi donc, si l'on se fie aux légendes des figures, J. Maes semble attribuer unanimement les masques aux Songye. Pourtant, à la page 33 de son ouvrage, il précise aussi que ces masques existent chez les Tetela vivant au Sud du Lubefu moyen (c'est-à-dire des Tetela Sungu). Cette attribution aux Tetela ne vient pas comme on pourrait l'imaginer d'une connaissance des écrits de Torday (TORDAY & JOYCE, 1922), mais bien de la propre expérience de terrain de l'auteur.

En plus de l'exemplaire de la Figure 5 qu'il publia, J. Maes collecta un deuxième masque (Figure 6) qu'il attribua initialement aux Nkutshu. Par la suite, J. Maes biffa cette mention à une date inconnue pour y substituer le terme de tetela, et non celui de songye[4]. Nous avons donc ici le cas de figure d'un collecteur ayant acquis un masque mitre songye et un autre tetela. Bien sûr, on peut arguer que J. Maes s'est trompé sur l'attribution du masque tetela, ce qui ferait de lui le troisième collecteur à avoir commis cette erreur.

Toutefois, il existe un élément qui nous fait douter de cette hypothèse. En 1910, J. Maes travaillait déjà au Musée de Tervuren, et il fut celui qui réceptionna et jugea de la qualité de l'envoi des masques tempa de Mr. Müller (Figure 1-4). Il avait donc, avant de partir en mission, une connaissance directe de ce type de masque et une attribution très fiable.
Pourtant, une fois sur le terrain, il attribua bel et bien le masque de la Figure 6 aux Nkutshu, et lorsqu'il corrigea ultérieurement cette attribution ce fut pour y substituer le terme de tetela, alors même qu'il collecta un masque de ce type chez les Songye et qu'il connaissait les masques de Müller.
D'autre part, ce masque (Figure 6) présente certaines affinités avec un des masques d'E. Torday (Figure 41). Nous pensons notamment aux yeux qui jouent ici un rôle purement utilitaire. Il n'y a pas sur ces exemplaires une paire d'yeux factices qui surmontent les « trous de vision » comme cela s'observe sur des masques de ce type

4. En soi, cette rature du terme Nkutshu, n'indique pas un changement d'attribution car le terme d'ankutshu est utilisé par les Tetela pour se désigner eux-mêmes.

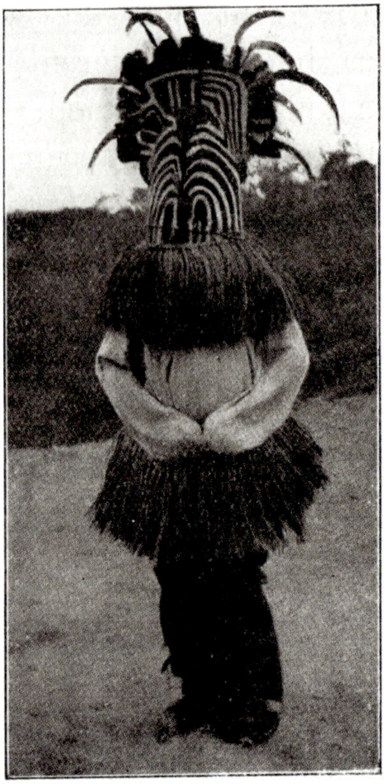

Figure 8

only made unilateral acquisitions, which is to say that all the crested masks they brought back were attributed to the Sungu, suggesting a very probable ethnographic error. Indeed, to argue for the existence of Sungu masks, we would need to know of cases of Sungu and Tempa crested masks being acquired.

In 1913-1914, J. Maes, on an ethnographic study expedition for the Tervuren museum, acquired a mask (Figure 5) which he called baSongye (in all likelihood Tempa). This mask, like that in Figure 4, was presented in a work entitled Aniota-Kifwebe *in 1924 (MAES, 1924, Figure 35-36). According to the captions, Maes seems to attribute all masks to the Songye, despite the fact that on page 33 he writes that these masks are also to be found among the Tetela living in southern-central Lubefu: the Sungu-Tetela. He doesn't base this attribution on Torday (TORDAY & JOYCE, 1922), but rather on his own experience in the field.*

As well as presenting the specimen in Figure 5, Maes acquired a second mask (Figure 6) which he attributed initially to the Nkutshu. He would strike this out at some unknown later date and substitute not Songye, but Tetela.[4] *We therefore have a case of a collector having acquired both Songye and Tetela crested masks. Of course it could be argued that Maes was mistaken in his attribution of his mask to the Tetela; he would then be the third collector to have made the same mistake.*

We think this very unlikely. In 1910 Maes was already working at the Tervuren museum. It was he who received and examined Müller's Tempa masks (Figure 1-4). Even before going on mission, therefore, he had direct knowledge of this type of mask and knew of their attributions.
Nevertheless, once in the field, he attributed the mask in Figure 6 to the Nkutshu; when he later corrected himself it was to attribute the mask to the Tetela, even though he had acquired a mask of this type from the Songye and was familiar with the masks acquired by Müller.
It is true that this mask (Figure 6) shares certain characteristics with Torday's (Figure 41), notably the eyes, which play a purely functional role: there are on these specimens no false eyes above the eye-holes as can be found on masks that have been firmly attributed to the Tempa. The masks in Figure 1-3 and Figure 5 have just such false eyes, hollow or otherwise. The treatment of the eyes is not very solid evidence however, as we must not forget that one of the masks very decisively attributed to the Tempa (Figure 4) doesn't have false eyes, but rather the large tubular eyes such as those seen in Figure 41 and Figure 6.[5]

4. *Crossing out the term Nkutshu does not in and of itself indicate a change of attribution, as the Tetela refer to themselves as* ankutshu.

5. *Another specimen pictured by N. Cunard has the same feature. The same is probably true of the specimen in Figure 10, but the photo isn't clear enough to know for certain.*

attribués de façon certaine aux Tempa. Les masques des Figure 1-3 et Figure 5 montrent bien ces yeux factices, creusés ou non. Néanmoins, cet indice du traitement des organes oculaires demeure assez fragile et il ne faut pas oublier que l'un des masques tempa (Figure 4) ne comporte pas d'organes de vision factices, mais des grands yeux tubulaires comme ceux des Figure 41 et Figure 6[5].

Il importe maintenant de pousser plus en avant les diverses hypothèses émises en essayant de mieux appréhender le contexte socio-culturel des masques-heaumes à mitre.

Nous avons peu d'informations fiables et consistantes sur les masques-heaumes à mitre. En fait, seules trois sources sont pour le moment exploitables : celle de E. Torday, celle de J. N. White et celle de Mr. Müller. E. Torday précise que les masques figurant en Figure 7 « sont les biens du wichi et sont surtout employés pour inspirer l'horreur et la crainte à la foule » (TORDAY & JOYCE, 1922, pp. 74-75). Torday continue en disant que le *wichi* s'habille en grand secret, et qu'une fois revêtu de son costume (voir Figure 8)[6], il apparaît immobile et silencieux. Nul alors n'ose approcher l'homme masqué. Il semblerait aussi que ce masque survivait à son porteur puisque Torday précise que : « [...] le fils du *wichi* hérite des fonctions de son père ainsi que de ses fétiches » (*ibidem*). Précisons que les informations d'E. Torday semblent être de première main car, concernant l'habillement et la dissimulation d'identité, il fut témoin d'un véritable lynchage par la foule à l'encontre d'un homme ayant enlevé son masque en public[7].

Toutefois, L. de Heusch (1995, p. 193) nuance les informations de Torday en les réduisant essentiellement à un seul type de masque de type tricorne (Figure 34) dont nous serons amené à reparler. Pour lui, le terme « *wichi* » (en fait *weetshi*) serait effectivement d'origine tetela, mais la fonction d'un masque *wichi* servant à inspirer l'horreur et la crainte à la foule ne convient pas au rôle du *wichi*. Selon L. de Heusch, le *weetshi* serait un devin et un guérisseur actif en territoire « tetela-hamba » (les plus septentrionaux de l'aire tetela) traquant la magie noire et la sorcellerie. On verrait donc mal un personnage aussi bénéfique terroriser les populations.

L. de Heusch, qui envoya en 1954 des informateurs en pays sungu, obtint des renseignements sur les « *weetshi* méridionaux ». Comme leurs confrères tetela septentrionaux (groupements Ngandu et Watambulu), ces *weetshi* ont une pharmacopée et une action magique bénéfique (traquer les mauvais morts, fortifier l'enfant à naître). On aurait alors ici aussi une action hautement bienfaitrice ne cadrant pas avec le rôle horrifiant du masque. Qui plus est, les deux types de *weetshi* du

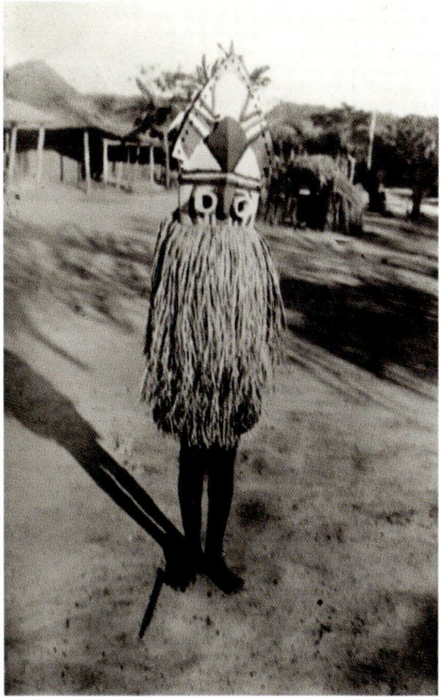

Figure 9

5. Un autre exemplaire publié par N. Cunard, présente la même particularité (Figure 33 bis). Il en va probablement de même pour l'exemplaire de la Figure 10, mais la photo n'est pas assez nette pour se faire une idée claire sur ce sujet.

6. Bien que Torday ne légende pas cette photographie comme étant celle d'un *wichi*, il est fort possible que cet « homme sungu » soit effectivement un praticien.

7. Notons que cette sacralité du masque au travers de l'identité qu'il cache ne coïncide pas avec la présentation de masques proposés à la vente par les Tetela à E. Torday dans le village de Mokunji.

If we want to understand the socio-cultural context of crested helmet masks, we are going to have to push the various theories a little further.
We have very little consistent, reliable information about crested helmet masks. In fact, only three sources are currently available: Torday, J.N. White, and Müller. E. Torday claimed that the masks shown in Figure 7 "[...] belong to the wichi, *and are used above all to inspire horror and fear in the crowd" (TORDAY & JOYCE, 1922, pp. 74-75). Torday goes on to say that the* wichi *dresses in secret, and that, having donned his costume (see Figure 8)*[6] *he becomes silent and motionless. No one then dares to approach the masked man. Apparently the mask out-lived its wearers, as Torday notes that "[...] the son of the* wichi *inherits his father's role along with his fetishes" (*ibid.*). We should note that Torday's information about costume and identity seems to have been gathered first-hand: he witnessed an incident in which a man was lynched by a mob for removing his mask in public.*[7]
*L. de Heusch (1995, p. 193) tempers Torday's reports by reducing them to basically one kind of tricorn mask (Figure 34), to which we will return later. He believes the term "*wichi*" (actually* weetshi*) is indeed of Tetela origin, but that a* wichi *mask which inspires fear is not in keeping with the function of a* wichi*. De Heusch describes a* weetshi *as a seer and healer active in "Hamba-Tetela" territory (the northernmost part of Tetela country) fighting black magic and sorcery; such a benevolent Figure would hardly terrify the population.*
De Heusch sent envoys to Sungu country in 1954. They returned with information concerning "southern weetshi*". Like their counterparts among the northern Tetela (Ngandu and Watambulu), these* weetshi *offered pharmaceutical and magical help, such as hunting the malicious dead, or helping to strengthen newborns. Again, this is a highly benevolent role not in keeping with the frightening nature of the mask. In addition, Sungu* weetshi *didn't use masks or sculpted objects in 1954. These two details taken together convinced de Heusch that the crested masks under discussion did not originate with the Tetela; instead he would associate the frightening mask with the Songye, in the context of a secret society such as the* bwadi bwa kifwebe *(active mostly among the central and eastern Songye). Linked to the structures of power, the* bwadi bwa kifwebe *spread terror and used, among other magic, the deadly and terrifying power of* masende *(HERSAK, 1986). It is not Torday's interpretation that de Heusch refutes, however: it is the attribution of the mask to the Tetela.*

It is important to note that de Heusch's sources collected their data in 1954. We are not calling into question the honesty and hard work of his field researchers; nevertheless, forty years separated Torday's acquisition and de Heusch's research.[8]

6. *Although Torday didn't caption this photo as being of a* wichi*, it is very probable that this "Sungu man" was a practitioner.*

7. *Let us note that the inviolability of having the face hidden would not have applied to the masks offered to Torday by the Tetela in Mokunji village.*

8. *As already noted by C. Petridis (2000b, p. 21).*

pays Sungu n'utilisaient pas en 1954 de masques ou d'objets sculptés. Ces deux informations, magie bénéfique et non-usage de masque, seraient la preuve, pour L. de Heusch, que les masques à mitres dont il est question n'ont pas une origine tetela. Ce rôle effrayant serait selon lui à mettre en rapport avec les Songye. Dans le cadre d'une société de masques comme le *bwadi bwa kifwebe* (surtout actif chez les Songye centraux et orientaux) rattachée, d'une certaine manière, au pouvoir politique en place, ceux-ci faisaient régner la terreur et maniaient, entre autre magie, le terrible *masende* au pouvoir néfaste (HERSAK, 1986). En définitive, L. de Heusch ne réfute pas tant l'interprétation d'usage de Torday que son attribution aux Tetela.

Toutefois, il faut mentionner que les données collectées par les informateurs de L. de Heusch le furent en 1954. Il n'est pas ici question de réfuter la véracité du rigoureux travail de terrain de ce chercheur. Néanmoins nous devons préciser que plus de quarante années séparent les collectes de Torday des informations de L. de Heusch[8]. Les pratiques peuvent changer durant ce laps de temps, et les masques ne furent peut-être que d'un usage éphémère chez les Sungu. Comme l'écrit L. de Heusch, les masques ne sont pas une composante, ou du moins pas une composante majeure, de l'art tetela dans son ensemble, alors qu'ils sont très présents dans la culture songye. Ces objets n'ont donc pas pu s'ancrer durablement dans une culture, une philosophie ne les incluant pas ou peu. Un greffon fut peut-être tenté mais ne prit pas forcément, ce qui expliquerait la rareté et la disparition rapide de ce type de masques.

Ensuite, il est curieux de constater la mention de ce terme de *wichi* par Torday, qui complète l'attribution sungu des masques. La mention d'un terme vernaculaire tetela précis semble une erreur troublante. Il faut cependant préciser qu'E. Torday utilise un terme relativement voisin lorsqu'il désigne le féticheur chez les Songye (vraisemblablement ceux de la région de Batempa) : *wechi* (TORDAY & JOYCE, 1922, pp. 27-28). Pourtant, la distinction orthographique que fait l'auteur laisse à penser qu'il fait bien la différence entre le praticien songye et son homologue tetela. Contrairement à ce que nous avons vu pour le *wichi*, Torday ne rattache pas l'usage des masques au *wechi* dont l'activité principale serait la confection de *bwanga* (charmes) pouvant avoir une portée bénéfique ou malfaisante selon les desseins du client.

En revanche, à l'instar d'E. Torday, nous pensons que l'usage des masques pouvait trouver une place dans certaines pratiques des féticheurs tetela. Ainsi E. Torday (TORDAY & JOYCE, 1922, p. 75) précise qu'il est du

8. Cette observation avait déjà été faite par C. PETRIDIS (2000b, p. 21).

Practices can change in that amount of time, and it is possible the masks were not used by the Sungu for very long. As de Heusch wrote, masks do not play a role – or at least not a major role – in Tetela art as a whole, whereas they are very important in Songye culture. These objects must never have become very deeply rooted in a culture and a philosophy that accords them little or no value; it is possible there was an unsuccessful attempt to import their use, which would explain the rarity and the rapid disappearance of this kind of mask.

Torday's use of the term wichi, *which reinforces the attribution of these masks to the Sungu, is curious. The use of a specific Tetela vernacular term seems to be a troubling mistake. We should note that Torday uses a relatively similar term when describing a Songye "fetish-man" from the BaTempa region:* wechi *(TORDAY & JOYCE, 1922, pp. 27-28). Even such a small difference in spelling leads us to believe that he is differentiating the Songye practitioner from his Tetela counterpart. Unlike the* wichi, wechi *are not described as using masks. Their main activity is composing* bwanga *(charms) that are beneficial or harmful, depending on the needs of the client.*

Like Torday, we believe that masks might have been used in some practices by Tetela fetish-men. Torday (TORDAY & JOYCE, 1922, p. 75) specifies that it is the Weetshi*'s duty to hunt down those practicing* doka *("black" magic) using his gourd.*[9] *This could certainly have met with mixed feelings in the populace: one the one hand, the soothsayer acted in the interests of the community; on the other, his role as witch-hunter would have made him a mysterious and fearful public Figure. European inquisitors could hardly have been perceived any differently.*
If the silent and motionless Sungu weetshi *wore a mask, it must have been so his appearance and menacing silence would inspire fear among those who practiced* doka, *but surely no one who saw him could have felt safe. Everyone knew that the terrible punishment awaiting witches was to be buried alive (*ibid., *1922, p. 75). In an atmosphere heavy with suspicion, fear can easily spread to the entire audience, especially as an incorrect verdict – intentional or not – was always possible. This is only a guess, of course, but we think it is important not to sanitise the role of the* weetshi.

It is our conviction that we should not underestimate the bonds that existed and the exchanges that may have taken place between the Sungu and the Tempa. Cultural, ritual, and artistic imitation may have occurred, and objects[10] *such as the masks which interest us here been borrowed by one or another of the two groups.We will return to this point later.*

9. *This* weetshi *was called* Weetshi wa diwulu *according to de Heusch's field data (1995, p. 193). The other kind of* weetshi, *the* Weetshi wa shakasaka, *specialised in pharmacopoeia.*

10. *We note that the Sungu used* nkishi *of clearly Songye origin (Figure 40).*

devoir du *Weetshi* de traquer les pratiquants de la magie *doka* (la magie « noire ») au moyen de sa calebasse[9]. On supposera qu'une telle fonction pouvait être perçue paradoxalement par le commun. D'un côté, le devin accomplissait un acte bénéfique pour la communauté, mais d'un autre côté, son rôle de traqueur des déviants du *doka* en faisait un personnage mystérieux et craint. L'inquisiteur en Europe n'était guère perçu différemment par le passé ! Le masque, s'il était porté par le *Weetshi* sungu immobile et muet, aurait surtout inspiré la crainte aux pratiquants du *doka* par son apparence et un silence lourd de menace. Mais aucune personne présente ne devait se sentir en sécurité, car tout le monde savait le châtiment terrible qui guettait le pratiquant du *doka* condamné à être enterré vivant (*ibidem*, 1922, p. 75). Dans une ambiance lourde de suspicion, dans l'attente d'un verdict, l'inquiétude et la peur peuvent frapper une assistance entière, et ce d'autant plus que l'erreur de verdict, volontaire ou non, était toujours plausible. Bien sûr, cela n'est que supposition, mais nous pensons qu'il ne faut pas « angéliser » à l'extrême la fonction du *Weetshi*.

Notre conviction est qu'il ne faut pas sous-estimer les liens existants, les échanges qui ont pu se créer entre les Sungu et les Tempa. Il est possible qu'une émulation culturelle, rituelle et artistique se fit entre les deux groupes et que des objets[10] comme les masques auxquels nous nous intéressons virent le jour ou furent empruntés par l'un ou l'autre groupe. Nous reviendrons sur ce dernier point ultérieurement.

J. N. White, de son côté, précise que le masque observé et collecté à Ona Kasongo avait pour nom *mwadi*, qu'il était en possession d'un « *witch doctor* », et qu'il servait surtout lors des danses célébrant l'arrivée de la lune nouvelle (RATNER, 1985, p. 29). Le masque était l'expression physique d'un « dieu démoniaque » et sa corolle de plumes était l'expression de son caractère surnaturel.
Toujours d'après J. N. White, ce masque était porté « incognito » par le « witch doctor » qui revêtait aussi pour l'occasion la jupe de fibres *funga tumba* et les sonnailles de chevilles *loyombo*. Avant l'arrivée du masque, des danseurs exécutaient des danses à caractère martial ou funéraire. Soudain, le *mwadi* apparaissait et les femmes se calfeutraient chez elles. D'après J. N. White, elles agissaient ainsi de crainte que leur regard ne se pose sur le masque et qu'une malédiction ne frappe leur enfant à naître en l'affligeant d'un faciès difforme comme celui du *mwadi*[11] (WHITE, n.d., pp. 41-42).

9. Ce *Weetshi* aurait pour nom *Weetshi wa diwulu* si l'on se fie aux informations de terrain de L. de Heusch (1995, p. 193). L'autre type de *Weetsh*i, le *Weetshi wa shakasaka* serait plutôt un spécialiste de la pharmacopée.

10. Notons à ce sujet, que les Sungu firent usage de *nkishi* de type clairement songye (Figure 40).

11. Des croyances assez similaires furent parfois relevées pour les masques *kifwebe*.

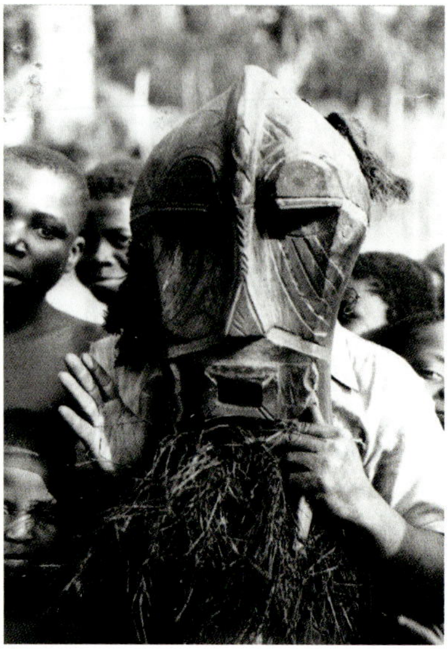

Figure 11

J.N. White says that the mask observed and acquired in Ona Kasongo was called mwadi, *that it was owned by a "fetish-man", and that it was used in dances celebrating the new moon (RATNER, 1985, p. 29). It was the physical form of a "demoniacal god" whose crown of feathers expressed his supernatural character.*
White further noted that the mask was worn "incognito", and that the fetish-man also wore a funga tumba *fibre skirt and* loyombo *anklets. Before the mask arrived, dancers performed martial or funerary dances. The* mwadi *would appear suddenly; women would seal themselves in their homes. White says they feared to see the mask, afraid that their children would be born cursed with a face like that of the* mwadi *(WHITE, n.d., pp. 41-42).*[11]

The data collected by J. Maes repeat more or less those in Müller's file at MRAC (MAES, 1924, p. 34). Called buadi *(or* bwadi*), these masks were worn by men during dances that took place at the end of the rainy season. When the mask arrived, women would take refuge in their homes – but for different reasons than given by White. According to Müller, if a woman found out of doors was caught by the* bwadi, *her husband or father would have to pay a ransom. This last detail is curious, and it is difficult, given the available information, to expand upon it further. The only photo known to show a* bwadi *"in action" (Figure 10) has him on a sort of dance-floor, accompanied by two xylophone players and surrounded by women, men (one armed with a rifle), and children.*[12] *The mask is shaking his tunic by the movement of his hips, and the crowd appears to be chanting; a woman dances near by. This scene might have been choreographed at the request of a European, as it doesn't seem to correspond to the descriptions given by either Torday or Müller. We must therefore accept that the function of crested helmet masks remains for the most part unknown, and we are especially unsure if it can be linked to a specific society.*

De Heusch suggests a possible connection with the bwadi bwa kifwebe *(1995, p. 193), arguing again against any link between the* mwadi *and Tetela culture:*

> *It is very unlikely that a solitary weetshi would have taken it upon himself to use the kifwebe association's very symbol of power to frighten those calling upon his healing talents. This would be a contradiction in terms.*

We know that masks replicating the fearsome appearance of the Songye kifwebe *were observed in Mbagani territory as recently as 1977 (Figure 11). Of course, more than 60 years separated those festive borrowing from Torday's observation*

11. *Similar beliefs about* kifwebe *masks were sometimes observed.*

12. *An audience including members of both sexes and all ages is also seen in a photograph published by C. Petridis (Figure 10a). It is not known where the photo was taken, but it was published as a postcard by the Scheut missionary order, which was in charge of the Kasaï vicarage. While most field photos of these masks show them alone, Petridis's shows a pair.*

Les données de J. Maes retranscrivent au plus près les données de Müller figurant dans les dossiers ethnographiques du MRAC (MAES, 1924, p. 34). Ces masques auraient pour nom *buadi* (ou *bwadi*) et étaient portés par des hommes lors des danses survenant à la fin de la saison des pluies. Lorsque les masques arrivaient, toutes les femmes devaient se réfugier dans leur demeure. Que ce type de masque soit craint des femmes avait aussi été relevé par J. N. White, mais les raisons de cette terreur ne sont pas les mêmes. En effet, d'après Müller, la peur reposait sur le fait suivant.
Si l'une d'entre elles venait à être surprise à l'extérieur et était attrapée par un *bwadi*, le mari ou le père devait payer pour sa libération. Cette dernière précision est curieuse, et il est difficile, sur la base des données actuelles, de mieux l'expliciter. Pour autant, la seule photographie de terrain présentant un masque *bwadi* en « mouvement» (Figure 10) le montre sur une sorte de piste de danse accompagné de deux joueurs de xylophone et entouré de femmes, d'hommes (dont un armé d'un fusil) et d'enfants[12]. Le masque agite sa tunique en effectuant des mouvements de hanches, tandis que l'auditoire semble reprendre un chant et qu'une femme danse au plus près de l'homme masqué. Cette scène possiblement réalisée sur demande de l'Européen, ne semble correspondre ni à la description d'usage exposée par Torday, ni à celle observée par Müller. Il est donc plus que probable que l'usage des masques-heaumes à mitre recèle encore une large part d'inconnu, notamment l'incertitude quant au rattachement à une confrérie précise.

L'éventualité d'une mise en relation avec le *bwadi bwa kifwebe* est avancée par L. de Heusch (1995, p. 193) pour réfuter un peu plus le rattachement de ces masques *mwadi* avec l'univers culturel tetela :

> « Il est fort peu probable qu'un weetshi solitaire aurait repris à son compte le signe même du pouvoir de l'association kifwebe pour effrayer ceux qui font appel à ses talents de guérisseur. Il y a là une espèce de contradiction interne. »

On sait qu'à une date récente (en 1977), on retrouvait en territoire mbagani des masques qui reprenaient l'apparence des terribles *kifwebe* songye (Figure 11). Bien sûr plus de soixante années séparent de tels emprunts festifs de l'observation du personnage masqué de la Figure 8 par E. Torday. Néanmoins, il semble pertinent dans le cadre de cette démonstration d'évoquer la possibilité d'un emprunt de masques *kifwebe* par une autre culture et surtout dans un autre contexte.

12. Cette présence de spectateurs de tous âges et des deux sexes se retrouve sur une autre photographie publiée par C. Petridis (Figure 10 bis). Le lieu de la prise de la photographie n'est pas connu, mais il s'agit d'une carte postale éditée par la mission de Scheut, ordre missionnaire qui avait notamment en charge le vicariat du Kasaï. Détail intéressant, alors que les autres photographies de terrain connues pour ce genre de masques les montrent solitaires, le cliché rendu public par Petridis montre un duo de masques.

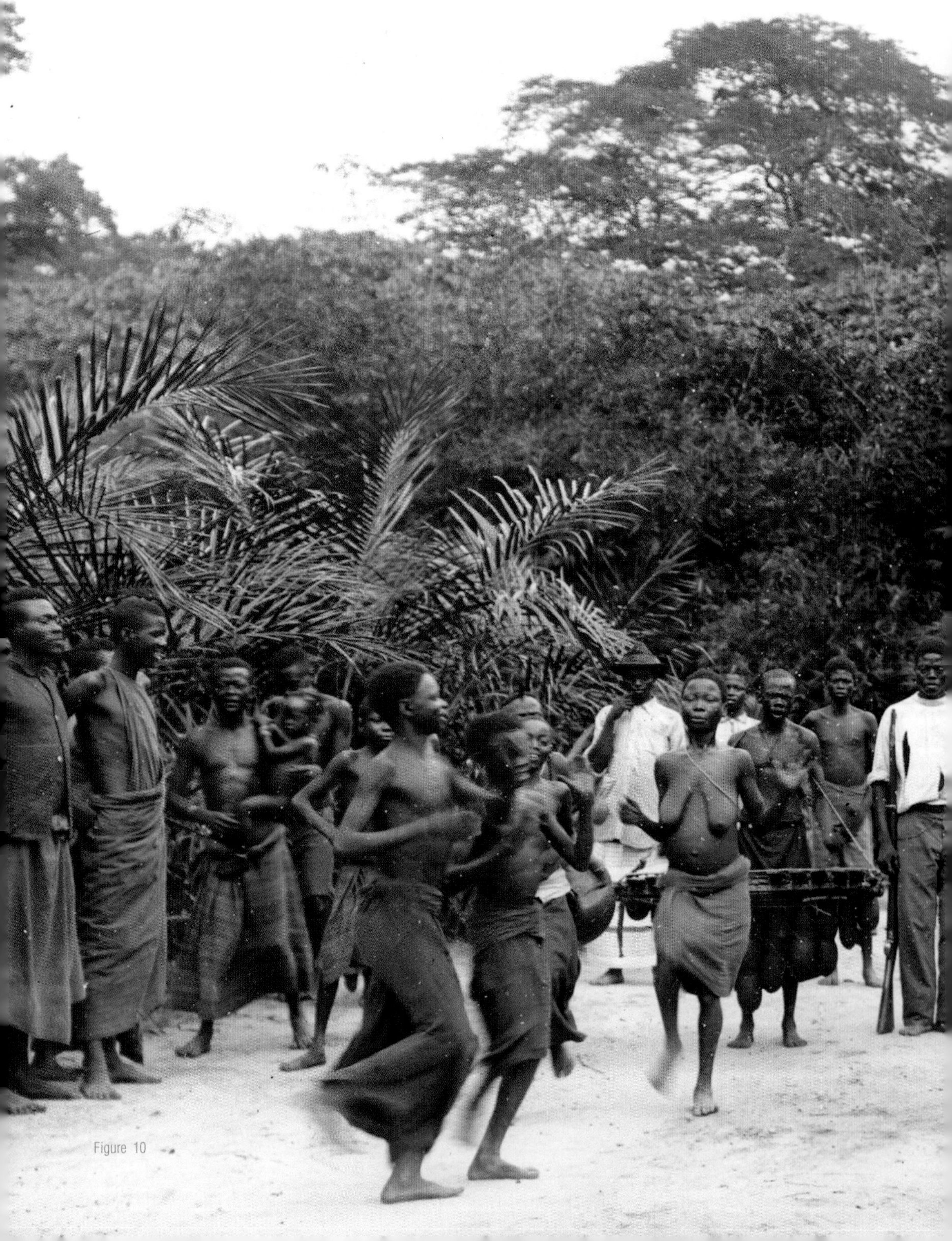

Figure 10

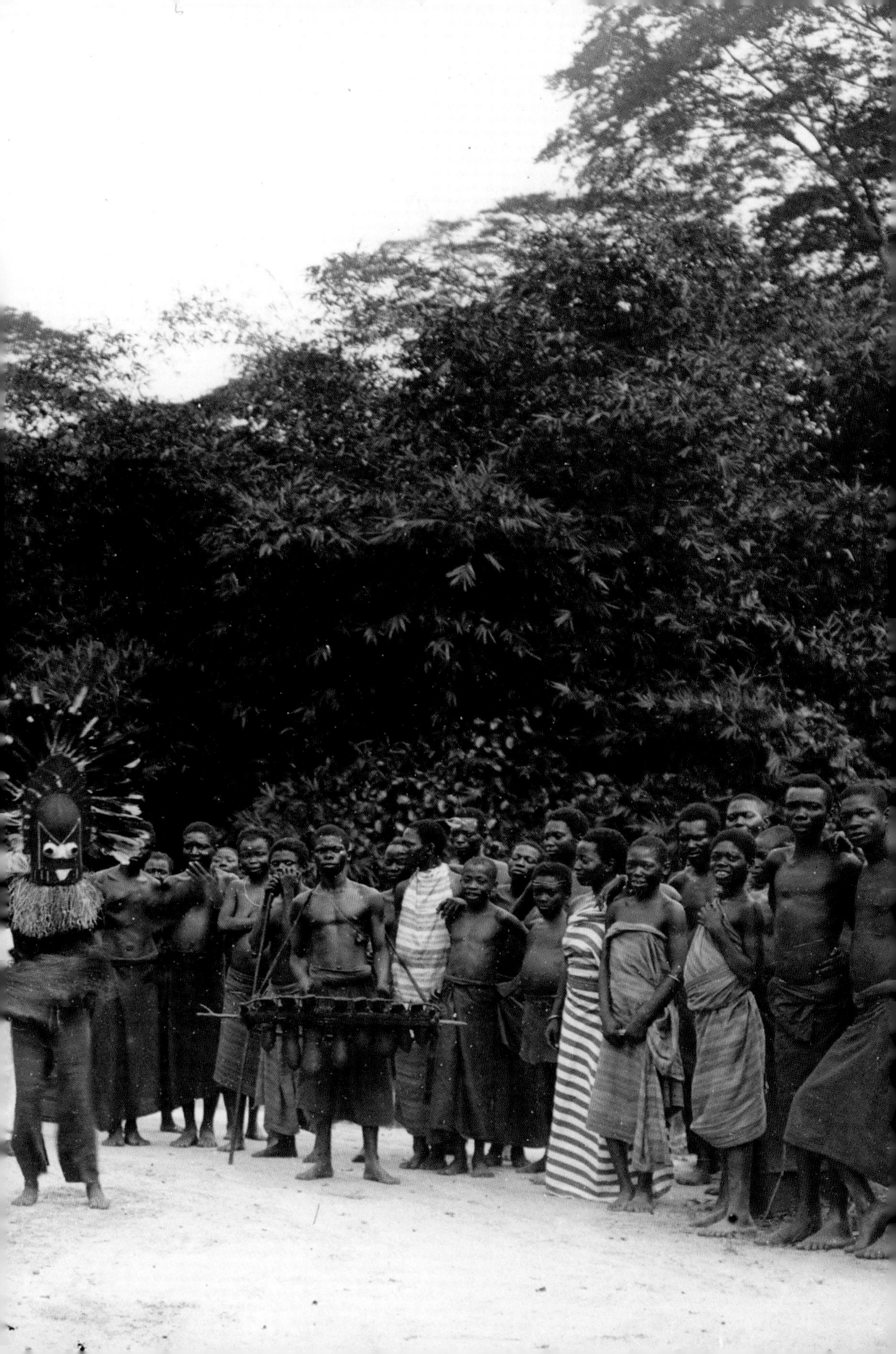

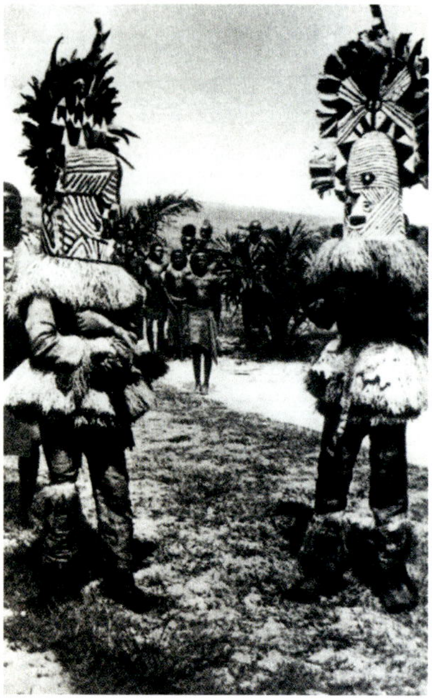

Figure 10 bis

of the mask in Figure 8. Still, it seems pertinent within the framework of this demonstration to mention the possibility that kifwebe *masks could have been borrowed by other cultures, and above all in other contexts.*

Concerning the link between Tempa crested masks and the bwadi bwa kifwebe, *it must be said that the subject is a delicate one. If we are relatively well-informed about the history and activities of the* bwadi bwa kifwebe *brotherhood among the central and eastern Songye, we have very little information about its possible existence among the western Songye, including the Tempa. Some avenues may nevertheless be explored.*

The first has to do with the presence of striations on crested masks, which of course recalls the most famous of Songye masks. We have to be careful: just as not all that glitters is gold, not everything striated is kifwebe, *and this rough resemblance doesn't authorise us to link crested masks with the* bwadi bwa kifwebe *brotherhood. We further note that unlike* kifwebe, *most crested masks have painted rather than carved striations.*[13] *A comparison of a Songye* kifwebe *mask with a crested mask underlines just how different they are. In the known instance of* kifwebe *masks being borrowed (by the Luba society of the same name) there was no such radical change of appearance.*

Our second approach focuses on the choice of colours: some crested masks are black and white (Figure 1), while others are black, red, and white (Figure 2).
The very strict colour coding used by the Songye bwadi bwa kifwebe *for their masks suggests a possible link. Their male masks are three-coloured, their female masks two-coloured. Still, however, we must note that some crested masks (Figure 10) don't adhere to this system. When we consider how important this iconographic code was to the* bwadi bwa kifwebe, *it is hard to understand what would have driven some mask makers to ignore it.*

We centre our last attempt to detect a bond between crested masks and the bwadi bwa kifwebe *on a very unusual object (Figure 46, mask on the right). Acquired by White (possibly in Ona Kasongo), this mask looks a lot like a crested mask, but has a very unusual detail: at the top is has not a crest, but a structure like those used by the Kalebwe on male* kifwebe *masks. This piece could perhaps offer the "missing link" connecting crested masks and the* bwadi bwa kifwebe.
We remain very cautious about using a mask unlike any other of its kind as proof that the bwadi bwa kifwebe *brotherhood existed among the western Songye, even if some of the artistic and cultural elements of the brotherhood might have spread to*

13. *Remember that at least one piece (Figure 10a) seems to have carved striations, which would be unusual.*

Sur la question du rattachement des masques à mitres tempa au *bwadi bwa kifwebe*, il faut dire que le sujet est extrêmement délicat. Si l'on connaît relativement bien l'implantation de la confrérie du *bwadi bwa kifwebe* chez les Songye centraux et orientaux, on ne dispose que de fort peu d'informations sur son éventuelle présence chez les Songye occidentaux, dont relèvent les Tempa. Cependant, quelques pistes peuvent être exploitables.

La première d'entre elles repose sur la présence de stries sur le faciès des masques mitrés. Ces motifs ne sont pas sans évoquer les plus fameux des masques songye.
Restons très prudent, car si tout ce qui brille n'est pas or, tout ce qui est strié n'est pas non plus *kifwebe*, et ce rapprochement hasardeux n'autorise pas à établir une corrélation entre les masques mitrés et la confrérie du *bwadi bwa kifwebe*. De plus, notons ici que la plupart des masques mitrés ont des stries peintes et non des stries incisées comme les *kifwebe*[13].
La comparaison d'un masque *kifwebe* songye avec un masque mitré met en évidence leur grande différence plastique. Or, dans le cas bien connu et attesté de l'emprunt de masques *kifwebe* dans la confrérie éponyme luba, on n'observe pas un changement radical d'apparence comme c'est ici le cas.

La deuxième piste concerne là encore les stries mais se focalise sur le choix des coloris : certains masques mitrés sont bi-chromatiques noir et blanc (Figure 1) alors que d'autres sont tricolores noir / rouge / blanc (Figure 2).
Un rapprochement avec le *bwadi bwa kifwebe* peut être fait car un code de couleurs assez strict régit les masques de cette confrérie chez les Songye.
Les masques masculins y sont tricolores et les masques féminins bicolores. Pour autant, il faut encore une fois faire remarquer que quelques masques mitrés (Figure 10) ne reprennent pas ce code chromatique strié. Lorsque l'on sait l'importance que revêt ce code iconographique dans le *bwadi bwa kifwebe*, on ne peut comprendre les raisons qui purent pousser certains créateurs de masques mitrés à l'omettre.

La dernière piste pour un rattachement des masques mitrés au *bwadi bwa kifwebe* tourne autour d'un objet très particulier (Figure 46, masque de droite). Ce masque, collecté par J. N. White (possiblement à Ona Kasongo), est assez semblable aux masques à mitre, mais il possède un détail bien particulier : en son sommet se trouve non une large crête, mais une structure rappelant l'apparence d'un masque *kifwebe* masculin comme il en existe chez

13. Rappelons toutefois qu'au moins une pièce (Figure 10 bis) semble avoir des stries incisées, ce qui serait atypique.

the Tempa and their neighbours. Like Petridis (2000b, pp. 20-21), however, we recall that the only serviceable information available on Tempa crested masks (which is to say, those provided by Müller) apparently have nothing to do with the bwadi bwa kifwebe. *The function of Tempa crested masks is much more likely to be found in some other society or association which, at an unknown date, incorporated elements of the* bwadi bwa kifwebe, *resulting in the creation of such hybrid objects as the mask in Figure 46*.

In fact there exists among certain western Songye groups a little-known association the principal characteristics of which were revealed to us by Mr. A. Munyoka Mwana Cyalu (University of Mbuji Mayi) during an exchange of letters.[14]
According to this professor, among the Bakwa Nkoto-Songye (the Tempa's close neighbours), there is a brotherhood known as bwadi. *In response to questions concerning a possible relationship with the well-known* bwadi bwa kifwebe, *Munyoka Mwana Cyalu explained that the two societies were very distinct, and that the* bwadi bwa kifwebe *as it is known for example among the Kalebwe-Songye doesn't exist among the Bakwa Nkoto-Songye.*
The Bakwa Nkoto bwadi*'s primary activity is to organise society and govern it subtly according to its own laws, applying its rule to initiates and laymen alike to bring about control over the entire community. An interesting detail is that the* bwadi *do not differentiate between members based on the roles they play in daily life; a chief who joins the society holds the same rank as any other initiate. Like the* bwadi bwa kifwebe, *however, the* bwadi *is characterised by the use of masks.*

According to the information provided by Munyoka Mwana Cyalu, there are two major mask types in the bwadi (bwadi *is a name used by the Bakwa Nkoto and other Songye groups as a generic term meaning mask).*

The first is a male mask called kàbundiibwe *or* bwadi bulùme. *This is a very energetic mask who chases away non-members and women. It is also responsible for collecting fines from those who break the rules concerning* bwadi *and its masks.* Kàbundiibwe *holds an adze in its left hand and a spear in the right. Its head is dressed with a round "raffia cap" decorated with sparrowhawk and guinea fowl feathers. Its costume is a long-sleeved shirt and raffia pants; the feet are always bare.*

The second type of mask is a female called mukonkole *or* bwadi bukàshi. *These are divided into two sub-categories: the* cyânga *or* bwadi bumoonga *and the* mukonkole *or* bwadi butooke.

14. *The information came from two of his students: S. Kaloshi Nsa and P. Kitengye Muyunga.*

les Kalebwe. Cette pièce pourrait donc constituer « une preuve matérielle » d'un lien existant entre les masques mitrés et le *bwadi bwa kifwebe*.
Pourtant, nous restons encore très réticent à faire de cette pièce unique en son genre la preuve d'une présence effective de la confrérie du *bwadi bwa kifwebe* chez les Songye occidentaux, bien qu'il soit possible que certains éléments artistiques et culturels de cette confrérie aient pu se propager chez les Tempa et leurs voisins.
Toutefois, à l'instar de C. Petridis (2000b, pp. 20-21), rappelons que les seules informations utilisables sur les masques mitrés tempa, c'est-à-dire celles communiquées par Mr. Müller, n'ont vraisemblablement rien à voir avec le *bwadi bwa kifwebe*. Il apparaît plus probable de rechercher la fonction des masques mitrés tempa dans une autre confrérie ou association qui a pu intégrer à une date inconnue des éléments du *bwadi bwa kifwebe* ayant donné lieu à la création d'objets hybrides comme le masque de la Figure 46.

En fait, il existe chez certains groupes songye occidentaux une association méconnue dont l'existence et les caractéristiques principales nous furent révélées par Mr. A. Munyoka Mwana Cyalu (Université de Mbuji Mayi), lors d'échanges épistolaires[14].
Selon cet universitaire, il existe chez les Songye Bakwa Nkoto (proches voisins des Tempa), une confrérie connue sous le nom de *bwadi*. En réponse à nos questions concernant un lien éventuel avec le fameux *bwadi bwa kifwebe*, A. Munyoka Mwana Cyalu répondit que les deux confréries étaient bien distinctes, et que le *bwadi bwa kifwebe* tel qu'il est connu par exemple chez les Songye Kalebwe n'existe pas chez les Songye Bakwa Nkoto.
Le *bwadi* des Bakwa Nkoto aurait pour fonction principale de hiérarchiser la société et de la gouverner subtilement par ses règles, ses interdits aux initiés et aux profanes, son ascendance sur toute la communauté. Détail intéressant, il semblerait qu'il n'y ait pas dans le *bwadi* de rang spécifique qui soit dévolu à une personne exerçant d'importantes fonctions de la vie coutumière. Ainsi, le chef d'un village initié au *bwadi* a le même rang dans la confrérie que les autres membres. En revanche, le *bwadi* comme le *bwadi bwa kifwebe* se caractérise par l'usage de masques.

D'après les informations communiquées par A. Munyoka Mwana Cyalu, il existerait deux grands types de masques dans le *bwadi* (*bwadi* serait aussi le terme de prédilection chez les Bakwa Nkoto et d'autres groupes songye pour désigner le masque de façon générique).

14. Ce professeur tenait ses informations de deux de ses étudiants : S. Kaloshi Nsa et P. Kitengye Muyunga.

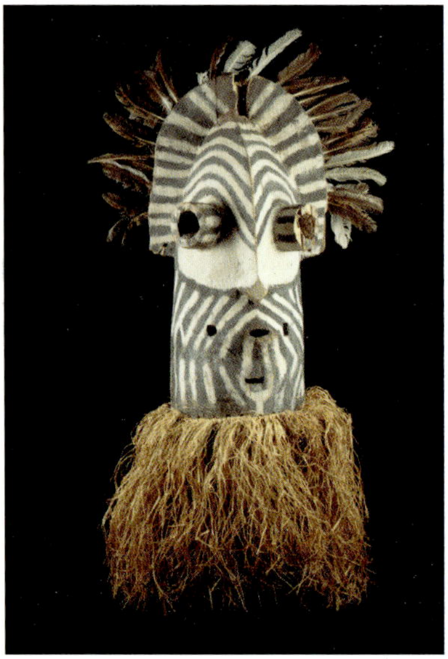

Figure 1

The cyânga *is known as a "red mask" because the costume includes red trousers. It wears a triangular carved wood "cap" (a helmet mask?) adorned with sparrowhawk and guinea fowl feathers in the same manner as the* kàbundiibwe. *A monkey skin attached to its chin symbolises her ability to act as freely as an animal in the forest.*
The mukonkole *is a "white mask" for the same reasons the* cyânga *is a red one. Mute,* cyânga *wears a shirt of monkey skin whitewashed with kaolin and raffia trousers with a skirt made from raffia and the skin of a spotted animal (a civet?). If this mask doesn't speak, it nevertheless dances a lot, in the manner of a woman. It holds in its right hand a tuft of herbs to chase away evil spirits, and in her left hand a bell (*cikwasa*).*
According again to our source in Mbuji Mayi, these masks are perceived as both art objects and social forces. Sacred, they serve to control society and maintain the belief system while also being entertaining and therapeutic. For several practical reasons, these Bakwa Nkoto masks only appear during the dry season: to protect the costumes from damage, to make use of free time following the harvest, and so on.

Some of the information Munyoka Mwana Cyalu has been so kind as to offer seems to suggest a formal relationship with the Tempa crested masks from Figure 1-5. The repeated mention of decorated "caps" in the form of a half-disk or a triangle is reminiscent of crested helmet masks. Sparrowhawk and guinea fowl feathers are found decorating the crests of many such masks. As for the frequency with which it appears, we recall that Müller specified that the specimens he acquired only appeared at the end of the rainy season, just as the bwadi *only appear during the dry season for the reasons already given.*

We should also note that one of the bwadi *masks, the* mukonkole, *is mute, as is the Sungu mask described by Torday (Figure 8). Naturally we must be careful, as many elements contradict the idea of a definitive* bwadi *link with crest helmet masks. The "raffia cap" of* kàbundiibwe *suggests for example that this character does not wear a wood mask, but perhaps rather a cowl mask like those known as* kalengula, *to which we will return later. In addition, many of the accessories used by* bwadi *masks – such as* kàbundiibwe*'s lance and adze,* cyânga*'s monkey skin, or* mukonkole*'s tuft of herb and bell – feature in no photos showing crested helmet masks. Some Songye* kalengula *masks have been known to carry an axe, however (Figure 12).*

The distinction the bwadi *make between red (*cyânga*) and white (*mukonkole*) female masks could suggest a link between this brotherhood and another known as* bukishi.

Le premier serait un masque masculin ayant pour nom *kàbundiibwe* ou *bwadi bulùme*. C'est un masque énergique qui chasse les non-initiés et les femmes. Il est aussi chargé de percevoir les amendes de ceux qui ont enfreint les règles touchant au *bwadi* et à ses masques. Du point de vue des accessoires et du costume, le porteur tiendrait dans sa main gauche une herminette, et de la main droite une lance. Il est coiffé « d'un casque en raphia » en forme de demi-cercle et orné de plumes de pintade et d'épervier. Du point de vue vestimentaire, il porte une chemise à manches longues et un pantalon en raphia et serait toujours pieds nus.

Le deuxième type est un masque féminin portant pour nom *mukonkole* ou *bwadi bukàshi*. Cette catégorie se subdiviserait en deux sous-catégories : le *cyânga* ou *bwadi bumoonga* et le *mukonkole* ou *bwadi butooke*.
Le *cyânga* est défini comme un « masque rouge » car il porte un pantalon à dominante rouge. Il porterait « un casque » (un masque-heaume ?) en bois sculpté de forme triangulaire surmonté comme celui du *kàbundiibwe* de plumes de pintade et d'épervier. Une peau de singe attachée au niveau de son menton symboliserait sa faculté d'agir librement comme le ferait le primate dans la forêt.
Le *mukonkole* est un « masque blanc » suivant les mêmes raisons de prédominance chromatique de costume que le *cyânga*. Muet, il est vêtu d'une chemisette en peau de singe blanchie de kaolin et un pantalon en raphia recouvert d'une jupe de même matière et d'une peau d'un animal tacheté (civette ?). Si ce masque ne parle pas, il danse en revanche beaucoup, et à la manière d'une femme. Il tient dans sa main droite une touffe d'herbe pour chasser les mauvais esprits, et dans sa main gauche un grelot *(cikwasa)*.
Toujours d'après notre informateur à Mbuji Mayi, ces masques sont perçus comme des objets d'art et des acteurs sociaux. Sacrés, ils permettent le contrôle de la société et le maintien des croyances tout en assurant une fonction ludique et thérapeutique. Ces masques des Bakwa Nkoto n'apparaissaient qu'à la saison sèche pour plusieurs raisons d'ordre pratique : éviter la détérioration des costumes, profiter du temps creux suivant les récoltes, etc.

Certaines des informations divulguées aimablement par A. Munyoka Mwana Cyalu pourraient trouver une correspondance formelle ou un rapprochement d'usage avec les masques mitrés tempa des Figure 1-5. Ainsi, la mention à deux reprises de « casques » surmontés ou affectant la forme de demi-cercles ou de triangles n'est pas étrangère à l'apparence des masques-heaumes à mitre. Par ailleurs, la présence de plumes de pintade et d'épervier surmon-

The bukishi *is a "brotherhood" that has not been the subject of much study. L. Stappers (1950) dedicated a few pages to them, but the author who provides the most information is C. Wauters (1949).*[15] *The* bukishi *has apparently been most successful among the Eki and `the Sanga; it appears to have originated with the Eki. There is also an "incomplete"* bukishi *among the Kalebwe (especially in the Tshofa region), as well as a* bukishi *among the Ilande and the Milembwe. According to Wauters, the* bukishi *is much more than a simple brotherhood or society. It is rather a complex ritual which orchestrates and regulates the life of the community as a whole (Wauters, 1949, pp. 103-104). This brings to mind the role played by the* bwadi *in the Bakwa Nkoto community.*
One of the bukishi*'s principal functions was social and judicial. The* bukishi *would also have been active whenever a large enough group reached the age of initiation, when a new chief was invested, or when there were circumcisions.*[16]
As we have already said, the bukishi *were not a "secret society" insofar everyone was at least partially initiated (WAUTERS, 1949, p.46). The level of initiation often depended on the amount that could be spent pursuing a title (*ibid., *p.159). In this way the internal hierarchy of the* bukishi *corresponded more or less to that of the community. Here we find a contradiction with the* bwadi, *in which Munyoka Mwana Cyalu tells us even a chief would have had the same rank as any other initiate.*

A bukishi *initiation took place in two main stages that we will very briefly summarise. The first was called* bukishi wa ntoshi *("white* bukishi*"); the second was a continuation of the first, called* bukishi wa nkula *("red* bukishi*"). According to Wauters (1949, p. 179), the* bukishi wa nkula *only occurred among the Sanga and the Eki, while the Kalebwe only knew the* bukishi wa ntoshi *(and it is in this sense that we have written about an "incomplete"* bukishi*). In any case, these two colours, after which the important phases of the initiation are named, played an important symbolic role. White is identified with beneficial action on behalf of the community, which Wauters calls "creative" acts (*ibid., *p. 102). Red meanwhile represents a more individual power and knowledge the depth of which went, among the Eki, right to the centres of power (*ibid., *pp. 166 and 192-195).*

This short summary leads us to the following questions: Is the bukishi *known among such western Songye groups as the Tempa and the Bakwa Nkoto? Does* bukishi *require the use of masks?*

Apparently the bukishi *is known by the Nsapo-Nsapo (WAUTERS, 1949, p. 48), a group of Eki origin that*

15. *C. Wauters wrote with a fairly esoteric hand, and we are grateful to V. Baeke (2004) for having made his text available to so many readers.*

16. *The relationship between the* bukishi *and circumcision no longer held when C. Wauters did his field research (between 1914 and 1936). Changing attitudes, beginning in the late 19th century as a result of Arab influence and colonial occupation, led to the circumcision – devoid of ritual – of young children rather than adolescents (WAUTERS, 1949, p. 156). We note though that in 1942-1943, the missionary M. Peeters witnessed in Bindi and Kete territory (notably the Mukwadianga region) a male initiation – for boys of about 12 years of age – called* mukanda wa buadi *(PEETERS, 1946, pp. 1-3). This ritual, which seems to have existed among some of their Luluwa neighbours as well, was related to circumcision, and not unlike the well-known Tshokwe and Lunda* mukanda *in its rites. Some elements suggest other origins, however.*

Peeters mentions the use of a red and white wood mask in the mukanda wa bwadi, *and says that he has "seen these same costumes and masks in Kabinda in the Lomami, where it was used in* bukishi *ceremonies (Ben'Eki initiation)" (*ibid., *p. 2). The* mukanda wa buadi *call this mask Kabisa bisala (feathered Kabisa) because of the chicken feathers used to decorate it. The mask opens the ceremony at which the actual circumcisions take place. It is defined as a* mukishi *(spirit), which is a term used by the Tshokwe and Lunda* mukanda. *Peeters acquired a* mukanda wa buadi *mask called Tshika bisalasala (Figure 12a) from the Luluwa in Luluabourg territory. This is an obviously Luluwa style mask, and it is difficult to imagine that it could be with this specimen Peeters established any kind of relationship with* bukishi *masks.*

tant ces crêtes se retrouve sur de nombreux exemplaires de ces masques. Quant à la fréquence de sortie, on se rappellera que Mr. Müller précisait que les exemplaires par lui collectés ne sortaient qu'à la fin de la saison des pluies. Or, les masques du *bwadi* ne semblent effectuer leur sortie que lors de la saison sèche pour des raisons déjà évoquées.

Précisons aussi que l'un des masques du *bwadi*, le *mukonkole*, est décrit comme muet. Cette absence de parole constitue l'une des caractéristiques du masque sungu décrit par E. Torday (Figure 8). Bien sûr, il faut rester très prudent car de nombreux éléments entrent en contradiction avec l'idée d'un rattachement définitif des masques-heaumes à mitres avec le *bwadi*. Ainsi, la mention du « casque en raphia » du *kàbundiibwe* peut laisser supposer que ce personnage porte non pas un masque en bois, mais peut-être un masque-cagoule se rapprochant par sa forme des masques dits *kalengula* dont nous aurons l'occasion de reparler. Ensuite, nombre d'accessoires des masques du *bwadi*, comme la lance et l'herminette du *kàbundiibwe*, la peau de singe au menton du *cyânga*, ou la touffe d'herbe et le grelot du *mukonkole*, ne figurent sur aucune photographie de terrain montrant les masques-heaumes à mitres. En revanche, certains masques *kalengula* songye tiennent parfois en main une petite hachette (Figure 12).

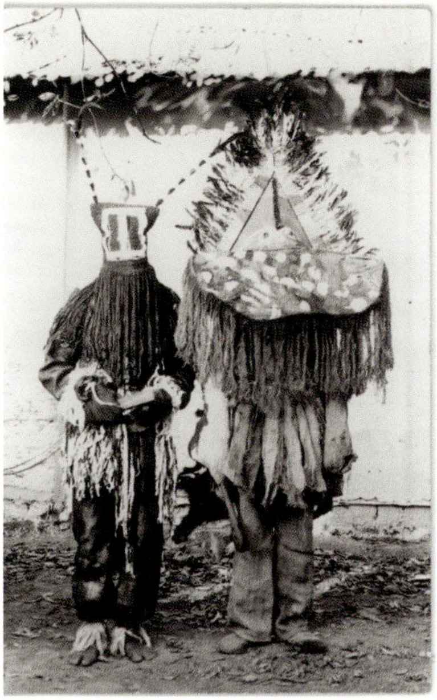

Figure 12

La distinction dans le *bwadi* entre des masques féminins rouges (*cyânga*) et des masques féminins blancs (*mukonkole*) pourrait constituer un indice intéressant indiquant un rapprochement entre cette confrérie et une autre ayant pour nom *bukishi*.

Le *bukishi* est une « confrérie » fort peu étudiée. Par le passé, L. Stappers (1950) y consacra quelques pages, mais l'auteur qui fournit les informations les plus complètes fut C. Wauters (1949)[15]. Le *bukishi* semble trouver son implantation la plus forte, et son plus grand accomplissement, chez les Eki et chez les Sanga (bien que les Eki semblent être à l'origine du *bukishi*). On retrouve toutefois un *bukishi* « incomplet » chez les Kalebwe (notamment dans la région de Tshofa), ainsi qu'un *bukishi* chez les Ilande et chez les Milembwe. D'après Wauters, le *bukishi* est bien plus qu'une confrérie, qu'une société. Il s'agit plutôt d'une sorte de rituel complexe qui orchestre et régit la vie de la communauté toute entière (Wauters, 1949, pp. 103-104). Suivant cette idée, on peut rappeler ce rôle de ciment communautaire inhérent au *bwadi* des Bakwa Nkoto.

L'une des actions principales du *bukishi* touchait aux questions sociales et judiciaires. Plus périodiquement,

15. C. Wauters a une écriture que l'on pourrait qualifier de relativement ésotérique, et l'on peut ici remercier V. Baeke (2004) d'avoir rendu accessible à un grand nombre de lecteurs le contenu du texte de cet auteur.

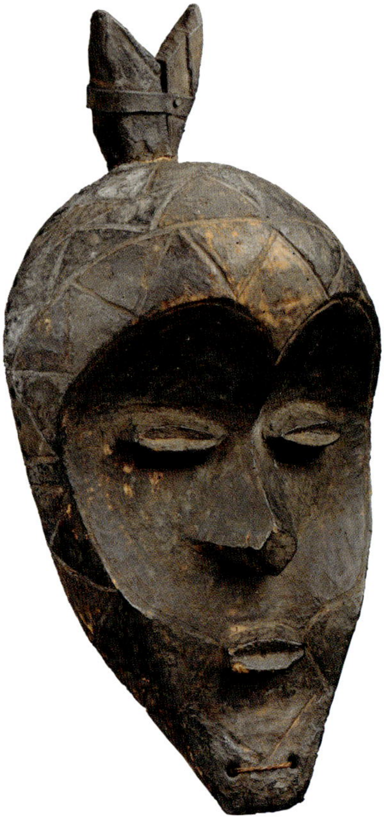

Figure 12 bis

migrated to the Luluabourg region (now Kananga) in 1887 (TIMMERMANS, 1962, p. 33).
The forced migration to the Lusambo region of a Beneki clan in 1936 for reasons of public order certainly brought the bukishi *to the area. While these movements indicate a* bukishi *kernel within far-western Songye groups, Wauters never directly addresses the Tempa or the Bakwa Nkoto.*
V. Baeke offers a very interesting bit of information on the subject:

> *At the end of the 19th century a Sanga group led by chief Pania Mutombo emigrated to an area near the Tempa [...] we can theorise that the Tempa either adopted the Sanga bukishi or were very familiar with it before their arrival. (BAEKE, 2004, p. 22.)*

The chief who led them to the current city of the same name very likely knew of the bukishi. *After all, as Baeke emphasises, he was of Sanga origin, and that Songye group knew the "complete* bukishi*". We might be able to confirm this theory, but first we must answer the second question, on the subject of masks.*
Various source suggest that the bukishi *did, in fact, use masks. Wauters, for example, shows that round masks made of soft materials were worn by initiates at the appearance of the* bukishi wa ntoshi *(WAUTERS, 1949, p. 154 and the plate opposite p. 136). The same author mentions the existence of a "mask" called Kabea which could be linked to a representation of Efile, the primordial god (*ibid.*, p. 140) in the* bukishi wa ntoshi. *Hersak says that a* kifwebe *type mask was used in the framework of the* bukishi wa ntoshi *by some Kalebwe groups to keep order (HERSAK, 1986, p. 44). Finally, Peeters's notes refer to Eki* bukishi *using wooden masks and woven costumes (PEETERS, 1946, p. 2).*

A very old mask (Figure 13) might display the symbolically important red and white colour combination.
T. Fourche acquired this mask in 1930 from a western Luba chief who had gotten it from M'Pania Mutombo (Pania Mutombo). If the Pania Mutombo of which the Luba chief spoke is indeed the Sanga-Songye chief known to history, we can theorise that the creation of this mask dates at least to the last quarter of the 19th century. Fourche also mentions the Bakwa Nkoto, an ethnicity that played a role creating or at least circulating the mask among the Luba. One thing at least is sure: the Bakwa Nkoto were under the control of Pania Mutombo and, like the Tempa, belonged geographically to the Lusambo colonial district (BOONE, 1961, p. 218). If we turn again to Baeke's proposal, it seems possible that this mask is material proof that the bukishi *penetrated the Lusambo area.*

le *bukishi* pouvait intervenir lorsqu'une nouvelle classe d'âge à initier apparaissait de manière significative dans la société, lorsqu'un nouveau chef était investi, ou lors de la circoncision[16].

Comme nous l'avons dit, le *bukishi* n'était pas une « société secrète » dans le sens où toute personne se devait d'y être initiée, au moins partiellement (WAUTERS, 1949, p.46). Le degré d'initiation dépendait pour beaucoup de la somme dépensée pour accéder à tel ou tel titre (*ibidem*, p.159). Ceci revient à dire qu'à l'échelon hiérarchique du *bukishi* correspondait peu ou prou le rang social dans la communauté. On relève une contradiction avec le *bwadi*, car selon A. Munyoka Mwana Cyalu, un chef de village possédait dans le *bwadi* le même rang que les autres initiés.

L'initiation au *bukishi* se déroulait en deux grandes étapes que nous résumons ici très succinctement. La première répondait à la désignation de *bukishi wa ntoshi* (« *bukishi* blanc ») et la seconde, qui s'inscrit dans la continuité de la première, était nommée *bukishi wa nkula* (« *bukishi* rouge »). D'après Wauters (1949, p. 179), le *bukishi wa nkula* n'était connu que par les Sanga et les Eki, alors que les Kalebwe connaissaient uniquement le *bukishi wa ntoshi* (c'est dans ce sens que nous avons évoqué un *bukishi* incomplet chez ces derniers). Quoi qu'il en soit, ces deux couleurs, donnant leur nom aux deux grandes phases de l'initiation complète, jouaient un rôle symbolique très important. Le blanc se rattache plus volontiers aux actions bénéfiques et communautaires que Wauters définit comme « créatrices » (*ibidem*, p. 102). De l'autre côté, le rouge représente une force plus individuelle et un savoir potentiellement dangereux car plus approfondi et touchant aux racines mêmes du pouvoir chez les Eki (*ibidem*, pp. 166 et 192-195).

Après cette rapide présentation, les questions que l'on peut se poser sont les suivantes.
Le *bukishi* est-il attesté chez des groupes de Songye occidentaux comme les Tempa et les Bakwa Nkoto ? Le *bukishi* nécessite-t-il l'usage de masques ?

Il semblerait que les Nsapo-Nsapo, un groupe d'origine Eki ayant migré dans la région de Luluabourg (actuellement Kananga) en 1887 (TIMMERMANS, 1962, p. 33), connaissaient le *bukishi* (WAUTERS, 1949, p. 48).
En 1936, la migration forcée d'un clan beneki, pour raisons d'ordre public, dans la région de Lusambo implanta de façon certaine le *bukishi* dans cette zone. Bien que ces déplacements indiquent des noyaux du *bukishi* dans des

16. Concernant la circoncision, ce rattachement au *bukishi* n'existait déjà plus lors des enquêtes de terrain de C. Wauters (entre 1914 et 1936). Les changements de mentalités, résultant de la présence des arabisés au XIXe siècle, ainsi que de l'occupation coloniale, eurent pour conséquence la circoncision d'enfants en bas âge au lieu de préadolescents sans rituel significatif (WAUTERS, 1949, p. 156). Il faut toutefois relever qu'en 1942-1943, le scheutiste M. Peeters observa en territoire Bindi et Kete (région de Mukwadianga notamment) une initiation masculine portant le nom de *mukanda wa buadi* qui concernait des garçonnets d'une douzaine d'années (PEETERS, 1946, pp. 1-3). Cette initiation, qui semble aussi avoir existé chez certains groupes luluwa voisins, gravitait autour de l'acte de circoncision, et était très proche par sa conception et son déroulement du célèbre *mukanda* des Tshokwe et des Lunda. Néanmoins, certains éléments laissent deviner d'autres origines.

M. Peeters mentionne l'usage d'un masque en bois dans le *mukanda wa bwadi* à chromatique rouge et blanche en précisant qu'il a : « vu de ces mêmes costumes et de ces masques à Kabinda au Lomami, où il était employé dans les cérémonies du *bukishi* (initiation des Ben'Eki) » (*ibidem*, p. 2). Dans le *mukanda wa buadi*, ce masque a pour nom Kabisa bisala (Kabisa l'emplumé) certainement à cause des plumes de poule qui l'ornent. C'est lui qui ouvre la cérémonie de la circoncision proprement dite. Il est défini comme un *mukishi* (esprit), terme que l'on retrouve dans le *mukanda* tshokwe et lunda. M. Peeters collecta chez les Luluwa du territoire de Luluabourg un masque du *mukanda wa buadi* qui avait pour nom Tshika bisalasala (Figure 12 bis). Ce masque est incontestablement de style luluwa, et il est difficile d'imaginer que ce soit sur un exemplaire de ce type que M. Peeters ait pu établir avec pertinence une comparaison avec des masques du *bukishi*.

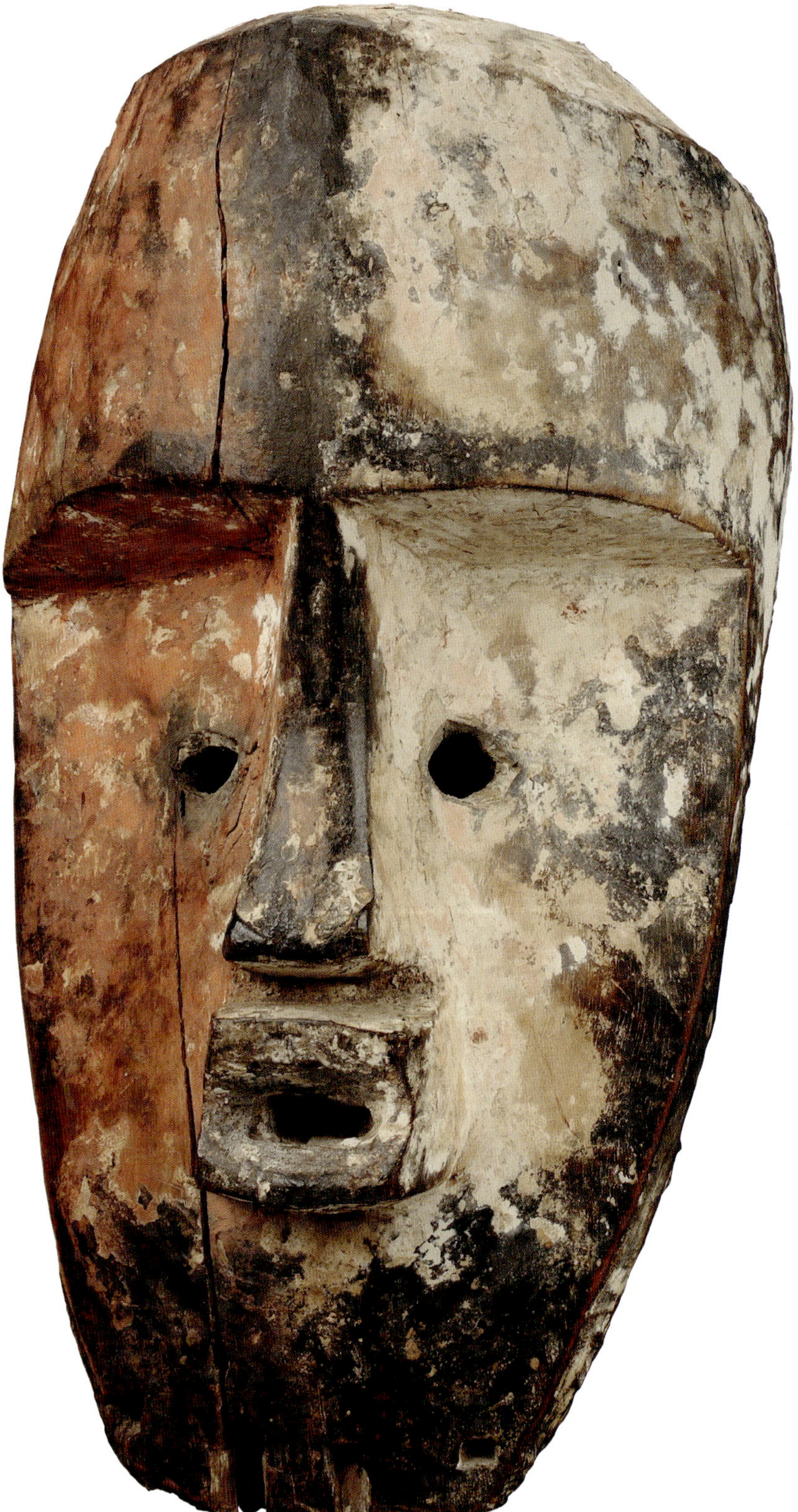

Figure 13

groupes de Songye très occidentaux, Wauters ne parle pas franchement des Tempa ou des Bakwa Nkoto.
C'est V. Baeke qui offre une piste des plus intéressantes sur ce sujet :

> « Signalons quand même qu'à la fin du XIXe siècle, un groupe sanga mené par le chef Pania Mutombo émigra dans le voisinage des Tempa [...] on peut donc formuler l'hypothèse que les Tempa ont soit adopté le bukishi des Sanga, soit le connaissait bien avant leur arrivée » (BAEKE, 2004, p. 22).

Le chef qui s'implanta près de l'actuelle ville éponyme avait de fortes chances de connaître le *bukishi* car, comme le souligne V. Baeke, il était d'origine sanga, c'est-à-dire un groupe songye qui connaissait le « *bukishi* complet ». Cette possibilité pourrait être confirmée, mais pour cela nous devons répondre à la deuxième question ayant trait à l'usage des masques.
Diverses sources précisent que des masques étaient effectivement utilisés dans le *bukishi*. Ainsi, C. Wauters montre des masques circulaires réalisés dans des matériaux souples qui étaient portés à la sortie du *bukishi wa ntoshi* par les initiés (WAUTERS, 1949, p. 154 et planche opposée à la p. 136). Le même auteur mentionne l'existence d'un « masque » nommé *Kabea* qui pourrait être lié à une représentation d'Efile, le dieu primordial (*ibidem*, p. 140) dans le *bukishi wa ntoshi*. Ensuite, D. Hersak précise que chez certains groupes kalebwe, un masque de type *kifwebe* pouvait assurer la police dans le cadre du *bukishi wa ntoshi* (HERSAK, 1986, p. 44). Enfin, les notes de M. Peeters évoquent des masques en bois et des costumes tressés dans le *bukishi* des Eki (PEETERS, 1946, p. 2).
La symbolique chromatique importante du rouge et du blanc se retrouve peut-être sur un masque très ancien (Figure 13).

Ce masque fut collecté dans les années 1930 par T. Fourche chez un chef luba occidental qui l'avait obtenu de M'Pania Mutombo (Pania Mutombo). Si le Pania Mutombo dont parlait ce chef luba était bien le chef songye sanga que l'histoire a retenu, on peut émettre l'hypothèse que la création de ce masque remonte au moins au dernier quart du XIXe siècle. Par ailleurs, T. Fourche mentionne aussi l'ethnie des Bakwa Nkoto qui jouèrent un rôle dans la création ou au moins la transmission du masque aux Luba. Une seule chose est sûre : les Bakwa Nkoto furent sous la dépendance de Pania Mutombo et relevaient géographiquement, comme les Tempa, du territoire colonial de Lusambo (BOONE, 1961, p. 218). Si l'on reprend la proposition de V. Baeke, il apparaît comme possible que ce

The strict red and white partitioning of this mask could link it to the bukishi *society: all those who joined would be painted with these colours, demonstrating membership, upon their deaths (WAUTERS, 1949, p. 102).*[17]

We believe this reinforces the idea that the mask in Figure 13 could have been used by the bukishi *among the western Songye. Munyoka Mwana Cyalu has communicated to us some of the chants accompanying the use of masks by the* bwadi. *The masks, mostly* kakundibwe *(*mukonkole *doesn't speak), open a dialogue with the audience while dancing. One of the dialogues communicated to us is the following:*

Hello, men!
(Answer) Hello!
Is what I say true?
(Answer) It's true!
Let the drums break!
(Answer) Let them break!
Where do I come from?
(Answer) From the land of the spirits!
I am going to my home where the bat lives.
Let the wind carry me, I have that power.
I am the father of children who never die
At the death of the father whose children don't die.
At the death of the father, the children are left to suffer.
Cry out, Beena Bwadi! Cry out!

This text has a seemingly complex symbolism. Certain things nevertheless seem clear: the bwadi *masks are a physical representation (not to say incarnation) of the spirits or the deceased ("you come from the land of the spirits"). Further, certain apparently cryptic phrases could be explained by* bukishi *myths: the reference to a bat, for example, might not really concern the animal but rather Nkongolo Bea (the rainbow), who is one of the eight children of Efile Mukulu and often associated with the bat (WAUTERS, 1949, p. 143). "Bat" (Kafukufuku) is the name given to an important star which works with the rainbow and the rustling wind to play a major role in "collecting the souls" of the dead (*ibid.*, pp. 241-242).*[18] *The line about being carried by the wind might also be linked to another of Efile's children (*ibid.*, pp. 108 and 115): Lupapi lua Mpukumanga (the rustling wind) who can hunt down and carry about* bikudi *(the spirits of the dead).*[19] *Finally, the lines "At the death of the father whose children don't die. / At the death of the father, the children are left to suffer." could be about another offshoot of Efile, a sort of avatar, Mwana Mwenji (the moon).*

Long ago, the moon decided to die, in order to see who would mourn. The children of the moon (the stars?) cried at its disappearance, and sent the rainbow to announce the death

17. *The same use of colours can be found on some statuettes (Figure 14), demonstrating the plastic similarities of Luluwa and Nsapo-Nsapo works. Assuming that the* bukishi *did indeed exist among the Nsapo-Nsapo, then such figurines would likely be associated with the brotherhood. On the other hand, there are other similar statuettes (Figure 14a), only black and white, and therefore difficult to link to the* bukishi.

18. *Kafukufuku also called* kamanji *(the murderer). Among the* bukishi wa ntoshi *the name is used for the godfather who leads novices. During initiations, this personage has a very specific role: he causes the* kaniona *(in charge of candidate promotion) to "die" and be "reborn" in his new condition as a member. The "death" of the* kaniona *at the hands of the* kamanji *is very powerful, as throughout the initiation (which can last up to two years!), the* kaniona *could not be seen in public, only going out at night to find food (WAUTERS, 1949, pp. 107-108).*

19. *This interpretation recalls the relationship masks share with the spirit world.*

masque constitue une preuve matérielle du déplacement du *bukishi* en zone de Lusambo. La répartition chromatique rouge / blanc très stricte de ce masque pourrait le rapprocher de la société *bukishi*, car toute personne participant à ce système initiatique se voyait enduit à sa mort des deux couleurs symbole de l'initiation, (WAUTERS, 1949, p. 102)[17].

On peut donc avancer que le masque de la Figure 13 ait pu être utilisé dans le *bukishi*, et que la présence du *bukishi* chez les groupes songye occidentaux soit ainsi renforcée. Sur cette dernière affirmation, précisons qu'A. Munyoka Mwana Cyalu nous a présenté quelques chants relatifs aux masques en usage dans le *bwadi*. Les masques, et surtout *kakundibwe* (*mukonkole* ne parle pas), établissent un dialogue avec les spectateurs tout en exhibant quelques danses. L'un des dialogues communiqués est le suivant :

> « Bonjour les hommes !
> (Réponse) Bonjour !
> Ce que je dis n'est-il pas vrai ?
> (Réponse) C'est vrai !
> Que les tambours se brisent !
> (Réponse) Qu'ils se brisent !
> Alors quelle est mon origine ?
> (Réponse) Vous êtes du pays des esprits.
> Je m'en vais chez moi à la résidence de la chauve-souris.
> Que le vent m'emporte, j'en ai le pouvoir.
> Je suis le père des enfants qui ne meurent pas.
> À la mort du père des enfants qui ne meurent pas.
> À la mort du père, les enfants restent souffrir.
> Beena Bwadi criez ! Criez ! »

Ce texte contient vraisemblablement une symbolique complexe. Néanmoins, quelques suppositions apparaissent pertinentes. Les *bwadi* (les masques) seraient la représentation physique (nous n'osons dire l'incarnation) d'esprits ou de défunts (« vous êtes du pays des esprits »). De plus, certaines phrases passablement sibyllines pourraient renvoyer à des mythes connus dans le *bukishi*. Ainsi la référence à la chauve-souris pourrait ne pas concerner directement le chiroptère mais bien l'un des huit enfants d'Efile Mukulu : Nkongolo Bea (l'arc-en-ciel) qui est parfois relié à la chauve-souris (WAUTERS, 1949, p. 143). Pour autant, la chauve-souris (Kafukufuku) est surtout le nom d'une étoile importante qui joue un grand rôle avec l'arc-en-ciel et le vent bruissant dans la « collecte des âmes » des défunts (*ibidem*, pp. 241-242)[18]. En rapport avec cette dernière remarque, la mention « que le vent m'emporte, j'en ai le pouvoir » pourrait renvoyer à l'un des enfants d'Efile (*ibidem*, pp. 108 et 115) : Lupapi lua Mpukumanga (le vent bruissant) qui a le pouvoir de

17. On retrouve cette même répartition bicolore sur certaines statuettes (Figure 14) montrant des affinités plastiques avec des réalisations luluwa / nsapo-nsapo. Partant du principe que le *bukishi* a bien existé chez les Nsapo-Nsapo, il est possible que de telles figurines se rattachent à cette confrérie. Toutefois, il existe d'autres statuettes (Figure 14 bis) d'un genre assez similaire mais qui présentent une répartition bicolore blanche et noire qu'il est plus difficile de mettre en rapport avec le *bukishi*.

18. Kafukufuku est d'ailleurs appelé aussi *kamanji* (le meurtrier). Ce terme, dans le *bukishi wa ntoshi*, désigne le parrain, le meneur des initiés. Ce personnage a, durant l'initiation, un rôle précis puisqu'il fait « mourir » le *kaniona* (chef de promotion des candidats) et le fait « renaître » dans sa nouvelle condition d'initié. La « mort » du *kaniona* provoqué par le *kamanji* est très forte, puisque durant toute la durée de l'initiation (jusqu'à plus de deux ans !), le *kaniona* ne pouvait plus se montrer en public, et il ne pouvait sortir que la nuit afin de trouver de quoi se nourrir (WAUTERS, 1949, pp. 107-108).

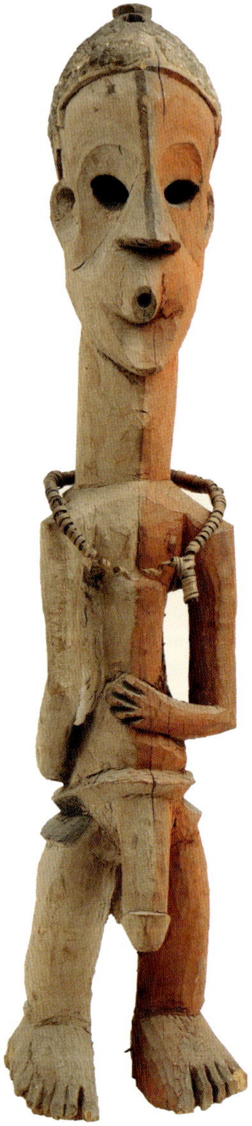

Figure 14

*to Mwana Nguba (the sun, yet another child of Efile). The sun was unmoved. When Mwana Mwenji returned, it told the children never to associate again with the sun, who had not mourned (*ibid.*, pp. 119-120).*[20]

All the meanings we believe we have found in the chant are troubling, and it seems likely to us that these bwadi *masks were associated with the* bukishi *and might have been representations of the moon-dwelling spirits. Based on this, and taking into consideration the possible relationship between helmet masks and the* bwadi, *we submit to the reader an iconographic theory related to these masks' most notable physical detail: the crest.*

Petridis sees in it an emblem well-known among the Kasaï and the Katanga to represent power: the pearl-covered diadem (PETRIDIS, 2000b, pp. 22-25).
If this hypothesis appears likely, there might nevertheless be another worth investigating: the possibility that the curved and colourful crest represents the rainbow. As we have already mentioned, the rainbow is one of Efile's children, and an important Figure in bukishi *mythology. The rainbow cooperates with Kafukufuku (to which it sometimes seems related) and Lupapi lua Mpukumanga to manage the spirits of the dead (WAUTERS, 1949, pp. 241-242) and often plays a role in* bukishi *myth as a matchmaker (between supernatural entities, or between spirits and humans) and is present at* bukishi *rites.*

The rainbow is sometimes represented in the bukishi wa ntoshi *as a pot the curved sides of which are striated red and white (*ibid.*, p. 108). We can ask ourselves if helmet masks aren't then a sort of avatar for the "daubed pot" of the* bukishi. *Nevertheless, if* bukishi *influence over the* bwadi *seems very likely given all the different interpretations discussed here, it is difficult to attribute any one crested helmet mask (Figure 1-5) to a specific society, even if it seems it should be possible.*

If, as we have demonstrated, it is likely that masks of this type were made and used by the Sungu, it is harder to prove that they used them in the same context as the Tempa. There is in fact nothing to suggest the presence of either the bukishi *or the* bwadi *in Sungu territory. Of course we can conjecture their existence among the Sungu, but without proof. If we consider the details Torday provided, it seems very hard to link the function of the* weetshi *with either the* bwadi *or the* bukishi.

Among the Luntu of the Mashala region there was, in the 1960s and 70s, a brotherhood known by the name bukishi. *It nevertheless remains difficult to find a link other than the term* bukishi *as used by the Sanga. According to Constantin*

20. *Remember J.N. White noted that the mask he acquired was supposed to dance at the appearance of the new moon.*

chasser, d'emporter les *bikudi* (les âmes des défunts)[19]. Enfin, la sentence « À la mort du père des enfants qui ne meurent pas. À la mort du père, les enfants restent souffrir » pourrait avoir un rapport avec un autre rejeton, une sorte d'avatar d'Efile : Mwana Mwenji (la lune).

En des temps très anciens, la lune décida de mourir pour voir ceux qui la regretteraient. Les enfants de la lune (les étoiles ?) pleurèrent sa disparition et envoyèrent l'arc-en-ciel annoncer la mort de l'astre nocturne à Mwana Nguba (le soleil, un autre des enfants d'Efile). Mais ce dernier fut indifférent à la tristesse des enfants de la lune. Lorsque Mwana Mwenji réapparut, elle dit alors à ses enfants de ne plus demeurer face à l'ingrat qui ne pleurait pas (*ibidem*, pp. 119-120)[20].

Toutes les significations que nous avons cru déceler dans le chant sont troublantes, et il nous apparaît comme vraisemblable que ces masques du *bwadi* aient un rapport avec le *bukishi* et qu'ils puissent être une représentation d'esprits sélénites. Partant de ce principe et considérant le possible rapport entre les masques-heaumes à mitre et le *bwadi*, nous soumettons au lecteur une hypothèse iconographique relative à l'interprétation d'un détail plastique des plus marquants de ces masques : la mitre.

C. Petridis, y voit la représentation d'un emblème de pouvoir bien connu du Kasaï et du Katanga : le diadème perlé (PETRIDIS, 2000b, pp. 22-25).
Si cette hypothèse apparaît comme vraisemblable, il y en aurait peut-être une autre à approfondir : la possibilité que cette crête incurvée et colorée représente l'arc-en-ciel. Comme nous l'avons déjà dit, l'arc-en-ciel, fils d'Efile, est une figure mythique importante du *bukishi*. Il participe avec Kafukufuku (à laquelle il semble parfois assimilé) et Lupapi lua Mpukumanga à la prise en charge de l'âme des défunts (WAUTERS, 1949, pp. 241-242). Il joue souvent dans les mythes du *bukishi* un rôle d'entremetteur (que cela soit entre des entités supra-humaines, ou entre lesdites entités et les hommes) et il est très présent lors des rites mêmes du *bukishi*.

Ainsi, il est parfois représenté dans le *bukishi wa ntoshi* sous la forme d'un pot dont les bords incurvés sont striés de lignes blanches et rouges (*ibidem*, p. 108). On peut dès lors se demander si les masques-heaumes à mitres ne sont pas une sorte d'avatar du « pot peinturluré » du *bukishi*. Néanmoins, si l'influence du *bukishi* sur le *bwadi* demeure fortement envisageable au regard des différentes interprétations avancées, il est en revanche plus difficile

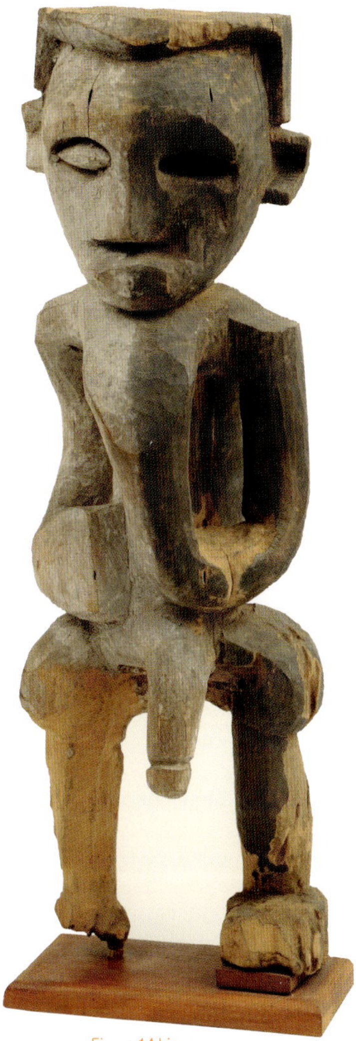

Figure 14 bis

19. Cette interprétation trouve un écho dans le rattachement des masques avec le monde des esprits.

20. Rappelons que J. N. White avait noté que le masque qu'il avait collecté était sensé danser lors de l'apparition de la lune nouvelle.

Shambuy, a Luntu currently living in Belgium, the Luntu bukishi *existed to teach magic, methods of combating evil spirits, and the means to acquire supernatural powers. Access was restricted, as the knowledge gained could be used as easily for evil purposes as for good.*[21] *One important detail is that, at least in the 1960s and 70s, the society was not known to use masks.*

The question we can ask ourselves – but for which we have no answer based on current knowledge – is: was the bukishi *Shambuy describes related to the Songye* bukishi*? If so, we could say that the Luntu* bukishi *had undergone profound transformations, keeping the active principles of the Songye* bukishi[22] *but rejecting the idea of an association open to all and binding society as a whole. In a similar vein, it is possible that some Sungu* weetshi *adopted crested masks but put them to personal uses. The explanation for this short-term borrowing would have several components.*

The first component is geographical in nature, as the Tempa and the Sungu are near neighbours.
The second is historical, as Songye groups further than the Tempa from the Sungu began commercial relations with the Tetela in the 19th century. Thus the great Kabinda chief Lupungu, of Tetela extraction on his mother's side, would travel to Tetela territory for ivory to sell to the Arabs in exchange for rifles (WAUTERS, 1949, p. 47). The same is true of Ngongo Lutete, the well-known Tippo-Tip lieutenant. Of Songye or Tetela origin, he traded in both Songye and Tetela territories in the 1890s.[23]
The third reason is that neither the bukishi *nor the* bwadi *was a "secret society". In other words, the appearance of the masks, the presence of an audience chanting in accompaniment, and the use of masks in villages was easily observed by Tetela visitors come, perhaps, to trade in Tempa territory.*[24] *Of course the real reasons for visual imitation remain unknown, and it is important to look more closely here at Sungu culture.*
The paucity of information about this culture does not stop us from continuing our present study of crested helmet masks, which we will now pursue across a wider field of investigation.

The concept of crested masks beyond the Tempa-Sungu zone

It is C. Petridis who has done the most to raise awareness of crested wood masks outside of the "theoretical combat zone" which we have explored. He seems to have had access to parts of the Frobenius collections – notably difficult for researchers to access of late – at the Hamburg museum. According to

21. *According to Shambuy, a* bukishi *of this type also existed among the western Luba in the Mbuji Mayi region.*

22. *According to Wauters (1949, p. 382), the term* nganga *refers to both a* bukishi *initiate and a "witch-doctor". The acquisition of knowledge in the* bukishi *could also be accompanied by skill in magic. In fact, according to Munyoka Mwana Cyalu (personal correspondence), it appears that among the Songye, initiation into the* bukishi wa nkula *allowed one to become a "social priest", to administer therapies or oversee ceremonies dealing with people who had broken community laws or the rules of the* bukishi.

23. *L. de Heusch speaks briefly of this personage in his oft-quoted article (DE HEUSCH, 1995, pp. 176-177). He examines in greater detail the life of Ngongo Lutete through the prism of the colonial history of this part of the DRC in a recent work in a chapter called* La conquête coloniale: une ténébreuse affaire *(DE HEUSCH, 2002).*

24. *A demonstration in the case of* bwadi *masks can be found in field photographs showing Songye crested masks in action surrounded by a relatively heterogeneous crowd in terms of gender and age (Figure 10).*

d'attribuer de façon certaine l'un ou l'autre des masques-heaumes à mitre (Figure 1-5) à l'une de ces confréries, bien que cette possibilité reste grande.

Si comme nous l'avons exposé, il est probable que des masques de ce type aient été fabriqués et utilisés par les Sungu, il est plus difficile de prouver que ces derniers les utilisaient dans un même contexte que les Tempa. De fait, les informations concernant une possible présence du *bukishi* ou du *bwadi* en territoire sungu sont inexistantes. On peut bien sûr supposer que ces confréries ont pu exister chez les Sungu, mais il s'agit ici d'assertions gratuites ne se basant sur aucun fait avéré. De plus, si l'on prend en compte les données fournies par E. Torday, il semble difficile de relier les actes d'un *weetshi* avec le *bwadi* ou le *bukishi*.

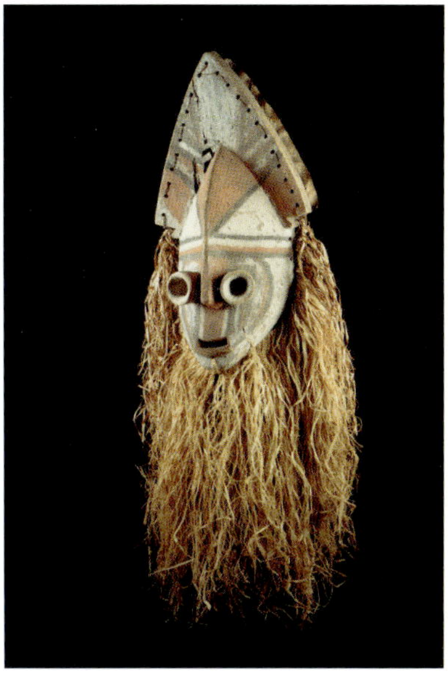

Figure 4

Chez les Luntu de la région de Mashala, il existait dans les années 1960-70 une confrérie connue sous le terme de *bukishi*. Néanmoins, il est difficile de la mettre en rapport autrement que par le terme de *bukishi* tel qu'il existait par exemple chez les Sanga. D'après un informateur luntu vivant actuellement en Belgique, Constantin Shambuy, le *bukishi* luntu avait pour but la formation de praticiens à la magie, la lutte contre les mauvais sorts et l'acquisition de pouvoirs surnaturels. Son accès était restreint, et les savoirs qu'on y acquérait pouvaient aussi bien être utilisés pour faire tant le mal que le bien[21]. Détail important, il semblerait que dans cette association l'usage de masques ne soit pas attesté, du moins dans les années 1960-1970.

La question que l'on peut se poser, mais pour laquelle nous n'avons pas de réponse dans l'état actuel de nos connaissances, est la suivante : ce *bukishi*, tel que décrit par C. Shambuy, est-il issu du *bukishi* songye ? Si tel était le cas, on pourrait alors dire que le *bukishi* luntu a subi de profondes transformations en adoptant certains des principes actifs du *bukishi* songye[22] tout en rejetant l'idée d'une association ouverte à tous et cimentant la société dans son entier. Dans le même ordre d'idées, il serait possible que certains *weetshi* sungu aient adopté des masques mitrés dont ils auraient détourné l'usage pour répondre à des besoins personnels. Les raisons qui expliquent cet emprunt de courte durée sont multiples.

La première est d'ordre géographique puisque les Tempa et les Sungu sont de proches voisins.
La seconde est d'ordre historique car dès le XIXe siècle des groupes songye, plus éloignés des Sungu que les Tempa, entretenaient des rapports commerciaux avec les Tetela. Ainsi, le grand chef Lupungu de Kabinda, d'ascendance tetela par sa mère, allait en territoire tetela pour collec-

21. D'après C. Shambuy, un *bukishi* de ce type existait aussi chez les Luba occidentaux de la région de Mbuji Mayi.

22. D'après Wauters (1949, p. 382), le terme *nganga* désigne aussi bien l'initié au *bukishi* que le « féticheur ». L'acquisition du savoir dans le *bukishi* pourrait aussi s'accompagner de certaines compétences dans le domaine magique. De fait, d'après A. Munyoka Mwana Cyalu (communications personnelles), il semblerait que chez les Songye, l'initiation au *bukishi wa nkula* permettait d'acquérir le rang de « prêtre social », d'administrer des thérapies ou des cérémonies d'arrangement pour les personnes ayant rompu des règles communautaires ou des prescriptions du *bukishi*.

Petridis (2000b, pp. 19-20), the Museum für Völkerkunde has three masks of enormous interest acquired by L. Frobenius among the Bakwa Mputu in 1906. We know only one of these masks (Figure 15 document C) whose thickset appearance and functional tubular eyes are reminiscent of a specimen acquired by Torday from the Sungu (Figure 41). It is worth noting that the piece in Figure 15 has the unusual distinction, like the Torday mask from Figure 42, of being Janus-faced – although the two faces of the Frobenius mask are very different one from the other (which is not true of Figure 42).[25]

Sadly, we have no information about the use of the mask from Figure 15, except one important detail: its attribution to the Mputu. Like J. Maes, L. Frobenius acquired crested masks from the Songye as well as other peoples. This must of course encourage future studies to consider the creation and use of crested masks in a larger cultural complex not limited to the Tempa-Songye. On this matter of conceptual diffusion, it seems to us possible that two other ethnicities might have played a role: the Bakwa Luntu and the Bena Kosh. Before we go any further, however, we must make a note concerning these two ethnic labels.

The literature is incomplete concerning the difference between the ethnic labels Bakwa Luntu and Bena Kosh. For most authors, Bena Kosh (or Bena Konji) is synonymous with Bakwa Luntu (BOONE, 1961, p. 170).
Thus H. Bogaerts (1951, p. 567) writes: "The Bakwa Luntu are known collectively by the state and other peoples as: Bena Konji, the Koshes". The author adds that the term does not designate the entirety of the Luntu but rather a small group that supported chief Konji in his revolt against the state. Bogaerts goes on to specify that the rebel chief's followers have an outlook unlike other Luntu, but that the Luntu as a whole nevertheless form a single community. The Bena Kosh are therefore a part of the extended Luntu family but distinguished by their historical and even cultural differences. Bogaerts's data was repeated nearly verbatim by S. Tshisuyi Padiani (1957, p. 178) who, through a kind of short-cut, used Bena Konji as a nickname for all Luntu. This taxonomy by ethonym was refuted by J.R. Kabasele, who notably mentions that Tshisuyi's text was not well-received by Bakwa Luntu readers (KABASELE, 1958, p. 237). Kabasele believes that all Bakwa Luntu are descendents of a single, common ancestor: Luntu. The same is true of the Luntu clan called Bakwa Mfike (or Bakwa Fika) of which Konji was chief.

Ultimately, all Luntu are descended from an eponymous ancestor. This mythical genealogy unites the group. The name Bena Kosh refers at most to a southern Luntu group with a

25. *In fact faces with arched eyebrows and and a triangle on the forehead more closely resemble Kuba helmet masks. One of these, shown in the* Trésors d'Afrique *catalogue (1995, p. 161), is attributed to the southern Kuba or northern Kete. According to D. Binckley (personal correspondence), this piece in fact originates among the Kuba of the Lusambo region.*

ter de l'ivoire qu'il échangeait aux arabisés contre des fusils (WAUTERS, 1949, p. 47). Il en va de même pour le fameux lieutenant de Tippo-Tip qu'est Ngongo Lutete. Ce dernier, d'origine songye ou tetela, trafiquait aussi bien chez différents groupes songye qu'en territoire tetela dans les années 1890[23].

Enfin, la troisième raison est que le *bukishi* comme le *bwadi* ne sont nullement des «sociétés secrètes». Autrement dit, la sortie des masques, la présence du public, l'accompagnement chanté, et l'intervention dans les villages ont pu être observés par des visiteurs tetela possiblement venus commercer en territoire tempa[24]. Bien entendu, les causes profondes d'un emprunt plastique sont inconnues, et il importerait ici d'avoir plus de renseignements sur la culture sungu.

Le manque de données sur cette culture ne clôt pas cette présente étude sur les masques-heaumes à mitre, et il convient maintenant d'élargir notre champ d'investigation.

Le concept du masque mitré au-delà de la zone tempa-sungu

C'est à C. Petridis que revient le mérite d'avoir rendu publique l'existence de masques en bois mitrés en dehors de la zone de «conflit théorique» précédemment évoquée. L'auteur semble avoir eu accès à une partie des collections Frobenius du musée de Hambourg qui est depuis quelques années passablement hermétique à toute tentative de consultation des collections Afrique. D'après les recherches de C. Petridis (2000b, pp. 19-20), le Museum für Völkerkunde possèderait trois masques du type du plus haut intérêt qui furent collectés par L. Frobenius en 1906 chez les Bakwa Mputu. Nous ne connaissons qu'un seul de ces masques (Figure 15, document C) qui, par son aspect trapu et sa paire d'yeux tubulaires utilitaires, se rapproche d'un exemplaire attribué aux sungu par E. Torday (Figure 41). Il faut aussi relever que cette pièce de la Figure 15 présente la particularité d'être Janus tout comme l'est l'autre exemplaire renseigné par E. Torday (Figure 42). Toutefois, les deux visages du masque de Frobenius sont résolument différents l'un de l'autre[25] (ce qui n'est pas le cas pour la Figure 42).

Malheureusement, nous ne possédons aucune indication sur la fonction de ce masque de la Figure 15. Néanmoins, une information demeure très importante : l'attribution aux Mputu.

L. Frobenius partage avec J. Maes le fait d'avoir collecté des masques mitrés à la fois chez les Songye et chez d'autres peuples. Ceci ne peut qu'encourager les études ultérieures à concevoir la création et l'utilisation des masques mitrés au sein d'un complexe culturel élargi

23. L. de Heusch parle brièvement de ce personnage dans son article maintes fois cité (DE HEUSCH, 1995, pp. 176-177). Il aborde aussi plus en détail la vie de Ngongo Lutete au travers du prisme de l'histoire coloniale de cette partie de la RDC dans un de ses ouvrages récents au chapitre intitulé *La conquête coloniale : une ténébreuse affaire* (DE HEUSCH, 2002).

24. Le cas démonstratif des masques du *bwadi* se retrouve sur des photographies de terrain montrant des masques mitrés songye en action, entourés d'une foule relativement hétérogène du point de vue du sexe et de l'âge (Figure 10).

25. En fait, le faciès affichant des sourcils en arc de cercle et un triangle au milieu du front évoque plus un masque-heaume des Kuba. L'un d'entre eux, qui est publié dans le catalogue *Trésors d'Afrique* (1995, p. 161), est attribué aux Kuba méridionaux ou aux Kete septentrionaux. Toutefois, d'après D. Binckley (communication personnelle) cette pièce trouverait plutôt son origine chez les Kuba de la région de Lusambo.

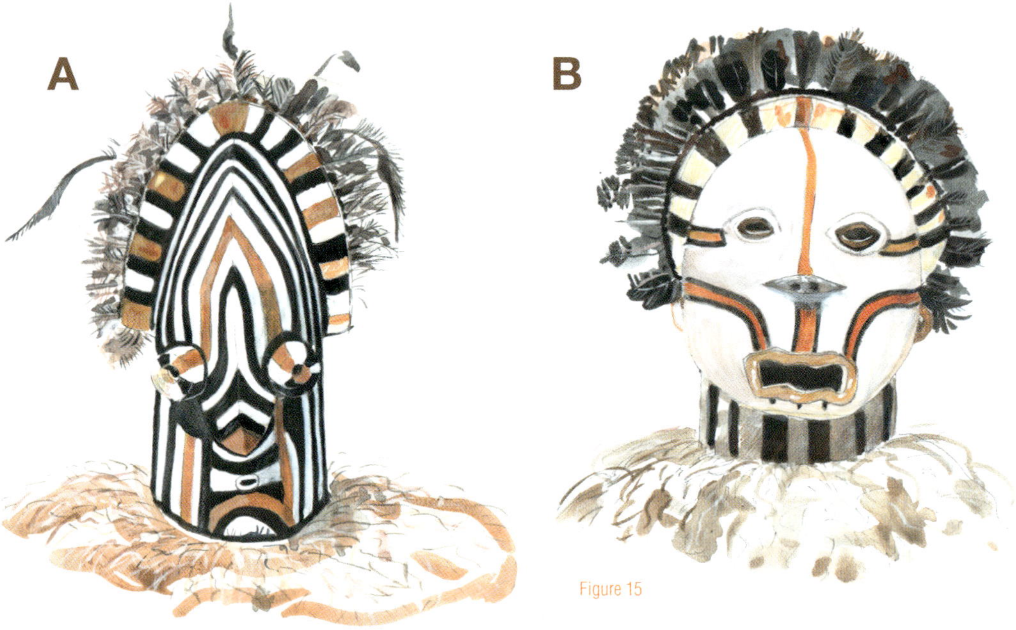

Figure 15

slightly unusual recent history which they claim as part of their identity. It is difficult to know what collectors who acquired any particular "Bena Kosh" mask meant by the term. For the sake of scientific consistency we will continue therefore to use "Bena Kosh" when it is the term found in the archives, even as we try to understand how it was being applied in each case. This said, it is important to return now to the question of crested masks among the Luntu.

There is a specimen of unknown function, presented by C. Petridis in a relatively recent article and cautiously attributed to the Bakwa Luntu (PETRIDIS, 2005, Figure 7). This attempt at attribution seems valid: the northern Bakwa Luntu (notably those of the Bakwa Ngula or Bakwa Ngulu clan) are known to have made large, relatively simple helmet masks decorated with sculpted ram's horns (Figure 17). The piece could nevertheless originate with the "Bena Kosh", if we consider that some sculptors from this Luntu sub-group made masks using real horns (Figure 16a).

In addition there exist in the same region of Mashala cowl masks known as kalengula. *These are fibre masks of a more or less triangular shape with a crest of feathers at the peak (Figure 18). Looking again at the mask in Figure 16, one has*

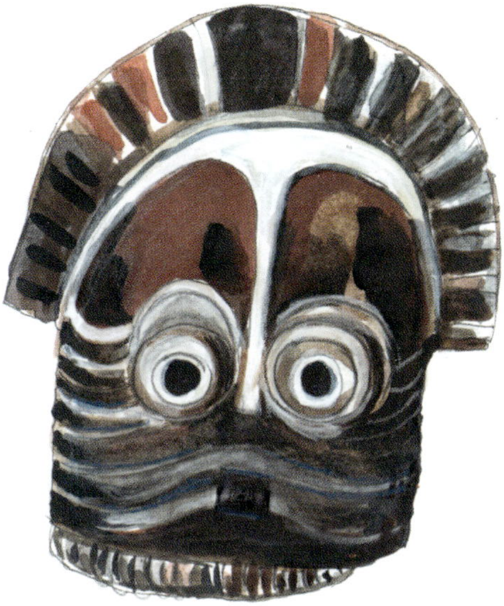

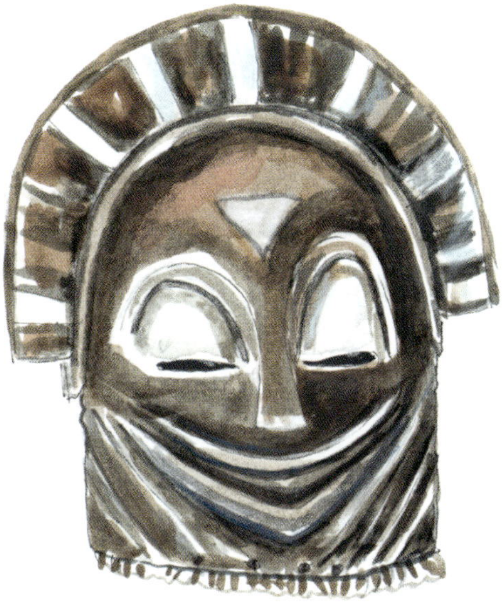

Figure 15b

et non restreint aux seuls Songye Tempa. Sur ce dernier point de la diffusion du concept, il nous apparaît comme possible que deux autres ethnies aient eu un rôle à jouer : les Bakwa Luntu et les Bena Kosh. Mais avant de continuer plus avant, nous nous devons d'apporter une petite précision sur ces deux termes ethniques.

La littérature s'avère lacunaire quant à la distinction entre les dénominations ethniques Bakwa Luntu et Bena Kosh. Pour la plupart des auteurs, Bena Kosh (ou Bena Konji) est synonyme de Bakwa Luntu (BOONE, 1961, p. 170). Ainsi, H. Bogaerts (1951, p. 567) précise que : « Les Bakwa Luntu sont nommés communément par l'État et les autres peuples : Bena Konji, les Koshes ». L'auteur ajoute que ce terme ne sert pas à désigner l'ensemble des Luntu mais bien un petit groupe ayant suivi le chef Konji dans sa révolte contre l'État. H. Bogaerts poursuit en précisant que les suiveurs du chef rebelle ont une mentalité différente de celles des autres Luntu, mais que dans leur ensemble les Luntu ne forment qu'une seule communauté. Les Bena Kosh relèveraient alors de la grande famille luntu tout en marquant leurs différences historiques, voire culturelles. Les données de H. Bogaerts furent reprises plus ou moins textuellement par S. Tshisuyi Padiani (1957, p. 178) qui,

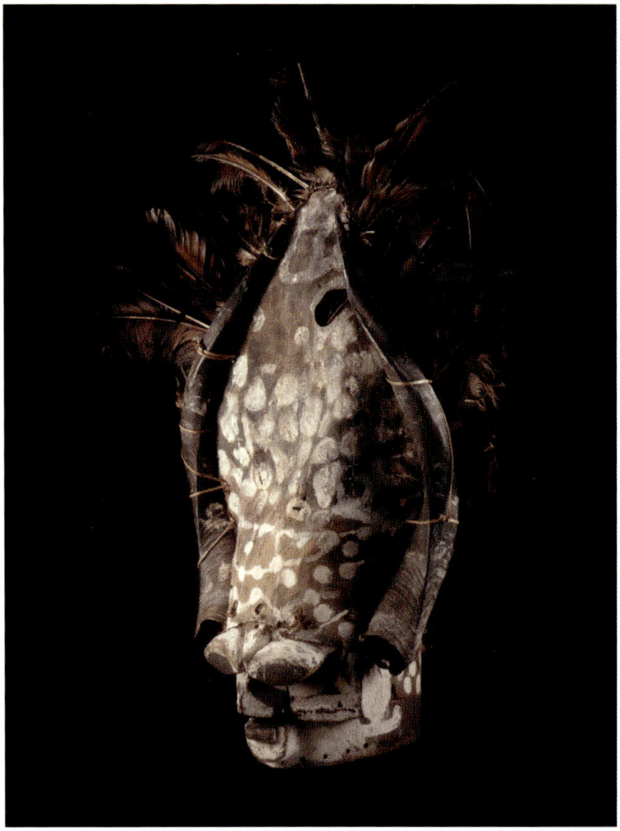

Figure 16

the impression of seeing a hybrid of the masks from Figure 17 and Figure 18.

Some cultural data might corroborate this formal impression. Thus the specimen from Figure 17 is known as bwadi bwa Chikwanga *(the mask of* Chikwanga*). According to Petridis, this mask is associated with a Luntu society, the* bukalenga bwa nkashaama, *"the society of the leopard". He claims (PETRIDIS, 2005, pp. 52-55) that this brotherhood plays a role as guardians of morality and tradition, and sometimes as keepers of the peace (PETRIDIS, 2005, pp. 52-55). The society can also intervene when misfortune strikes the village (for example when hunts are unsuccessful). As for the* chikwanga, *mask, guardian of morality, it announces the arrival of a chief and keeps the peace locally.*

It seems that among the Luntu, kalengula *participates in initiations and burials as* bukalenga bwa nkashaama. Kalengula *opened the mask ceremony and fled at the appearance of the* chikwanga *mask (Figure 17). Unlike* chikwanga, kalengula *is not inherently linked with the society of the leopard, and was mostly used for entertainment (PETRIDIS, 2005, p. 23). This notion of a festive mask is*

par un certain sens du raccourci, assimile Bena Konji à un sobriquet désignant l'ensemble des Luntu. Ce regroupement par voie d'ethnonyme fut réfuté par J. R. Kabasele qui mentionne notamment le fait que le texte de Tshisuyi souleva l'indignation de nombre de Bakwa Luntu (KABASELE, 1958, p. 237). Pour J. R. Kabasele, tous les Bakwa Luntu descendent d'un ancêtre commun : Luntu. Il en va de même pour le clan luntu des Bakwa Mfike (ou Bakwa Fika) dont Konji fut le chef.

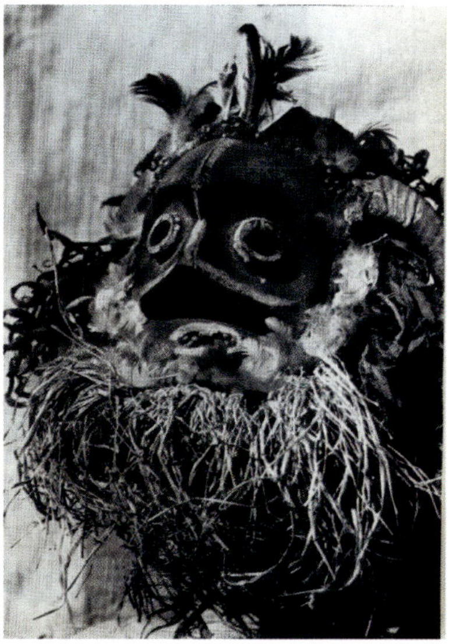
Figure 16 bis

En définitive, tous les Luntu descendraient bel et bien de l'ancêtre éponyme, et cette généalogie mythique fédérerait le groupe dans son ensemble. Le terme de bena kosh désignerait tout au plus un groupe luntu méridional ayant eu une histoire récente un peu particulière revendiquée comme faisant partie de leur identité propre. Pour autant, dans le cadre de ce travail, il est difficile de savoir ce que les collecteurs de tel ou tel masque « bena kosh » ont entendu par ce terme. Par souci d'intransigeance scientifique nous maintiendrons donc le terme de « bena kosh » s'il est rencontré dans les archives, tout en essayant de comprendre au cas par cas ce qu'il peut englober. Ceci étant dit, il importe de revenir maintenant à la question du masque mitré chez les Luntu.

Il existe un exemplaire de fonction inconnue (Figure 16) publié par C. Petridis dans un article relativement récent et que l'auteur attribue prudemment aux Bakwa Luntu (PETRIDIS, 2005, Figure 7). Cette tentative d'attribution semble tout à fait pertinente, car les Bakwa Luntu septentrionaux (notamment ceux du clan des Bakwa Ngula ou Bakwa Ngulu) sont connus pour avoir réalisé de grands masques-heaumes à l'aspect assez rude et pourvus de cornes de bélier sculptées (Figure 17). Toutefois, il pourrait aussi s'agir d'une pièce « bena kosh », si l'on part du principe que certains sculpteurs de ce sous-groupe luntu ont réalisé des masques dotés de cornes véritables (Figure 16 bis).

D'autre part, il existe dans cette même région de Mashala des masques-cagoules connus sous le nom de *kalengula*. Il s'agit de masques en fibres de forme plus ou moins triangulaire et dont le sommet est orné de plumes (Figure 18). En observant ce masque de la Figure 16, on a l'impression de se trouver en face d'un hybride des masques des Figure 17 et Figure 18.

Certaines données culturelles pourraient corroborer cette impression formelle. Ainsi, l'exemplaire de la Figure 17 est connu sous le nom de *bwadi bwa Chikwanga* (le masque de *Chikwanga*). D'après C. Petridis, ce masque se rattacherait à la société luntu du *bukalenga*

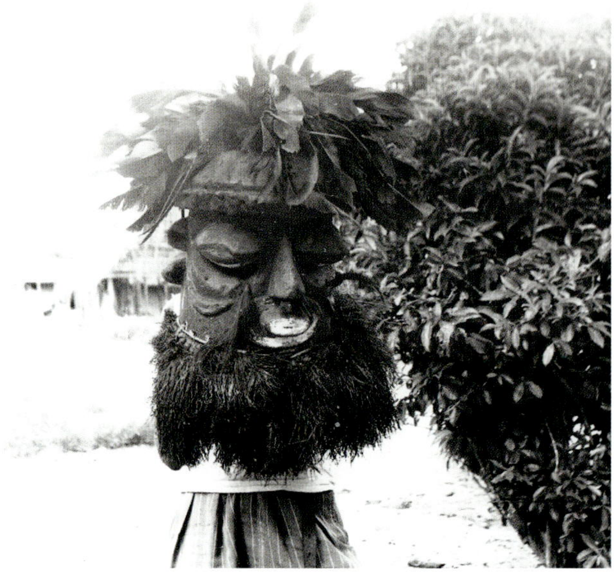

Figure 17

also found in observations recorded by A. Maesen when he notes that the mask in Figure 18 danced often, that the ability to wear it was rather democratic, and that it was not linked to a specific ritual activity (MAESEN, undated, field notebook 53, p. 7).
In support of this idea, our Luntu source in Brussels, Constantin Shambuy, identified the mask in Figure 18 as a kalengula, *and explained that during a period (1960s and 70s) when he lived in the Mashala / Tshimbayi area it was only used for entertainment.*
A some point in history, the kalengula *mask was linked in some way or another with the* bukalenga bwa nkashaama *and therefore with* chikwanga, *which makes the creation of hybrid masks combining formal aspects of both a likelihood (Figure 16).*

According to this hypothesis, the Mputu, Sungu, and Tempa specimens of crested masks would also be the result of hybridisation. Before we go any further, however, it is worth mentioning a third typology of mask which might have played a role in the creation of Tempa and Sungu crested masks as we know them.

In the Dimbelenge region in the 1950s, A. Maesen saw masks belonging to the Bena Konji (which he considers an ethnic group distinct from the Bakwa Luntu). They were of an unusual variety (Figure 19) that has sometimes been found among the western Luba.[26]

26. *A photograph taken in the 1920s shows a "Baluba dancer" with a plank mask. We should mention that when the author of the article, L. Achten, says "Baluba" he is referring primarily to the western Luba populations living between Lubi and Bushimaie (about 6-7° longitude), as well as some groups spread through Luluwa territory (the areas around Demba and Luluabourg/Kananga).*

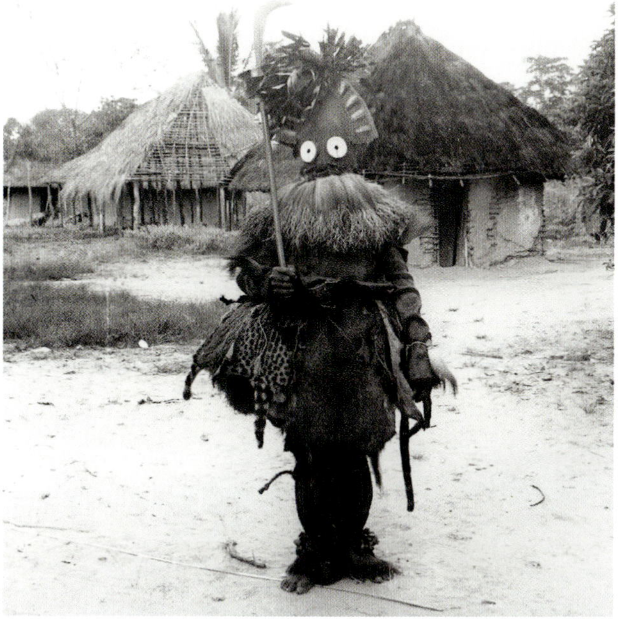

Figure 18

bwa nkashaama, « la société du léopard ». Aux dires de l'auteur (PETRIDIS, 2005, pp. 52-55), cette confrérie a surtout un rôle de gardien de la morale et de la tradition et peut occasionnellement maintenir l'ordre et l'harmonie. La société peut aussi intervenir quand la mauvaise fortune frappe le village (par exemple si la chasse est infructueuse). Quant au masque *chikwanga,* gardien de la morale, il annonce l'arrivée d'un chef et maintient la paix dans la localité.

En ce qui concerne le *kalengula*, il semblerait que chez les Luntu ce masque participait aux initiations et aux enterrements dans le cadre du *bukalenga bwa nkashaama*. *Kalengula* ouvrait la mascarade et s'enfuyait lors de l'apparition du masque *chikwanga* (Figure 17). Pour autant, à l'inverse de *chikwanga*, *kalengula* n'était pas intrinsèquement lié à la société du léopard et relevait surtout du cadre du divertissement (PETRIDIS, 2005, p. 23). Cette notion de masque festif se retrouve aussi dans les notes de A. Maesen lorsqu'il précise que le masque de la Figure 18 dansait souvent, que son port était assez démocratique, et qu'il n'était lié à aucune activité rituelle (MAESEN, n.d., carnet 53, p. 7).

Dans le prolongement de l'idée, notre informateur luntu à Bruxelles, Constantin Shambuy, a identifié le masque de la Figure 18 comme un *kalengula*, et expliqué que, à l'époque où il vivait dans la région de Mashala / collectivité de Tshimbayi (1960-1970), ce masque n'intervenait qu'en tant que divertissement.

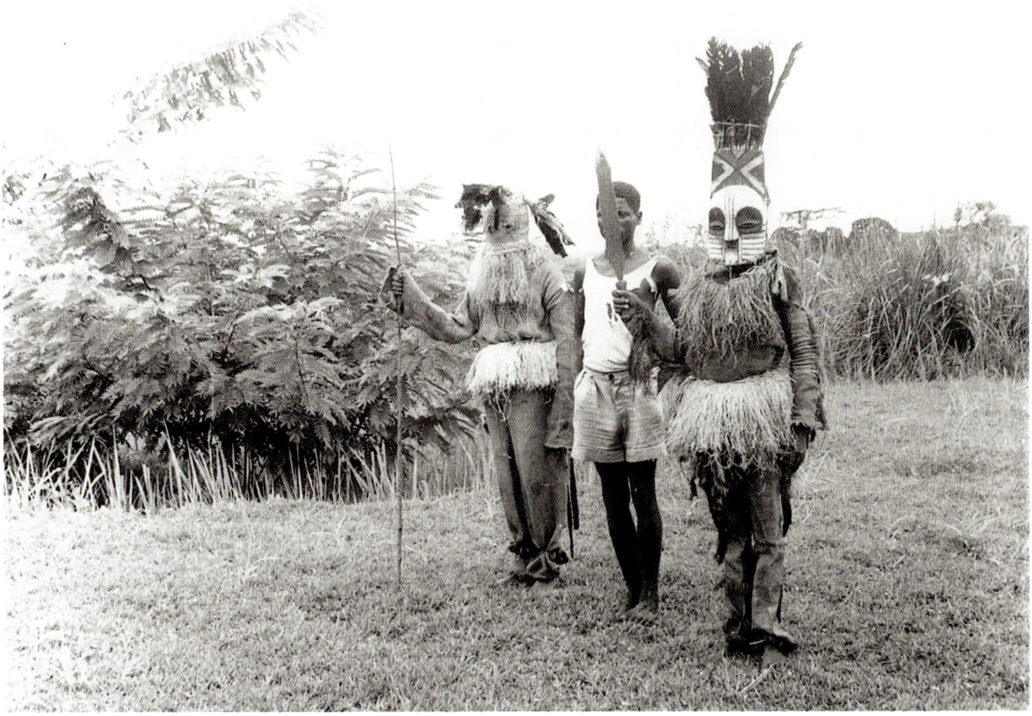

Figure 19

A. Maesen offers very little information about these masks, which he drew and discussed briefly in his field note (MAESEN, undated, field notebook 54, pp. 47-48). The raffia mask on the left of Figure 19 is called tshalabenye, *and the mask to the right is called* mukonkole. *According to C. Shambuy (personal correspondence), the term* mukonkole *has no specific meaning in Luntu but sounds Songye. On the other hand,* tshalabenye *can be translated as "the one who welcomes". This is corroborated by a western Songye meaning communicated to us by A. Munyoka Mwana Cyalu, our source in Mbuji Mayi. According to him,* tshalabenye *was a title previously given to the person responsible for a Songye chief's "court" protocol. His most important job was to greet visitors.*

Based on this, we can conjecture that tshalabenye *masks had a role as emissary for such an "important personage" as the mask* mukonkole, *who carried a sword,*[27] *often used in mask ceremonies as an attribute of power in the DRC. This theory would seem likely given that, among the northern Luntu,* kalengula *fibre masks could announced the arrival of the important mask* bwadi bwa chikwanga *who, during his performances, brandished a double-edged sword (PETRIDIS, 2005, p. 57).*

27. *This is a variation on the "fourfold spurred short sword" widespread among the Kete and the Salampasu. The presence of such a weapon in the hands of a Bena Kosh is unsurprising: the Luluwa, the western Luba, and the Kanyok are known to use this sword, which is found from just over 6° to about 8° latitude south, and from the banks of the Kasaï to those of the Lubilash. Among the Salampasu, this weapon is called* mpuku, *while the Luluwa, the Kete, and the western Luba know it rather as* mwale *or* mwele.

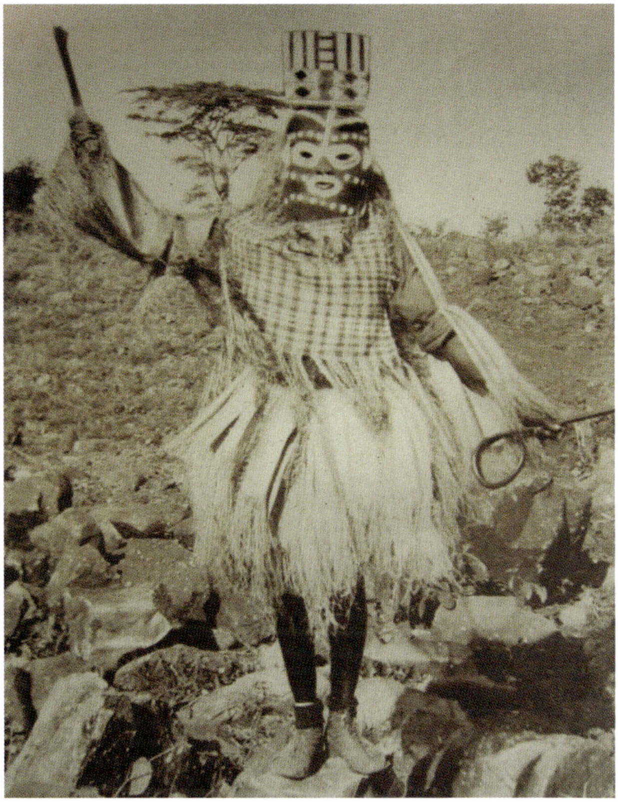

Figure 19 bis

À un moment donné de l'Histoire, le masque *kalengula* était lié d'une manière ou d'une autre au *bukalenga bwa nkashaama* et donc au *chikwanga*, ce qui rend tout à fait plausible la création de masques hybrides combinant des détails formels de ces deux faux-visages (Figure 16).

Partant de cette hypothèse, les exemplaires mputu, sungu et tempa de masques mitres résulteraient aussi d'une même hybridation. Toutefois, avant de creuser plus en profondeur, il importe de mentionner une troisième typologie de masques ayant pu jouer un rôle dans la conception des masques à mitres tels qu'on les connaît chez les Tempa et les Sungu.

Dans les années 1950, A. Maesen avait observé dans la région de Dimbelenge des masques bena konji (groupe ethnique distinct des Bakwa Luntu pour A. Maesen) d'un genre assez particulier (Figure 19) que l'on retrouve parfois chez les Luba occidentaux[26].
A. Maesen ne fournit que peu d'informations sur ces masques qu'il a dessinés et brièvement commentés dans ses carnets de terrain (MAESEN, n.d., carnet 54, pp. 47-48). Le masque en raphia situé à gauche sur la

26. Une photographie prise dans les années 1920 (Figure 19 bis) montre un « *danseur baluba* » arborant un masque à planchette. Il faut relever ici que lorsque l'auteur de l'article, L. Achten, parle de « Baluba », il fait surtout référence aux populations luba occidentales qui vivent entre la lubi-Bushimaie (approximativement 6-7° de longitude), ainsi qu'à quelques groupements disséminés en territoire luluwa (zones de Demba et de Luluabourg / Kananga).

This comparison doesn't allow us to associate tshalabenye *and* mukonkole *with the* bukalenga bwa nkashaama *society that uses* bwadi bwa chikwanga. *While this brotherhood doesn't seem to exist among the "southern Luntu" (PETRIDIS 2000a, p. 25), that doesn't exclude the possible existence of a Konji association with similar aims. On the other hand, we don't think that these masks would have been used during male initiations such as the circumcisions practiced by their Luluwa neighbours (*idem., *1999, pp. 43-46). The information we have concerning circumcision among the southern Luntu is limited, but we nevertheless know that in the Mashala region, circumcision, while obligatory, was not linked to the kind of complex rites that defined a* mukanda. *We can report that care could only be administered to the circumcised by a male relative (father or brother), and that at the end of the operation the young men would gather together to eat chicken. This information, provided by C. Shambuy, concerns the situation in the 1960s, specifically among the northern Luntu. There is nothing to suggest that things were the the same, then or earlier, among the southern Luntu, but this one detail doesn't allow us to assume that masks were used among any Luntu during circumcisions.*

Returning to Maesen's photograph (Figure 19), we note that there are a half-dozen masks relatively similar to mukonkole *(Figure 20-25) in the collections at MRAC.*
As in Figure 19, these are fairly deep face masks (they would cover the top of the wearer's skull) characterized by fairly simple faces showing an uneasy expression.
With alternating triangles, lines, and decorative curves, they show faces coloured with black, white, red, and sometimes a blue wash (Figure 24-25). Some of these motifs are carved (the lines in Figure 21, 24-25) with pigment filling the groove. Four (Figure 20, Figure 22, Figure 24-25) are characterised by a board protruding above the skull. In the specimen from Figure 25, *this has a crest of feathers.*
The other three almost certainly had feathers in the past, as well: they all have multiple holes at the top.[28]

There seem to be three materials used in the production of masks: alstonia congensis *(Figure 21 and Figure 22), which is relatively heavy;* ricinodendron sp. *(Figure 20, Figure 24 and Figure 25), lighter, easy to work, and commonly used; and* lannea welwitschii *(Figure 23), similar in density to* alstonia congensis *(albeit a little heavier), but which is apparently hard to sculpt.*
In the 1930s, T. Fourche brought home the masks in Figure 20-22. He didn't have much to say about them, but nevertheless specified that they are of "bena kosh" origin, by which we think he meant southern Luntu from the Dimbelenge region. He also

28. *Note that the specimen that still has its feathers (Figure 25) uses a different method for attaching them: they are pressed against the wood of the back of the mask by a leather band, one of two bands that would have held the pelt covering the wearer's neck. According to Wim Wendelen (a zoologist at MRAC), the skin belongs to* aonyx congicus *(the Cameroon clawless otter). The animal skin neck-covering of the mask in Figure 19 seems to have come from a different animal. The inside surface of the plank on the mask in Figure 22 shows nail holes, some of which still contain bits of fur. This detail allows us to suppose that the mask had a pelt neck-covering attached in a fairly simple manner.*

Figure 19 aurait pour nom *tshalabenye*, et le masque en bois sur la droite du cliché se nommerait *mukonkole*. D'après C. Shambuy (communications personnelles), le terme *mukonkole* ne renverrait à rien de particulier dans le vocabulaire luntu mais aurait une consonance songye. En revanche, *tshalabenye* pourrait être traduit par «l'accueillant». Cette transcription pourrait être corroborée par celle des Songye occidentaux communiquée par A. Munyoka Mwana Cyalu. D'après notre informateur à Mbuji Mayi, *tshalabenye* est un titre ancien qui revenait à l'homme chargé du protocole «à la cour» d'un chef songye. Il avait notamment pour but d'accueillir les visiteurs. Sur la base de ces informations, on peut penser que le masque *tshalabenye* pouvait avoir un rôle d'émissaire vis-à-vis d'un «personnage important» comme le masque *mukonkole* qui, glaive en main, semble bien montrer un attribut de pouvoir fréquent dans les mascarades de la RDC.[27] Cette hypothèse nous semble pertinente dans la mesure où, chez les Luntu septentrionaux, le masque en fibres *kalengula* pouvait annoncer la venue du grand masque *bwadi bwa chikwanga* qui, durant ses performances, brandissait une épée à double tranchant (PETRIDIS, 2005, p. 57).

Cette dernière comparaison n'autorise pas à rattacher *tshalabenye* et *mukonkole* à la confrérie du *bukalenga bwa nkashaama* dont relève le *bwadi bwa chikwanga*. Bien que cette confrérie ne semble pas exister chez les «Luntu méridionaux» (PETRIDIS 2000a, p. 25), cela n'exclut pas qu'une association à but similaire ait pu exister chez les Konji. En revanche, nous ne pensons pas que ces masques aient pu intervenir dans le cadre d'initiations masculines telle que la circoncision des Luluwa voisins (*idem*, 1999, pp. 43-46). Nos informations concernant la circoncision chez les Luntu méridionaux sont limitées, mais nous savons néanmoins que dans la région de Mashala, la circoncision, bien qu'obligatoire, n'était pas liée à des rites complexes comme ceux d'un *mukanda*. On peut juste relever que les soins donnés au circoncis ne pouvaient être administrés que par des hommes (père ou frères du soigné), et qu'à la fin de l'opération les jeunes se réunissaient pour manger une poule en commun. Ces informations communiquées par C. Shambuy rapportent un état des lieux des années 1960 et concernent spécifiquement les Luntu septentrionaux. Rien ne laisse donc supposer qu'il en allait de même plus anciennement chez les Luntu méridionaux, mais cette seule information disponible ne permet pas de supposer l'introduction de masques pour la circoncision dans l'univers luntu.

27. Il s'agit d'un dérivé de l'épée courte à quadruple ergots de lame très largement répandue chez les Kete et les Salampasu. La présence d'une telle arme dans les mains d'un Bena Kosh n'a rien de surprenant car les Luluwa, les Luba occidentaux, et les Kanyok ont fait usage de ce glaive que l'on retrouve après le 6° jusqu'au 8° de latitude Sud, et des rives du Kasaï à celles de la Lubilash. Chez les Salampasu, cette arme porte comme nom *mpuku*, alors que les Luluwa, les Kete et les Luba occidentaux la connaissent plutôt par le terme de *mwale* ou de *mwele*.

names the masks: kakunda an bobo *(Figure 20),* diuba an kinda *(Figure 21), and* kampanga mukulu a madi *(Figure 22).*

We were able to translate these names with the help of C. Shambuy. One, kakunda an bobo, *is a port-manteau combining the names of two fish:* kakunda *and* kabobo. *The two terms also exist in Tshiluba, and mean a fairly large fish of the catfish variety* (clarias camerunensis) *and an unidentified smaller fish, respectively. According to Shambuy,* diuba an kinda *includes an archaic Luntu name for the sun* (diuba) *which also occurs in Tshiluba and kiSongye.We wonder if the second term is not perhaps related to the Tshiluba verb* kinda, *meaning "to brag". If it were,* diuba an kinda *could be translated as "boastful sun". Our source was more precise on the subject of the final name,* kampanga mukulu a madi. Kampanga *is the name of the mask; the other words are acclaimations giving us "Kampanga, elder of the masks".*[29]

The masks in Figure 24 and Figure 25 were acquired by A. Maesen in the early 1950s among the southern Luntu Bakwa Fika / Bakwa Konji (Figure 24) and Bakwa Loko (Figure 25) clans in the Dimbelenge region. These specimens do not show any real signs of use, and, while their general appearance resembles Figure 20, the use of a blue wash distinguishes them from Fourche's mask. Having never observed the use of this pigment on Luntu masks acquired before A. Maesen's, we believe that the use of this colour is a recent development among the Luntu, dating back perhaps to the 1950s. Maesen offers some information: the mask in Figure 24, called payibwebe, *was sculpted by a man named Katumulenga.*

The one in Figure 25 was sculpted by a man named Mulenga[30] *and was acquired in Batwape village. An interesting detail is that the mask in Figure 25 is called* mukonkole, *which is the name of the mask on the right side of Figure 19. It is true that in a general formal sense, the two masks are very similar. If we go into detail, however, we see that the mask in Figure 19 is much more like Figure 24, called* payibwebe. *The similarity here rests on a few very specific formal details: horizontal striations at the base of the face and a plank with a cruciform motif. This association has nothing to do with the name of the mask, however, as the* mukonkole *in Figure 25 doesn't really have horizontal striations and triangles are used on the plank. The choice of motif such as crosses or horizontal striations don't fill an iconographic role which would allow us to identify one or another type of mask, unless it is possible to demonstrate that* payibwebe *is an avatar or* mukonkole *(or vice-versa) or can be linked to him in some other fashion. Unfortunately none of these leads can be followed given the current state of our knowledge.*

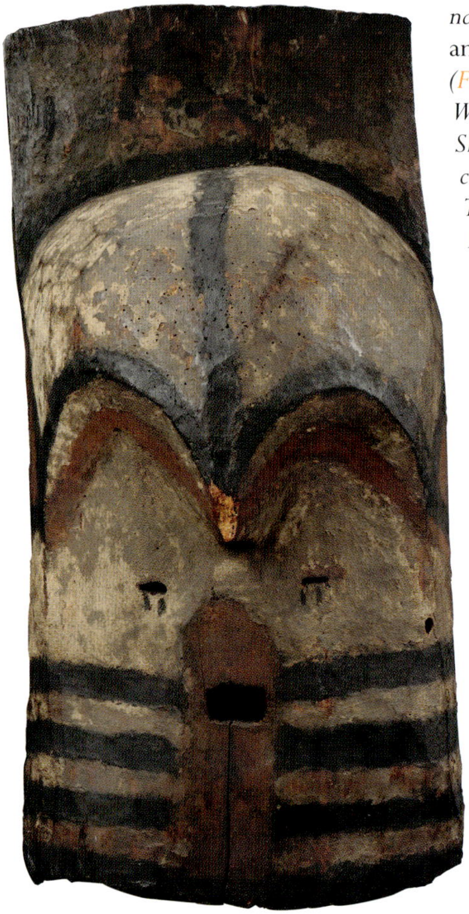

Figure 20

29. *These names tell us nothing about how the masks would have been used. Some translations might lead us to believe that each type of mask had a very specific character ("boastful") perceived by the audience, and that some had a kind of "primacy" over the others ("the elder"). As for the names of fish, there might well have been some symbolic meaning that escapes us. We would add on this subject that the term* kalengula *can also mean a fish in Tshiluba. As we will discuss later, however, the etymology of the term when used for a mask is to be found elsewhere than in ichthyology.*

30. *It is not impossible that Katumulenga and Mulenga were one and the same.*

Pour revenir à la photographie d'A. Maesen (Figure 19), il faut préciser que les collections du MRAC détiennent une demi-douzaine de masques d'un genre relativement similaire au *mukonkole* (Figure 20-25). Comme celui de la Figure 19, il s'agit de masques faciaux assez profonds (le haut du crâne du porteur est couvert) qui se distinguent par un faciès assez rude et une expression peu aisée. Alternant triangles, lignes et courbes décoratifs, ils présentent un visage coloré de noir, blanc, rouge et bleu de lessive sur certains modèles (Figure 24-25). Certains de ces motifs sont incisés (lignes des Figure 21, 24-25) et les pigments comblent le léger creusement. Quatre d'entre eux (Figure 20, Figure 22, Figure 24-25) se caractérisent par une planche en saillie au-dessus du crâne. Sur l'exemplaire de la Figure 25, cette protubérance permet de fixer des plumes au sommet. Les trois autres modèles pourvus de ces planches ont certainement possédé par le passé des plumes si l'on tient compte du fait que le sommet de ladite planche présente de multiples cavités[28].

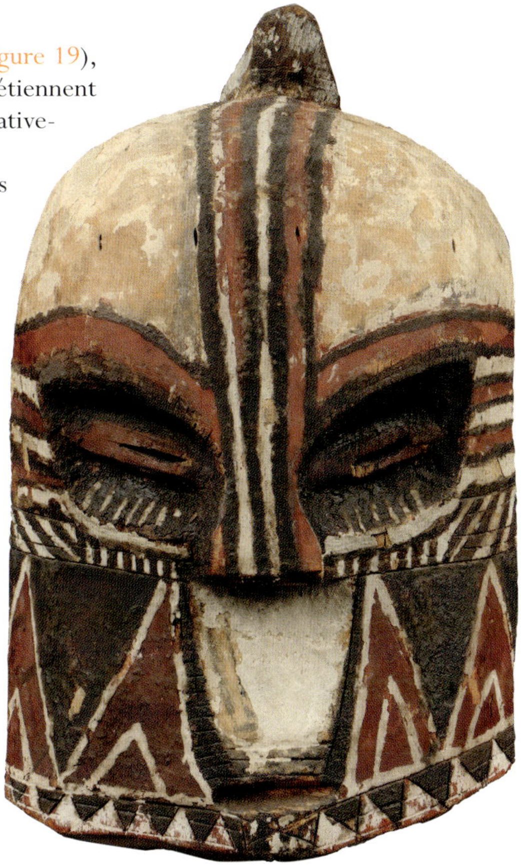

Figure 21

On distingue trois essences pour la confection des masques : *alstonia congensis* (Figure 21 et Figure 22) qui est un bois relativement lourd, *ricinodendron sp.* (Figure 20, Figure 24 et Figure 25), bois plus léger, facile à travailler, d'usage courant, et *lannea welwitschii* (Figure 23), bois proche de l'*alstonia congensis* pour la densité (quoiqu'un peu plus lourd), mais qui semble plus dur à sculpter.

Les masques des Figure 20-22 furent ramenés dans les années 1930 par T. Fourche.

Le collecteur ne dit pas grand-chose à leur sujet, mais il précise qu'ils sont d'origine « bena kosh », ce qui dans sa bouche renvoie vraisemblablement à des groupes luntu méridionaux de la région de Dimbelenge. De plus, l'auteur fournit les noms de ces trois masques : *kakunda an bobo* (Figure 20), *diuba an kinda* (Figure 21), et *kampanga mukulu a madi* (Figure 22).

Avec l'aide de C. Shambuy, il fut possible d'appréhender la traduction du nom de ces masques. *kakunda an bobo* serait une sorte de « mot valise », pour reprendre l'expression chère à Lewis Carroll, de deux noms de poissons : *kakunda* et *kabobo*. Les deux termes existent aussi en tshiluba et désignent respectivement un assez gros poisson de type silure (*clarias camerunensis*) et un petit poisson non-identifié. D'après C. Shambuy, *diuba an kinda* reprendrait un terme

28. À noter que l'exemplaire non encore dépouillé de ses plumes (Figure 25) utilise un autre type de fixation. Les plumes sont maintenues à l'arrière du masque par une bande de cuir qui les presse contre le bois. Cette bande de cuir, ainsi qu'une seconde, servent à fixer une pelisse qui couvrait la nuque du porteur. D'après Wim Wendelen (zoologue au MRAC), il s'agirait d'une peau d'*aonyx congicus* (loutre à joues blanches du Congo). La pelisse couvre-nuque du masque de la Figure 19 ne nous a pas semblé provenir du même animal. Le masque de la Figure 22 présente sur la face interne de sa planche un certain nombre de trous de clous dont certains gardent encore des traces de poils. Ce détail laisse supposer que le masque possédait par le passé une peau couvre-nuque fixée de manière assez basique.

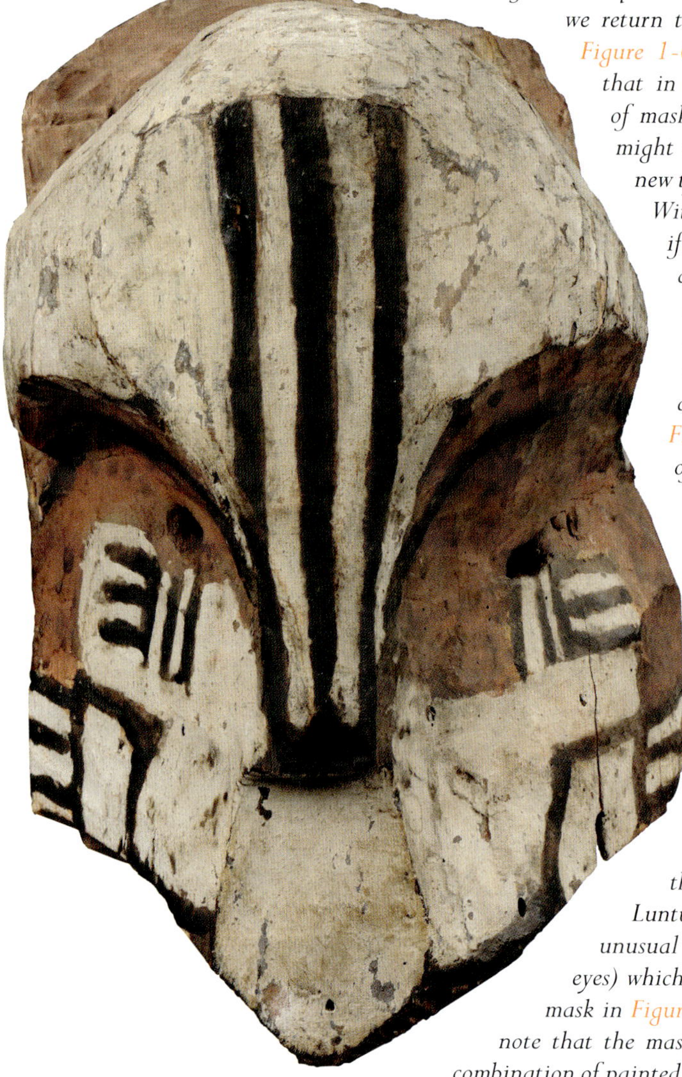

Figure 22

After this presentation of southern Luntu masks, we return to our crested masks, illustrated in Figure 1-6. We have already demonstrated that in the case of Figure 16, two types of mask – kalengula *and* chikwanga *– might well have "fused", giving rise to this new type of mask very like a crested mask. With this in mind, we can ask ourselves if the concept of mixed genres didn't at some point also affect facial masks among the southern Luntu (including the Bena Kosh). A formal comparison could underline certain aspects linking the crested masks in Figure 19-25. Thus the presence of a small, well-defined plank to which feathers were attached or into which they were inserted is found on crested masks which nevertheless preferred an arched crest in the manner of the* kalengula. *The sensory organs are simplified, with eyes (especially in Figure 20, Figure 22, Figure 24) very close to the mouth and "functional" like those of the crested masks in Figure 2-3 or Figure 5. We note that another specimen of southern Luntu mask (Figure 20) shows a very unusual placement of the nose (above the eyes) which is also found in the Tempa crested mask in Figure 3. In terms of painted motifs, we note that the masks of the southern Luntu affect a combination of painted lines or the more "arachnoid" motifs found on crested masks, as well.*

We hesitate to say why groups such as the Mputu (Figure 15, document C), the Tempa (Figure 1-5), or the Sungu (Figure 6-7) would have taken and adapted concepts apparently of Luntu origin, but the very different uses to which these crested masks are put by the Sungu and the Tempa suggests that the creations of these objects occurred independently of any Luntu socio-cultural impact abroad.

It seems, rather, that these crested masks are the result of a formal borrowing. We can certainly argue that this theory is difficult to defend, as there is still too much unknown about Luntu societies and mask arts, or about the precise use of crested masks. The matter of distribution of some kinds of masks from the Luntu region to as far away as Katanga can

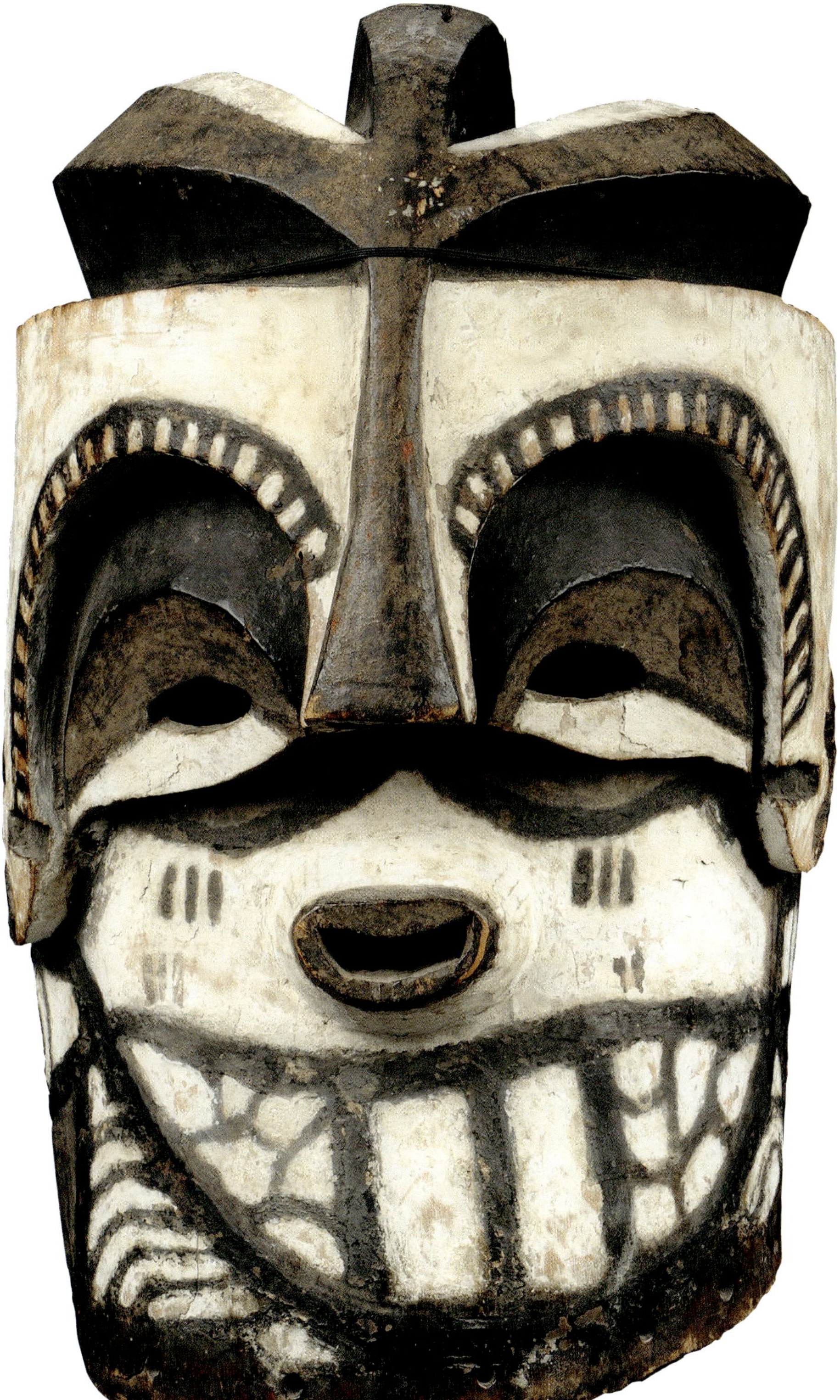

Figure 23

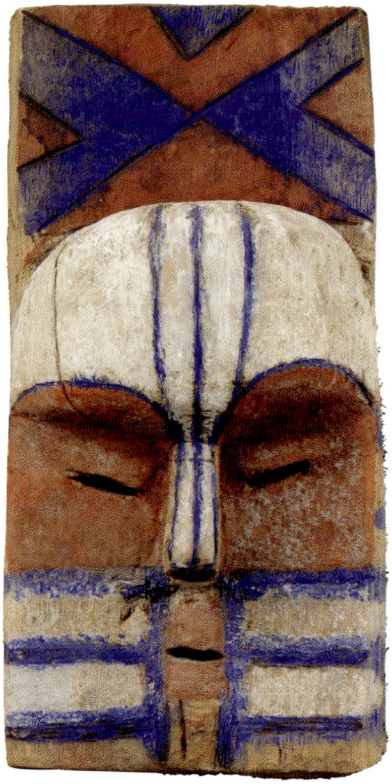

Figure 24

be demonstrated by the example of kalengula and masks with small planks.

The fibre masks known as kalengula, which we have already discussed, are a relatively unusual artistic invention, which C. Petridis (2000a and b) attempts to localise. Centred on the Luntu sphere of influence, we find this type of mask among populations west of the southern Luntu (Figure 26), among the Mputu (Figure 27), the Bindji (Figure 28), and the Konji (PETRIDIS, 2000b, Figure 12b).[31] We have no information about the uses or names of the masks in Figure 26-28. On the other hand, Petridis says more about the mask as observed in 1996 in the Konji village of Tshefu, on the banks of the Lubi. Is is very similar to the one seen by A.P. Merriam among the Bala-Songye (Figure 30) but has a few distinguishing characteristics. First, this mask is the only one of its type to move on stilts. Second, it has tubular eyes of red plastic.
This mask has some things in common with speciments of Luntu kalengula. So, as Petridis notes (2000b, p. 21), the mask is painted red, the colour which dominates the Bindji mask in Figure 28, as well as the mask photographed by A. Maesen in the Mashala region (Figure 18). This formal and chromatic comparison is important insofar as the Tshefu mask "constituted an unprecedented cultural phenomenon in the village" and that its creator made it "in the image of a mask that he had seen one day among the Luntu in Mashala" (ibid.).
For the rest, this mask, which was called kadilunga, seemed above all to serve as entertainment, especially for young boys. If this playful role reminds us of the kalengula used by the northern Luntu, the crested fibre masks observed sporadically among the southern Luntu (in which we include the Konji) are not local but rather the result of having witnessed the mask ceremonies which were taking place throughout the greater Mashala area. There is another example which might confirm this theory.

In the 1950s, A. Maesen saw a mask among the Bena Lumonya (southern Luntu) very similar to that observed by C. Petridis in Tshefu (Figure 29), and which was called bwadi a nkashaama ("mask of the leopard").
Petridis knew about this mask, and refuted a relationship with the bukalenga bwa nkashaama brotherhood active among the northern Luntu. This society does not exist among the southern Luntu (which he calls the Konji) and the nkashaama mask "[...] Can in no way be affiliated with this association on the basis of the name by which Maesen called it" (PETRIDIS, 2000a, p. 25).

31. C. Petridis considers the Konji to be culturally independent of the southern Luntu.

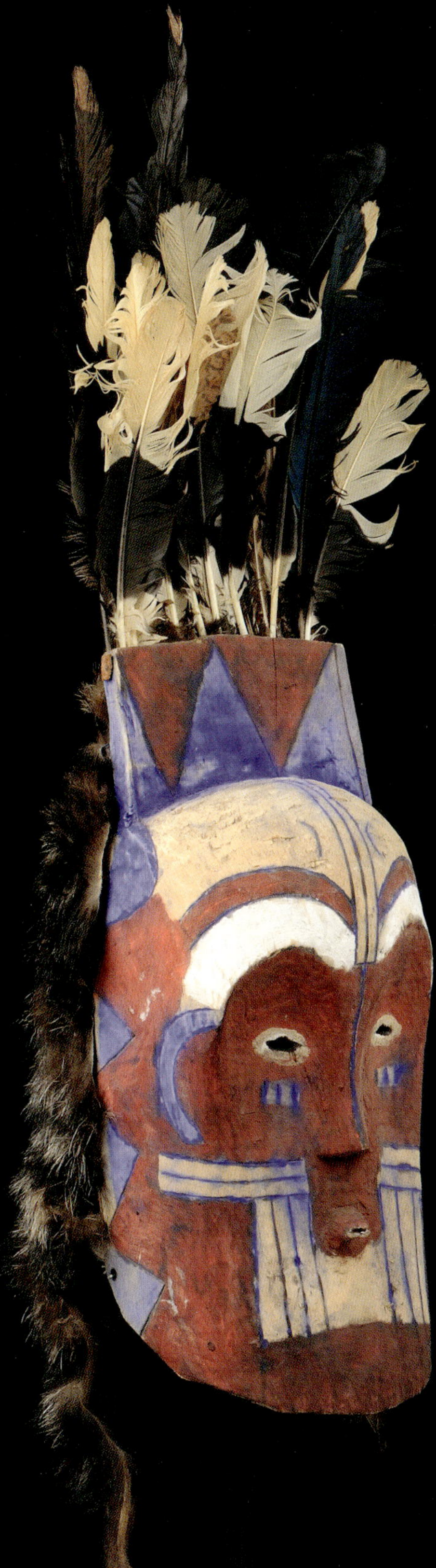

Figure 25

If it is likely that the bukalenga bwa nkashaama *doesn't exist among the southern Luntu, it still seems improbable that the name given to this mask has nothing to do with the eponymous brotherhood. We must recall that* kalengula *had a role opening the choreography among the* bukalenga bwa nkashaama. *A "Konji" witnessing such a ceremony could have taken home to his region the idea of a mask such as those observed among the northern Luntu. If this is true, then* nkashaama *would be the result of agglomerated memories of the shape of* kalengula, *the manner of the dances, and the name of the brotherhood.*[32]
The use of the bwadi bwa nkashaama *underscores certain similarities with the innovative mask Petridis saw in Tshefu. That mask was accompanied by a young male choir: the Tshefu* kadilunga*'s main "fans" were pre-adolescents.*

If we now leave the "central Luntu" zone, we can see that further to the east, the Songye (Figure 12 and Figure 30) and Luba (Figure 31) also adopted masks similar to kalengula. *It is fortunate that in the case of two of these (Figure 30 and Figure 31), there is further information, provided by A.P. Merriam and W.F.P. Burton, to accompany the images.*
Merriam conducted field research among the Bala-Songye in the 1960s and 70s. Masks of the type seen in Figure 30 had by then long been inactive, but some people had knowledge of them and still knew how to make them. These masks, called kalengula, *do not originate in the Bala region, but were imported by "foreigners" in the 1920s, and were only used for a few years (MERRIAM, 1978, pp. 95-97).*
They were associated with a society also called kalengula, *which was present among the Kalebwe-Songye and served to prepare young men (12-15 years of age)*[33] *for the* bwadi bwa kifwebe.
It was the same for the Bala. Their kalengula *was run by an older man called* ya kalengula *("respect for* kalengula*") who taught young people certain secrets. A special hut, the* kyobo, *was reserved for them (the term is also used by the* bwadi bwa kifwebe*). At gatherings a "flag bearer" brought up the rear; someone in a female mask, the* tata bamwadi, *would lead them by pushing back crowding onlookers by throwing red pepper powder in their faces. The* kalengula *appeared at three times of day: morning (between 7 and 10 o'clock), in the early evening (between 5 and 9 o'clock), or else by moonlight (an exact time is hard to specify). One other detail should be mentioned: among the Bala, the* kalengula *mask danced with a second mask of the same type whenever it was in its "home town", but danced alone if visiting another place (*ibid.*, p. 97).*

Concerning the role of masks among the Bala, Petridis mentions in an article in Arts d'Afrique Noire *(PETRIDIS, 2000a, pp. 17-25), that* ya kalengula *was in charge of the* kyobo *hut*

32. *The ability of southern groups to adapt and transform northern Luntu masks could reinforce the theory already presented that the mask in Figure 16 was the work of a "Bena Kosh" artist who had mixed elements of the* kalengula *and the* chikwanga *in a single piece.*

33. *Among the Bala, the* kalengula *would progressively come to replace the* bwadi bwa kifwebe.

luntu désuet qui désigne le soleil (*diuba*) et qui existe aussi en tshiluba et en kisongye. Quant au second terme, nous nous demandons s'il ne peut être rapproché du verbe tshiluba *kinda* qui signifie « faire le fort ». Ainsi, *diuba an kinda* pourrait être traduit par : « soleil fanfaron ». Pour le dernier nom, *kampanga mukulu a madi*, notre informateur fut plus précis. *Kampanga* serait le nom du masque et les autres mots ne seraient que des laudatifs pouvant être transcrits comme suit : « Kampanga, l'aîné des masques »[29].

Les masques des Figure 24 et Figure 25 furent collectés par A. Maesen au début des années 1950 chez les Luntu méridionaux des clans Bakwa Fika / Bakwa Konji (Figure 24) et Bakwa Loko (Figure 25) dans la région de Dimbelenge. Ces exemplaires ne portent pas véritablement de traces d'usure, et, bien que leur aspect général les rapproche de la Figure 20, ils se distinguent des masques de T. Fourche par l'utilisation du bleu de lessive. N'ayant jamais noté l'utilisation de ce pigment sur des masques luntu collectés antérieurement à ceux de A. Maesen, nous croyons que chez les Luntu, l'utilisation de ce pigment est une invention assez récente qui remonte peut-être aux années 1950. A. Maesen apporte quelques renseignements. Ainsi, le masque de la Figure 24, qui a pour nom *payibwebe*, fut sculpté par un dénommé Katumulenga.

Celui de la Figure 25 fut sculpté par un homme répondant au nom de Mulenga[30] et fut collecté au village de Batwape. Détail intéressant, le masque de la Figure 25 a pour nom *mukonkole,* qui est aussi celui du masque de droite de la Figure 19. Il est vrai que suivant un aspect formel général, les deux masques sont assez similaires. Néanmoins, si l'on rentre plus dans le détail, on observe que le masque de la Figure 19 est bien plus proche de l'exemplaire de la Figure 24 qui a pour nom *payibwebe*. La relation repose ici sur quelques détails formels bien précis : stries horizontales à la base du visage et motif cruciforme sur la « planche ». Toutefois, ce rapprochement ne peut pas être lié au nom du masque, car le *mukonkole* de la Figure 25 ne présente pas vraiment de stries horizontales dominantes et son motif de planchette est composé de triangles. Le choix de motifs tels que la croix de planchette et les stries horizontales ne rempliraient donc pas de rôle iconographique permettant l'identification de tel ou tel type de masque, à moins qu'il ne soit possible de démontrer que *payibwebe* est un avatar de *mukonkole* (ou inversement) ou qu'il puisse lui être rattaché d'une quelconque manière. Toutefois, aucune de ces pistes ne peut raisonnablement être creusée en l'état actuel de nos connaissances.

Après cette présentation des masques luntu méridionaux, nous revenons à nos masques mitrés, illustrés aux Figure 1-6. Nous avons montré précédemment avec le cas de la

29. Ces trois noms de masques ne nous renseignent guère sur leur fonction. Certaines des traductions pourraient laisser supposer que chaque type de masque avait un caractère bien spécifique (« le fanfaron ») perceptible par les spectateurs, et que certains semblaient avoir une « primauté » sur les autres (« l'aîné des masques »). Quant au renvoi à diverses espèces de poissons, il pourrait bien y avoir une portée symbolique qui nous échappe. Ajoutons sur ce sujet que le terme *kalengula* peut aussi désigner un poisson en tshiluba. Toutefois, comme nous le verrons plus loin, l'étymologie de ce terme lorsqu'il désigne un masque est vraisemblablement à rechercher ailleurs que dans l'ichtyologie.

30. Il n'est pas exclu que Katumulenga et Mulenga ne soient qu'un seul et même artiste.

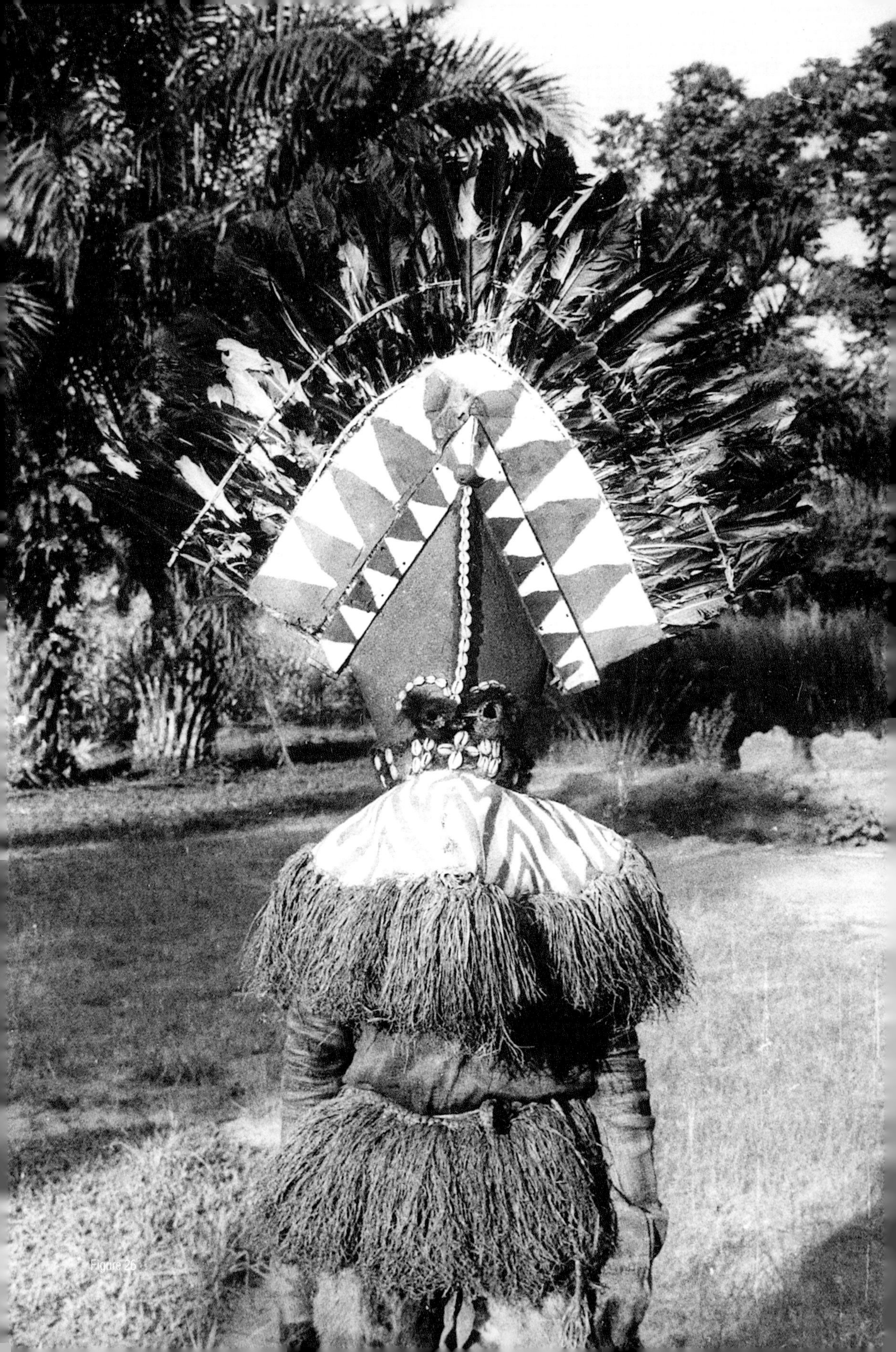

Figure 26

Figure 16 que deux types de masques (en l'occurrence *kalengula* et *chikwanga*) auraient bien pu «fusionner» pour donner lieu à un nouveau type relativement proche des masques mitrés. Suivant cette idée, on peut se demander si ce concept de mélange de genres n'a pu à un moment donné prendre en compte les masques faciaux des luntu méridionaux (ce qui inclut les Bena Kosh). Une comparaison formelle peut mettre en avant certains aspects rattachant les masques mitrés des Figure 19-25. Ainsi, la présence d'une planchette bien démarquée servant à l'insertion ou au placage de plumes se retrouve sur les masques mitrés qui ont toutefois préféré développer une crête en arc de cercle plus proche de celle des *kalengula*. Les organes sensitifs présentent une simplification de la bouche et des yeux (surtout Figure 20, Figure 22, Figure 24) très proche du rendu de l'orifice buccal et des yeux «utilitaires» des masques mitrés comme ceux des Figure 2-3 ou Figure 5. On remarquera encore qu'un exemplaire de masque luntu méridional (Figure 20) présente un emplacement de nez très atypique (au-dessus des yeux) identique à celui du masque mitré tempa de la Figure 3. Enfin, pour ce qui est des motifs peints, on relèvera que les masques luntu méridionaux affectionnent les combinaisons de lignes peintes ou de motifs plus «arachnéens» également présents sur les masques mitrés.

Nous restons très prudents quant aux raisons qui purent pousser des populations comme les Mputu (Figure 15, document c), les Tempa (Figure 1-5) ou les Sungu (Figure 6-7) à reprendre et à adapter des concepts vraisemblablement d'origine luntu afin d'en créer de nouveaux, mais la grande divergence de fonction relevée pour les masques mitrés chez les Sungu et les Tempa tend à démontrer que la création de ces objets est indépendante à une diffusion socio-culturelle luntu en terre étrangère.
Il apparaîtrait plutôt que les masques à mitres résultent d'un emprunt formel. Certes, on peut arguer que cette hypothèse est difficile à soutenir car il existe une trop grande part d'inconnu sur la société et l'art du masque luntu ainsi que sur l'usage précis des masques mitrés. La question de la diffusion de certains types de masques depuis la région luntu jusqu'au Katanga peut être démontrée avec l'exemple des *kalengula* et des masques à planchette.

Les masques de fibres dits *kalengula*, que nous avons déjà évoqués, sont une production artistique relativement originale que C. Petridis (2000a et b) tâcha de localiser. Gravitant autour de la sphère culturelle luntu, on retrouve des masques de ce type chez des populations situées à l'ouest des Luntu méridionaux (Figure 26), chez les

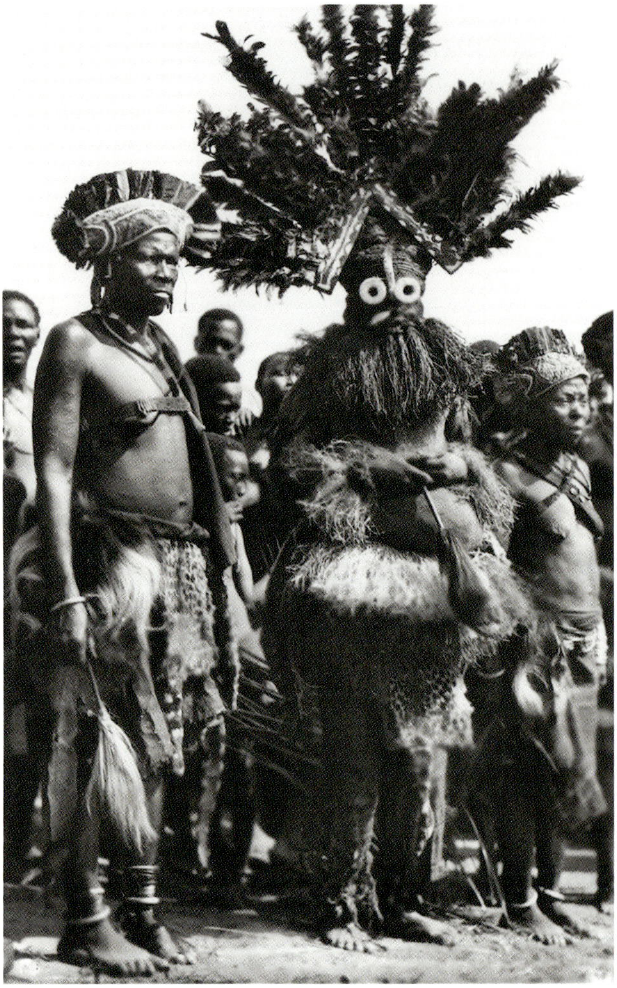

Figure 27

where the costume and mask were kept when not in use. When worn, the mask was activated by a substance called mulawe *(a term concerning the magic linked to masks). Whoever put it on would be possessed bit by bit by the ancestral spirits, entering into a trance state called* bwadi. *The term can be linked to* mwadi, *used in Kiluba to describe a person continuously possessed by the* vidye *(a superior grade of ancestor spirit) of a king. One of the most important tasks performed by this mask was the collection of tribute from nobles.*

*Burton published information concerning the mask in Figure 31 (BURTON, 1961, Figure 22). This kind of mask did not develop in other Luba areas, and did not last (there is no mention elsewhere, and no other photos). All this leads us to think that such an ephemeral and very circumscribed appearance denotes, as among the Bala, a short-lived borrowing. Burton's text (*ibid., *p. 177) offers us a lead. The*

Mputu (Figure 27), chez les Bindji (Figure 28) et chez les Konji[31] (PETRIDIS, 2000b, Figure 12b). Nous ne possédons aucune information sur l'usage ou le nom des masques des Figure 26-28. En revanche, C. Petridis nous fournit quelques informations sur le masque observé en 1996 dans le village konji de Tshefu situé sur les bords de la Lubi. Ce masque est assez semblable à celui vu par A. P. Merriam chez les Songye Bala (Figure 30) mais il se distingue par quelques particularités. Premièrement, ce masque est le seul du genre à évoluer sur échasses. Deuxièmement, ses yeux sont évoqués par des tubes de plastique rouge.

Ce masque présente un certain nombre d'affinités avec des exemplaires luntu de *kalengula*. Ainsi, comme le précise Petridis (2000b, p. 21), ce masque était peint en rouge, couleur dominante du masque bindji de la Figure 28, ainsi que du masque photographié par A. Maesen dans la région de Mashala (Figure 18). Cette dernière comparaison chromatique et formelle est importante dans la mesure où le masque de Tshefu « constituait un phénomène sans précédent dans le village » et que son inventeur l'avait fabriqué « à l'image d'un masque qu'il avait un jour vu danser chez les Luntu de Mashala » (*ibidem*).

Pour le reste, ce masque, qui avait pour nom *kadilunga*, semblait surtout avoir une fonction de divertissement, notamment auprès de jeunes garçons. Si ce rôle ludique renvoie au *kalengula* des Luntu septentrionaux, les masques mitrés en fibres observés sporadiquement chez les Luntu méridionaux (terme par lequel nous englobons aussi les Konji) ne sont pas autochtones mais résultent d'observations de mascarades en vigueur dans la zone élargie de Mashala. Un autre exemple pourrait confirmer cette hypothèse.

Dans les années 1950, A. Maesen observa chez les Bena Lumonya (Luntu méridionaux) un masque assez similaire à celui qu'observa C. Petridis à Tshefu (Figure 29), et qui avait pour nom *bwadi a nkashaama* (« masque du léopard »). C. Petridis, qui avait connaissance de ce masque, réfute le lien avec la confrérie *bukalenga bwa nkashaama* active chez les Luntu septentrionaux. Cette société n'existe pas chez les Luntu méridionaux (les Konji pour lui) et le masque *nkashaama* : « [...] ne peut aucunement être affilié avec cette association sur la base du nom que Maesen a noté pour le désigner » (PETRIDIS, 2000a, p. 25).

S'il apparaît vraisemblable que le *bukalenga bwa nkashaama* n'existe pas chez les Luntu méridionaux, il paraît pourtant hasardeux que le nom de ce masque n'ait aucun rapport avec la confrérie éponyme. Il faut rappeler que *kalengula*

31. Précisons que C. Petridis ne rattache pas les Konji aux Luntu méridionaux mais en fait une entité culturelle indépendante.

mask in Figure 31 was associated with a brotherhood called kalengula *which operated in the well-defined Kabongo and Kisengwa areas.*
We know next to nothing about this society, except their alledged practice of "holding the people to ransom". An inventory photograph from MRAC (Inv. number EP.0.0.3453), which shows a rear view of Figure 31, claims that kalengula *means "celui qui écume" and that one of the society's activities was to extort passers-by, especially if they were alone. W.F.P. Burton might have based his translation and interpretation on the french figurative sense of the Kiluba verb* lèngula *(to skim / to lather). We prefer to link it to the Tshiluba term* ku-lengùùl-a *or the Kisongye verb* ilengulula, *meaning "to transform".*

The few sources noted here can inspire some interesting hypotheses, but it is important first to examine the distribution of Luntu-style plank masks (Figure 20, Figure 24, Figure 25). For this, we look to two particular specimens. The first is a mask acquired in 1939 by H. Himmelheber among the Kalebwe-Songye (Figure 32).
If the general appearance of the face calls to mind the well-known masks of the bwadi bwa kifwebe *(a brotherhood well-established among the Kalebwe), we should not be in any hurry to call this mask a "pure" product of the guild. The emaciated face, the very assertive square mouth, and the triangular nose with its well-defined naso-frontal ridge, all remind us of the Songye world of* kifwebe. *We are cautious, however, given other formal aspects. Thus the perfectly tubular eyes are not found in* kifwebe *masks, even earlier ones, but they do appear on the crested masks of the Tempa and the Sungu (Figure 3 and Figure 7 for example) as well as some Luntu masks. The same is true of the motifs. The sinuous striations, as gentle as the meandering of a river, around the eyes and under the nose, have little in common with the curved and well-defined striations of the* kifwebe. *The overlapping triangles visible on the forehead set this mask apart from most* bwadi bwa kifwebe *products. It is above all the plank fixed to the back of the mask which is most unusual. It seem entirely alien to the Songye world, but is more wide-spread among the southern Luntu. Masks such as those in Figure 19, 24, 25 show many similarities and some (Figure 19 and Figure 24) take up the same motifs in the shape of a cross. The specimen from Figure 25 also has a leather band at the back of the plank for attaching feathers. We can now suppose that the specimen in Figure 32, unique of its type among the Songye, is related to the similar masks which are much more common among the southern Luntu. Looking at the name of the mask in Figure 39 can take us even further:* kalengula. *The fact that this Kalebwe mask has this name might remind us of Merriam's information, discussed earlier, concerning the society of the same name which previously existed among this Songye group.*

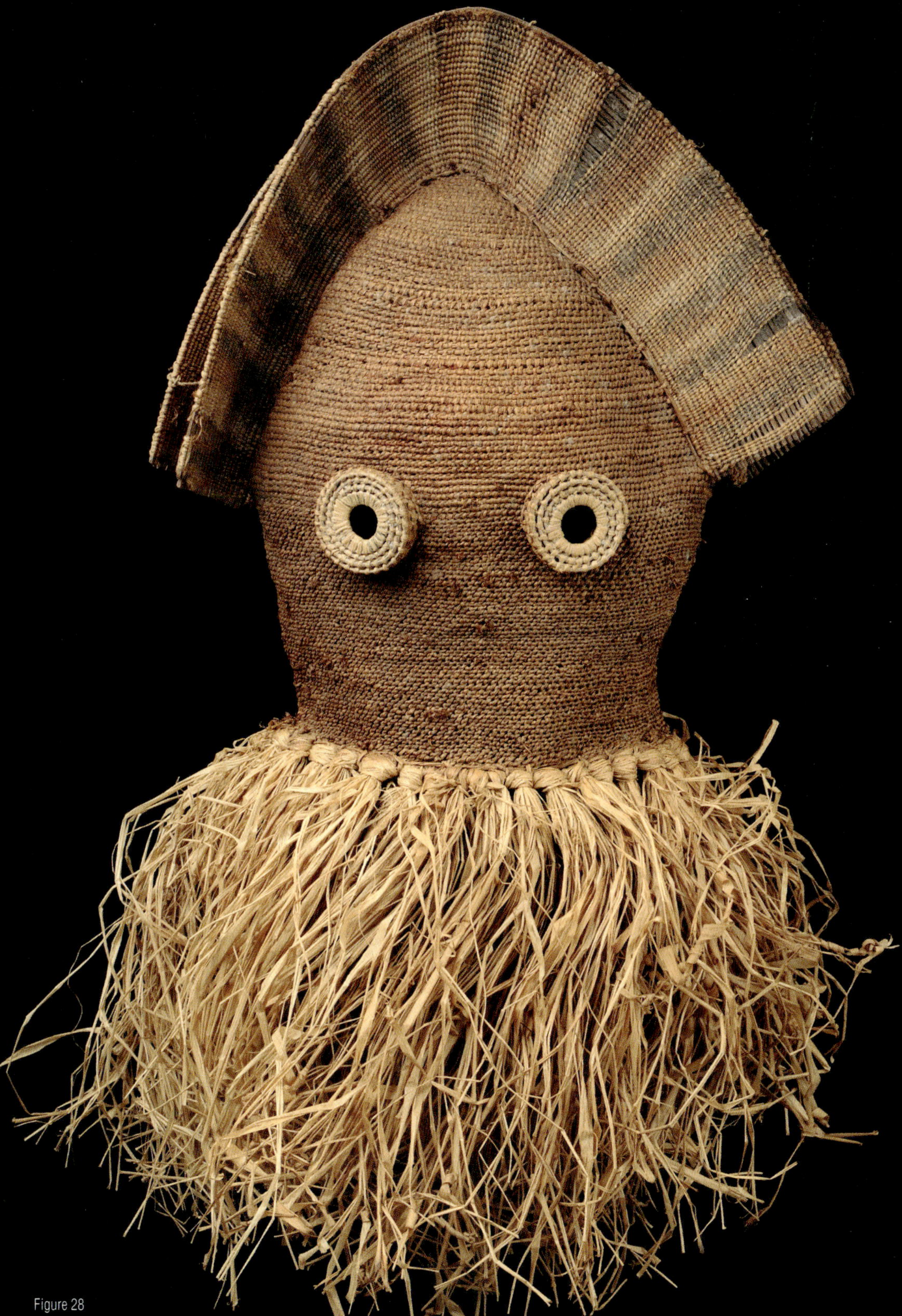

Figure 28

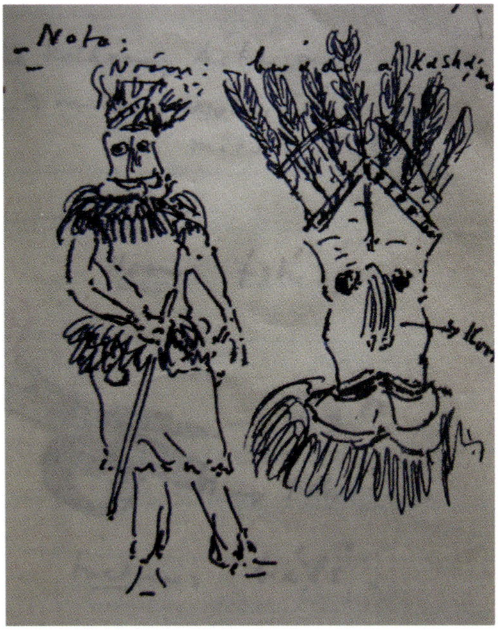

Figure 29

We wonder if the term kalengula *is used in Songye for masks of both wood (Figure 32) and of fibre (Figure 30), which would contradict the information Merriam collected among the Bala-Songye. For the Bala,* kalengula *means the mask itself, and more generally masks made of fibre but not of wood or gourd (MERRIAM, 1978, p. 95). The kalebwe specimen (Figure 32) means this interpretation cannot be applied throughout the Songye world.*

According to A. Munyoka Mwana Cyalu (personal communication), kalengula *(or more precisely* kalengùùla*) is used for a group of Songye masks made from various materials but having a system of dances and gestures in common. Munyoka Mwana Cyalu specifies as well that among the Bakwa Nkoto, this term is replaced by the word* bwadi.

The possible association between the terms bwadi *and* kalengula *can be analysed thanks to the translations and definitions offered by W. Oost in his Songye dictionary (OOST, 1990). If he is to be believed, there are three terms used in Songye territory to mean "mask":* kifwebe, bwadi, *and* kalengula.

Kifwebe*: mask*
Bwadi*: mask / synonym of* kalengula
Kalengula*: mask (for entertainment?) / synonym of* bwadi

We must remember that if bwadi *and* kalengula *are interchangeable,* kifwebe *is different. The question we can therefore ask ourselves is if* bwadi *and above all* kalengula *are used by the Songye, consciously or unconsciously, to distinguish masks not according to their material but their origin. To put it more clearly, we consider it likely that the terms* bwadi *and* kalengula *were reserved by the Songye for masks of "alien" origin. We have seen that the crested "*bwadi*" masks owe much, formally at least, to a number of Luntu masks, including the* kalengula*. The fibre Bala* kalengula *(Figure 30) are not of local origin. This doesn't seem like an isolated case, as the* kalengula *seen among the Konji and other southern Luntu originate outside their place of use, more specifically in the "territory" of the northern Luntu, who do not seem to have "borrowed" this kind of mask. The* kalengula *mask observed by W.F.P. Burton among the Luba in the Kabongo region (Figure 31) is, as we assumed, very similarly to the Bala specimen. Examination of a very unusual object might support this idea.*

As mentioned briefly in the previous section, on 12 May 1972, C. Henault photographed two kalengula *in the Kabalo region (Longa village). These were not masks, but planks with, at their*

jouait par le passé un rôle d'ouverture chorégraphique dans le *bukalenga bwa nkashaama*. Un observateur « konji » d'une telle cérémonie aurait pu rapporter dans sa région l'idée d'un tel masque observé chez les Luntu du Nord. Suivant cette idée, l'appellation *nkashaama* résulterait d'un agglomérat de souvenirs touchant à la forme du *kalengula*, au déroulement des danses et au nom de la confrérie[32]. L'utilisation du *bwadi bwa nkashaama* met en avant certaines similitudes avec celle du masque innovant observé à Tshefu par C. Petridis. Ce masque était accompagné d'une jeune chorale masculine tout comme le *kadilunga* de Tshefu avait comme principaux « fans » des préadolescents.

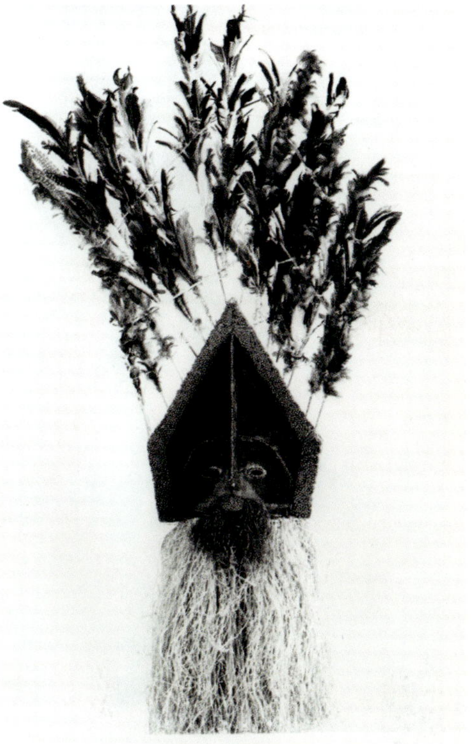

Figure 30

Si l'on s'éloigne maintenant de la zone « nucléale luntu », on s'aperçoit que plus à l'Est, les populations songye (Figure 12 et Figure 30) et luba (Figure 31) ont aussi intégré des masques similaires au *kalengula*. Fort heureusement dans deux cas de figures (Figure 30 et Figure 31), des informations complémentaires, émanant d'A. P. Merriam et W. F. P. Burton, viennent enrichir les clichés.

A. P. Merriam effectua des recherches de terrain chez les Songye Bala dans les années 1960-1970. À cette époque les masques du type de la Figure 30 n'étaient plus en activité depuis longtemps, mais certaines personnes avaient des informations à leur sujet et savaient encore les fabriquer. Ces masques, qui ont pour nom *kalengula*, ne sont pas originaires de la région bala mais furent importés par des « étrangers » dans les années 1920 et ne s'employèrent que pendant quelques années (MERRIAM, 1978, pp. 95-97).

Ils étaient liés à une association appelée elle aussi *kalengula*. Cette société éponyme était présente chez les Songye Kalebwe et aurait joué chez ces derniers le rôle de confrérie initiatique préparant des jeunes gens (12-15 ans)[33] au *bwadi bwa kifwebe*.

Il en est de même chez les Bala, où le *kalengula* était dirigé par un homme plus âgé portant le nom de *ya kalengula* (« respect du *kalengula* »), et qui enseignait aux jeunes gens certains secrets. Une case spéciale leur était réservée, le *kyobo* (ce terme se retrouve dans le *bwadi bwa kifwebe*). Lors de leurs sorties, « un porte-drapeau » fermait la marche, tandis qu'un personnage masqué féminin, le *tata bamwadi*, ouvrait la marche en faisant reculer la foule des curieux à l'aide de poudre de piment qu'il leur lançait au visage. Le *kalengula* sortait à trois moments de la journée : le matin

32. Cette faculté d'adaptation et de transformation de masques luntu septentrionaux par des groupes méridionaux pourrait renforcer l'hypothèse déjà émise que le masque de la Figure 16 soit une création originale d'un artiste « bena kosh » ayant réuni dans une seule et même pièce des éléments du *kalengula* et du *chikwanga*.

33. Chez les Bala, le *kalengula* remplaça progressivement le *bwadi bwa kifwebe*.

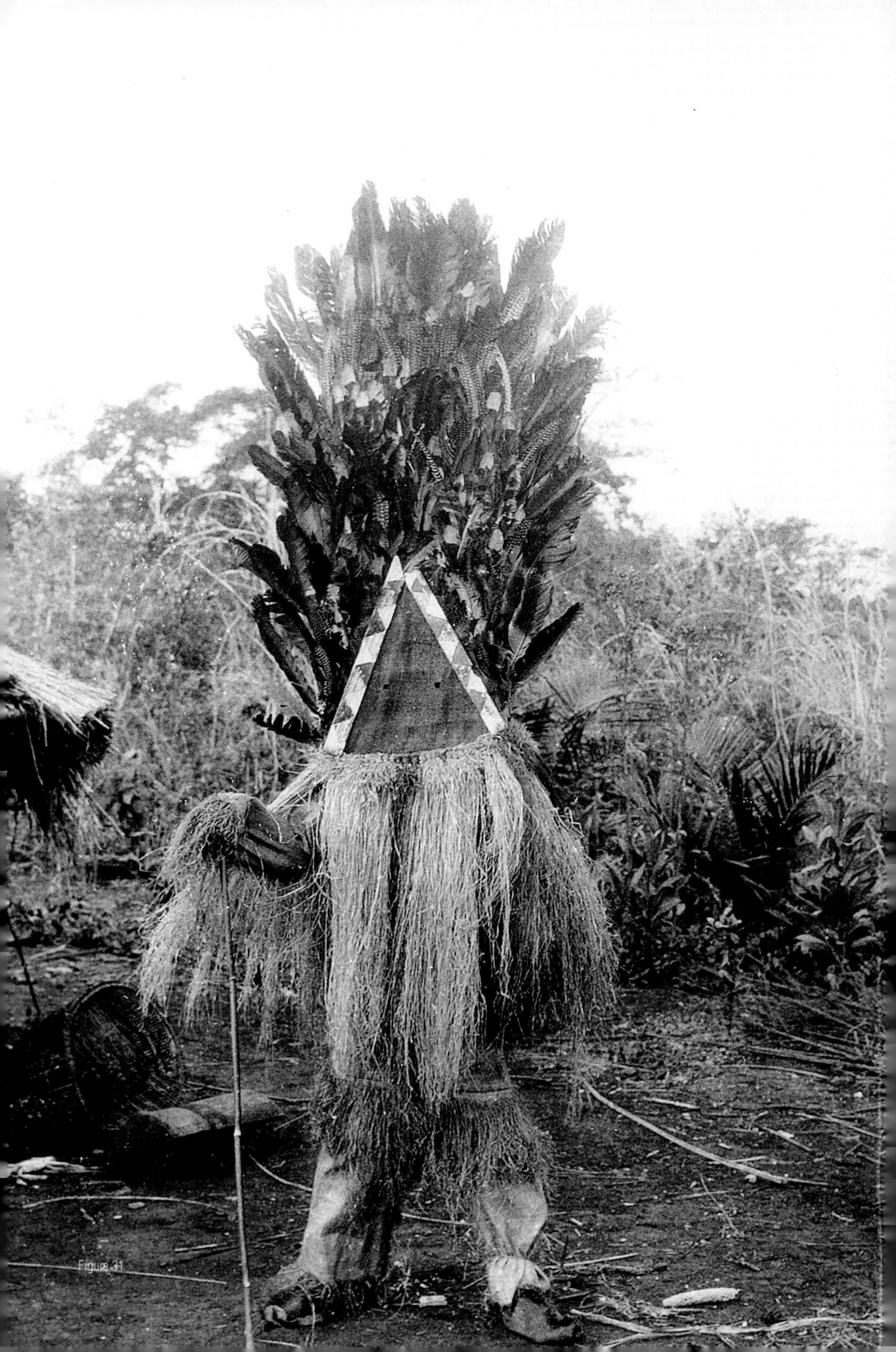

Figure 31

(entre 7 et 10 heures), en début de soirée (entre 17 et 21 heures) ou bien encore à la lumière lunaire (horaire plus difficile à définir). Un autre détail doit être mentionné. Chez les Bala, le masque *kalengula* dansait en duo avec un autre exemplaire du même type lorsqu'il était dans son « village natal ». Mais lorsqu'il effectuait une prestation dans un autre lieu, il dansait seul (*ibidem*, p. 97).

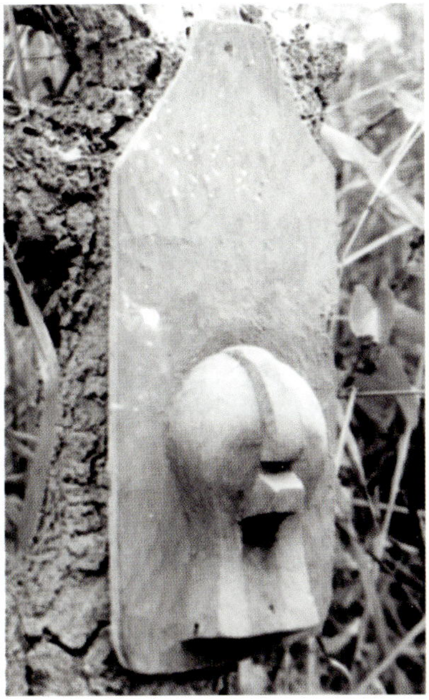

Figure 31 bis

Sur le rôle du masque chez les Bala, C. Petridis, dans un article paru dans la revue *Arts d'Afrique Noire*, mentionne que le *ya kalengula* avait la charge de la case *kyobo* où le costume et le masque étaient gardés quand ils n'étaient pas utilisés (PETRIDIS, 2000a, pp. 17-25). Lorsqu'il était porté, le masque était activé par une substance *mulawe* (terme concernant la magie liée aux masques). Celui qui l'endossait était possédé peu à peu par les esprits ancestraux et entrait dans un état de transe nommé *bwadi*. Ce terme peut renvoyer à celui de *mwadi* utilisé en kiluba pour désigner une personne possédée de façon continuelle par le *vidye* (classe d'ancêtre supérieur) d'un monarque. L'une des tâches principales de ce masque était de percevoir un tribut auprès des notables.

Les données concernant le masque de la Figure 31 furent publiées dans l'ouvrage de W. F. P. Burton (BURTON, 1961, Figure 22). Ce type de masque ne s'est pas développé dans d'autres parties de l'aire luba et n'a pas perduré (aucune mention dans d'autres écrits, aucune autre photo). Tout cela laisse à penser que cette éphémère et très circonscrite apparition dénote, comme pour les Bala, un emprunt à court terme. Le texte de Burton (*ibidem*, p. 177) nous apporte une première piste. Le masque de la Figure 31 relevait d'une confrérie ayant pour nom *kalengula* qui œuvrait dans les territoires bien circonscrits de Kabongo et de Kisengwa.
De cette société nous ne savons à peu près rien, sinon sa pratique supposée de « rançonneur de populations ». Une fiche d'inventaire photographique du MRAC (N° inv. EP.0.0.3453), qui montre une vue dorsale de la Figure 31, précise que *kalengula* signifie « celui qui écume » et que l'une des activités de cette société était de rançonner les passants, surtout s'ils étaient isolés. Il est possible ici que W. F. P. Burton ait basé sa traduction et son interprétation à partir du sens figuré du verbe kiluba *lèngula* (écumer, enlever l'écume). Cependant, nous rattacherions plutôt ce terme au verbe tshiluba *ku-lengùùl-a* ou au verbe kisongye *ilengulula* qui signifient « se transformer ».

Les quelques sources évoquées peuvent donner lieu à des hypothèses intéressantes, mais il importe avant cela

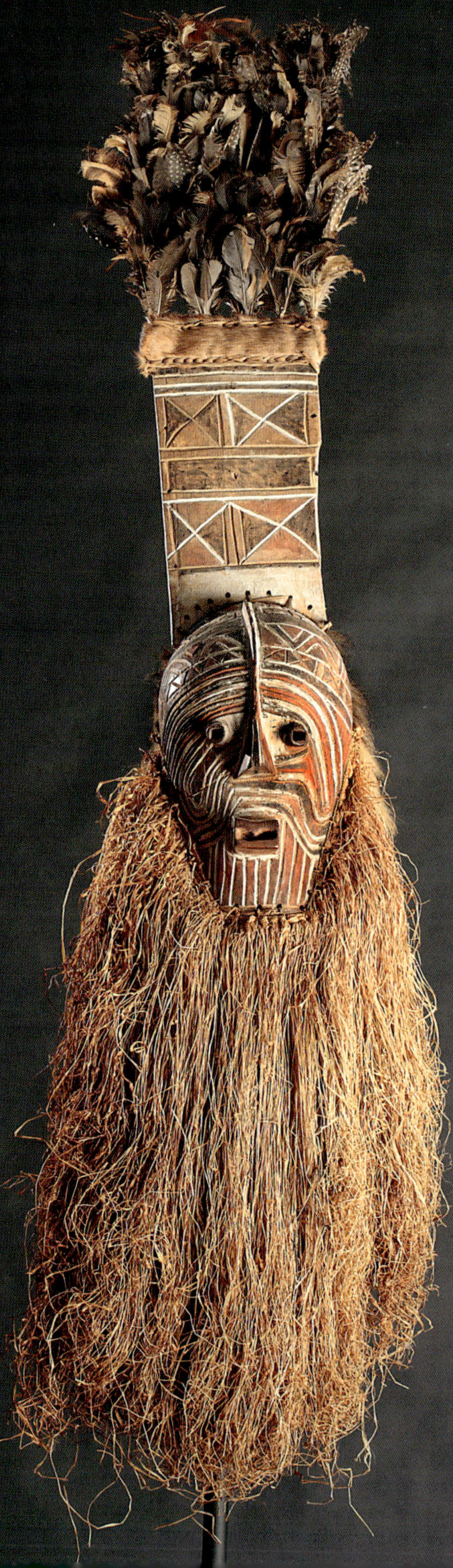

Figure 32

d'aborder la diffusion de masques à planche du type luntu (Figure 20, Figure 24, Figure 25). Pour ce faire, nous nous attacherons ici à deux exemples particuliers. Le premier est un masque collecté en 1939 par H. Himmelheber chez les Songye Kalebwe (Figure 32).

Si l'aspect général du faciès évoque les fameux masques du *bwadi bwa kifwebe* (confrérie bien implantée chez les Kalebwe), il ne faut pas se hâter de faire de ce masque un «pur produit» de cette guilde. L'aspect émacié du visage, la bouche quadrangulaire très affirmée, et le nez triangulaire à l'arête naso-frontale bien marquée relèvent de l'univers songye du *kifwebe*. Cependant, nous restons plus prudent pour les autres détails formels. Ainsi, les yeux parfaitement tubulaires ne sont pas une composante des masques *kifwebe*, même des plus anciens, mais on les retrouve sur les masques mitrés des Tempa et des Sungu (Figure 3 et Figure 7 pour exemples) ainsi que sur certains masques luntu. Il en va de même pour les motifs. Les stries sinueuses, douces comme les méandres d'une rivière, autour des yeux et sous le nez, n'ont guère de chose en commun avec les stries incurvées et bien arrangées des *kifwebe*. Le motif en triangles imbriqués visible sur le front démarque ce masque des productions habituelles du *bwadi bwa kifwebe*. C'est surtout la planche fixée à l'arrière du masque qui est la plus atypique. Cette protubérance plane semble étrangère au monde songye, mais elle est plus répandue chez les Luntu méridionaux. Des masques comme ceux des Figure 19, Figure 24, Figure 25 en présentent de semblables et certains (Figure 19 et Figure 24) reprennent les mêmes motifs en croix. En outre, l'exemplaire de la Figure 25 possède lui aussi une bande de cuir à l'arrière de la planche qui sert à fixer les plumes. Nous sommes dès lors en droit de supposer que l'exemplaire de la Figure 32, unique en son genre chez les Songye, puisse entretenir une filiation avec les masques du même type qui sont bien plus courants chez les Luntu méridionaux. Cette piste pourrait être approfondie avec l'étude du nom du masque de la Figure 39 : «*kalengula*». Le fait que ce masque kalebwe porte ce nom pourrait renvoyer aux informations fournies par A. P. Merriam évoquées précédemment et qui concernent la confrérie éponyme qui existait par le passé chez ce groupe songye.

On peut s'interroger sur le fait que le terme *kalengula* serve aussi bien à désigner en langue songye des masques en bois (Figure 32) et en fibres (Figure 30), ce qui va quelque peu à l'encontre des données collectées par A. P. Merriam chez les Songye Bala. Pour les Bala, *kalengula* désignerait le masque en lui-même et d'une manière plus globale les masques réalisés en fibres et non en bois ou en

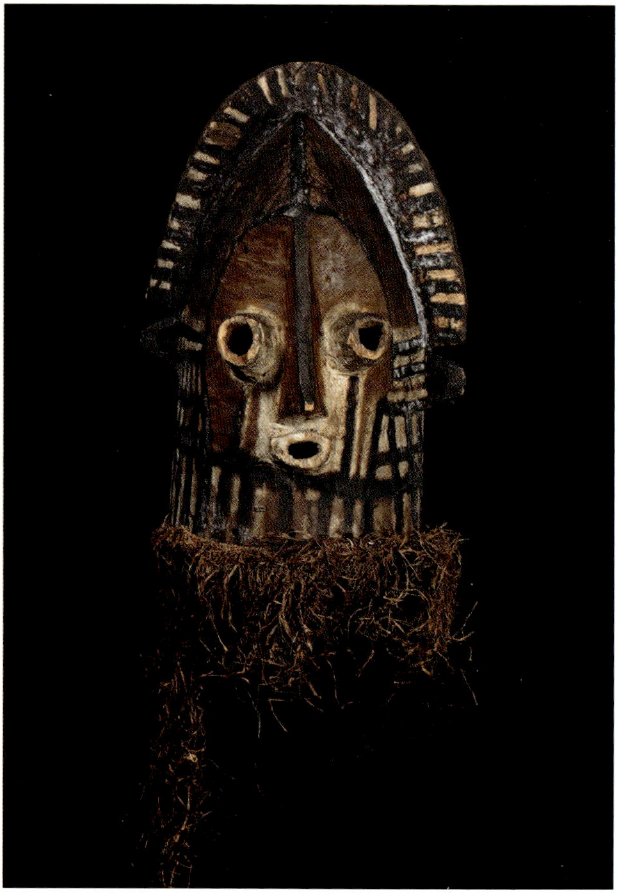

Figure 33

centres, a mask-like object of the kifwebe *variety (Figure 31a). We could say that these plank masks are the "plastic opposite" of those acquired by H. Himmelheber among the Kalebwe (Figure 32). We should recall that, according to Henault, these works acted as "guardians". A relatively similar piece was found in Kiambi (80 km from Manono) by the same observer. The object was defined as a "mask that does not dance" but which was responsible instead for guarding the place where the masks were stored. Which brotherhood used these planks? It is likely, given what we know from the previous section, that they were used by brotherhoods such as the Luba* kifwebe *or perhaps the* bukasandji, *who used masks like* kabemba *(relatively similar to* kifwebe *masks in terms of form) but also mask-like planks which took part in dances and went by the name* kifwebe kilume kabemba.

As we have already mentioned, the term kalengula *apparently originates in Tshiluba and / or Kisongye, not in Kiluba. If this is the case, then it seems logical that fibre masks (Figure 31) and mask-like plans (Figure 31a) are foreign, most likely Songye.*

calebasse (MERRIAM, 1978, p. 95). L'exemplaire kalebwe (Figure 32) interdit la généralisation de cette interprétation à l'ensemble du monde songye.
Selon A. Munyoka Mwana Cyalu (communication personnelle), le terme *kalengula* ou plus précisément *kalengùùla* désignerait un ensemble de masques songye fabriqués dans différents matériaux mais ayant un système de danses ou des gestes communs. A. Munyoka Mwana Cyalu précise aussi que chez les Bakwa Nkoto, ce terme est remplacé par celui de *bwadi*.
Ce possible rapprochement entre les termes *bwadi* et *kalengula* peut être analysé grâce aux traductions et définitions proposées par W. Oost dans son dictionnaire songye (OOST, 1990). À en croire l'auteur, il existe trois termes en territoire songye pour désigner le masque : *kifwebe*, *bwadi* et *kalengula*.

Kifwebe : masque
Bwadi : masque / synonyme *kalengula*
Kalengula : masque (de divertissement ?) / synonyme *bwadi*

On retiendra surtout que si *bwadi* et *kalengula* sont interchangeables, le terme *kifwebe* se distingue. La question que l'on peut alors se poser est de savoir si *bwadi* et surtout *kalengula* servent, consciemment ou inconsciemment, à désigner chez les Songye des types de masques selon leur origine et non selon leurs matériaux. Pour être plus clair, nous considérons comme probable que les termes de *bwadi* et de *kalengula* aient été réservés chez les Songye à des masques ayant une « origine étrangère ».
Nous avons vu avec les masques mitrés « *bwadi* » qu'ils devaient beaucoup, d'un aspect formel s'entend, à divers masques luntu dont les *kalengula*. Les exemplaires de *kalengula* en fibres des Bala (Figure 30) ne sont pas autochtones. Ce cas n'apparaît d'ailleurs pas isolé car les modèles *kalengula* connus chez les Konji et autres groupes luntu méridionaux trouvent leur origine en dehors de leur lieu d'utilisation et plus précisément dans le « territoire » des Luntu septentrionaux qui ne semblent pas avoir « emprunté » ce type de masque. Le cas du masque *kalengula* observé par W. F. P. Burton chez les Luba de la région de Kabongo (Figure 31) relève, comme nous l'avons supposé, d'un cas analogue à celui de l'exemplaire bala. Cet avis pourrait être renforcé par la mention de l'existence d'un type d'objet bien particulier.

Comme nous l'avons rapidement évoqué dans le précédent dossier, C. Henault photographia le 12 mai 1972 dans la région de Kabalo (village de Longa) deux *kalen-*

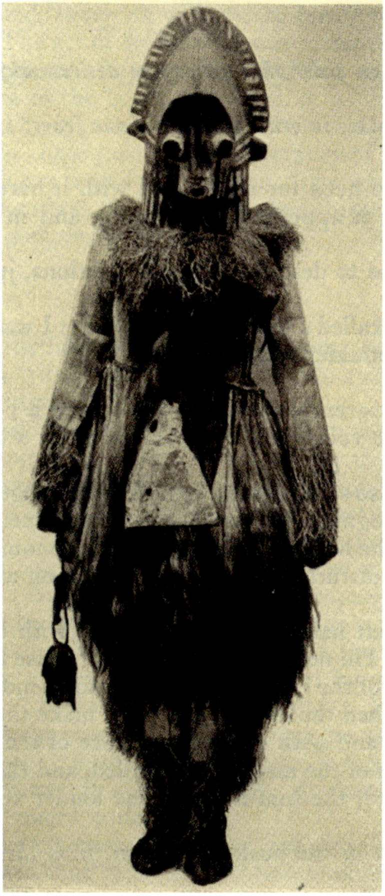
Figure 33 bis

It is worth remembering that societies such as the kifwebe *and the* bukasandji, *to which mask-like planks might be linked, are of Songye origin.*

The kalengula *fibre masks which had previously existed in the Kabongo and Kisengwa regions (Figure 31) come from a culturally mixed area: Kabongo, in Luba territory – but Kisengwa has a large Songye population. It is therefore highly likely that the concept of the* kalengula *masks (in wood or in fibre) continued an evolution in the east through the Songye, who communicated it to various central and eastern Luba groups. However, as we have already demonstrated, it seems possible that, given what we know now, the heart of the concept of plank masks and crested fibre masks beats not in Songye territory but among the Luntu, both northern and southern.*

Crested Tempa wood masks (Figure 1-5) certainly share a conceptual origin with both fibre and wood kalengula, *but they seem to be the artistically more complex result of a formal and plastic mix of various Luntu masks in different materials. It is hard to guess the origin of the first crested masks made of wood. The most likely theory is that groups of neighbouring Luntu with wood helmet masks and crested fibre masks were responsible for the first hybrids. We have seen that there was a possibility that the southern Luntu (including the Bena Kosh) were attempting to create large helmet masks (Figure 16) with elements of both the* kalengula *and the* chikwanga. *It is among the southern Luntu that plank masks were first introduced; they don't seem to have existed among the northern Luntu. When we showed the masks from Figure 20-25 to C. Shambuy, our Luntu source in Brussels, he confirmed that he had never seen such a mask in the area around Mashala. We nevertheless know of no masks of this type acquired before the first decade of the 20th century, the period during which Müller and Frobenius acquired specimens of Tempa masks.*

We must consequently accept the possibility that crested masks made of wood have a different origin. We have discussed the fact that L. Frobenius acquired a relatively similar piece among the Mputu in 1906 (Figure 15, document C). This is interesting: the Mputu are the Luntu's northern neighbours. Additionally, the proximity of Lusambo, which was culturally very diverse, might have encouraged the distribution of this new type of mask among the Tempa-Songye. Indeed, the Lusambo area includes many different populations, including Songye (including the Tempa), Mputu, Bindji, Luba, Kuba, and Tetela. Of course all of this is no more than hypothetical, and doesn't really answer the following question: if, as we have demonstrated, there were wood crested masks among the Sungu-Tetela, what role did they play in popularising these pieces?

gula. Il ne s'agissait pas ici de masques mais de planches possédant en leur centre un maschiforme de type *kifwebe* (Figure 31 bis). En définitive, ces planches-masques pourraient apparaître comme les « opposés plastiques » du masque-planche collecté par H. Himmelheber chez les Kalebwe (Figure 32). Rappelons que, d'après C. Henault, ces œuvres avaient une fonction de « gardien ». Une pièce relativement similaire avait été relevée à Kiambi (80 km de Manono) par le même observateur. L'objet fut défini comme un « masque ne dansant pas » qui avait pour fonction de garder l'endroit où étaient entreposés les masques. Quant à savoir de quelle confrérie relevait ces planches, il est probable, au vu du précédent dossier, qu'elles furent usitées par des confréries comme le *kifwebe* luba ou peut-être le *bukasandji* qui utilisait aussi des masques comme le *kabemba* (relativement proche, du point de vue de la forme, des masques *kifwebe*) mais aussi des planches maschiformes utilisées pour la danse et portant pour nom *kifwebe kilume kabemba*.

Comme nous l'avons déjà dit, le terme *kalengula* semble trouver son origine dans le vocabulaire tshiluba et/ou kisongye et non dans le kiluba. Suivant cette idée, il apparaît logique que le masque de fibres (Figure 31) et la planche maschiforme (Figure 31 bis) aient une origine allochtone, très vraisemblablement songye. Il est utile de rappeler ici que des sociétés comme le *kifwebe* et le *bukasandji*, auxquelles les planches maschiformes pourraient se rattacher, ont d'ailleurs une origine songye.

Pour ce qui est des masques *kalengula* en fibres qui existaient par le passé dans la région de Kabongo et de Kisengwa (Figure 31), il faut ici relever que cette zone géographique de diffusion est forte d'une grande mixité culturelle car si la ville de Kabongo est bien en territoire luba, celle de Kisengwa regroupe plus volontiers des populations songye. Il est donc fortement probable que le concept des masques *kalengula* (en bois ou en fibres) continua sa progression et son évolution vers l'Est par l'intermédiaire des Songye qui le transmirent à différents groupes luba centraux et orientaux. Pour autant, et comme nous espérons l'avoir démontré, il semble plus que possible, au vu de nos connaissances actuelles, que le cœur du concept des masques à planches et des masques mitrés en fibres ne battait pas en territoire songye mais bien chez les Luntu tant méridionaux que septentrionaux.

Les masques mitrés en bois des Tempa (Figure 1-5) ont certainement la même origine conceptuelle que les *kalengula* de bois ou de fibres mais, à la différence de ces der-

The role of the Sungu in the spread of crested masks

Given all that has been said, there seem to be two probable circumstances for dissemination: either the Songye borrowed the masks from the Sungu, or the Sungu borrowed them from the Songye. The first possibility seems less likely for several reasons. First, we can say that, in a general way, masks are not a dominant artistic theme among the Tetela the way they are among the Songye. Second, an Otetela-French dictionary written by J. Hagendorens (1975) tells us that the Tetela word for mask is kifebe, *and that this word is of foreign origin.*
There is no possible doubt that it comes from the term kifwebe *as used by the Songye. We can guess that this use of an alien term to designate masks means the Tetela didn't have a word of their own for an object that wasn't a part of their cultural make-up. This theory leads us to another: If* kifebe *was imported to Tetela territory, it is perhaps because it was the Songye who introduced the Tetela to masks.*
Either way, we should bear in mind that the name for the crested masks E. Torday acquired was not kifebe *but* bwadi *(see p.* supra*). Further, the term* bwadi *does not appear in Hagendorens's dictionary.*[34] *Unlike* kifebe, *the word* bwadi *suggests an early adoption by the Sungu of both a word and an object originating with the Songye.*
It would not be an isolated case. We have discussed another type of wooden mask (Figure 34) which is completely unlike crested masks except in one way: that we don't know in either case whether to attribute it to the Tetela or the Songye.

Torday doesn't hesitate to claim an ethnic distinction between the specimen he acquired among the Sungu (Figure 34) and the one acquired among the Songye (Figure 35). Some authors have challenged this classification. L. de Heusch (1995, p. 191) attributed both to the Songye, while M.L. Felix previously attributed them to the Tetela (FELIX, 1987, p. 175). As we shall see, it is very hard to answer the question of ethnic attribution. If we are to attempt it, we must return to these pieces.
We can fairly say that all the information accompanying the piece in Figure 35 is rather weak. If we set aside the attribution to the Songye, all that's left of Torday's publication is a photograph showing the mask in Figure 35 carelessly placed on the ground (Figure 36). It seems inappropriate to assume that the mask plays even the slightest role in the musical activity taking place at the centre of the photograph. It is more likely that Torday had already acquired the mask and that he put it down while busy with the business of photographing the dance. Still, this picture resembles in some ways another by Hilton-Simpson (Figure 36a). This was taken in the Songye village of Batempa. Hilton-Simpson informs us that the chief of the place presented,

34. *The term* mwaadi *or* modi *is used to mean a guardian spirit. If this term might be linked to the spiritual power of a mask, J. Hagendorens does not make that connection.*

niers, ils présentent une plus grande démarche d'interprétation artistique dans la mesure où ils semblent être le fruit d'un mélange plastique et formel de divers masques luntu réalisés dans différents matériaux. Il est extrêmement difficile de savoir qui est à l'origine de ces premiers masques mitrés en bois. L'hypothèse la plus vraisemblable est que ce soient des groupes voisins des Luntu septentrionaux détenteurs de masques-heaumes en bois et de masques mitrés en fibres qui réalisèrent les premières hybridations. Au Sud, nous avons évoqué la possibilité que les Luntu méridionaux (ce qui inclut les Bena Kosh) s'étaient essayés à la création de grands masques-heaumes (Figure 16) reprenant les éléments du *kalengula* et du *chikwanga*. Par ailleurs, c'est chez ces Luntu du Sud qu'étaient implantés les masques à planchettes, qui ne semblent pas avoir existé chez les Luntu du Nord. En effet, lorsque nous avons montré à notre informateur luntu à Bruxelles, C. Shambuy, les masques des Figure 20-25, il affirma n'avoir jamais vu de masques de ce type dans la région de Mashala. Néanmoins, nous ne connaissons pas de masques de ce type collectés avant la première décennie du XXe siècle, époque à laquelle Müller et Frobenius collectèrent des exemplaires de masques tempa.

Par conséquent, nous devons prendre en compte la possibilité d'une autre voie de création et de diffusion pour les masques mitrés en bois. Nous avons évoqué le fait que L. Frobenius collecta en 1906 des pièces relativement similaires chez les Mputu (Figure 15, document C). Ce point est intéressant car les Mputu sont les voisins nordiques des Luntu. Par ailleurs, leur proximité géographique avec la région de Lusambo, riche d'une grande diversité culturelle, aurait pu favoriser la diffusion de ce nouveau type de masque chez les Songye Tempa. En effet, le territoire de Lusambo regroupe des populations songye (dont les Tempa), mputu, bindji, luba, kuba et tetela. Bien sûr tout cela n'est qu'une hypothèse, qui par ailleurs ne résout pas véritablement la question suivante : si, comme nous l'avons démontré, il a existé des masques mitrés en bois chez les Tetela Sungu, quel rôle ces derniers ont-ils joué dans la diffusion de ces pièces ?

Le rôle des Sungu dans la diffusion des masques mitrés

Compte tenu de ce qui a été dit précédemment, il existe selon toute vraisemblance deux possibilités de diffusion : soit les Songye ont emprunté ces masques aux Sungu, soit les Sungu les acquirent auprès des Songye. La première

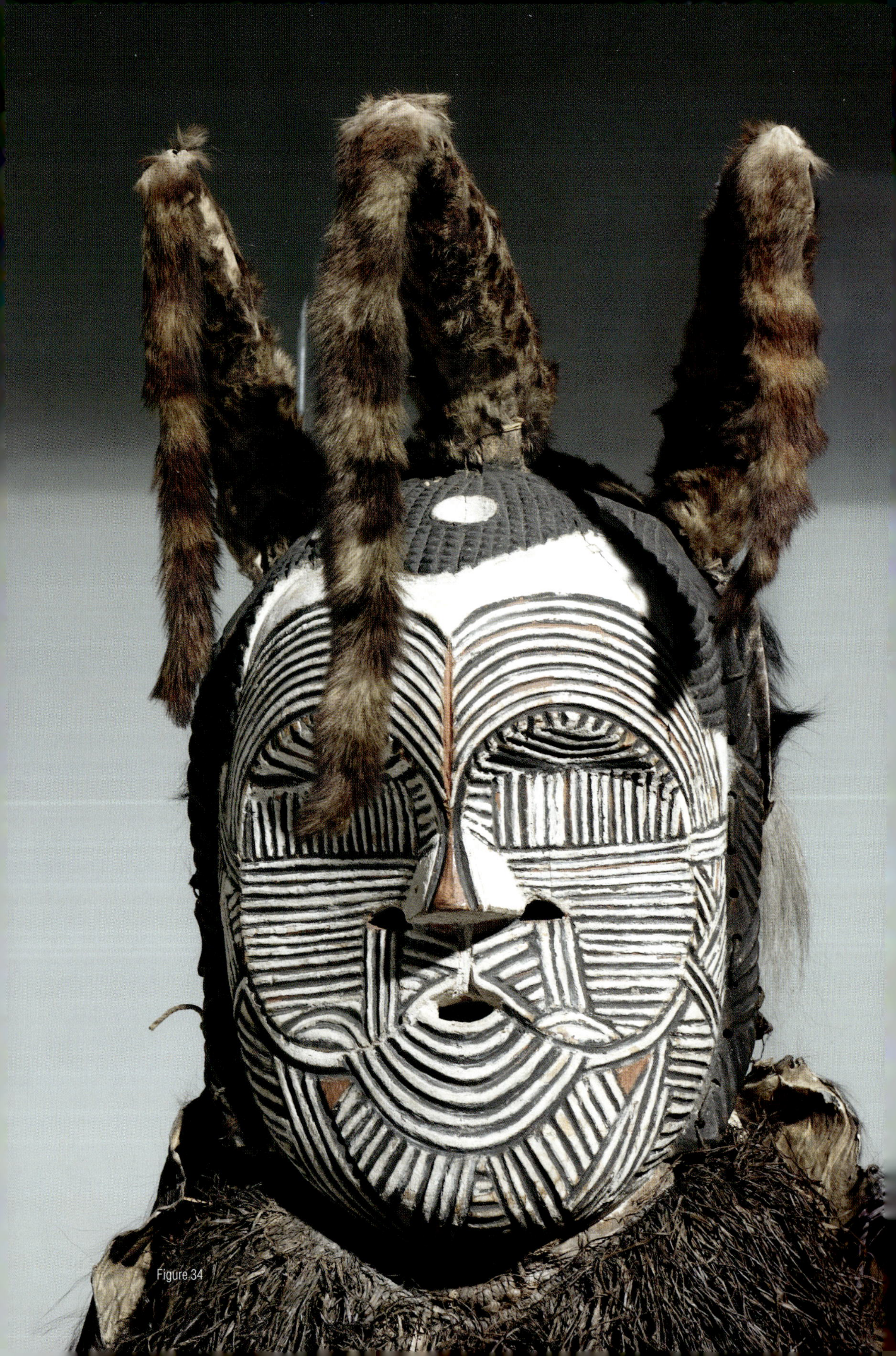

Figure 34

possibilité ne nous semble pas vraisemblable, et ce pour plusieurs raisons. Tout d'abord, à l'inverse de ce que l'on peut observer chez les Songye, on peut dire d'une façon générale que le masque n'est pas un élément artistique dominant dans le monde tetela. Ensuite, d'un point de vue linguistique, on constate, dans le dictionnaire Otetela-Français de J. Hagendorens (1975), que le terme usité pour désigner le masque chez les Tetela est *kifebe*, et qu'il est précisé qu'il est d'origine étrangère.
Sans nul doute possible, on peut rapprocher ce terme de celui de *kifwebe* en vigueur chez les Songye. Cette reprise d'un terme allochtone pour désigner l'objet masque laisse supposer que les Tetela n'avaient peut-être pas de nom vernaculaire pour désigner cet objet qui n'était pas une composante de leur culture matérielle. Cette hypothèse en entraîne une autre. Si le nom de *kifebe* s'est implanté en territoire tetela, c'est peut-être parce que ce sont les Songye qui mirent les Tetela en contact avec les masques.
Quoiqu'il en soit, il faut ici rappeler que le nom que donna E. Torday aux masques mitrés qu'il collecta n'est pas *kifebe* mais *bwadi* (voir *supra*). De plus, ce terme de *bwadi* ne rencontre aucune occurrence dans le dictionnaire de J. Hagendorens[34]. On peut donc supposer qu'à l'instar de *kifebe*, le terme de *bwadi* dénote une adoption sungu précoce d'un mot et vraisemblablement d'un objet songye.
Le cas ne serait d'ailleurs pas isolé. Nous avions aussi évoqué le cas d'un autre type de masque en bois (Figure 34) d'un genre résolument différent des masques mitrés mais qui partage avec ces derniers une problématique commune : ces objets doivent-ils être attribués aux Tetela ou aux Songye ?

Si l'on se fie aux données d'E. Torday, on se rend compte que l'auteur n'a aucune hésitation à établir une distinction ethnique entre l'exemplaire qu'il collecta chez les Sungu (Figure 34) et celui qu'il collecta chez les Songye (Figure 35). Certains auteurs ont mis à mal cette classification de Torday. Ainsi L. de Heusch (1995, p. 191) attribua ces deux exemplaires aux Songye alors que M. L. Felix en fit par le passé des pièces exclusivement tetela (FELIX, 1987, p. 175). Comme nous allons le voir, il est extrêmement difficile de trancher la question de l'attribution ethnique de façon aussi nette, mais il faut pour cela revenir à l'étude de ces pièces.

Pour ce qui est des informations accompagnant la pièce de la Figure 35, on peut raisonnablement dire qu'elles sont assez faibles. Si l'on excepte l'attribution aux Songye, on peut seulement retenir la publication par E. Torday d'une photographie montrant le masque de la Figure 35 négligemment posé à même le sol (Figure 36). Il ne semble

34. On trouve bien le terme *mwaadi* ou *modi* qui sert à désigner un esprit protecteur. Cependant, ce terme, s'il peut être mis en rapport avec la force spirituelle d'un masque, n'est pas mis en rapport direct avec cet objet par J. Hagendorens.

Figure 35

at Torday's request, a large panel of indigenous articles, possibly including masks. We also know that the chief was accompanied by his orchestra, including flautists, drummers using vented and unvented skin drums, and a xylophone (HILTON-SIMPSON, 1911, p. 35). Hilton-Simpson was very impressed by the flautists. There were many of them, and although each carried an instrument capable of producing only one note, they created through synchronisation a melody as might have been played in Europe on a single flute or recorder. Given the scene shown in Figure 36 and the strong resemblance of the landscape in Figure 36 and Figure 36a, we believe that the mask in Figure 35 was acquired among the Songye in Batempa. We can even claim it was worn there. Indeed, a field photo taken by Torday shows a man wearing this three-cornered false face (Figure 45) near to the site of the "flute dance". It was probably one of the few times the mask had been used.

A study of pieces displaying similarities to the specimen in Figure 35 might permit us to dig a little further into the context and the area of distribution of this horned masks. We know for example that these masks are relatively old. In 1898 L. Frobenius published in his work Die masken und Geheimbünde Afrikas *(FROBENIUS, 1898, Figure 14 & p. 14) a mask with a mouth very similar to that of the mask in Figure 35. This mask was acquired by P. Pogge and was bequeathed to the current Ethnologisches Museum of Berlin (the object was apparently destroyed during World War II). The available information is incomplete. While it is described as a "war mask" taken from along the banks of the Lomami, this seems unlikely, an unfounded "ritual" attribution commonly made by Europeans for some types of Congolese masks until the first third of 20th century.*
The place of acquisition and/or manufacture mentioned by L. Frobenius should be treated with some scepticism, as the object appeared with several others, some of which were certainly influenced by the Kuba, in a work in which H. Von Wissmann specified that this mask was one of the "articles manufactured by the Lussambo", which is to say, by populations living near what would become the city of Lusambo (VON WISSMANN, 1891, p. 50). Given how similar this mask is to the one shown in Figure 35, acquired in Batempa (a city near Lusambo), we think that it is more likely that this, rather than the Lomami area, is where the Pogge mask originated.

In addition, there is a mask in the old Arman collection that came from the western Songye which demonstrates the tricorn typology (Figure 37) and resembles a specimen in Tervuren (see Figure 3, section 1). There is no information about how this mask might have been used or exactly where it was acquired. The only thing we can say is that it was probably created in the 1910s or 1920s and was hardly (if ever) used.[35]

35. *The same is true of its "twin" in Figure 3 (section 1).*

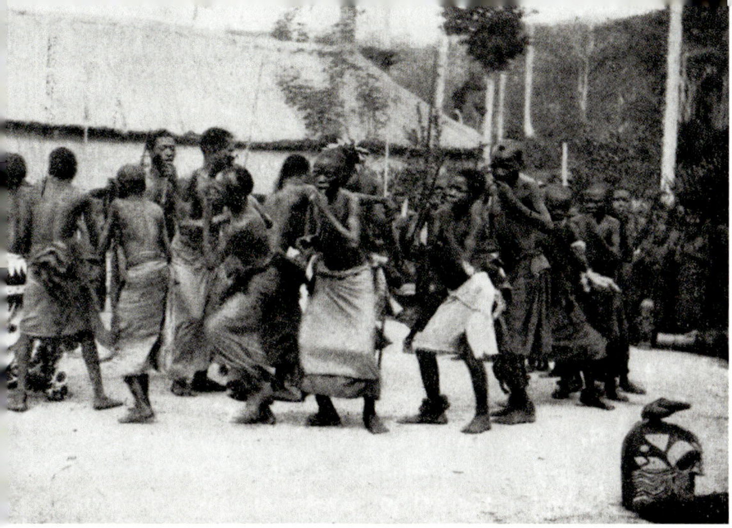

Figure 36

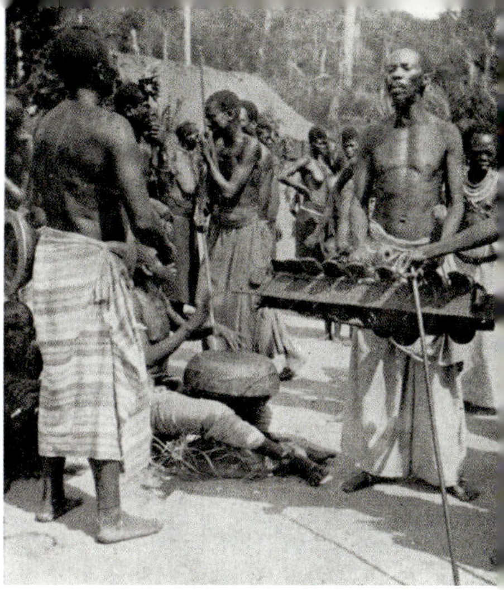

Figure 36 bis

pas pertinent d'affirmer que le masque joue le moindre rôle dans la ronde musicale qui se déroule au centre de la photographie. Il est plus probable qu'E. Torday ait collecté le masque bien avant cela et qu'il fut déposé sur la piste par l'ethnologue hongrois le temps de la prise photographique de la danse. Toutefois, cette photographie présente quelque ressemblance avec une autre publiée dans l'ouvrage de Hilton-Simpson (Figure 36 bis). Ce dernier cliché fut pris au village songye de Batempa. On sait par Hilton-Simpson que le chef du lieu présenta, à la demande de Torday, un large panel d'articles de manufacture indigène, donc peut-être aussi des masques. Par ailleurs, le chef était accompagné de son orchestre composé de flûtistes, de joueurs de tambours à membranes et à fentes, ainsi que d'un xylophone (HILTON-SIMPSON, 1911, p. 35). Hilton-Simpson fut fortement impressionné par les nombreux flûtistes qui jouaient d'un instrument n'émettant qu'une unique note mais qui, par leur synchronisation, faisaient entendre une mélodie semblant sortir d'un unique instrument tel que les flûtes à bec ou traversières européennes. Compte tenu de la scène que montre la Figure 36 et compte tenu des ressemblances de paysage existant entre les Figure 36 et Figure 36 bis, nous affirmons donc que le masque de la Figure 35 fut collecté chez les Songye à Batempa. Nous pouvons même dire que ce masque fut porté à Batempa. En effet, une photo de terrain d'E. Torday montre un homme paré de ce faux visage tricorne (Figure 45) près de la place où se déroula la « danse des flûtes ». Il s'agit probablement d'une des rares fois où le masque fut utilisé.

L'étude de pièces offrant des similitudes avec l'exemplaire de la Figure 35 permet peut-être de creuser un peu plus le contexte et la zone de diffusion de ces faux visages cornus. Ainsi, nous

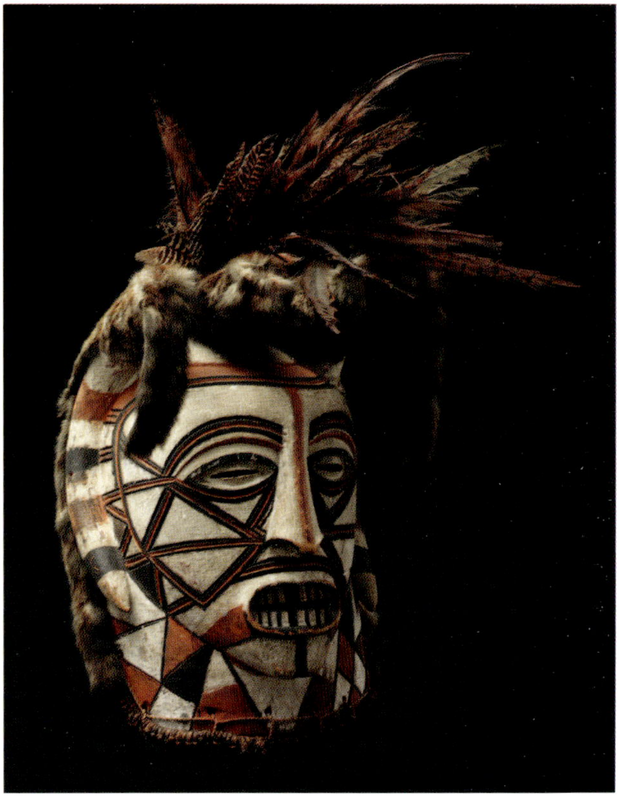

Figure 37

To find a solid lead, we must turn not to the few similar masks held in public and private collections, [36] *but towards statuary. There is a very unusual Tempa-Songye* nkishi *(Figure 38) in Tervuren: the horns are attached to the top of the skull. Horns as vessels for magic power are not uncommon on* nkishi*; many statues have them. The fact that this piece has three, however, is more unusual. The rather anaemic ethnographic file doesn't tell us the purpose of the work, but a certain formal detail opens up an interesting avenue of interpretation.*

This is found in the figurine's protuberant eyes, one of which is red (made of copper nails) and the other white (made of iron nails). It was V. Baeke (2004, p. 22) who suggested a possible iconographic interpretation of this unusual treatment. For Baeke, these large globular eyes could be those of a primate known as a bushbaby (of the family galagonidae*). According to a* bukishi *myth, it was a bushbaby that created the first man. The red / white colour combination also recalls the* bukishi *(as we have seen with other objects previously).*

In this vein, we could imagine that Figure 38 is associated with the bukishi *and the very rare three horns are a* bukishi *icononographic element. Should this prove to be true, it would suggest that other tricorn masks are also* bukishi *masks. In fact, we could ask ourselves if the appearance of these heavily striated masks with fur-covered horns jutting before them might not be a representation of a spider*

36. *The Musée Barbier-Mueller in Geneva (Inv. number 1026-44) and the Världskulturmuseet in Göteborg (Inv. number 13.4.47) also have tricorn masks.*

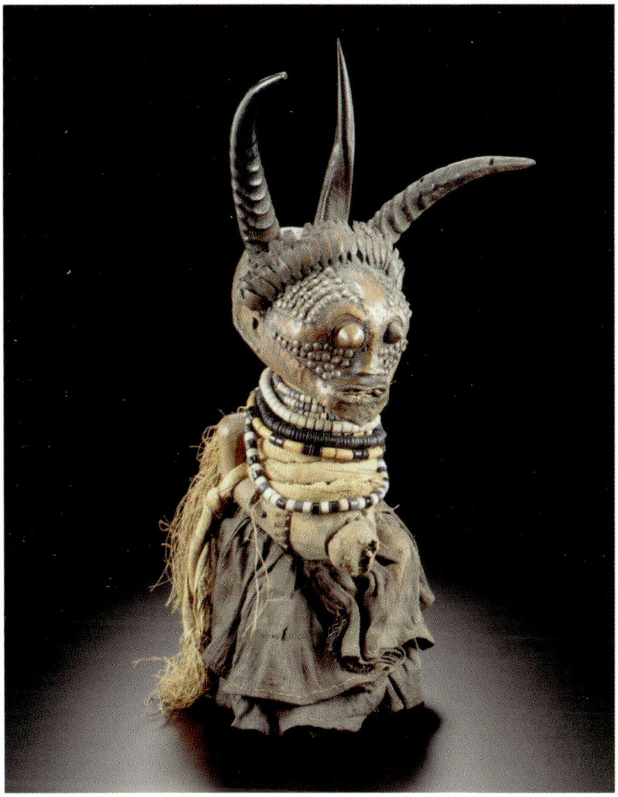

Figure 38

savons que ces masques sont relativement anciens. En 1898, L. Frobenius publia dans son ouvrage *Die masken und Geheimbünde Afrikas* (FROBENIUS, 1898, Figure 14 & p.14) un masque dont la bouche présente de fortes similitudes avec celle du masque de la Figure 35. Ce masque avait été collecté par P. Pogge avant d'être légué à l'actuel Ethnologisches Museum de Berlin (l'objet semble avoir été détruit pendant la Seconde Guerre mondiale). Les informations le concernant sont lacunaires. Bien qu'il soit défini comme un « masque de guerre » récolté sur les bords de la Lomami, cette fonction supposée nous semble cependant peu crédible car constituant une attribution « rituelle » non fondée, assez courante et créée de toutes pièces par les Européens pour certains types de masques congolais jusqu'au premier tiers du XXe siècle.

Quant au lieu de collecte et/ou de fabrication mentionné par L. Frobenius, il est à prendre avec grande prudence car l'objet fut publié au milieu d'autres objets, dont certains très kubaïsant, dans un ouvrage d'H. Von Wissmann dans lequel il est précisé que ce masque figure au nombre des « *articles manufactured by the Lussambo* », c'est-à-dire par des populations habitant près de ce qui deviendrait la ville de Lusambo (VON WISSMANN, 1891, p.50). Or compte

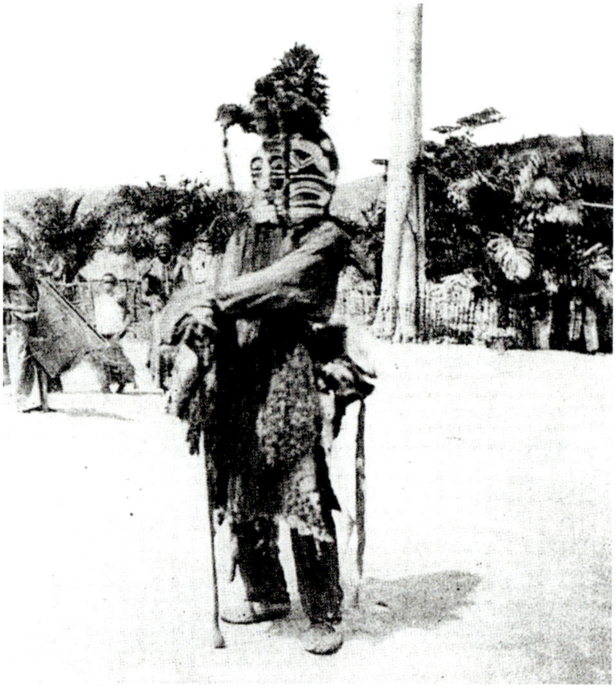

Figure 39

and its web.[37] *According to Wauters, the rainbow is sometimes represented by the* bukishi *as a spider's web. In a myth told by the* bukishi, *the spider (Natande) joins forces with the moon when the moon faces an animals' rebellion (WAUTERS, 1949, pp. 108, 138, 340-341).The spider blinds the animals. By blocking certain paths with its web, it leads them to a ditch dug by Nkulu ("the field mouse", symbol of death). In another story it is thanks to a spider's web that the first men are able to leave Kalunga (the bowels of the earth) and reach the surface.*

Let us turn to the tricorn mask attributed by Torday to the Sungu (Figure 34). The collector provides some information. According to him, the mask was used in the same context as the crested masks in Figure 7. Briefly, those pieces were used by a weetshi *appearing silent and unmoving before the crowd. This restrained choreography can be seen in a field photograph taken some time before 1909 by M. Delforge (Figure 39).*
On this image of a "Kuba fetish-man", we see a masked and unmoving man wearing a burlap costume similar to the one in Figure 8. In the background, rather far away, are men of various ages and a musician holding a trapezoidal slit drum. Several reasons for refuting a Kuba origin can be found: the most important is that we know of no other mention of a tricorn mask being used by this group.[38] *While the Kuba are known to use a trapezoidal slit drum, it is an instrument found far more frequently in Tetela or Songye accompaniments. In addition, we know of another very similar mask (see LEHUARD, 1974,*

37. *There are at least two other masks, each with a pair of short horns and the same face carved with complex striated motifs as seen in Figure 34. One of them, of doubtful authenticity, is housed at MRAC (Inv. number EO.1987.1.3).*

38. *Bear in mind, however, that the mask in Figure 15 (document C) seems to include stylistic elements belonging to the Kuba of the Lusambo region. It will take further study to establish if these visual similarities demonstrate corresponding cultural similarities.*

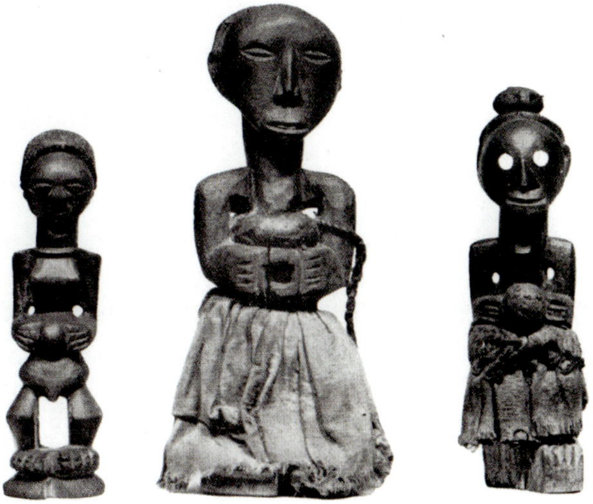

Figure 40

tenu des similitudes existant entre ce masque et celui de la Figure 35 collecté à Batempa (ville proche de Lusambo) nous pensons qu'il est plus probable que le masque de Pogge vienne plus de cette zone géographique que du Lomami.

Il existe aussi un masque de l'ancienne collection Arman d'origine songye occidentale qui relève de la typologie tricorne (Figure 37) et s'apparente à un exemplaire de Tervuren (voir Figure 3, dossier 1). Il n'existe aucune information sur la fonction éventuelle de ce masque ou sur son lieu de collecte précis. La seule chose que l'on peut dire est que ce masque, bien que probablement réalisé dans les années 1910-1920, a été peu, voire pas, utilisé[35].

Pour trouver une piste d'étude utilisable, il faut se tourner non pas vers les quelques masques similaires présents dans diverses collections publiques et privées[36] mais vers la statuaire.
Il existe à Tervuren un *nkishi* songye tempa (Figure 38) très atypique du fait des cornes fichées au sommet de son crâne. Certes les cornes utilisées comme « charge » sur les *nkishi* ne sont pas chose rare, de nombreuses statuettes en possèdent. Toutefois, le fait que cette pièce en présente trois est bien plus inhabituel. La fonction de cette œuvre n'est pas révélée par le dossier ethnographique fort pauvre qui l'accompagne. Néanmoins un détail formel peut apporter une piste interprétative.

Il s'agit des yeux protubérants de la figurine qui sont l'un de couleur rouge (clou de cuivre) et l'autre de couleur blanche (clou de fer). C'est V. Baeke (2004, p. 22) qui proposa une interprétation iconographique fort per-

35. Il en va de même pour son « jumeau » de la Figure 3 (dossier 1).

36. Le Musée Barbier-Mueller de Genève (N° inv.1026-44) et le Världskulturmuseet (N° inv.13.4.47) possèdent aussi des masques tricornes.

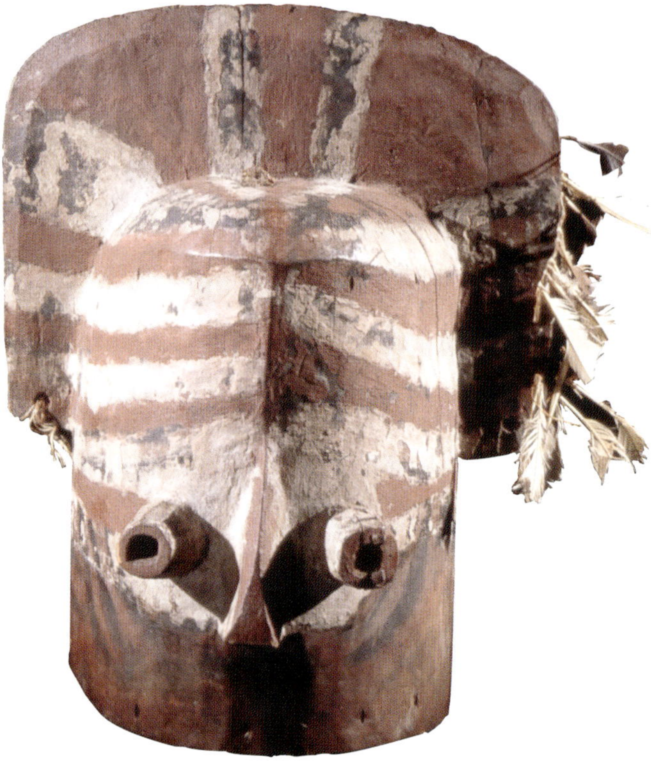

Figure 41

p. 12), which entered the Göteborg Museum in 1913 (Inv. number 13.4.47), and which was acquired in the Lusambo region (NEYT, 1992, p. 9).

It seems likely that, as with crested masks, some Sungu weetshi*, living in proximity to the Songye, adopted Songye artworks. E. Torday demonstrated that certain Sungu practitioners used various Songye statuettes that can be found all along the Sankuru between Lusambo and Pania Mutombo (Figure 40).*

According to him (TORDAY & JOYCE, 1922, p. 74), anthropomorphic fetishes are practically non-existent among the Tetela, bar a few isolated exceptions. Looking at the specimens presented by Torday, we can assume these atypical works are the result of Songye influence.[39]

L. de Heusch also notes that "[...] a Tetela weetshi *had appropriated a magic Songye statuette and used it to protect his house". He specified as well that "[...] objects are liable to travel independently of the institutions of which they are the symbols." He nevertheless contests any possible migration of crested masks and tricorn masks because "It is very unlikely that a solitary weetshi would have taken it upon himself to use the kifwebe association's very symbol of power to frighten those calling upon his healing talents. This would be a contradiction in terms." (DE HEUSCH, 1995, p. 193).*

39. *E. Torday defended the foreign origin of Tetela* minkishi. *In a little-known article (TORDAY, 1921, p. 376) he claimed that the "anthropomorphic fetishes" of the Sungu-Tetela were the result of borrowings from their "Luba neighbours". In the same text, Torday first writes about masks used by Tetela "witches".*

tinente de ce particularisme oculaire. Pour l'auteur, ces gros yeux globuleux pourraient être ceux du galago (petit primate de la famille des *galagonidae*) qui, selon le mythe narré dans le *bukishi*, créa le premier Homme. Par ailleurs, la bi-chromatique rouge / blanc renvoie là aussi au *bukishi* (comme nous l'avons déjà vu précédemment pour d'autres objets).
Suivant cet ordre d'idée, on pourrait supposer que la Figure 38 soit à rattacher au *bukishi* et que les trois cornes si rares soient aussi un élément iconographique du *bukishi*. Si cette hypothèse se vérifiait, on pourrait alléguer que les masques tricornes soient aussi des masques du *bukishi*. De fait, on pourrait se demander si l'apparence de ces masques abondamment striés, et possédant des cornes couvertes de fourrures pendant vers l'avant, ne pourrait être une représentation très symbolique d'une araignée et de sa toile[37]. D'après Wauters, l'arc-en-ciel est parfois représenté dans le *bukishi* par une toile d'araignée. Dans un mythe narré dans le *bukishi*, l'araignée (Natande) est aussi l'un des grands alliés de la lune lorsque celle-ci doit faire face à une révolte des bêtes (WAUTERS, 1949, pp. 108, 138, 340-341). C'est l'araignée qui aveuglera les bêtes, leur bloquera certains chemins par sa toile, et qui participera ainsi à les emmener vers une fosse creusée par Nkulu (« le mulot », symbole de la mort). Par ailleurs, c'est grâce au fil de l'araignée que les premiers hommes pourront s'extraire de Kalunga (ventre de la terre) et gagner la surface.

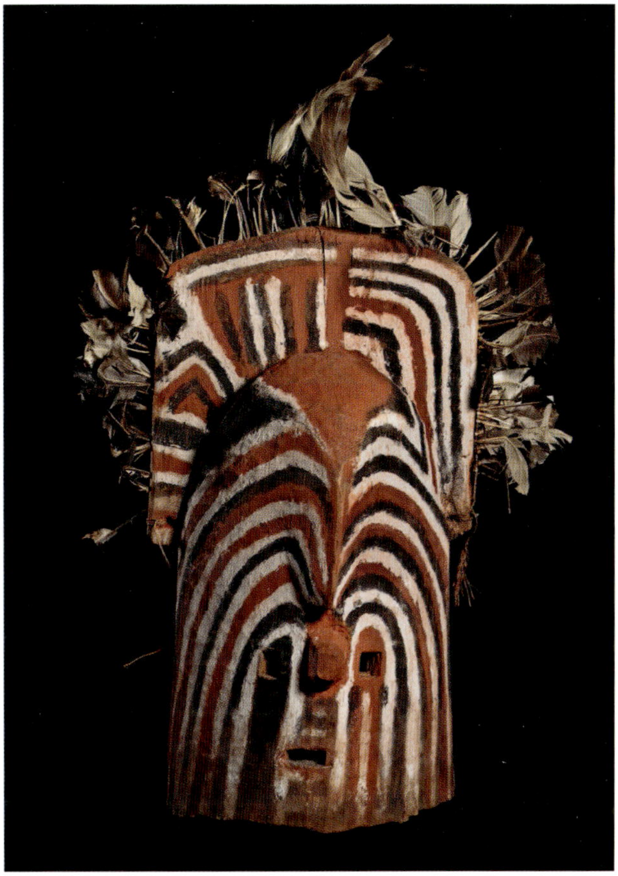

Figure 42

Si l'on parle maintenant du masque tricorne attribué par E. Torday aux Sungu (Figure 34), le collecteur nous fournit quelques informations. D'après lui, ce masque était utilisé dans le même contexte que les masques mitrés de la Figure 7. Rappelons ici succinctement que ces pièces étaient utilisées par un *weetshi* pour se présenter immobile et silencieux devant la foule. Cette chorégraphie bien restreinte pourrait d'ailleurs se retrouver sur une photographie de terrain prise avant 1909 par M. Delforge (Figure 39).
Sur ce cliché d'un « féticheur kuba », on voit un homme masqué immobile et revêtu d'un costume en toile de jute relativement similaire à celui de la Figure 8. En

37. Il existe au moins deux autres masques qui arborent deux courtes cornes et qui présentent le même visage couvert de motifs striés complexes et incisés que celui de la Figure 34. L'un d'eux, d'authenticité douteuse, est conservé au MRAC (N° inv. EO.1987.1.3).

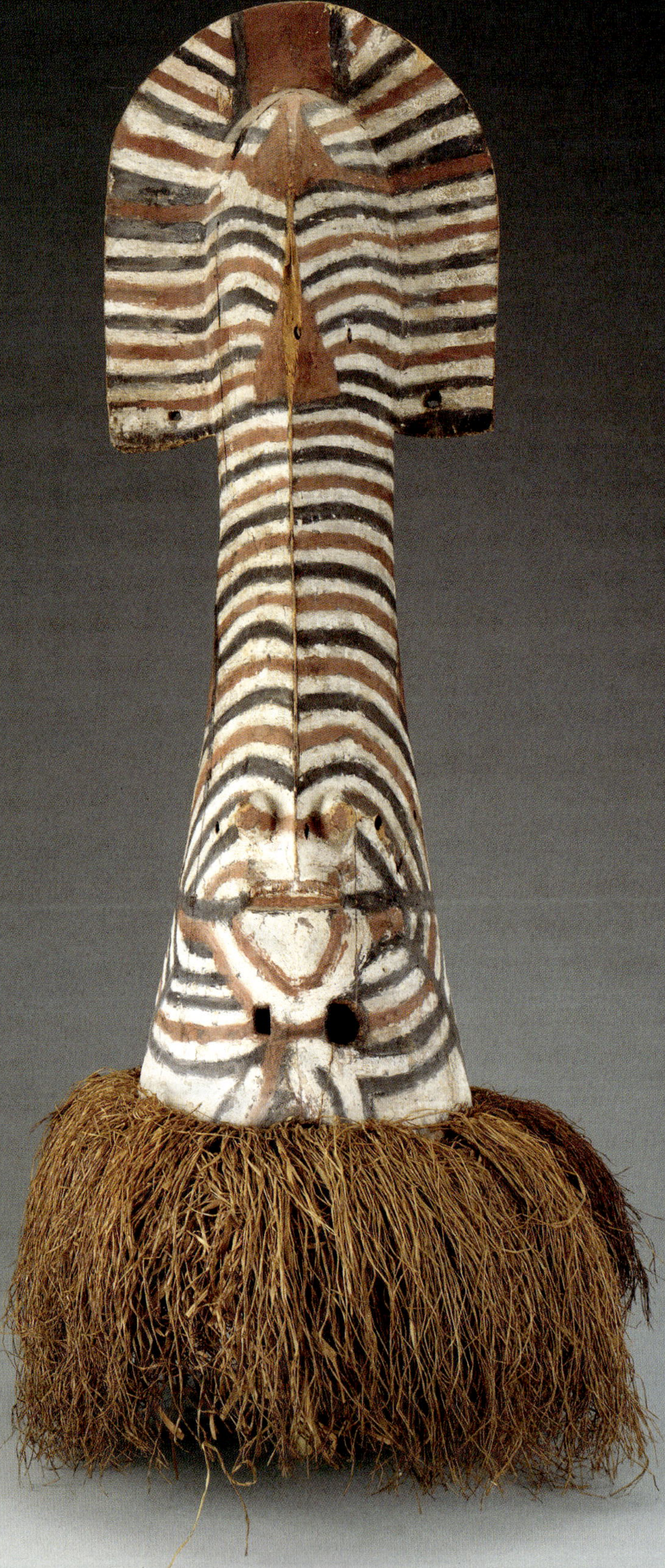

Figure 43

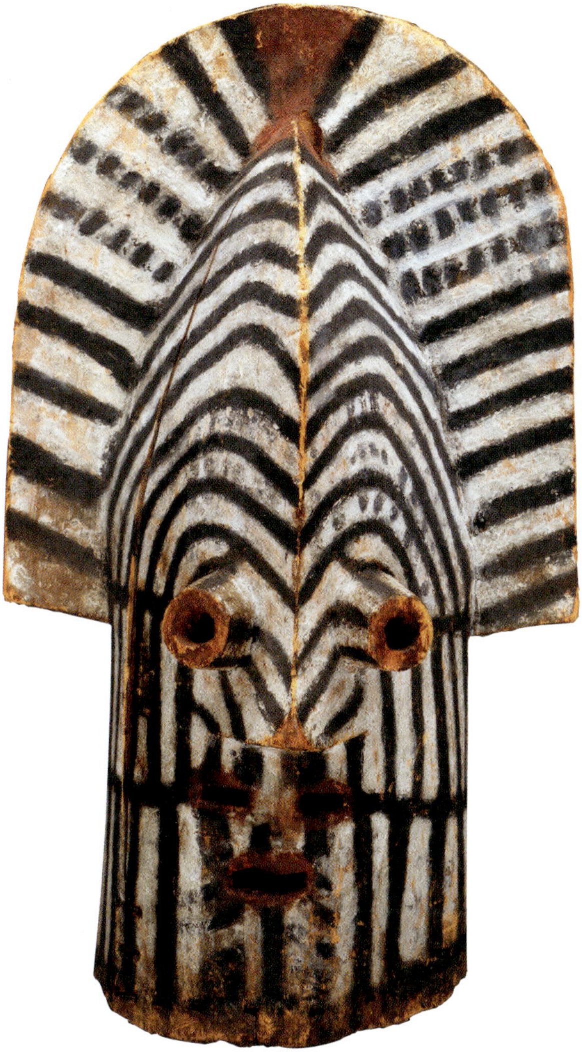

Figure 44

arrière-plan, à une distance assez éloignée, se trouvent des hommes d'âges variés et un musicien tenant un tambour à fente trapézoïdal. L'attribution aux Kuba semble réfutable pour plusieurs raisons ; la principale étant que nous ne connaissons aucune autre mention d'usage de masques tricorne chez ce groupe[38]. Bien que le tambour à fente trapézoïdal existe chez les Kuba, il est bien plus fréquent dans les accompagnements musicaux tetela ou songye. De plus, on sait qu'un masque très similaire à celui-ci (voir LEHUARD, 1974, p. 12), rentré dans les collections du Musée de Göteborg en 1913 (N° inv. 13.4.47), avait été collecté dans la région de Lusambo (NEYT, 1992, p. 9).
Il est très probable que, comme pour les masques mitrés, certains *weetshi* sungu, voisins des Songye, aient repris une production artistique originale songye. E. Torday avait déjà

38. En revanche rappelons que le masque mitré de la Figure 15 (document C) semble comporter des éléments stylistiques propres à l'art des Kuba de la région de Lusambo. Il importera lors d'études ultérieures de mieux chercher à comprendre si à ces similitudes plastiques pourraient correspondre des similitudes culturelles.

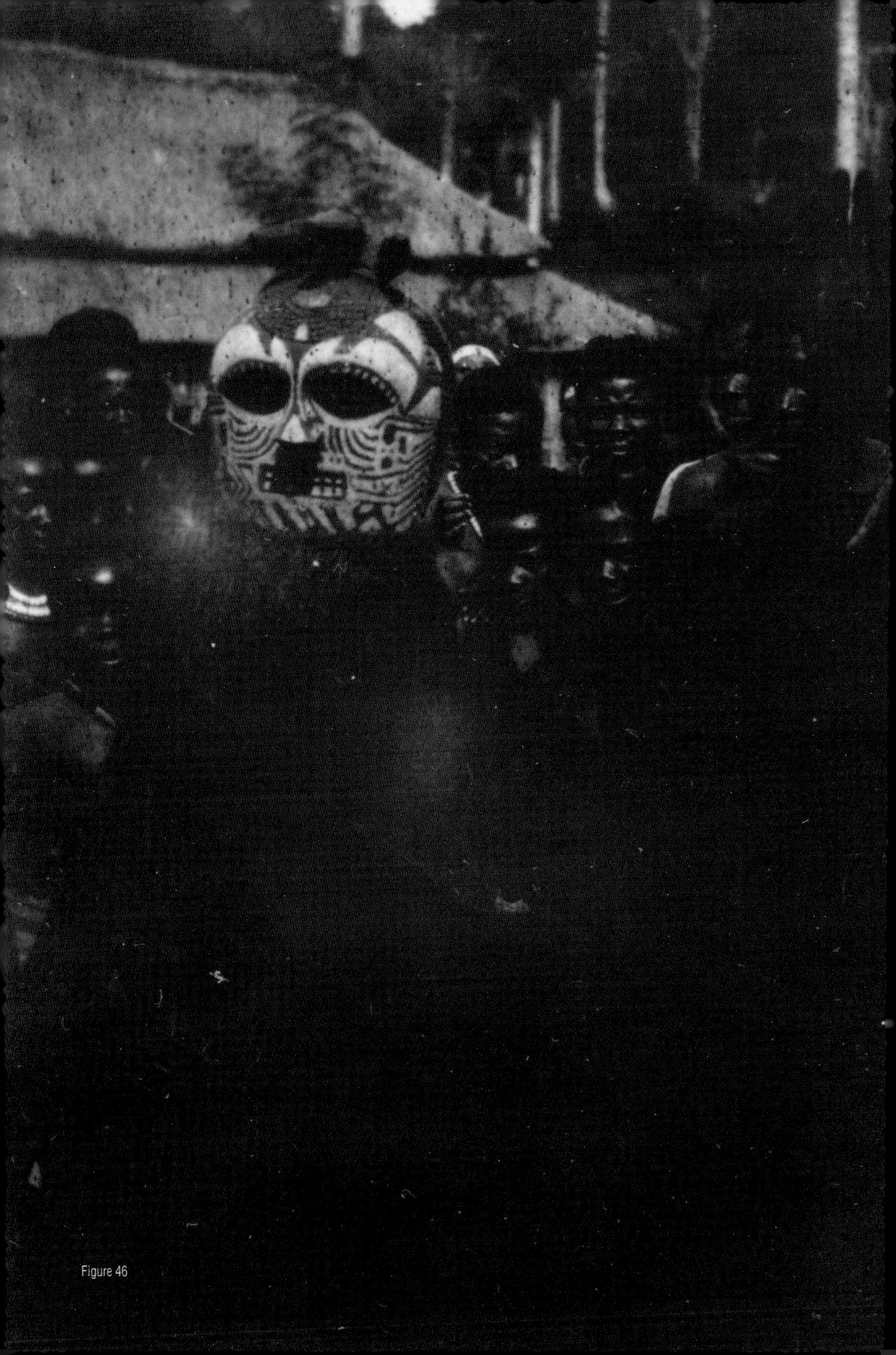

Figure 46

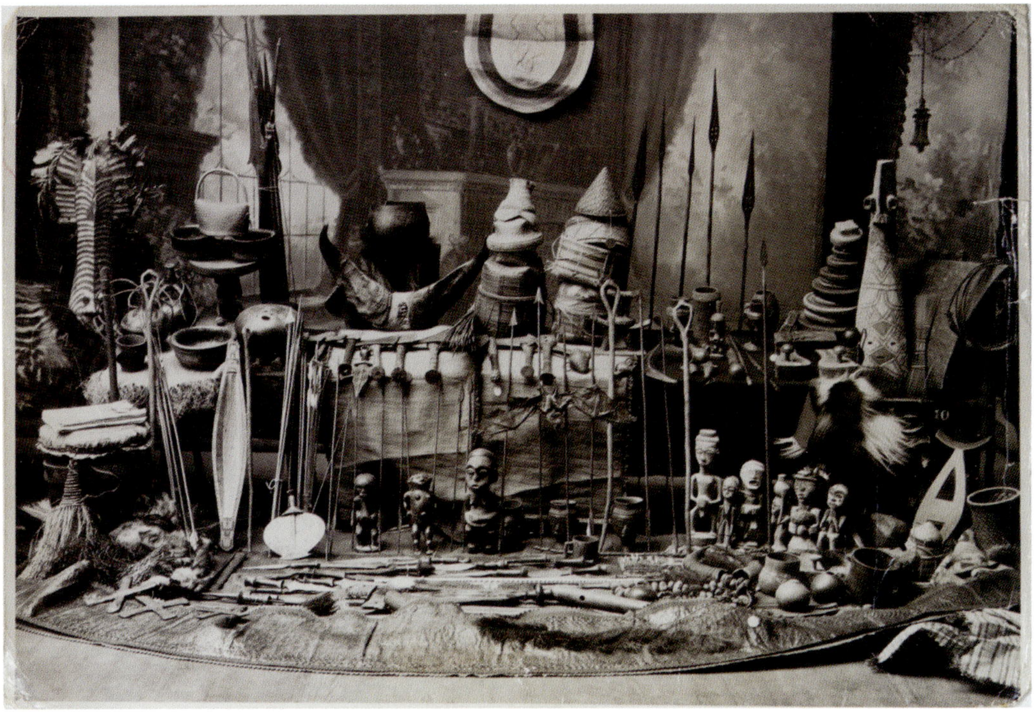

Figure 45

montré que certains praticiens sungu avaient fait usage de sculptures de différents styles songye que l'on retrouve le long du Sankuru entre Lusambo et Pania Mutombo (Figure 40).

D'après l'auteur (TORDAY & JOYCE, 1922, p. 74), les « fétiches » anthropomorphes sont quasi-inexistants chez les Tetela, à l'exception de quelques cas isolés. Au vu des exemplaires présentés par Torday, on est là aussi en droit de supposer que ces pièces atypiques résultent d'un emprunt aux Songye[39].

L. de Heusch reconnaît lui aussi : « [...] qu'un *weetshi* tetela ait pu s'approprier une statuette magique songye pour en faire un objet de protection de sa maison ». L'auteur précise également que : « [...] les objets sont susceptibles de voyager indépendamment des institutions dont ils sont le support symbolique ». Pour autant, il réfute la possibilité de capacité migratoire aux masques mitrés et aux masques tricornes car : « il est fort peu probable qu'un *weetshi* solitaire aurait repris à son compte le signe même du pouvoir de l'association *kifwebe* pour effrayer ceux qui font appel à ses talents de guérisseurs » (DE HEUSCH, 1995, p. 193).

39. E. Torday défendit d'ailleurs l'origine allochtone des *minkishi* tetela. Il précisa dans un article méconnu (TORDAY, 1921, p. 376) que les « fétiches anthropomorphes » des Tetela Sungu résultaient d'un emprunt fait aux « Luba voisins ». C'est aussi dans ce texte qu'E. Torday parle pour la première fois de masques utilisés par les « sorciers » tetela.

CONCLUSION

In terms of what we have already discussed, some points can be clarified.
First, it remains to be demonstrated that the crested masks belonged in fact to the kifwebe*, something we doubt given the iconographic evidence we have explored.*
Second, it remains to be proven that tricorn masks and crested masks were important, imbued with powerful mystic force and so secret that they could never hope to be "adopted" by another culture. If we take into consideration the few things we know about crested masks, we see that certain of these Songye masks performed dances before large crowds, and that they were not especially discreet. We have shown that these masks, like the kalengula *and the plank masks which most likely inspried them, are the result of a very lively artistic interaction for which a limited area of distribution would be difficult to define.*

In the case of the kalengula*, we have seen masks made from a variety of materials and present in diverse cultures across an area of distribution geographically very large. It is hard to find a link in terms of use or socio-cultural context between specimens, which have been found among the Luntu, the Luluwa / Nsapo-Nsapo, the Songye, and even the Luba.*

A formal relationship nevertheless exists. In this we will find perhaps one of the keys to understanding how masks come to be distributed: the success of one form, the popularity in different cultures of original artistic expressions. It is likely that the Luntu have a symbolic and iconographic reason to create such a curious mask (Figure 18). The symbolism was probably lost when other cultures adopted it for its visual qualities.
The same can surely be said of Sungu crested masks and tricorn masks. As L. de Heusch rightly says (1995, p. 194), it is to Songye mythology, not Tetela, that we must look if we hope to understand tricorn masks and crested specimens. We, like de Heusch, do not believe that Sungu masks (Figure 34) can be linked directly with Tetela spirits such as Mponganendi (see NEYT, 1992, p. 5).

For the moment, the most reasonable explanation is simply that crested masks and tricorn masks were adopted for practical and aesthetic reasons.
The sight of such masks being used by neighbouring Songye groups gave some weetshi *the idea of making use of something similar in parts of their practice in order to impress their patients and others with a theatrical effect.*
Some of these masks might have been purchased from the Songye, while others could have been sculpted by the Tetela. It is likely that this adoption took place because the weetshi *understood the potential effect of such imposing and surprising objects on their compatriots.*

CONCLUSION

Vis-à-vis de ce que nous avons énoncé précédemment, plusieurs « certitudes » concernant les masques mitrés peuvent être nuancées.
Premièrement, il faudrait démontrer que les masques mitrés aient bien relevé du *kifwebe*, ce que nous ne pensons pas au vu des pistes iconographiques exploitées.
Deuxièmement, il faudrait prouver que les masques tricornes et les masques mitrés aient été des masques importants, détenteurs d'une telle force mystique et tellement secrets qu'ils ne pouvaient espérer être « adoptés » par une autre culture, pour un autre usage. Si l'on prend en considération les quelques éléments existant sur les masques mitrés, nous savons déjà que certains de ces masques songye exécutaient des chorégraphies au milieu d'une foule nombreuse, et qu'ils n'étaient donc pas spécialement discrets. Nous avons montré que ces masques, comme les *kalengula* et les masques à planchettes dont ils tirent probablement leur inspiration créatrice, sont des masques issus d'échanges artistiques très actifs qui ne laissent que peu de place pour une éventuelle et totale restriction de diffusion.

Avec l'exemple du *kalengula*, nous avons vu le cas de masques réalisés en plusieurs matériaux présents dans diverses cultures et ayant un champ de diffusion géographique relativement large. Il est extrêmement difficile pour ces masques de trouver un lien d'utilisation, un contexte socio-culturel commun entre des exemplaires luntu, luluwa / nsapo-nsapo, songye ou encore luba.

Il existe pourtant une relation évidente au niveau formel. Cette dernière remarque détient peut-être l'une des clefs permettant de comprendre le pourquoi de la diffusion des masques : le succès d'une forme, l'engouement de différentes cultures pour une expression artistique originale. Il est probable que les Luntu aient eu une raison symbolique et iconographique de créer un masque à l'aspect si curieux (Figure 18). Cette symbolique s'est sans doute perdue lorsque d'autres cultures attirées par l'aspect artistique du masque l'ont adopté.
Il en va certainement de même pour les masques mitrés et les masques tricornes des Sungu. Comme le dit à juste titre L. de Heusch (1995, p. 194), c'est bien la mythologie songye et non celle des Tetela qu'il faut interroger pour comprendre les masques tricornes, et aussi les exemplaires à mitre. Comme L. de Heusch, nous ne croyons pas que les masques sungu (Figure 34) soient à mettre en rapport avec des esprits clairement tetela comme l'est Mponganendi (voir NEYT, 1992, p. 5).

Pour le moment, l'explication la plus raisonnable est de dire que les masques mitrés et les masques tricornes furent adoptés pour des raisons pratiques et esthétiques.
La vision de tels masques chez des groupes songye voisins donnèrent peut-être l'idée à certains *weetshi* d'en utiliser de

In any case, the existence of the apparently foreign term "wechi" *to mean fetish-man among Songye groups from the Batempa region leads us to think that Sungu* weetshi *might have had an influence on certain Songye magical practices, and that they might even have travelled to Songye territory and learned certain practices (such as the use of masks) from "local brotherhoods" or members of the* bukishi *or the* bwadi.

This is one of the major difficulties which, in our opinion, hinders comprehension of these works. There is no question here of wide-spread adoption through a specific, shared socio-cultural complex. We are addressing, rather, adoption by individuals for reasons to do with – we believe – theatricality and visual interest. These reasons are often ignored because they aren't as "concrete" as the spread of worship, brotherhoods, initiation rituals.
The possible distribution of an image or an object, as well as the transformation of that piece's iconography and function, is an observable phenomenon, see at different times in different parts of the world. Thus J. Baltrusaitis demonstrated the pictorial and plastic integration as well as the iconographic transformation of ancient or oriental motifs in Gothic art. He demonstrates suitably the influence of certain Lamaist dances on the European dance macabre *(BALTRUSAITIS, republished 1993, pp. 262-265).*
Returning to the subject of our study, we know rather certainly of a photo showing an Indian snake charmer which gave rise up and down the entire west coast of Africa to a water spirit known as "Mami Wata".

As we have said and repeated, debate over and research into crested masks and tricorn masks are far from exhausted, and we hope merely that this discussion will encourage further study of these exciting masks which are not completely Songye nor completely Sungu, and which existed a brief dozen or so years, an apparition as ephemeral as the rainbow after a storm.
The short life of these masks among the Sungu might be explained by the fact that despite an audacious initiative, the use of masks remained too alien to Tetela culture as a whole for this ritual innovation to take hold.

semblables pour certains actes de praticiens afin d'obtenir un effet scénographique marquant sur leurs patients et sur les spectateurs. Des masques de ce type ont pu être achetés aux Songye alors que d'autres purent être sculptés par des Tetela. Il est probable que cette adoption eut lieu parce que les *weetshi* sentirent le potentiel qu'ils pourraient tirer de ces objets imposants et surprenants auprès de leurs concitoyens.

Dans tous les cas, l'existence du terme apparemment allochtone de « *wechi* » utilisé par des groupes songye de la région de Batempa pour désigner le féticheur, laisse à penser que des *weetshi* sungu ont pu avoir une influence sur certaines pratiques magiques songye, et qu'ils ont pu mêmement se rendre en territoire songye et retirer auprès des « confrères locaux » ou des membres de confréries, comme le *bukishi* ou le *bwadi*, certains savoirs et artifices (comme les masques).
C'est là l'une des difficultés importantes qui, à notre avis, entrave la compréhension de ces œuvres. Ici, il n'est pas question d'une adoption généralisée par le biais d'un complexe socio-culturel précis et partagé par deux cultures. Nous parlons d'adoption au niveau individuel pour des raisons dans lesquelles s'entremêlent, selon nous, des questions de scénographie et d'intérêt plastique. Ces raisons sont souvent occultées parce qu'elles ne sont pas aussi « concrètes » que la diffusion de cultes, de confréries, de complexes d'initiation.
La possible diffusion d'une image ou d'un objet, ainsi que la transformation de son iconographie et de son usage, sont une réalité observable à différentes époques et dans différentes parties du monde. Ainsi, J. Baltrusaitis a démontré l'intégration plastique et picturale ainsi que la transformation iconographique de motifs antiques ou orientaux dans l'art gothique. L'auteur explore même pertinemment l'influence de certaines danses lamaïques dans l'élaboration des danses macabres européennes (BALTRUSAITIS, rééd. 1993, pp. 262-265).
Plus proche du sujet qui nous préoccupe, on sait de manière certaine qu'un cliché montrant une charmeuse de serpents indienne donna corps sur toute la côte Ouest-africaine à un esprit des eaux connu sous le nom de « Mami Wata ».

Comme nous l'avons dit et répété, le débat et les recherches portant sur les masques mitrés et tricornes est loin d'être clos et nous espérons simplement avoir contribué par les quelques réflexions exposées à relancer l'étude de ces masques passionnants qui ne sont ni tout à fait songye, ni tout à fait sungu et qui connurent une existence brève de quelques dizaines d'années, une apparition éphémère comme l'est celle d'un arc-en-ciel après un orage.
La courte vie de ces masques chez les Sungu pourrait s'expliquer par le fait que malgré l'audacieuse tentative, l'usage de masques restait par trop étranger à la culture tetela dans son ensemble pour permettre de donner suite à cette innovation rituelle.

CAPTIONS
PART 1

FIGURE 1
Height: *44 cm*
Width: *42 cm*
Materials: *wood, pigments, beard of black fibres, neck covering of beaten bark*
Collector: *Reverend Father Colle [?]*
Previous collections: *C. White / White Fathers of Antwerp*
Collection: *Seattle Art Museum (Inv. number 81.17.869)*
© Seattle Art Museum

FIGURE 2
Image taken from: *COLLE, 1913a, pl.XII (Figure above, to the right)*
Original caption: sorcier danseur (masque kifwebe).
Notes: *photo of the mask in Figure 1 being worn. This photo appeared earlier in the publication* Missions Catholiques d'Afrique des Pères Blancs *(issue of November 1911, p.343). The caption read "Kifwebe or mask among the Baluba".*
Photographer: *Reverend Father Colle [?]*

FIGURE 3
Height: *46.5 cm*
Width: *29.2 cm*
Weight: *1440 grs*
Materials: *wood and pigments. In 1924, the mask possessed a beard of black fibres as well as a neck-covering in leather or cloth.*
Previous collection: *H. Pareyn*
Collection: *Musée Royal de l'Afrique Centrale (Inv. number EO.0.0.3341)*
Notes: *this mask, acquired before 1911, was considered by J. Maes to be of Luba origin (MAES, 1924, pl.41). The round face might have reminded him of large round striated masks (see Figure 1).*
In 1978, A.P. Merriam undertook a new study of this mask, and it has since been attributed to the Songye (MERRIAM, 1978, p.63).
This mask previously had three protuberances on its upper portion. These "horns" are found on an analogue specimen previously in the Arman collection (Figure 37 section 2).
Photographer: *J. M. Vandyck*
© Musée Royal de l'Afrique Centrale

FIGURE 4
Image taken from: *MRAC photographic archives (unnumbered).*
Notes: *this* lumachecha *gourd mask was made by Mr Kiyabu in 1973 in Lupupa Ngye village (Bala-Songye).*
Photographer: *A.P. Merriam (1973)*
© Musée Royal de l'Afrique Centrale

FIGURE 5
Height: *37cm (41 cm with the handle)*
Width: *37cm*
Profondeur: *22cm*
Collection: *Linden Museum, Stuttgart, 1978 (Inv. number F.51.885L)*
Notes: *similar specimens were acquired in the Kamina region. According to what we know about them, they were used to serve food.*
Photographer: *A. Dreyer*
© Linden Museum

FIGURE 6
Image taken from: *CUNARD, 1934, p.733*
Original caption: witch-doctor's mask, Awembe tribe, Northern Rodhesia.
Collection: *Auckland War Memorial Museum (Inv. number 1951.161, 32249.1)*
Notes: *although attributed to the Awembe by N. Cunard, this mask shows nothing to link it to contemporary Zambian cultures. The heavy, half-closed eyes, the element beneath the chin, the carved striations, the triangular nose with its well-defined nostrils, or the "antenna" of composite materials, are all elements reminiscent of eastern Luba round striated masks. Nevertheless, I do not question the place of acquisition. There is another round striated mask in the Museo Missionario Etnologico at the Vatican (Inv. number MME 101064) which apparently was acquired by Father Shebesta before 1930 in the Matadi region!*
We can imagine that, for unknown reasons, the Auckland War Memorial Museum mask travelled from the Luvua-Lukuga interbasin as far as what was then Northern Rhodesia. It is hard to provide more information about this object, for example whether it was used by the Awembe. We only know that it was acquired by Rev. Harry Johnson, and donated to the Leicester New Walk Museum in around 1919 before leaving in 1951 for the Auckland Museum in New Zealand.

FIGURE 7
Height: *39 cm*
Materials: *warm brown wood, pigments, light-coloured fibres.*
Collector: *F. Stuhlmann (late 1890)*
Place of acquisition: *Tabora*
Collection: *Ethnologisches Museum, Berlin (Inv. number MFV. III E 2453)*
Notes: *this mask has a large number of fixations holes, square perforations grouped in the lower part of the mask, between the lower jaw and the gorget. The collar of fibres was once slightly longer (see FROBENIUS, 1898, Figure 12).*
Photographer: *D. Graf*
© Ethnologisches Museum, Berlin

FIGURE 8
Height: *43 cm with beak/28 cm without*
Width: *27 cm*
Materials: *wood, pigments, stiff and very brown vegetable fibres, bamboo*
Collector: *W. Von Grawert (late 19th century)*
Collection: *Linden Museum, Stuttgart (Inv. number 58691)*
Notes: *this eastern Luba mask has forty-four fixation holes around its rim. The fibre collar is securely attached by means of fibre twine, strips of bamboo, and leather. Remnants of earth are visible on the beak. The beak is open quite wide, and serves as a visual portal for the wearer (the eyes are not pierced). This is not a facial mask, but a helmet-mask which would be worn with the beak horizontal. Two discrete parallel striations are carved into the base at the right side of the beak. The interior is rather uniform and shows few tool marks. The interior surface is nevertheless rather rough in places.*
Photographer: *A. Dreyer*
© Linden Museum

FIGURE 9
Height: *12.5cm*
Length: *27cm*
Materials: *wood and pearls*
Collection: *Musée National de Lubumbashi (Inv. number 75.9.13)*
Image taken from: *MRAC photographic archives (Inv. number EP.1953.74.1064)*
Notes: *cephalomorphic cup acquired in the Manono region (near Kiambi).*
Photographer: *A. Maesen*
© Musée Royal de l'Afrique Centrale

LEGENDES DES FIGURES

PARTIE 1

FIGURE 1

Hauteur : 44 cm
Largeur : 42 cm
Matériaux : bois, pigments, barbe de fibres noires, cache-nuque en écorce battue
Collecteur : Révérend Père Colle [?]
Anciennes collections : C. White / collection des Pères Blancs d'Anvers
Collection : Seattle Art Museum (N° inv. 81.17.869)
© Seattle Art Museum

FIGURE 2

Image extraite de : COLLE, 1913a, pl. XII (Figure en haut à droite)
Légende d'origine : *sorcier danseur (masque kifwebe)*
Note : photographie du masque de la Figure 1 porté. Ce cliché fut publié antérieurement dans la revue *Missions Catholiques d'Afrique des Pères Blancs* (numéro de Novembre 1911, p. 343). La photo était légendée comme suit : « *Kifwebe ou masque chez les Baluba* ».
Photographe : Révérend Père Colle [?]

FIGURE 3

Hauteur : 46,5 cm
Largeur : 29,2 cm
Poids : 1 440 g
Matériaux : bois et pigments.
En 1924, le masque possédait une barbe de fibres noires ainsi qu'une sorte de couvre-nuque en cuir ou en tissu.
Ancienne collection : H. Pareyn
Collection : Musée royal de l'Afrique centrale (N° inv. EO.0.0.3341)
Note : ce masque, collecté avant 1911, fut considéré par J. Maes comme étant d'origine luba (MAES, 1924, pl. 41). La rondeur du faciès rappela peut-être à l'auteur le visage des grands masques ronds à stries (voir Figure 1). En 1978, A. P. Merriam reprit l'étude de ce masque qui fut alors attribué aux Songye (MERRIAM, 1978, p. 63).
Ce masque possédait par le passé trois protubérances sur sa partie supérieure. Ces sortes de « cornes » existent sur un modèle analogue de l'ancienne collection Arman (Figure 37 dossier 2).
Photographe : J. M. Vandyck
© Musée royal de l'Afrique centrale

FIGURE 4

Image extraite de : archives photographiques du MRAC (non numéroté)
Note : ce masque *lumachecha* en calebasse fut réalisé par Mr. Kiyabu en 1973 dans le village de Lupupa Ngye (Songye Bala).
Photographe : A. P. Merriam (1973)
© Musée royal de l'Afrique centrale

FIGURE 5

Hauteur : 37 cm (41 cm avec l'anse)
Largeur : 37 cm
Profondeur : 22 cm
Collection : Linden Museum de Stuttgart en 1978 (N° inv. F.51.885L)
Note : des exemplaires similaires furent collectés dans la région de Kamina. D'après les renseignements les concernant, ces récipients servaient à contenir des aliments.
Photographe : A. Dreyer
© Linden Museum

FIGURE 6

Image extraite de : CUNARD, 1934, p. 733
Légende d'origine : *witch-doctor's mask, Awembe tribe, Northern Rodhesia.*
Collection : Auckland War Memorial Museum (N° inv. 1951.161, 32249.1)
Note : bien qu'attribué aux Awembe dans l'ouvrage de N. Cunard, ce masque ne relève en rien des cultures de l'actuelle Zambie. Les yeux lourds et tombants, l'élément placé sous le menton, les stries incisées, le nez triangulaire aux narines bien dessinées, ou encore « l'antenne » en matériaux composites, sont autant d'éléments plastiques renvoyant aux masques ronds à stries des Luba orientaux. Pour autant, je ne remettrai pas en cause le lieu de collecte de l'objet. Il existe ainsi un masque rond à stries du Museo Missionario Etnologico du Vatican (N° inv. MME 101064) qui semble avoir été collecté par le père Shebesta avant 1930 dans la région de Matadi ! On peut donc envisager que, pour des raisons inconnues, le masque du Auckland War Memorial Museum a voyagé depuis l'entre Luvua-Lukuga jusque dans l'ancienne Rhodésie du Nord. Il est difficile de fournir de plus amples informations sur cet objet, par exemple de savoir si oui ou non il fut utilisé chez les Awembe. Nous savons seulement qu'il fut collecté par le Rev. Harry Johnson, et qu'il fut donné au Leicester New Walk Museum vers 1919 avant de partir en 1951 pour la Nouvelle-Zélande à l'Auckland Museum.

FIGURE 7

Hauteur : 39 cm
Matériaux : bois d'un brun chaleureux, pigments, fibres claires
Collecteur : F. Stuhlmann (fin de l'année 1890)
Lieu de collecte : Tabora
Collection : Ethnologisches Museum de Berlin (N° inv. MFV. III E 2453)
Note : ce masque possède un nombre de perforations d'attache assez important. Ces perforations, de forme carrée, se regroupent dans la partie basse du masque entre la mâchoire inférieure et le gorgerin. Par le passé (la collerette de fibres du masque était légèrement plus longue (voir FROBENIUS, 1898, Figure 12).
Photographe : D. Graf
© Ethnologisches Museum de Berlin

FIGURE 8

Hauteur : 43 cm avec le bec / 28 cm sans le bec
Largeur : 27 cm
Matériaux : bois, pigments, fibres végétales rêches et très brunes, bambou
Collecteur : W. Von Grawert (fin du XIXe siècle)
Collection : Linden Museum de Stuttgart (N° inv. 58691)
Note : ce masque luba oriental possède quarante-quatre trous de fixation sur son pourtour. Le collier de fibres est solidement attaché au moyen de cordelettes faites de fibres, de lamelles de bambou et de cuir. On observe des reliquats terreux sur le bec. Ce bec, largement ouvert, sert de trou de vision pour le porteur (les yeux ne sont pas percés). Il ne s'agit pas d'un masque facial, mais bien d'un masque-heaume qui, lorsqu'il est porté, présente un bec se développant sur un plan horizontal. Deux stries parallèles, très discrètes, sont incisées sur la base droite du bec. L'intérieur du masque est assez uniforme et montre peu de traces d'outils.

FIGURE 10
Height: *23 cm*
Width: *approximately 18 cm*
Materials: *wood, pigments, plumes*
Collector: *F. Stuhlmann (late 1890)*
Place of acquisition: *Tabora*
Collection: *Ethnologisches Museum, Berlin (Inv. number MFV. III E 2452)*
Notes: *this Bembe mask is often thought to be Luba because of its resemblance to round striated masks. One detail undermines this attribution: the abundance of feathers. From what we know about Luba masks, feathers are not a common decoration for Luba masks. At most, they might ornament the "antennae" of certain* kifwebe *masks. On the other hand, there is a mask used by the "Bembe" of the Basymniaka group (at the heart of "Bembeland") which shows some similarities to this specimen acquired by Stuhlmann. This mask (in BIEBUYCK, 1972, p.18) is used by a variant of the Lega* bwami*. Comparison can be made based on the placing of the feathers (common among "Bembe" masks), a straight, thin nose, small, slightly protuberant mouth, and above all the presence of wide and deep striations coloured with kaolin.*
We therefore think the Stuhlmann specimen is a "Bembe" mask which travelled along trade routes to arrive in Tabora in 1890, where it was sold along with a Luba mask (Figure 7), leading to its mis-attribution.

FIGURE 11
Image taken from: *ZANGRIE, 1947-50, Figure 8*
Original caption: statue Baka Kunga.
Notes: *ancestor statue from the Baka Kunga royal clan (Boyo group).*
Photographer: *L. de Heusch (alias L. Zangrie)/1940s*

FIGURE 12
Height: *32cm*
Notes: *Luba-Hemba* ditumba *drum (eastern Luba).*
Collector: *H. Fonck (before 1905)*
Collection: *Linden Museum, Stuttgart (Inv. number43466)*
Photographer: *A. Dreyer*

Figure 12 BIS
Notes: *detail of Figure 12***.**
Photographer: *J. Volper*

FIGURE 13
Height: *29cm*
Width: *26cm*
Weight: *approximately 1200grs*
Collection: *M.L. Felix (Inv. number FX.940071)*
Notes: *this mask, influenced by the Hemba-Niembo or the Hemba-Kahela, offers moderate visibility. It is covered with a crusty patina smelling of soot. The face shows triangular motifs lightly carved: four on the forehead and one under each eye.*
Photographer: *D. Beaulieux*

FIGURE 14
Image taken from: *photographic archives of the White Fathers in Rome (Inv. number3161)*
Original caption: ontspanning *(recreations)*
Notes: *this is the mask from Figure 1 and Figure 2.*
Photographer: *probably Reverend Father Colle [?]*

FIGURE 15
Image taken from: *MRAC photographic archives (Inv. number132655). This eastern Luba mask is currently housed at MRAC (Inv. number EO.0.0.30593).*
Notes: *The Katompe area seems to have been especially important to the spread of the* Kifwebe *brotherhood in Luba territory. In fact, W. F. P. Burton saw* kifwebe *in the area in the 1930s (**Figure 20**). In 1934, The territorial administrator R. Wauthion also acquired a luba* kifwebe *mask in the same territory. The specimen acquired by R. Wauthion is now at MRAC (EO.0.0.35652).*
Photographer: *Mr. Hoofd (before 1928)/ Paye village (Katompe/Kabalo territory).*

FIGURE 16
Height: *41 cm*
Width: *36 cm*
Materials: *wood and pigments*
Collection: *J.W. Mestach collection*
Notes: *Another angle of the same mask was published in the first edition of this section.*
Photographer: *A. Speltdoorn*

FIGURE 17
Height: *37 cm*
Width: *34,5 cm*
Materials: *wood and pigments*
Collection: *Metropolitan Museum, New York (Inv. number 1979.206.5)*
Notes: *this eastern Luba mask was present during one of the twice-monthly exhibitions that were held at the Colonial Offices in Brussels from 1920 until 1950. A photo shows it during one of these events, accompanied by other Congolese objects (see VAN SCHUYLENBERGH & MORIMONT, 1995, Figure 4).*

FIGURE 17 BIS
Height: *32.4 cm*
Materials: *wood, pigments*
Image taken from: *CATALOGUE DE VENTE, 1998, lot 331*
Previous collection: *J. Kerchache*

FIGURE 18
Image taken from: *MRAC photographic archives (Inv. number 40.1.94)*
Photographer: *Reverend Father Mommens (before 1940)/Lusaka region (Songye and Luba populations)*

FIGURE 19
Image taken from: *N. Seeuws archives.*
Notes: *although of similar style, these* kifwebe *are distinguished by their colouring, their motifs, and their accessories. We can imagine that their general shape (round above and squared below) is characteristic of a workshop or region. On the other hand, the different motifs, the colours, the accessories reveal more about the iconography.*
These masks demonstrate two distinct types of costume. The predominantly white one has a loose "burlap" costume, while the predominantly red one has a "body stocking" of tightly woven fibres. The accessories are also varied. One mask has a wood hatchet and a switch, the other a false lance/sceptre, a third (the red one) has a long wood dagger, and the last seems to have only a switch. The mask with the lance has a much fuller skirt than the others, and several animal skins around the waist.
Photographer: *N. Seeuws (1972)/ Kongolo region?*

Le toucher de la face interne révèle cependant une certaine rugosité par endroits.
Photographe : A. Dreyer
© Linden Museum

FIGURE 9
Hauteur : 12,5 cm
Longueur : 27 cm
Matériaux : bois et perles
Collection : Musée National de Lubumbashi (N° inv. 75.9.13)
Image extraite de : archives photographiques du MRAC (N° inv. EP.1953.74.1064)
Note : coupe céphalomorphe collectée dans la région de Manono (localité de Kiambi).
Photographe : A. Maesen
© Musée royal de l'Afrique centrale

FIGURE 10
Hauteur : 23 cm
Largeur : approximativement 18 cm
Matériaux : bois, pigments, plumes
Collecteur : F. Stuhlmann (fin 1890)
Lieu de collecte : Tabora
Collection : Ethnologisches Museum de Berlin (N° inv. MFV. III E 2452)
Note : ce masque bembe a souvent été considéré comme luba compte tenu de sa ressemblance relative avec les masques ronds à stries. Cependant, un détail perturbe quelque peu cette attribution : l'abondance des plumes. D'après ce que l'on connaît des masques luba, La plume n'est pas un élément de parure habituel des masques luba. Tout au plus retrouve-t-on cet ornement sur les « antennes » de certains masques *kifwebe*. En revanche, il existe un masque utilisé par les « Bembe » du groupe des Basymniaka (au centre du « Bembeland »), qui possède quelques affinités avec cet exemplaire collecté par Stuhlmann. Ce masque (in BIEBUYCK, 1972, p. 18) est utilisé dans une variante du *bwami* des Lega. Les comparaisons peuvent ici se faire par la présence et la disposition des plumes (assez courantes sur les masques « bembe »), un nez droit et fin, une petite bouche légèrement protubérante, et surtout la présence de stries larges et profondes colorées au kaolin.
Nous pensons donc que l'exemplaire de Stuhlmann constitue un cas précoce de masque « bembe » ayant suivi certaines voies commerciales pour se retrouver à Tabora en 1890, où il fut vendu avec un masque luba (Figure 7), groupe auquel il fut par la suite attribué.
© Ethnologisches Museum de Berlin

FIGURE 11
Image extraite de : ZANGRIE, 1947-50, Figure 8
Légende d'origine : *statue Baka Kunga*
Note : statue d'ancêtre du clan royal des Baka Kunga (groupe boyo).
Photographe : L. de Heusch (alias L. Zangrie) / années 1940

FIGURE 12
Hauteur : 32 cm
Note : tambour de type *ditumba* des « Luba-Hemba » (Luba orientaux).
Collecteur : H. Fonck (avant 1905)
Collection : Linden Museum de Stuttgart (N° inv.43466)
Photographe : A. Dreyer
© Linden Museum

FIGURE 12 BIS
Note : détail de la Figure 12.
Photographe : J. Volper

FIGURE 13
Hauteur : 29 cm
Largeur : 26 cm
Poids : approximativement 1 200 g
Collection : M. L. Felix (N° inv. FX.940071)
Note : ce masque d'influence plastique hemba-niembo ou hemba-kahela offre une visibilité moyenne. Il est recouvert d'une patine croûteuse dégageant une odeur de suie. Le visage présente des motifs en triangles légèrement incisés : quatre sur le front et un sous chaque œil.
Photographe : D. Beaulieux
© M. L. Felix

FIGURE 14
Image extraite de : archives photographiques des Pères Blancs à Rome (N° inv. 3161)
Légende d'origine : *ontspanning* (délassement)
Note : ce masque est celui des Figure 1 et Figure 2.
Photographe : Révérend Père Colle [?]
© Archives photographiques des Pères Blancs

FIGURE 15
Image extraite de : archives photographiques du MRAC (N° inv. 132655)
Ce masque luba oriental est actuellement dans les collections du MRAC (N° inv. EO.0.0.30593).
Note : La zone de Katompe semble être particulièrement importante pour ce qui est de la diffusion de la confrérie *Kifwebe* en territoire luba. En effet, il faut préciser que W. F. P. Burton observa dans les années 1930 des *kifwebe* dans cette même région (Figure 20). Par ailleurs, en 1934, l'administrateur territorial R. Wauthion collecta également un masque luba du *kifwebe* sur ce même territoire. L'exemplaire collecté par R. Wauthion est actuellement conservé au MRAC (EO.0.0.35652).
Photographe : Mr Hoofd (avant 1928) / village de Paye (Katompe / territoire de Kabalo).
© Musée royal de l'Afrique centrale

FIGURE 16
Hauteur : 41 cm
Largeur : 36 cm
Matériaux : bois et pigments
Collection : collection J. W. Mestach
Note : un autre angle de vue du même masque avait été publié dans la première édition de ce dossier.
Photographe : A. Speltdoorn
© A. Speltdoorn

FIGURE 17
Hauteur : 37 cm
Largeur : 34,5 cm
Matériaux : bois et pigments
Collection : Metropolitan Museum de New York (N° inv. 1979.206.5)
Note : ce masque luba oriental était présent lors d'une exposition bimensuelle de l'Office Colonial de Bruxelles (entre 1920 et 1950). Une photographie le montre durant l'un des ces événements en compagnie d'autres objets congolais (voir VAN SCHUYLENBERGH & MORIMONT, 1995, Figure 4).
© Photo Scala, Florence

FIGURE17 BIS
Hauteur : 32,4 cm
Matériaux : bois, pigments
Image extraite de : Catalogue de vente, 1998, lot 331
Ancienne collection : J. Kerchache

FIGURE 18
Image extraite de : archives photographiques du MRAC (N° inv. 40.1.94)

FIGURE 20
Original caption: société de danseurs masqués près de Kabalo, à l'ouest du Lualaba sur la route menant à Katompe. J'ai oublié de demander le nom du village.
Image taken from: *MRAC photographic archives (Inv. number EP.0.0.3480)*
Photographer: *W.F.P. Burton (between 1927 and 1935)*

FIGURE 21
Image taken from: *SWANN, 1910, p.71*
Original caption: beautiful specimens of carved images used to frighten girls into obedience during the initiatory rites. They are also placed at burial-places, and sometimes at cross roads. They are manipulated by medicine men to increase respect for their performances.
Notes: *the round striated mask is, like the three statuettes, of a clearly Luba style. The piece with a collar of fibres (possibly a mask) might be of Bembe origin. As for the horned mask, it recalls some uncouth, grimacing specimens that were observed near Tanganyika. In any case, this photo of the "ethnographic trophy" style is the oldest published "field" image showing a round striated mask.*

FIGURE 22
Image taken from: *N. Seeuws archives*
Notes: *a young Luba artisan makes "tights" for a* kifwebe *costume. Near him are several bands of bark to be used as materials. There is also a woven legging nearing completion but which has not yet been dyed or soled. The trunk of a tree serves as the "tailor's dummy" for the assembly of the legging. It is more or less the size of a man's leg. Another angle of the same scene was published in the first edition of this section.*
Photographer: *N. Seeuws (1970s)*

FIGURE 23
Original caption: vrai masque et faux danseur.
Notes: *when N. Seeuws and C. Henault acquired this mask they forgot to take a photo of it being worn by a dancer. Instead Seeuws himself wore the costume, and Henault took the photo, which shows how effectively the mask erases the personality of the wearer, and explains the caption on the back of the photo, which was communicated to us by N. Seeuws. This mask is now in the Musées Nationaux du Congo. Another photo of the same mask shows the fingers of Henault's right hand (see FAÏK-NZUJI, 1993, p.38).*
Photographer: *C. Henault (1972)/ Manono region?*

FIGURE 24
Height: *45cm*
Collector: *L. Frobenius (before 1900)*
Place of acquisition: *along the Lomami (Songye/Bena-Mpassa group populations)*
Collection: *Linden Museum, Stuttgart (Inv. number 43811)*
Photographer: *A. Dreyer*

FIGURE 25
Image taken from: *BURTON, 1961, Figure 20*
Notes: *members of the* bumbudye.
Photographer: *H. Goldstein (in 1949) / Tombe-Kazamba village (Kabongo territory)*

FIGURE 26
Image taken from: *MRAC photographic archives (Inv. number E.P.0.0.3446)*
Original caption: sorciers bakasandji originaires de la partie orientale du lac Bupemba, mais photographiés à Bunda. Ces hommes déterrent et mangent des cadavres.
Photographer: *W.F.P. Burton (années 1930)/Bunda village (Mwanza area?)*

FIGURE 27
Length: *28cm*
Collector: *Dr Schlossberger (before 1913)*
Collection: *Linden Museum, Stuttgart (Inv. number 82378)*
Notes: nyuzya bukasandji *adze.*
Photographer: *A. Dreyer*

FIGURE 28
Length: *26cm*
Width: *12cm*
Collector: *M. Schmerber (in 1903)*
Collection: *Musée Royal de l'Afrique Centrale (Inv. number EO.1956.46.9)*
Notes: nyuzya bukasandji *adze.*
Photographer: *J.M. Vandyck*

FIGURE 29
Length: *33.5cm*
Width: *13cm*
Previous collection: *J. Walschot*
Collection: *Musée Royal de l'Afrique Centrale (Inv. number EO.1975.51.35)*
Notes: nyuzya bukasandji *adze.*
Photographer: *J.M. Vandyck*

FIGURE 30
Length: *38.5cm*
Width: *13.5cm*
Previous collection: *V. Johannes*
Collection: *Musée Royal de l'Afrique Centrale (Inv. number EO.1977.17.9)*
Notes: nyuzya bukasandji *adze.*
Photographer: *J.M. Vandyck*

FIGURE 31
Image taken from: *COLLE, 1913a, pl.IV, N°51*
Original caption : fétiche initiateur des bakazanzi (Kasongo-Muyembe).

FIGURE 32
Height: *44cm*
Previous collection: *J. Tachard (1920s)*
Collection: *P. Dartevelle*
Notes: *mask or mask-like object.*

FIGURE 33
Height: *64cm*
Width: *20cm*
Collector: *E. Torday (between 1900 and 1904)*
Collection: *British Museum's Department of Ethnography (Inv. number Af1904,0611.28)*
Notes: *mask or mask-like object.*

FIGURE 34
Height: *21.5cm*
Width: *7.5cm*
Materials: *wood (*crossopteryx febrifuga*)*
Collector: *unknown (before 1908)*
Collection: *Musée Royal de l'Afrique Centrale (Inv. number EO.0.0.520)*
Notes: *in the first edition of this section, a statuette from the former J. Christiaens collection took the place of this piece (see NOOTER & ROBERTS, 1996, p.42).*
Photographer: *R. Asselberghs*

Photographe : Révérend Père Mommens (avant 1940) / région de Lusaka (populations de Songye et de Luba)
© Musée royal de l'Afrique centrale

FIGURE 19
Image extraite de : archives N. Seeuws
Note : bien que de style similaire, ces masques *kifwebe* se distinguent entre eux par leurs coloris, leurs motifs peints et leurs accessoires. On peut supposer que la forme générale des masques (rond en haut, puis quadrangulaire vers le bas) est caractéristique d'un atelier ou d'une région. En revanche, les différents motifs, les peintures, les accessoires relèvent plus de l'iconographie. Ces masques présentent deux types de costume bien distincts. Ceux à dominance chromatique blanche ont un costume de « toile de jute » ample, alors que celui à dominance chromatique rouge a un « fuseau » de fibres au maillage serré.
Les accessoires sont variés eux aussi. Un masque possède une hachette en bois et une badine, un autre une lance / sceptre factice, un troisième (celui en rouge) une longue dague en bois, quant au dernier, il semble n'avoir qu'une badine. Le masque possédant une lance a une jupette plus exubérante que celle des trois autres, et il possède de nombreuses peaux d'animaux autour de la taille.
Photographe : N. Seeuws (1972) / région de Kongolo [?]
© N. Seeuws

FIGURE 20
Légende d'origine : *société de danseurs masqués près de Kabalo, à l'ouest du Lualaba sur la route menant à Katompe. J'ai oublié de demander le nom du village.*
Image extraite de : archives photographiques du MRAC (N° inv. EP.0.0.3480)
Photographe : W.F.P. Burton (entre 1927 et 1935)
© Musée royal de l'Afrique centrale

FIGURE 21
Image extraite de : SWANN, 1910, p. 71
Légende d'origine : *beautiful specimens of carved images used to frighten girls into obedience during the initiatory rites. They are also placed at burial-places, and sometimes at cross roads. They are manipulated by medicine men to increase respect for their performances.*
Note : le masque rond à stries, de même que les trois statuettes, sont d'un style clairement luba. La pièce avec une collerette de fibres (peut-être un masque) pourrait être d'origine bembe. Quant au masque cornu, il rappelle fortement certains exemplaires mal dégrossis et grimaçants qui furent observés près du Tanganyika. Quoi qu'il en soit, cette photographie de type « trophées ethnographiques » est le plus ancien cliché de « terrain » publié présentant un masque rond à stries.

FIGURE 22
Image extraite de : Archives N. Seeuws
Note : un jeune artisan luba réalise des « bas » pour un costume *kifwebe.* Un tas de bandes d'écorces qui serviront à la confection desdits bas se trouve à ses côtés. Il y a aussi un bas tressé en cours de finition qui n'est pas encore teint et ne possède pas de semelle. Le tronc d'arbre, autour duquel le bas est confectionné, sert de « mannequin de couture».
Sa largeur correspond, peu ou prou, à la largeur d'une jambe d'homme.
Un autre angle de cette scène avait été publié dans la première édition de ce dossier.
Photographe : N. Seeuws (années 1970)
© N. Seeuws

FIGURE 23
Légende d'origine : *vrai masque et faux danseur*
Note : lorsque N. Seeuws et C. Henault collectèrent le masque, ils oublièrent de faire une photographie de la pièce portée par un danseur. Pour remédier à cela, N. Seeuws endossa le costume… et C. Henault prit la photo. Cela montre la capacité du masque à effacer la personnalité de celui qui l'endosse, et explique la légende figurant au dos de la photographie qui nous fut communiquée par N. Seeuws. Le masque est maintenant dans les collections des Musées Nationaux du Congo.
Sur un autre cliché de ce même masque les doigts de la main droite de C. Henault sont visibles (voir FAÏK-NZUJI, 1993, p. 38).
Photographe : C. Henault (1972) / région de Manono [?]
© N. Seeuws

FIGURE 24
Hauteur : 45 cm
Collecteur : L. Frobenius (avant 1900)
Lieu de collecte : le long de la Lomami (populations songye / groupe Bena-Mpassa)
Collection : Linden Museum de Stuttgart (N° inv. 43811)
Photographe : A. Dreyer
© Linden Museum

FIGURE 25
Image extraite de : BURTON, 1961, Figure 20
Note : membres du *bumbudye.*
Photographe : H. Goldstein (en 1949) / village de Tombe-Kazamba (territoire de Kabongo)

FIGURE 26
Image extraite de : archives photographiques du MRAC (N° inv. E.P.0.0.3446)
Légende d'origine : *sorciers bakasandji originaires de la partie orientale du lac Bupemba, mais photographiés à Bunda. Ces hommes déterrent et mangent des cadavres.*
Photographe : W.F.P. Burton (années 1930) / village de Bunda (Zone de Mwanza ?)
© Musée royal de l'Afrique centrale

FIGURE 27
Longueur : 28 cm
Collecteur : Dr Schlossberger (avant 1913)
Collection : Linden Museum de Stuttgart (N° inv. 82378)
Note : herminette *nyuzya* du *bukasandji*
Photographe : A. Dreyer
© Linden Museum

FIGURE 28
Longueur : 26 cm
Largeur : 12 cm
Collecteur : M. Schmerber (en 1903)
Collection : Musée royal de l'Afrique centrale (N° inv. EO.1956.46.9)
Note : herminette *nyuzya* du *bukasandji.*
Photographe : J. M. Vandyck
© Musée royal de l'Afrique centrale

FIGURE 29
Longueur : 33,5 cm
Largeur : 13 cm
Ancienne collection : J. Walschot
Collection : Musée royal de l'Afrique centrale (N° inv. EO.1975.51.35)
Note : herminette *nyuzya* du *bukasandji.*

FIGURE 35
***Height**: 33 cm (without "goatee") / 41 cm (with "goatee")*
***Width**: 27 cm (without horns) / 41 cm (with horns)*
***Weight**: more than 2000 grs*
***Materials**: wood (*ricinodendron rautanenii*), pigments*
***Collector**: O. Michaux (in 1896)*
***Place of acquisition**: Luulu village (Kabongo region)*
***Collection**: Musée Royal de l'Afrique Centrale de Tervuren (Inv. number EO.0.0.23470)*
***Notes**: this mask has undergone quite an evolution since arriving in Europe. The bird, which figures on the back, seems to have been damaged in about 1919. Several ineffectual repairs were attempted with nails and glue before the bird was removed from the mask in the 1940s. It was returned to its perch in 2006. From the 1920s until the early 1960s, the mask also was seen wearing a loin-cloth rather than its collar of fibres.*
***Photographer**: R. Asselberghs*
© Musée Royal de l'Afrique Centrale

FIGURE 36
***Image taken from**: MRAC photographic archives (Number 58.1.269)*
***Previous collection**: Stoclet family (in 1956)*
© Musée Royal de l'Afrique Centrale

FIGURE 37
***Height**: 30cm*
***Materials**: wood and pigments*
***Previous collection**: Mr Molner (in 1979)*
***Notes**: this mask is probably from the Manono region/Kiambi (eastern Luba).*
***Image taken from**: MRAC ethnographic archives (unnumbered)*
© Musée Royal de l'Afrique Centrale

FIGURE 38
***Height**: 94cm*
***Materials**: wood and pigments (including red paint)*
***Place of acquisition**: Kiambi region (Kiombo village)*
***Collection**: Musée National de Lubumbashi (Inv. number 77.11.37)*
***Notes**: mask-like plank acquired before 1961 (eastern Luba). The first edition of this section used a poor quality photo of this object.*
***Drawing**: J. Renard*

FIGURE 39
***Height**: 70cm*
***Materials**: wood and pigments*
***Collection**: Musée Royal de l'Afrique Centrale de Tervuren (Inv. number EO.0.0.31363)*
***Notes**: mask-like shield acquired before 1929 (eastern Luba).*
***Photographer**: D. Beaulieux*
© Musée Royal de l'Afrique Centrale

FIGURE 40
***Original caption**:* bouclier baluba (fantaisie pour vendre au blanc*).*
***Image taken from**: MRAC photographic archives (Inv. number EP.0.0.8851)*
***Photographer**: Dr Daniel (in 1922)/ Albertville (Kalemie)*
© Musée Royal de l'Afrique Centrale

FIGURE 41
***Image taken from**: MRAC photographic archives (Inv. number 21533)*
***Notes**: "bric-à-brac" of poorly made objects (caryatid seats, cup holders,* kifwebe *mask, ivory figurine, mask-like shield) apparently offered for sale "to whites".*
***Photographer**: Dr Daniel (in 1922)/ Albertville (Kalemie)*
© Musée Royal de l'Afrique Centrale

FIGURE 42
***Height**: 38cm /44,5 cm with "antenna"*
***Width**: 27cm*
***Materials**: wood, nail, pigments*
***Collection**: Museum für Volkerkunde, Munich (Inv. number11.1465)*
***Notes**: this mask/mask-like object has no fixation holes. It shows signs of use and clear hatchet marks on the internal surface. Small holes and the remains of a nail can be seen on the top of the mask. There are also knife-point marks under the left eye (inside). This specimen was acquired before 1911.*
© Museum für Volkerkunde, Munich

FIGURE 43
***Height**: 38 cm (with antenna) / 32.5 cm (without antenna)*
***Width**: 27.5cm*
***Materials**: wood and pigments*
***Place of acquisition**: Kiambi (Manono region)*
***Collection**: Musée National de Lubumbashi (Inv. number 75.9.12)*
***Image taken from**: MRAC photographic archives (Inv. number EP.1953.74.1063)*
***Notes**: the monobody antenna on this mask is hard to see in this photo.*
***Photographer**: A. Maesen (in 1955)*
© Musée Royal de l'Afrique Centrale

FIGURE 44
***Image taken from**: COLLE, 1913a, pl.XII*
***Original captions**: above left:* sorcier.
above right: sorcier danseur (masque kifwebe).
below: sorcier donnant une consultation.
***Photographer**: Reverend Father Colle [?]*

FIGURE 45
***Height**: 41 cm*
***Width**: 38 cm*
***Weight**: 900 grs*
***Collectors**: White Fathers (before 1912)*
***Place of acquisition**: Kifwamba village, 30 km from the Lukulu Sacré-Cœur mission on the road leading from Kiambi to Lubila.*
***Collection**: Musée Royal de l'Afrique Centrale (Inv. number EO.0.0.6795)*
***Notes**: this mask is stylistically very similar to a specimen in the Museo Missionario Etnologico at the Vatican (Inv. number MME 101064), and which was acquired before 1930.*
***Photographer**: J.M. Vandyck*
© Musée Royal de l'Afrique Centrale

FIGURE 46
***Height**: 62.3 cm*
***Width**: 50.4 cm*
***Collectors**: White Fathers (before 1912)*
***Place of acquisition**: Kifwamba village, 30 km from the Lukulu Sacré-Cœur mission on the road leading from Kiambi to Lubila.*
***Collection**: Musée Royal de l'Afrique Centrale (Inv. number EO.0.0.6794)*
***Photographer**: R. Asselberghs*
© Musée Royal de l'Afrique Centrale

FIGURE 47
***Image taken from**: Photographic archives of the White Fathers in Rome (Inv. number 3057)*
***Notes**: there are some notes on the back of the photo in Flemish. It is written that the mask comes from the Baluba and is used as "entertainment"* (ontspanning*). The photo seems to have been published in a calendar in 1944 (*Verscheen in: Kalender 1944*).*
The pictured scene shows a round striated mask and members of a Luba brotherhood

Photographe : J. M. Vandyck
© Musée royal de l'Afrique centrale

FIGURE 30
Longueur : 38,5 cm
Largeur : 13,5 cm
Ancienne collection : V. Johannes
Collection : Musée royal de l'Afrique centrale (N° inv. EO.1977.17.9)
Note : herminette *nyuzya* du *bukasandji*.
Photographe : J. M. Vandyck
© Musée royal de l'Afrique centrale

FIGURE 31
Image extraite de : COLLE, 1913a, pl. IV, N°51
Légende d'origine : *fétiche initiateur des bakazanzi (Kasongo-Muyembe)*

FIGURE 32
Hauteur : 44 cm
Ancienne collection : J. Tachard (années 1920)
Collection : P. Dartevelle
Note : masque ou maschiforme.
© Droits réservés

FIGURE 33
Hauteur : 64 cm
Largeur : 20 cm
Collecteur : E. Torday (entre 1900 et 1904)
Collection : British Museum's Department of Ethnography (N° inv. Af1904,0611.28)
Note : masque ou maschiforme.
© The Trustees of the British Museum

FIGURE 34
Hauteur : 21,5 cm
Largeur : 7,5 cm
Matériaux : bois (*crossopteryx febrifuga*)
Collecteur : inconnu (avant 1908)
Collection : Musée royal de l'Afrique centrale (N° inv. EO.0.0.520)
Note : dans la première édition de ce dossier, une statuette de l'ancienne collection J. Christiaens remplaçait cette pièce (voir NOOTER & ROBERTS, 1996, p. 42).
Photographe : R. Asselberghs
© Musée royal de l'Afrique centrale

FIGURE 35
Hauteur : 33 cm (sans « barbiche ») / 41 cm (avec « barbiche »)
Largeur : 27 cm (sans les cornes) / 41 cm (avec les cornes)
Poids : supérieur à 2 000 g
Matériaux : bois (*ricinodendron rautanenii*), pigments
Collecteur : O. Michaux (en 1896)
Lieu de collecte : village de Luulu (région de Kabongo)
Collection : Musée royal de l'Afrique centrale de Tervuren (N° inv. EO.0.0.23470)
Note : ce masque a subi une grande évolution depuis son arrivée en Europe. L'oiseau, qui figure sur l'arrière, semble avoir été endommagé dès 1919. Diverses réparations, au moyen de clous et de colle, furent tentées. Les réparations s'avérant infructueuses, l'oiseau fut enlevé du masque à partir des années 1940. L'oiseau retrouva son support en 2006. Des années 1920 jusqu'au début des années 1960, le masque s'est aussi vu affublé d'un pagne lui tenant lieu de collerette de fibres.
Photographe : R. Asselberghs
© Musée royal de l'Afrique centrale

FIGURE 36
Image extraite de : archives photographiques du MRAC (N° 58.1.269)
Ancienne Collection : famille Stoclet (en 1956)
© Musée royal de l'Afrique centrale

FIGURE 37
Hauteur : 30 cm
Matériaux : bois et pigments
Ancienne collection : Mr. Molner (en 1979)
Note : ce masque est vraisemblablement originaire de la région de Manono / Kiambi (Luba orientaux).
Image extraite de : archives ethnographiques du MRAC (non numérotée)
© Musée royal de l'Afrique centrale

FIGURE 38
Hauteur : 94 cm
Matériaux : bois et pigments (dont peinture rouge)
Lieu de collecte : région de Kiambi (village de Kiombo)
Collection : Musée National de Lubumbashi (N° inv. 77.11.37)
Note : planche maschiforme collectée avant 1961 (Luba orientaux).
Dans la première édition de ce dossier, une mauvaise photographie remplaçait le dessin.
Dessin : J. Renard

FIGURE 39
Hauteur : 70 cm
Matériaux : bois et pigments
Collection : Musée royal de l'Afrique centrale de Tervuren (N° inv. EO.0.0.31363)
Note : bouclier maschiforme collecté avant 1929 (Luba orientaux).
Photographe : D. Beaulieux
© Musée royal de l'Afrique centrale

FIGURE 40
Légende d'origine : *bouclier baluba (fantaisie pour vendre au blanc)*
Image extraite de : archives photographiques du MRAC (N° inv. EP.0.0.8851)
Photographe : Dr Daniel (en 1922) / Albertville (Kalemie)
© Musée royal de l'Afrique centrale

FIGURE 41
Image extraite de : archives photographiques du MRAC (N° inv. 21533)
Note : « bric-à-brac » d'objets de facture médiocre (siège à caryatide, porteuses de coupe, masque *kifwebe*, figurine en ivoire, bouclier maschiforme…) semblant être proposés à la vente « pour les Blancs ».
Photographe : Dr Daniel (en 1922) / Albertville (Kalemie)
© Musée royal de l'Afrique centrale

FIGURE 42
Hauteur : 38 cm / 44,5 cm avec « l'antenne »
Largeur : 27 cm
Matériaux : bois, clou, pigments
Collection : Museum für Völkerkunde de Munich (N° inv. 11.1465)
Note : ce masque / maschiforme n'a pas de perforations d'attache. Il présente des traces d'usure et des marques bien visibles d'herminette sur la face interne. Des petits trous et le reste d'un clou sont observables au sommet du masque.
Il y a aussi de petites traces de pointe de couteau sous l'œil gauche (partie interne). Cet exemplaire fut collecté avant 1911.
© Museum für Völkerkunde de Munich

FIGURE 43
Hauteur : 38 cm (avec l'antenne) / 32,5 cm (sans l'antenne)
Largeur : 27,5 cm
Matériaux : bois et pigments
Lieu de collecte : Kiambi (région de Manono)

(probably bakasandji*).*
© Archives photographiques des Pères Blancs

FIGURE 48
Height: *12cm*
Width: *12cm*
Collection: *P. Dartevelle*
Notes: *eastern Luba mask-like object.*
Photographer: *H. Dubois*
© H. Dubois

FIGURE 49
Height: *16 cm (20 with antenna)*
Width: *15cm*
Weight: *approximately 200grs*
Previous collections: *M. Bronsin/Mr Massar (before 1987)*
Collection: *Linden Museum, Stuttgart (Inv. number F.53.575 L)*
Notes: *eastern Luba mask-like object.*
Photographer: *A. Dreyer*
© Linden Museum

FIGURE 50
Height: *12.5cm*
Width: *7.5cm*
Collector: *E. Torday (between 1900 and 1904)*
Place of acquisition: *Lake Moero region?*
Collection: *British Museum's Department of Ethnography (Inv. number Af1904, 0611.29)*
Notes: *this is, to our knowledge, the oldest mask-like object to have entered a European museum. The first edition of this section used a drawing of this object by A.S. Leoty.*
© The Trustees of the British Museum

FIGURE 51
Height: *32.5cm*
Width: *20cm*
Collection: *P. Dartevelle collection*
Notes: *the small face drawn on the nose is almost certainly a later addition. Sometimes attributed to the Songye or the western Luba, this unusual mask is much more stylistically like those of the eastern Luba if we take into account certain formal criteria such as: the curved scratches on the forehead and the straight ones on the cheeks, the rectangular mouth, the quadrangular appendage ("beard") below the chin, and the perforation of the naso-frontal crest.*
It nevertheless remains impossible given the state of our knowledge to determine for what it was used. The presence of carved striations might lead us to assume a link to the kifwebe *or* bukasandji *societies, but we cannot exclude the possibility that it was used by some other brotherhood, such as the* bumbudye*, which used relatively "naturalist" masks in the Kinda region (see VOLPER, 2009b, Figure 8).*
Photographer: *H. Dubois*
© H. Dubois

FIGURE 52
Height: *44 cm*
Width: *38.5 cm*
Weight: *between 1800 grs and 2100 grs*
Materials: *light wood, pigments*
Collector: *Professor Deimingen (before 1905)*
Place of acquisition: *this mask/mask-like object was acquired among the eastern Luba (*Lend der Baluba*).*
Collection: *Museum für Volkerkunde, Munich (Inv. number 05.76)*
© Museum für Volkerkunde, Munich

Collection : Musée National de Lubumbashi (N° inv. 75.9.12)
Image extraite de : archives photographiques du MRAC (N° inv. EP.1953.74.1063)
Note : l'antenne monoxyle de ce masque n'est que peu visible sur cette photographie.
Photographe : A. Maesen (en 1955)

FIGURE 44
Image extraite de : COLLE, 1913a, pl. XII
Légendes d'origine : en haut à gauche : *sorcier*
en haut à droite : *sorcier danseur (masque kifwebe)*
en bas : *sorcier donnant une consultation*
Photographe : Révérend Père Colle [?]

FIGURE 45
Hauteur : 41 cm
Largeur : 38 cm
Poids : 900 g
Collecteurs : Pères Blancs (avant 1912)
Lieu de collecte : village de Kifwamba. Cette localité est située à 30 km de la mission de Lukulu Sacré-Cœur sur la route menant de Kiambi à Lubila.
Collection : Musée royal de l'Afrique centrale (N° inv. EO.0.0.6795)
Note : ce masque est stylistiquement très proche d'un exemplaire conservé au Museo Missionario Etnologico du Vatican (N°inv. MME 101064). Ce dernier exemplaire a été collecté avant 1930.
Photographe : J. M. Vandyck

FIGURE 46
Hauteur : 62,3 cm
Largeur : 50,4 cm
Collecteurs : Pères Blancs (avant 1912)
Lieu de collecte : village de Kifwamba. Cette localité est située à 30 km de la mission de Lukulu Sacré-Cœur sur la route menant de Kiambi à Lubila.
Collection : Musée royal de l'Afrique centrale (N° inv. EO.0.0.6794)
Photographe : R. Asselberghs

FIGURE 47
Image extraite de : archives photographiques des Pères Blancs à Rome (N° inv.3057)
Note : au dos de la photo, certains commentaires sont marqués en flamand. Il est précisé que ce masque vient de chez les Baluba et qu'il sert au « délassement » (*ontspanning*). La photo semble avoir été publiée en 1944 dans un calendrier (*Verscheen in : Kalender 1944*).
La scène photographiée montre un masque rond à stries et des membres d'une confrérie luba (vraisemblablement des *bakasandji*).

FIGURE 48
Hauteur : 12 cm
Largeur : 12 cm
Collection : P. Dartevelle
Note : maschiforme luba oriental.
Photographe : H. Dubois

FIGURE 49
Hauteur : 16 cm (20 avec l'antenne)
Largeur : 15 cm
Poids : approximativement 200 g
Anciennes collections : M. Bronsin / Mr Massar (avant 1987)
Collection : Linden Museum de Stuttgart (N° inv. F.53.575 L)
Note : maschiforme luba oriental.
Photographe : A. Dreyer

FIGURE 50
Hauteur : 12,5 cm
Largeur : 7,5 cm
Collecteur : E. Torday (entre 1900 et 1904)
Lieu de collecte : région du lac Moero [?]
Collection : British Museum's Department of Ethnography (N° inv. Af1904, 0611.29)
Note : il s'agit, à notre connaissance du plus ancien maschiforme de ce type à être entré dans une collection muséale européenne. Dans la première édition de ce dossier, un dessin de cet objet avait été réalisé par A. S. Leoty.

FIGURE 51
Hauteur : 32,5 cm
Largeur : 20 cm
Collection : P. Dartevelle
Note : le petit visage dessiné sur le nez constitue vraisemblablement un rajout ultérieur. Parfois attribué aux Songye ou aux Luba occidentaux, ce masque atypique est bien plus proche, stylistiquement parlant, des Luba orientaux si l'on prend en compte certains critères formels tels que : les rayures incisées courbées sur le front et droites sur les joues, la forme rectangulaire de la bouche, l'appendice quadrangulaire (« barbe ») placé sous le menton, et la perforation sur l'arête naso-frontale. Pour autant, il est impossible en l'état actuel des connaissances de déterminer qu'elle fut son utilisation passée.
La présence des stries incisées pourrait laisser supposer un rattachement aux sociétés *kifwebe* ou *bukasandji*, mais nous n'excluons pas que ce masque ait pu être utilisé par d'autres confréries comme le *bumbudye*, confrérie qui, dans la région de Kinda, fit usage de masques relativement « naturalistes » (voir VOLPER, 2009b, Figure 8).
Photographe : H. Dubois

FIGURE 52
Hauteur : 44 cm
Largeur : 38,5 cm
Poids : entre 1 800 g et 2 100 g
Matériaux : bois léger, pigments
Collecteur : Professeur Deimingen (avant 1905)
Lieu de collecte : ce masque / maschiforme fut collecté en territoire luba oriental (*Lend der Baluba*)
Collection : Museum für Volkerkunde de Munich (N° inv. 05.76)

CAPTIONS
PART 2

FIGURE 1
Height: 57cm
Width: 28cm
Materials: wood, fibres, pigments, feathers
Collector: Mr Müller in 1910
Collection: MRAC
(Inv. number EO.0.0.2101-1)
Photographer: D. Beaulieux
© Musée Royal de l'Afrique Centrale

FIGURE 2
Height: 59cm
Width: 27cm
Weight: 1494grs
Materials: wood (ricinodendron sp.), fibres, pigments
Collector: Mr Müller in 1910
Collection: MRAC (Inv. number EO.0.0.2101-2)
Notes: in addition to the false eyes, this mask has two pairs of eye holes at different heights. This leads us to two theories: The first is that the sculptor made a mistake about the size of the wearer when first cutting the holes. The other is the mask was worn by people of different sizes.
Photographer: D. Beaulieux
© Musée Royal de l'Afrique Centrale

FIGURE 3
Height: 60cm
Width: 30.5cm
Weight: 2362grs
Materials: wood, fibres, pigments
Collector: Mr Müller in 1910
Collection: MRAC
(Inv. number EO.0.0.2101-3)
Notes: this crested mask is unusual in having its nose placed above its two sets of eyes.
Photographer: D. Beaulieux
© Musée Royal de l'Afrique Centrale

FIGURE 4
Height: 56cm
Width: 30cm
Weight: 1150grs
Materials: wood (alstonia congensis), fibres, pigments, metal, skin
Collector: Mr Müller in 1910
Collection: MRAC (Inv. number EO.0.0.2101-4)
Notes: this mask is notable for its more "naturalist" approach compared with others presented in this text. It is nevertheless not the only one of its kind. The Hamburg museum has a crested mask with features that are reminiscent of Songye statuary (see Figure 15, document B). There is also another one in the G. Fumagalli collection (VOLPER, 2012, p. 258).
Photographer: D. Beaulieux
© Musée Royal de l'Afrique Centrale

FIGURE 5
Height: 47cm
Width: 25cm
Weight: 1880grs
Materials: wood (ricinodendron sp.), pigments, fibres
Collector: J. Maes (1913-14)
Collection: MRAC (Inv. number EO.0.0.19284)
Notes: this mask, like the one in Figure 6, is unusual because its "diadem" is make of fibre rather than feathers. No known field photo of a crested masks shows this fibre head-dress.
Photographer: J.M. Vandyck
© Musée Royal de l'Afrique Centrale

FIGURE 6
Height: 63cm
Width: 21cm
Weight: 2400grs
Materials: wood (alstonia congensis) pigments, fibres
Collector: J. Maes (1913-14)
Collection: MRAC (Inv. number EO.0.0.19347)
Notes: this mask is, like the one in Figure 4, not a helmet mask but a face mask (only the face and the top of the skull would be covered by wood).
Photographer: J.M. Vandyck
© Musée Royal de l'Afrique Centrale

FIGURE 7
Image taken from: TORDAY & JOYCE, 1922, Figure 59
Photographer: E. Torday (?) early 1908
Original caption: masques sungu.

FIGURE 7A
Image taken from: Eliot Elisofon Photo Archives (Inv. number EEPA 1994-0003)
Photographer: J.N. White (in 1924)/ near Ona Kasongo
Notes: this mask was acquired by J. N. White (see Figure 43). The photo in Figure 7a was published by L. De Heusch (1995, Figure 9).
© National Museum of African Art

FIGURE 8
Image taken from: TORDAY & JOYCE, 1922, Figure 58
Photographer: E. Torday (?) early 1908
Original caption: homme sungu avec masque.
Notes: this is the mask that can be seen in Figure 42.

FIGURE 9
Image taken from: MRAC photographic archives (Inv. number AP. Cl. 11965)
Photographer: Mr Müller in 1910
Original caption: type batempa avec son masque.
Notes: this is the mask from Figure 4. The costume is very different than the one in Figure 8. We note that there is a field photo taken in 1924 by J. N. White in Ona Kasongo (Figure 7a) showing someone with bare legs wearing a crested mask.
© Musée Royal de l'Afrique Centrale

FIGURE 10
Image taken from: MRAC photographic archives (Inv. number AP. Cl. 24544)
Photographer: E. Luja in 1913
Original caption: musiciens et danseur masqué.
Notes: this mask includes a burlap costume similar to the one in Figure 8.
© Musée Royal de l'Afrique Centrale

FIGURE 10A
Image taken from: Katholiek Documentatie Centrum (KADOC)/Louvain
Photographer: unknown
Original caption: Congo. Sorciers masqués.
Notes: this photo was published by C. Petridis (2000b, Figure 10).
© KADOC

FIGURE 11
Image taken from: MRAC photographic archives (Inv. number EP.0.0.11596)
Photographer: R. Ceyssens (1977)/ near Pimbi
Original caption: masque récent de morphologie étrangère.
© Musée Royal de l'Afrique Centrale

LEGENDES DES FIGURES
PARTIE 2

FIGURE 1
Hauteur : 57 cm
Largeur : 28 cm
Matériaux : bois, fibres, pigments, plumes
Collecteur : Mr. Müller en 1910
Collection : MRAC (N° inv. EO.0.0.2101-1)
Photographe : D. Beaulieux
© Musée royal de l'Afrique centrale

FIGURE 2
Hauteur : 59 cm
Largeur : 27 cm
Poids : 1 494 g
Matériaux : bois (*ricinodendron sp.*), fibres, pigments
Collecteur : Mr. Müller en 1910
Collection : MRAC (N° inv. EO.0.0.2101-2)
Note : en plus de ses yeux factices, ce masque possède deux paires de trous de vision situés à des hauteurs différentes. Suivant cette observation on peut émettre deux hypothèses. La première est que le sculpteur s'est trompé sur la taille du porteur lorsque la première paire fut creusée. La deuxième hypothèse veut que ce masque ait connu des porteurs de tailles différentes.
Photographe : D. Beaulieux
© Musée royal de l'Afrique centrale

FIGURE 3
Hauteur : 60 cm
Largeur : 30,5 cm
Poids : 2 362 g
Matériaux : bois, fibres, pigments
Collecteur : Mr. Müller en 1910
Collection : MRAC (N° inv. EO.0.0.2101-3)
Note : ce masque mitré a comme particularité notable d'avoir le nez situé au-dessus de ses deux paires d'yeux.
Photographe : D. Beaulieux
© Musée royal de l'Afrique centrale

FIGURE 4
Hauteur : 56 cm
Largeur : 30 cm
Poids : 1 150 g
Matériaux : bois (*alstonia congensis*), fibres, pigments, métal, peau
Collecteur : Mr Müller en 1910
Collection : MRAC (N°inv. EO.0.0.2101-4)
Note : ce masque se distingue par son aspect plus « naturaliste » au regard des autres exemplaires présentés dans le texte. Il n'est néanmoins pas le seul dans ce cas. Il existe un exemplaire mitré du musée de Hambourg dont les traits ne sont pas sans rappeler ceux de la statuaire songye (voir Figure 15, document B). Il y en a aussi un autre dans la collection G. Fumagalli (VOLPER, 2012, p. 258)
Photographe : D. Beaulieux
© Musée royal de l'Afrique centrale

FIGURE 5
Hauteur : 47 cm
Largeur : 25 cm
Poids : 1 880 g
Matériaux : bois (*ricinodendron sp.*), pigments, fibres
Collecteur : J. Maes (1913-14)
Collection : MRAC (N° inv. EO.0.0.19284)
Note : ce masque, comme celui de la Figure 6, a comme particularité d'avoir des fibres pour « diadème », et non des plumes. Précisons qu'aucune photographie de terrain de masques mitrés connue ne les montre avec cette coiffe de fibres.
Photographe : J. M. Vandyck
© Musée royal de l'Afrique centrale

FIGURE 6
Hauteur : 63 cm
Largeur : 21 cm
Poids : 2 400 g
Matériaux : bois (*alstonia congensis*) pigments, fibres
Collecteur : J. Maes (1913-14)
Collection : MRAC (N° inv. EO.0.0.19347)
Note : ce masque, comme celui de la Figure 4, n'est pas un masque-heaume, mais un masque facial (seul le visage et le dessus du crâne du porteur sont couverts par le bois).
Photographe : J. M. Vandyck
© Musée royal de l'Afrique centrale

FIGURE 7
Image extraite de : TORDAY & JOYCE, 1922, Figure 59
Photographe : E. Torday [?] début 1908
Légende d'origine : *masques sungu*

FIGURE 7 BIS
Image extraite de : Eliot Elisofon Photo Archives (N° inv. EEPA 1994-0003)
Photographe : J. N. White (en 1924) / localité de Ona Kasongo
Note : ce masque fut collecté par J. N. White (voir Figure 43). La photographie de la présente Figure 7 bis fut publiée par L. de Heusch (1995, Figure 9).
© National Museum of African Art

FIGURE 8
Image extraite de : TORDAY & JOYCE, 1922, Figure 58
Photographe : E. Torday [?] début 1908
Légende d'origine : *homme sungu avec masque*
Note : ce masque est celui observable à la Figure 42.

FIGURE 9
Image extraite de : archives photographiques du MRAC (N° inv. AP. Cl. 11965)
Photographe : Mr. Müller en 1910
Légende d'origine : *type batempa avec son masque*
Note : ce masque est celui de la Figure 4. Le costume est très différent de celui de la Figure 8. On notera cependant qu'il existe une photographie de terrain prise en 1924 par J. N. White à Ona Kasongo (Figure 7 bis) montrant un porteur de masque mitré exhibant lui aussi ses jambes nues.
© Musée royal de l'Afrique centrale

FIGURE 10
Image extraite de : archives photographiques du MRAC (N° inv. AP. Cl. 24544)
Photographe : E. Luja en 1913
Légende d'origine : *musiciens et danseur masqué*
Note : ce masque arbore un costume en toile de jute assez similaire à celui de la Figure 8.
© Musée royal de l'Afrique centrale

FIGURE 10 BIS
Image extraite de : Katholiek Documentatie Centrum (KADOC) / Louvain
Photographe : inconnu
Légende d'origine : *Congo. Sorciers masqués.*
Note : cette photographie fut publiée par C. Petridis (2000b, Figure 10).
© KADOC

FIGURE 11
Image extraite de : archives photographiques du MRAC (N° inv. EP.0.0.11596)

FIGURE 12
Image taken from: *M.L. Felix archives*
Photographer: *C. Zagourski (before 1939)/Kongolo area*
Original caption: danseurs basonge de Kongolo.
Notes: *field photos showing triangular cowl masks accompanied by other fibre masks of a different type are relatively rare. P. Timmermans took one among the Nsapo-Nsapo in 1956. This image shows the specimen from Figure 26 accompanied by another mask also wearing woven fibres. The image is kept in the MRAC photographic archives under inventory number EP.0.0. 5486. Concerning Kongolo as the origin of the mask in Figure 12, we remain cautions. Indeed, if the name is familiar to Africanists working in the DRC as that of a city situated on the Lualaba above the Lukuga, there are also another dozen or more towns with the same name throughout Katanga and Kasaï. With this in mind, we draw no conclusions based on the name of the city. That said, if Zagourski's Kongolo is the one best known by that name, it would mean the triangular mask had travelled much further east than is generally assumed for the distribution of this kind of object.*

FIGURE 12A
Height: *33cm*
Width: *14,5cm*
Materials: *wood, pigments*
Collector: *M. Peeters (1946)*
Collection: *MRAC (Inv. number EO.0.0.44436)*
Original caption: masque nommé Tshika Aalasala/origine Bakwa Muanza de Katende. Territoire de Luluabourg. Est employé dans les cérémonies d'initiation du Mukanda wa Buadi (...). Ce masque m'a été donné par des gens d'une tribu qui ont délaissé ces cérémonies d'initiation depuis plusieurs générations.
Photographer: *J.M. Vandyck*

FIGURE 13
Height: *37cm*
Width: *20cm*
Weight: *2100grs*
Materials: *hardwood, pigments*
Collector: *T. Fourche dans les années 1930*
Collection: *MRAC (Inv. number EO.0.0.43123)*
Notes: *Songye masks are not often made of hard, heavy wood. On the other hand, we note that groups neighbouring the western Songye, including the Luba Kasaï or the Bakwa Luntu, sometimes make this sort of object out of extremely dense wood (see Figure 23 for a Luntu example).*
Photographer: *J.M. Vandyck*

FIGURE 14
Height: *77cm*
Width: *14cm*
Weight: *5400grs*
Materials: *wood (*Amorphospermum cerasiferum*), pigments, fibres, and vegetable resin.*
Collector: *T. Fourche in the 1930s*
Collection: *MRAC (Inv. number EO.0.0.36867)*
Photographer: *J.M. Vandyck*

FIGURE 14A
Height: *57cm*
Width: *18cm*
Weight: *2300grs*
Materials: *soft wood, pigments,*
Collector: *T. Fourche in the 1930s*
Collection: *MRAC (Inv. number EO.0.0.36868)*
Photographer: *J.M. Vandyck*

FIGURE 15
Height: *A) 58cm*
B) 71cm
Collection: *A) Museum für Völkerkunde. Hamburg (Inv. number 6587:06)*
B) Museum für Völkerkunde, Hamburg (Inv. number unknown)
C) Museum für Völkerkunde, Hamburg (Inv. number 5325:07)
Collector: *A) L. Frobenius in 1906/ Tempa region*
B) L. Frobenius in 1906/Tempa region
C) L. Frobenius in 1906/Mputu region
Notes: *besides the mask in the Hamburg museum, there are at least three other crested specimens that are attributed to the Mputu. One of them is at the Metropolitan Museum in New York (Inv. number 1977.219.1). Frobenius was the first Africanist to have acquired crested masks from two distinct ethnic groups.*
Drawing: *J. Renard*

FIGURE 16
Height: *85cm*
Materials: *wood, bird of prey feathers, horns (*Tragelaphus eurycerus?*), tanned hide, pigments*
Collection: *M.L. Felix collection*
Photographer: *D. Beaulieux*

FIGURE 16A
Image taken from: *VERLY, 1959, p.149*
Photographer: *C. Lamote (1959?)*
Original caption: masque de danse des Bena-Konji. Œuvre du sculpteur MUSENGA BONGO. Ateliers sociaux d'Art indigène. Musée de Tshikapa.
Notes: *besides the rare masks that carry real horns, the Bena-Konji (Bena-Kosh) would make, in the 1930s, masks with human faces and longer or shorter monobody horns.*

FIGURE 17
Image taken from: *MRAC photographic archives (Inv. number EP.1953.74.1140)*
Photographer: *A. Maesen (first half of the 1950s)/Mashala sector (Beena Tshimbayi village, Bakwa Ngula clan)*
Notes: *A. Maesen (undated, notebook 53, p.5) writes that the mask was made in the same village where it was photographed. It is made of* difudu *(*vitex sp.*) wood. The short hairs inserted in the forehead come from a ram. The feathers are from a* pungu *(generic name for several types of Congolese eagle). The neck-piece is made from vegetable fibres.*

FIGURE 18
Image taken from: *MRAC photographic archives (Inv. number EP.1953.74.1137)*
Photographer: *A. Maesen (first half of the 1950s)/Mashala sector (Beena Tshimbayi village, Bakwa Ngula clan)*
Original caption: danseur masqué.
Notes: *A. Maesen (undated, notebook 53, p.6) says the mask is called* kalengula, *that its face is red and its eyes are white. It carries a curved cudgel called* mukombo *(stick).*
It is important to note that the general appearance of the mask matches in many ways the description of the Bakwa Nkoto Bwadi cyânga *mask given to us by A. Munyoka Mwana Cyalu:*
1) Cyânga*'s triangular shape*
2) The dominant red colour (with the exception of the eyes, the face

Photographe : R. Ceyssens (1977) / localité de Pimbi
Légende d'origine : *masque récent de morphologie étrangère*
© Musée royal de l'Afrique centrale

FIGURE 12

Image extraite de : archives M. L. Felix
Photographe : C. Zagourski (avant 1939) / localité de Kongolo
Légende d'origine : *danseurs basonge de Kongolo*
Note : les photographies de terrain montrant un masque-cagoule triangulaire accompagné d'un autre masque en fibres d'un genre différent sont relativement rares. Il en existe une autre prise par P. Timmermans chez les Nsapo-Nsapo en 1956. Ce cliché montre l'exemplaire de la Figure 26 en compagnie d'un autre masque lui aussi en fibres tressées. Le cliché est conservé dans les archives photographiques du MRAC sous le numéro d'inventaire EP.0.0. 5486.
Pour ce qui est de la localisation Kongolo avancée pour le masque de la Figure 12, nous restons très prudent. En effet, si le nom de cette localité est familier aux africanistes de RDC et désigne une ville située sur le Lualaba et au-dessus de la Lukuga, il faut aussi dire qu'il existe au moins une autre bonne dizaine de villages et villes éponymes au Katanga et au Kasaï. Partant de ce point de détail géographique, nous ne tirerons pas d'hypothèses de ce nom de ville. Pour autant, si le Kongolo dont parle Zagourski est bien la plus fameuse des cités portant ce nom, on pourrait dire que ce masque triangulaire repousse bien plus à l'Est les frontières communément acceptées pour la diffusion de ce type d'objet.
© M. L. Felix

FIGURE 12 BIS

Hauteur : 33 cm
Largeur : 14,5 cm
Matériaux : bois, pigments
Collecteur : M. Peeters (1946)
Collection : MRAC (N° inv. EO.0.0.44436)
Légende d'origine : *masque nommé Tshika Bisalasala / origine Bakwa Muanza de Katende. Territoire de Luluabourg. Est employé dans les cérémonies d'initiation du Mukanda wa Buadi (…). Ce masque m'a été donné par des gens d'une tribu qui ont délaissé ces cérémonies d'initiation depuis plusieurs générations.*

Photographe : J. M. Vandyck
© Musée royal de l'Afrique centrale

FIGURE 13

Hauteur : 37 cm
Largeur : 20 cm
Poids : 2 100 g
Matériaux : bois dur, pigments
Collecteur : T. Fourche dans les années 1930
Collection : MRAC (N° inv. EO.0.0.43123)
Note : la réalisation de masques dans un bois dur et lourd n'est pas très familière aux Songye. En revanche, on notera que des groupes voisins des Songye occidentaux, comme les Luba Kasaï ou les Bakwa Luntu, réalisèrent parfois de tels objets dans des bois très denses (voir Figure 23 pour un exemple luntu).
Photographe : J. M. Vandyck
© Musée royal de l'Afrique centrale

FIGURE 14

Hauteur : 77 cm
Largeur : 14 cm
Poids : 5 400 g
Matériaux : bois (*amorphospermum cerasiferum*), pigments, fibres et résine végétales
Collecteur : T. Fourche dans les années 1930
Collection : MRAC (N° inv. EO.0.0.36867)
Photographe : J. M. Vandyck
© Musée royal de l'Afrique centrale

FIGURE 14 BIS

Hauteur : 57 cm
Largeur : 18 cm
Poids : 2 300 g
Matériaux : bois léger, pigments,
Collecteur : T. Fourche dans les années 1930
Collection : MRAC (N° inv. EO. 0.0.36868)
Photographe : J. M. Vandyck
© Musée royal de l'Afrique centrale

FIGURE 15

Hauteur : A) 58 cm
B) 71 cm
Collection : A) Museum für Völkerkunde de Hamburg (N° inv. 6587:06)
B) Museum für Völkerkunde de Hamburg (N° inv. inconnu)
C) Museum für Völkerkunde de Hamburg (N° inv. 5325 :,07)
Collecteur : A) L. Frobenius en 1906 / région tempa
B) L. Frobenius en 1906 / région tempa
C) L. Frobenius en 1906 / région mputu

Note : hormis les masques du musée de Hambourg, il existe au moins trois autres exemplaires crêtés que nous attribuons aux Mputu. L'un de ces masques est conservé au Metropolitan Museum de New York (N° inv. 1977.219.1). Frobenius fut le premier africaniste à avoir collecté des masques mitrés dans deux ethnies bien distinctes.
Dessin : J. Renard

FIGURE 16

Hauteur : 85 cm
Matériaux : bois, plumes de rapace, cornes (*tragelaphus eurycerus ?)* peau tannée, pigments
Collection : collection M. L. Felix
Photographe : D. Beaulieux
© M. L. Felix

FIGURE 16 BIS

Image extraite de : VERLY, 1959, p. 149
Photographe : C. Lamote [1959 ?]
Légende d'origine : *masque de danse des Bena-Konji. Œuvre du sculpteur MUSENGA BONGO. Ateliers sociaux d'Art indigène. Musée de Tshikapa.*
Note : en plus de ces rares masques portant des cornes véritables, il faut préciser que les Bena-Konji (Bena-Kosh) réalisèrent dans les années 1930 des masques à faciès humains surmontés de longues ou de courtes cornes monoxyles.

FIGURE 17

Image extraite de : archives photographiques du MRAC (N° inv. EP.1953.74.1140)
Photographe : A. Maesen (première moitié des années 1950) / secteur de Mashala (village de Beena Tshimbayi, clan Bakwa Ngula)
Note : A. Maesen (n.d., carnet 53, p. 5) indique que le masque fut réalisé dans le village même où il fut photographié. L'objet est fait de bois *difudu* (*vitex sp.*). Les petits poils insérés dans le front sont ceux d'un bélier. Les plumes sont celles du *pungu* (plusieurs aigles congolais répondent à ce nom vernaculaire générique). La collerette est faite de fibres végétales.
© Musée royal de l'Afrique centrale

FIGURE 18

Image extraite de : archives photographiques du MRAC (N° inv. EP.1953.74.1137)
Photographe : A. Maesen (première moitié des années 1950) / secteur

of kalengula *is entirely red)*
3) An animal skin attached to the chin. While it's hard to see on the photo, kalengula *does indeed wear this type of accessory above his collar of fibres. We can therefore suggest here that it is not impossible that certain Bakwa Nkoto* bwadi *masks are derivatives of the* kalengula *mask, especially as it is known among the Luntu.*
© Musée Royal de l'Afrique Centrale

FIGURE 19
Image taken from: *MRAC photographic archives (Inv. number EP.1953.74.1121)*
Photographer: *A. Maesen (first half of the 1950s)/Dimbelenge region*
Original caption: danseurs masqués.
Notes: *A. Maesen took a series of snapshots showing masks from different angles (now kept at MRAC). In one of these pictures, we can clearly see that the mask on the right is wearing a short cape over the neck. The wood used to make this mask is* tshilela *(*ricinodendron sp.*). We should also note the presence of bells on the feet of the two masks. These suggest that* tshalabenye *and* payibwebe *performed energetic dances that would have made their bells ring.*
© Musée Royal de l'Afrique Centrale

FIGURE 19A
Image taken from: *ACHTEN, 1928, p.2147*
Photographer: *Mr Van De Putte*
Original caption: danseur baluba.
Notes: *when L. Achten writes about "Baluba", he is referring above all to the western Luba who live between Lubi-Bushimaie (about 6-7° longitude), as well as some groups spread across Luluwa territory (Demba and Luluabourg/Kananga zones).*

FIGURE 20
Height: *40cm*
Width: *19cm*
Weight: *1350grs*
Materials: *wood (*ricinodendron sp.*), pigments*
Collector: *T. Fourche (1930s)*
Place of acquisition: *Bena Kosh territory*
Collection: *MRAC (Inv. number EO.0.0.43117)*
Photographer: *J.M. Vandyck*
© Musée Royal de l'Afrique Centrale

FIGURE 21
Height: *38cm*
Width: *22cm*
Weight: *1350grs*
Materials: *wood (*alstonia congensis*), pigments*
Collector: *T. Fourche (1930s)*
Place of acquisition: *Bena Kosh territory*
Collection: *MRAC (Inv. number EO.0.0.44098)*
Notes: *The mask has a kind of small monobody antenna which can be hard to see when looked at face-on. There are also holes surrounding the forehead as are found in certain "Bena Kosh" masks as well as on the* chikwanga *masks (Figure 17) of the northern Luntu.*
Photographer: *J.M. Vandyck*
© Musée Royal de l'Afrique Centrale

FIGURE 22
Height: *30cm*
Width: *18.5cm*
Weight: *900grs*
Materials: *wood (*alstonia congensis*), pigments*
Collector: *T. Fourche (1930s)*
Place of acquisition: *Bena Kosh territory*
Collection: *MRAC (Inv. numberEO.0.0.36707)*
Notes: *this mask includes a small monobody plank repeatedly perforated at the top. The bulbous forehead of the mask makes this small plank invisible when seen face-on. The plank is similar to those seen in FIGS. 20, 24-25.*
Photographer: *J.M. Vandyck*
© Musée Royal de l'Afrique Centrale

FIGURE 23
Height: *40cm*
Width: *25cm*
Weight: *2300grs*
Materials: *wood (*lannea welwitschii*), pigments*
Ancienne collection: *R. Blondiau*
Collection: *MRAC (Inv. number EO.1951.31.98)*
Notes: *this mask is attributed to the Bena Kosh.*
Photographer: *J.M. Vandyck*
© Musée Royal de l'Afrique Centrale

FIGURE 24
Height: *40cm*
Width: *19.5cm*
Weight: *800grs*
Materials: *wood (*ricinodendron sp.*), pigments*
Collector: *A. Maesen (1950s)*
Place of acquisition: *Dimbelenge region (Bakwa Fika/Bena Konji territory)*
Collection: *MRAC (Inv. number EO.1953.74.7361)*
Photographer: *J.M. Vandyck*
© Musée Royal de l'Afrique Centrale

FIGURE 25
Height: *82cm (with feathers)/45cm (without feathers)*
Width: *18cm*
Weight: *1050grs*
Materials: *wood (*ricinodendron sp.*), pigments, nails, leather, feathers (*aonyx congicus*)*
Collector: *A. Maesen (1950s)*
Place of acquisition: *Dimbelenge region (Batwape village/Bakwa Loko territory)*
Collection: *MRAC (Inv. number EO.1953.74.7382)*
Photographer: *J.M. Vandyck*
© Musée Royal de l'Afrique Centrale

FIGURE 26
Image taken from: *MRAC photographic archives (Inv. number EP.0.0.5484)*
Photographer: *P. Timmermans (1956)/ Demba territory, Muanzangoma sector*
Original caption: masque sappo sappo.
Notes: *the pentagonal face resembles the mask acquired among the Songye Bala (Figure 30). The two pieces share other visual aspects such as the addition of decorative elements including cowries (Figure 26) and abrus seeds (Figure 30). Nevertheless, the method of manufacture is very different in the two cases. The mask in Figure 26 was made with cloth around a kind of padding. The one in Figure 30 was made by tacking canvas to a latticework of sticks. A Konji mask already discussed has the same general appearance (see PETRIDIS, 2000b, Figure 12b).*
© Musée Royal de l'Afrique Centrale

FIGURE 27
Image taken from: *MRAC photographic archives (Inv. number EP.0.0.837)*
Photographer: *C. Zagourski (around 1926)*
Original caption: danseurs bakamputu.
Notes: *the caption suggests that the two men posing next to the mask in pearled* nkaka *style diadems play a part in the*

de Mashala (village de Beena Tshimbayi, clan des Bakwa Ngula)
Légende d'origine : *danseur masqué*
Note : A. Maesen (n.d., carnet 53, p. 6) précise que le masque a pour nom *kalengula*, que son visage est rouge et que ses yeux sont blancs. Il porte en main un gourdin à bout recourbé portant pour nom *mukombo* (bâton).
Il est important ici de noter que l'aspect général de ce masque n'est pas sans présenter quelques similitudes avec la description du masque *cyânga* du *Bwadi* des Bakwa Nkoto qui nous fut communiquée par A. Munyoka Mwana Cyalu.
Ces ressemblances se font à plusieurs niveaux :
1) L'aspect triangulaire du *cyânga*
2) La dominante chromatique rouge (exceptés les yeux, le visage du *kalengula* est entièrement teint de cette couleur)
3) La présence d'une peau d'animal fixée au menton. En effet, bien que ce détail ne soit guère visible sur la photographie, le *kalengula* arbore bel et bien ce type d'accessoire au-dessus de sa collerette de fibres.
On peut donc ici souligner qu'il n'est pas impossible que certains masques du *bwadi* des Bakwa Nkoto soient des dérivés du masque *kalengula* tel qu'il existe notamment chez les Luntu.

FIGURE 19
Image extraite de : archives photographiques du MRAC (N° inv. EP.1953.74.1121)
Photographe : A. Maesen (première moitié des années 1950) / région de Dimbelenge
Légende d'origine : *danseurs masqués*
Note : A. Maesen a réalisé un petit ensemble de clichés montrant ces masques sous différents angles (clichés conservés au MRAC).
Sur l'une de ces photographies, on voit clairement que le masque de droite porte une pelisse couvre-nuque. Quant au bois utilisé pour réaliser ce même masque, il s'agit du *tshilela* (*ricinodendron sp.*).
La présence de sonnailles aux pieds des deux masques doit aussi être relevée. Ces bruiteurs laissent entendre que *tshalabenye* et *payibwebe* devaient exécuter des chorégraphies à pas énergiques permettant de faire rentrer en action rythmée leurs sonnailles.

FIGURE 19 BIS
Image extraite de : ACHTEN, 1928, p. 2147
Photographe : Mr. Van De Putte
Légende d'origine : *danseur baluba*
Note : lorsque l'auteur de l'article, L. Achten, parle de « Baluba », il fait surtout référence aux populations luba occidentales qui vivent entre la Lubi-Bushimaie (approximativement 6-7° de longitude), ainsi qu'à quelques groupements disséminés en territoire luluwa (zones de Demba et de Luluabourg / Kananga).

FIGURE 20
Hauteur : 40 cm
Largeur : 19 cm
Poids : 1 350 g
Matériaux : bois (*ricinodendron sp.*), pigments
Collecteur : T. Fourche (années 1930)
Lieu de collecte : territoire des Bena Kosh
Collection : MRAC (N° inv. EO.0.0.43117)
Photographe : J. M. Vandyck

FIGURE 21
Hauteur : 38 cm
Largeur : 22 cm
Poids : 1 350grs
Matériaux : bois (*alstonia congensis*), pigments
Collecteur : T. Fourche (années 1930)
Lieu de collecte : territoire des Bena Kosh
Collection : MRAC (N° inv. EO.0.0.44098)
Note : le masque possède une sorte de petite antenne monoxyle peu visible lorsqu'il est présenté de face. Il présente aussi des trous sur le pourtour du front que l'on retrouve sur certains masques « bena kosh » cornus ainsi que sur les masques *chikwanga* (Figure 17) des Luntu septentrionaux.
Photographe : J. M. Vandyck

FIGURE 22
Hauteur : 30 cm
Largeur : 18,5 cm
Poids : 900 g
Matériaux : bois (*alstonia congensis*), pigments
Collecteur : T. Fourche (années 1930)
Lieu de collecte : territoire des Bena Kosh
Collection : MRAC (N° inv. EO.0.0.36707)
Note : ce masque arbore une planche monoxyle de petite taille perforée à de multiples reprises en son sommet. Le front bulbeux du masque rend invisible cette planchette lorsqu'il est vu de face. La planchette est assez similaire à celles observables sur les Figures 20, 24-25.
Photographe : J. M. Vandyck

FIGURE 23
Hauteur : 40 cm
Largeur : 25 cm
Poids : 2 300 g
Matériaux : bois (*lannea welwitschii*), pigments
Ancienne collection : R. Blondiau
Collection : MRAC (N° inv. EO.1951.31.98)
Note : ce masque est attribué aux Bena Kosh.
Photographe : J. M. Vandyck

FIGURE 24
Hauteur : 40 cm
Largeur : 19,5 cm
Poids : 800 g
Matériaux : bois (*ricinodendron sp.*), pigments
Collecteur : A. Maesen (années 1950)
Lieu de collecte : région de Dimbelenge (territoire des Bakwa Fika / Bena Konji)
Collection : MRAC (N° inv. EO.1953.74.7361)
Photographe: J. M. Vandyck

FIGURE 25
Hauteur : 82 cm (avec plumes) / 45 cm (sans plumes)
Largeur : 18 cm
Poids : 1 050 g
Matériaux : bois (*ricinodendron sp.*), pigments, clous, cuir, plumes, pelisse (*aonyx congicus*)
Collecteur : A. Maesen (années 1950)
Lieu de collecte : région de Dimbelenge (village de Batwape / territoire des Bakwa Loko)
Collection : MRAC (N° inv. EO.1953.74.7382)
Photographe : J. M. Vandyck

FIGURE 26
Image extraite de : archives photographiques du MRAC (N° inv. EP.0.0.5484)

choreography. This type of diadem could have a Luba origin. Indeed, a number of brotherhoods, including the bulumbu, *the* bumbudye, *or even the* bukansandji, *use this kind of headgear. We know very little about the presence of these brotherhoods among the western Luba neighbouring the Mputu. Only one author (DE ROY, 1945, p.95) seems to have established that the* bumbudye *existed among the Baluba in the Lubilash and the Kasaï (western Luba). From a stylistic point of view, this mask is very similar to the Luntu specimen in Figure 18 (eye shape, weaving of the mask). However, the triangular wood edging and the heavy crown of feathers make it more like the Nsapo-Nsapo specimen (Figure 26).*
© Musée Royal de l'Afrique Centrale

FIGURE 28
***Height**: 34cm (without fibres)/56cm (with fibres)*
***Width**: 33cm (without fibres)/42cm (with fibres)*
***Materials**: fibres, pigments*
***Collection**: MRAC (Inv. number EO.0.0.15417)*
***Notes**: this mask is most like the Luntu specimen in Figure 18 in terms of shape, method of construction (woven raffia), and colour.*
***Photographer**: J.M. Vandyck*
© Musée Royal de l'Afrique Centrale

FIGURE 29
***Image taken from**: MAESEN, n.d., carnet 52, p.102*
***Dessinateur**: A. Maesen (années 1950)/ Village de Tshilolo/Clan Bena Lumonya*
***Notes**: the addition of a nose makes this mask unlike other specimens of the* kalengula *type. We know only one other example of a cowl mask with a wood crest that has this feature. Attributed to the Mputu or the Luntu, this was published in an article by C. Petridis (1999, Figure 4).*
© Musée Royal de l'Afrique Centrale

FIGURE 30
***Image taken from**: MRAC photographic archives (unnumbered)*
***Photographer**: R. Fraire*
***Height**: 160cm (with feathers and fibres)*
***Materials**: cloth, fibres, feathers,* abrus precatorius *seeds.*
***Collector**: A.P. Merriam (in 1960)*
***Place of acquisition**: Lupupa Ngye*
***Artist**: Mwembo*
© Musée Royal de l'Afrique Centrale

FIGURE 31
***Image taken from**: MRAC photographic archives (Inv. number EP.0.0.3452)*
***Photographer**: W.F.P. Burton (around 1936)/Kabongo territory*
***Original caption**:* masque kalengula.
***Notes**: the perfectly triangular shape of this mask has only been observed on a Songye specimen of uncertain origin (Figure 12).*
© Musée Royal de l'Afrique Centrale

FIGURE 31A
***Image taken from**: MRAC photographic archives (unnumbered)*
***Photographer**: C. Henault (12/05/1972)*
***Original caption**:* masque panneau. Nom: KALENGULA. Gardien de la maison des masques. Ne danse pas. Village de Longa (zone de Kabalo)
© Musée Royal de l'Afrique Centrale

FIGURE 32
***Height**: 100cm*
***Materials**: wood, fibres, pigments, feathers, skin*
***Collector**: H. Himmelheber (1939)/ Kalebwe territory.*
***Collection**: Museum der Kulturen, Basel (Inv. number III 9507)*
***Notes**: the emaciated face and the protuberant mouth of this mask resemble Kalebwe* kifwebe *masks, but the tubular eyes and the design of the striations (triangular motifs and "runny" features near the eyes) differentiate it.*
***Photographer**: M. Gruber*
© Museum der Kulturen

FIGURE 33
***Height**: 48cm*
***Width**: 30cm*
***Materials**: wood, fibres, pigments*
***Ancienne collection**: Wellcome Historical Museum (in 1954)*
***Collection**: British Museum's Department of Ethnography (Inv. number Af1954,+23.1124)*
***Notes**: the ears are unusual for crested masks.*
© The Trustees of the British Museum

FIGURE 33A
***Image taken from**: CUNARD, 1934, p.733*
***Original caption**:* fetishman of the Basonge tribe.
***Notes**: The same mask as in Figure 33.*

FIGURE 34
***Height**: 141cm (with fibres)*
***Width**: 46cm*
***Materials**: wood, fibres, pigments, skins*
***Collector**: E. Torday (1908)*
***Collection**: British Museum's Department of Ethnography (Inv. number Af1979,01.2397)*
© The Trustees of the British Museum

FIGURE 35
***Height**: 39cm*
***Width**: 26cm*
***Materials**: wood, fibres, pigments*
***Collector**: N. Hardy (Torday expedition, 1908)*
***Collection**: British Museum's Department of Ethnography (Inv. number Af1908,0622.177)*
***Notes**: this semi-helmet mask has the same trio of circles on the skull as the specimen in Figure 34. The appendages – tresses or horns – which surround the face are seen in the example from Figure 37.*
© The Trustees of the British Museum

FIGURE 36
***Image taken from**: TORDAY & JOYCE, 1922, Figure 6*
***Original caption**:* danse basonge aux flûtes.
***Photographer**: E. Torday/late 1907*
***Notes**: the photo in Figure 36 was taken in the same place as Figure 36a but from a different angle and at a different time.*

FIGURE 36A
***Image taken from**: HILTON-SIMPSON, 1911, plate opposite page 36*
***Légende**:* the leader of the basonge orchestra.
***Photographer**: E. Torday (??)/late 1907/ Batempa village*
***Notes**: the "conductor" is the xylophonist. According to M.W. Hilton-Simpson, he was a person of some importance in the village (HILTON-SIMPSON, 1911, p.36).*

FIGURE 37
***Height**: 75cm*
***Materials**: wood, pigments, feathers, fur.*
***Ancienne collection**: Armand Fernandez (Arman)*
***Collection**: private collection*
***Photographer**: Paul Louis*
© Paul Louis

Photographe : P. Timmermans (1956) / territoire de Demba, secteur de Muanzangoma
Légende d'origine : *masque sappo sappo*
Note : la forme pentagonale du visage rapproche ce masque de l'exemplaire collecté chez les Songye Bala (Figure 30). Ces deux pièces partagent d'ailleurs certains autres aspects plastiques tels que l'ajout d'éléments de décorations comme les cauris (Figure 26) et les graines d'abrus (Figure 30). Néanmoins, la manière de fabriquer le masque est très différente dans les deux cas. Celui de la Figure 26 fut réalisé au moyen d'étoffe enfermant une sorte de rembourrage. Celui de la Figure 30 fut confectionné au moyen d'une toile plaquée sur un treillis de baguettes. Un masque konji déjà évoqué présente cette même apparence générale (voir PETRIDIS, 2000b, Figure 12b).

FIGURE 27
Image extraite de : archives photographiques du MRAC (N° inv. EP.0.0.837)
Photographe : C. Zagourski (vers 1926)
Légende d'origine : *danseurs bakamputu*
Note : la légende de la photographie laisse supposer que les deux hommes parés d'un diadème perlé de type *nkaka* qui posent à côté du masque sont aussi à mettre en rapport avec une chorégraphie. Le type de diadème porté peut renvoyer à une origine luba. En effet, de nombreuses confréries comme le *bulumbu*, le *bumbudye* ou bien encore le *bukansandji* font usage de ce type de parure frontale. Nous ne savons pas grand-chose en ce qui concerne la présence de ces confréries mentionnées chez les Luba occidentaux voisins des Mputu. Seul un auteur (DE ROY, 1945, p. 95) semble établir que le *bumbudye* existait chez les Baluba du Lubilash et du Kasaï (Luba occidentaux). D'un point de vue stylistique, ce masque est assez proche de l'exemplaire luntu de la Figure 18 (forme des yeux, tressage du masque). Néanmoins, les liserés triangulaires en bois et l'abondante couronne de plumes le rapprochent plus de l'exemplaire nsapo-nsapo (Figure 26).

FIGURE 28
Hauteur : 34 cm (sans les fibres) / 56 cm (avec fibres)
Largeur : 33 cm (sans les fibres) / 42 cm (avec fibres)
Matériaux : fibres, pigments
Collection : MRAC (N° inv. EO.0.0.15417)
Note : ce masque est celui qui se rapproche le plus de l'exemplaire luntu de la Figure 18 par sa forme, sa technique de fabrication (raphia tressé) et sa couleur.
Photographe : J. M. Vandyck

FIGURE 29
Image extraite de : MAESEN, n.d., carnet 52, p. 102
Dessinateur : A. Maesen (années 1950) / Village de Tshilolo / Clan Bena Lumonya
Note : ce masque se distingue des autres exemplaires de type *kalengula* par l'ajout d'un nez. Nous ne connaissons qu'un seul autre exemplaire de masque cagoule surmonté d'une crête en bois qui présente cette particularité. Attribué aux Mputu ou aux Luntu, il fut publié dans un article de C. Petridis (1999, Figure 4).

FIGURE 30
Image extraite de : archives photographiques du MRAC (non numéroté)
Photographe : R. Fraire
Hauteur : 160 cm (avec les plumes et les fibres)
Matériaux : toile, fibres, plumes, graines d'*abrus precatorius*
Collecteur : A. P. Merriam (en 1960)
Lieu de collecte : Lupupa Ngye
Artiste : Mwembo

FIGURE 31
Image extraite de : archives photographiques du MRAC (N° inv. EP.0.0.3452)
Photographe : W. F. P. Burton (vers 1936) / territoire de Kabongo
Légende d'origine : *masque kalengula*
Note : l'aspect parfaitement triangulaire de ce masque ne s'observe que sur un exemplaire songye encore mal localisé (Figure 12).

FIGURE 31 BIS
Image extraite de : archives photographiques du MRAC (non numéroté)
Photographe : C. Henault (le 12/05/1972)
Légende d'origine : *masque panneau. Nom : KALENGULA. Gardien de la maison des masques. Ne danse pas. Village de Longa (zone de Kabalo)*

FIGURE 32
Hauteur : 100 cm
Matériaux : bois, fibres, pigments, plumes, peau
Collecteur : H. Himmelheber (1939) / territoire kalebwe.
Collection : Museum der Kulturen Basel (N° inv. III 9507)
Note : le visage émacié et la bouche protubérante de ce masque le rapprochent des *kifwebe* des Kalebwe. Il s'éloigne pourtant de ce modèle par ses yeux tubulaires et les dessins de ses stries (motifs en triangle et traits « coulants » près des yeux).
Photographe : M. Gruber

FIGURE 33
Hauteur : 48 cm
Largeur : 30 cm
Matériaux : bois, fibres, pigments
Ancienne collection : Wellcome Historical Museum (en 1954)
Collection : British Museum's Department of Ethnography (N° inv. Af1954,+23.1124)
Note : la représentation des oreilles constitue une exception pour les masques mitrés.

FIGURE 33 BIS
Image extraite de : CUNARD, 1934, p. 733
Légende d'origine : *fetishman of the Basonge tribe*
Note : ce masque est celui de la Figure 33.

FIGURE 34
Hauteur : 141 cm (avec les fibres)
Largeur : 46 cm
Matériaux : bois, fibres, pigments, peaux
Collecteur : E. Torday (1908)
Collection : British Museum's Department of Ethnography (N° inv. Af1979,01.2397)

FIGURE 38
Height: *65cm*
Width: *17cm*
Weight: *5050grs*
Materials: *wood (*vitex doniana*), copper, iron, pearls, bushbuck and reedbuck horns, raffia cloth, leather.*
Collector: *gift of S. Edkins/acquired before 1935*
Collection: *MRAC (Inv. number EO.1948.18.1)*
Notes: *of the many* mankishi *at MRAC, this is the only one to have three real horns.*
Photographer: *R. Asselberghs*

FIGURE 39
Image taken from: *WANGERMEE, 1909, p.181*
Original caption: féticheur bakuba.
Photographer: *M. Delforge (before 1909)*
Notes: *aside from the belt of skins (including a short cape of civet-like felines), this mask's costume is very similar to those of crested masks (see Figure 8, 10 & 10a), of certain* kalengula *masks (Figure 18), and to those of Luntu plank masks (Figure 19).*

FIGURE 40
Image taken from: *TORDAY & JOYCE, 1922, Figure 57*
Original caption: figurines batetela

FIGURE 41
Height: *52cm*
Width: *35cm*
Materials: *wood, pigments, feathers*
Collection: *British Museum's Department of Ethnography (Inv. number Af1908,0622.132)*
Collector: *N. Hardy (Torday expedition, 1908)*
Place of acquisition: *Kasongo*
Notes: *this mask appears on the left in Figure 7.*

FIGURE 42
Height: *60cm*
Width: *36cm*
Materials: *wood, pigments, feathers*
Collection: *British Museum's Department of Ethnography (Inv. number Af1908,0622.131)*
Collector: *N. Hardy (Torday expedition, 1908)*
Place of acquisition: *Kasongo?*
Notes: *this Janus mask is seen on the right of Figure 7 and in Figure 8.*

FIGURE 43
Height: *89cm*
Width: *27cm*
Materials: *wood, fibres, pigments*
Collection: *Smithsonian National Museum of African Art (Inv. number 84-6-6.1)*
Collector: *J.N. White (in 1924)*
Place of acquisition: *Ona Kasongo*
Notes: *this is the mask from Figure 7a and is also seen on the left in Figure 46.*
Photographer: *F. Khoury*

FIGURE 44
Height: *60cm*
Width: *34cm*
Materials: *wood, pigments*
Anciennes collections: *J. Walschot/ C. & F. Stillman*
Collection: *Dallas Museum of Art (Inv. number 1971.12.McD)*

Figure 45
Photographer: *E. Torday (??)/late 1907/ Batempa village*
Notes: *this is the mask from Figure 35.*

FIGURE 46
Image taken from: *Bloomington Mathers Museum of World Culture*
Légende: collection from the Belgian Congo/J. N. White.
Photographer: *J.N. White ?*
Notes: *J. N. White acquired two Tetela/ Tempa masks during the 1920s. The one on the left (see Figure 43) cost 35 francs at the time; the one on the right cost 50 francs. Despite what J.A. Ratner (1985, p.29) claims, the mask on the right was not "destroyed by a termite infestation". It is currently part of a private French collection (see NEYT, 2004, p.364).*

FIGURE 35
Hauteur : 39 cm
Largeur : 26 cm
Matériaux : bois, fibres, pigments
Collecteur : N. Hardy (expédition Torday, 1908)
Collection : British Museum's Department of Ethnography (N° inv. Af1908,0622.177)
Note : ce masque semi-heaume possède le même trio de cercles sur le crâne que l'exemplaire de la Figure 34. En revanche, ces appendices, tresses ou cornes, qui encadrent le visage se retrouvent sur l'exemplaire de la Figure 37.
© The Trustees of the British Museum

FIGURE 36
Image extraite de : TORDAY & JOYCE, 1922, Figure 6
Légende d'origine : *danse basonge aux flûtes*
Photographe : E. Torday / fin 1907
Note : la photographie de la Figure 36 fut prise au même endroit que celle de la Figure 36 bis mais sous un angle différent et à un autre moment.

FIGURE 36 BIS
Image extraite de : HILTON-SIMPSON, 1911, figure opposée à la page 36
Légende : *the leader of the basonge orchestra*
Photographe : E. Torday [?] / fin 1907 / village de Batempa
Note : le « chef d'orchestre » est le joueur de xylophone. Aux dires de M. W. Hilton-Simpson, il s'agissait d'un personnage important dans le village (HILTON-SIMPSON, 1911, p. 36).

FIGURE 37
Hauteur : 75 cm
Matériaux : bois, pigments, plumes, fourrure
Ancienne collection : Armand Fernandez (Arman)
Collection : collection privée
Photographe : Paul Louis
© Paul Louis

FIGURE 38
Hauteur : 65 cm
Largeur : 17 cm
Poids : 5 050 g
Matériaux : bois (*vitex doniana*), cuivre, fer, perles, cornes de guib harnaché et d'éléotrague, tissu de raphia, cuir
Collecteur : don de S. Edkins / collecté avant 1935
Collection : MRAC (N° inv. EO.1948.18.1)
Note : sur l'ensemble important de *mankishi* détenus par le MRAC, celui-ci est le seul à arborer trois cornes véritables.
Photographe : R. Asselberghs
© Musée royal de l'Afrique centrale

FIGURE 39
Image extraite de : WANGERMEE, 1909, p. 181
Légende d'origine : *féticheur bakuba*
Photographe : M. Delforge (avant 1909)
Note : si l'on excepte la ceinture en peaux (dont des pelisses de petits félins type civette), le costume du masque est relativement similaire à celui des masques mitrés (voir Figure 8, 10 & 10 bis), à celui de certains *kalengula* (Figure 18), et à celui de masques à planchettes luntu (Figure 19).

FIGURE 40
Image extraite de : TORDAY & JOYCE, 1922, Figure 57
Légende d'origine : *figurines batetela*

FIGURE 41
Hauteur : 52 cm
Largeur : 35 cm
Matériaux : bois, pigments, plumes
Collection : British Museum's Department of Ethnography (N° inv. Af1908,0622.132)
Collecteur : N. Hardy (Expédition Torday 1908)
Lieu de collecte : Kasongo
Note : ce masque figure à gauche de la Figure 7.
© The Trustees of the British Museum

FIGURE 42
Hauteur : 60 cm
Largeur : 36 cm
Matériaux : bois, pigments, plumes
Collection : British Museum's Department of Ethnography (N° inv. Af1908,0622.131)
Collecteur : N. Hardy (Expédition Torday 1908)
Lieu de collecte : Kasongo [?]
Note : ce masque Janus figure à droite de la Figure 7 et sur la Figure 8.
© The Trustees of the British Museum

FIGURE 43
Hauteur : 89 cm
Largeur : 27 cm
Matériaux : bois, fibres, pigments
Collection : Smithsonian National Museum of African Art (N° inv. 84-6-6.1)
Collecteur : J. N. White (en 1924)
Lieu de collecte : Ona Kasongo
Note : ce masque est celui de la Figure 7 bis et se retrouve aussi à gauche de la Figure 46.
Photographe : F. Khoury
© Smithsonian National Museum of African Art

FIGURE 44
Hauteur : 60 cm
Largeur : 34 cm
Matériaux : bois, pigments
Anciennes collections : J. Walschot / C. & F. Stillman
Collection : Dallas Museum of Art (N° inv. 1971.12.McD)
© Dallas Museum of Art

FIGURE 45
Photographe : E. Torday [?] / fin 1907 / village de Batempa
Note : ce masque est celui de la Figure 35.
© Droits réservés

FIGURE 46
Image extraite de : Bloomington Mathers Museum of World Culture
Légende : *collection from the Belgian Congo / J. N. White.*
Photographe : J. N. White [?]
Note : J. N. White collecta deux masques tetela/tempa dans les années 1920. Celui de gauche (voir Figure 43) fut acheté pour 35 F de l'époque alors que celui de droite fut payé 50 F. Contrairement à ce qu'affirme J. A. Ratner (1985, p. 29), le masque de droite ne fut pas « détruit par une infestation de termites ». Il est actuellement conservé dans une collection privée française (voir NEYT, 2004, p. 364).
© Bloomington Mathers Museum of World Culture

BIBLIOGRAPHIE

BJIDCC : Bulletin des Juridictions Indigènes et du Droit coutumier Congolais
CEPSI : Centre d'Étude des Problèmes Sociaux Indigènes
MRAC : Musée royal de l'Afrique centrale (Tervuren, Belgique)

■ ACHTEN, L., 1928, « Notre voyage dans la province du Congo Kasaï (Suite) », in l'*Illustration Congolaise*, N° 85, pp. 2143-2156.

■ *African Faces, African Figures: The Arman Collection*, 1997, collectif, The Center for African Art, New York.

■ BAEKE, V., 2004, *Le Sensible et la Force*, MRAC, Tervuren.

■ BALTRUSAITIS, J., rééd. 1993, *Le Moyen Âge fantastique*, Champs Flammarion, Paris, 1re édition Idées et Recherches Flammarion, 1981.

■ BERNOLLES, J., 1966, *Permanence de la parure et du masque africains*, Maisonneuve et Larose, Paris.

■ BIEBUYCK, D., 1972, « Bembe Art », in *African Arts*, vol. V, N° 3, pp. 12-19 et 75-84.

■ BOGAERTS, H., 1951, « Un aspect de la structure sociale chez les Bakwa Luntu », in *Zaïre*, Vol.V, N° 6, pp.563-609.

■ BOONE, O., 1961, *Carte ethnique du Congo : Quart sud-est*, Annales du MRAC, série Sciences Humaines, N° 37.

■ BURTON, W. F. P., 1927, « The Country of the Baluba in Central Katanga », in *The Geographical journal*, vol. LXX, N° 4, pp. 321-342.

■ BURTON, W. F. P., 1961, *Luba Religion and Magic in Custom and Belief*, Série N° 8, Sciences humaines, MRAC, Tervuren.

■ CAMERON, V. L., rééd. 1878, *À travers l'Afrique. Voyage de Zanzibar à Benguela*, Hachette, Paris. Édition anglaise originale : *Across Africa*, Herper & brothers, New York, 1877.

■ CATALOGUE DE VENTE, 1998, *Important African and Oceanic Art*, 22 novembre, Sotheby's, New York.

■ CENTNER, Th., 1963, *L'enfant africain et ses jeux dans le cadre de la vie traditionnelle au Katanga*, CEPSI, N° 17, Elisabethville.

■ CEYSSENS, R., 2011 *De Lundu à Tervuren : la collection Oscar Michaux au Musée Royal de l'Afrique Centrale*, Editions du MRAC, Vol. 172, Tervuren.

■ COLLE, Rév. P., 1906, « Croyances religieuses des baluba : amulettes », in *Mission d'Afrique des Pères Blancs*, pp.78-81.

■ COLLE, Rév. P., 1913a, *Les Baluba*, Collection de monographies ethnographiques, vol. X et XI, Bruxelles.

■ COLLE, Rév. P., 1913b, *Sociétés secrètes en Uruwa*, Éditions Aug. Somme, Bruxelles.

■ CUNARD, N., 1934, *Negro anthology*, Wishart & Co, Londres.

■ DE CLERCQ, A., 1929, « Le Ndumbulula, c'est-à-dire le juge au pays du Luba-Kasaï-Sankuru-Lomami », in *Congo*, Volume II, N° 5, pp. 839-843.

■ DE CLERCQ, A., 1960, *Dictionnaire Tshiluba-Français*, Imprimerie de la Société missionnaire de St Paul, Léopoldville.

■ DECLERCQ, P., 1897, *Grammaire de la langue des Bena Lulua*, Polleunis & Ceuterick, Bruxelles.

■ DE HEUSCH, L., 1972, *Le roi ivre ou l'origine de l'Etat*, Gallimard, Paris.

■ DE HEUSCH, L., 1995, « La beauté est ailleurs : pour en finir avec les masques tetela. Notices d'histoire et d'ethnographie nkutshu », in *Objets-Signes d'Afrique*, Snoeck-Ducaju & Zoon, pp. 175-206.

■ DE HEUSCH, L., 2002, *Du Pouvoir. Anthropologie politique des sociétés d'Afrique Centrale*, Publications de la Société d'ethnologie, Nanterre.

■ DE ROY, M., 1945, « Les bambudye : note préliminaire », in *BJIDCC*, vol. XIII, N° 4, pp. 93-97.

■ FAGG, W., 1970, *African Sculpture*, Washington D.C., International Exhibitions Foundation.

■ FAÏK-NZUJI, C., 1993, *La Puissance du Sacré. L'homme, la nature et l'art en Afrique noire*, éditions Maisonneuve & Larose, Paris.

■ FELIX, M. L., 1987, *100 Peoples of Zaïre and their Sculpture, The Handbook.* Zaïre Basin Art History Research Foundation, Bruxelles, San-Francisco, Bukavu.

■ FELIX, M. L., 1992, *Luba Zoo: Kifwebe and other Striped Masks of South-East Zaïre*, occasional paper, Bruxelles.

■ FELIX, M. L., 2003, *Beauty and the Beasts*, Tribal Arts, Bruxelles.

■ FROBENIUS, L., 1898, *Die Masken und Geheimbünde Afrikas*, Nova Acta, vol. LXXIV, N° 1, Halle, Leipzig.

■ FROBENIUS, L., 1907, *Im Schatten des Kongostaates*, Georg Reimer, Berlin.

■ GANSEMANS, J., 1978, *La musique et son rôle dans la vie sociale et rituelle luba*, MRAC, Tervuren, Série 8, N° 95, pp. 51-121.

■ HAGENDORENS, J., 1975, *Dictionnaire Otetela-Français*, CEEBA, Série III, vol. 5.

■ HERSAK, D., 1986, *Songye Masks and Figure Sculpture*, Ethnographica, London.

■ HERSAK, D., 1993, "The Kifwebe masking phenomenon", in *Face of the spirits*, Annales du MRAC, vol. 140, pp. 144-161.

■ HERSAK, D., 1995, « Couleurs, stries et saillies : réflexions sur le travail de terrain et certaines énigmes du musée », in *Objets-Signes d'Afrique*, Snoeck-Ducaju & Zoon, pp. 161-174.

■ HILTON-SIMPSON, M. W., 1911, *Land and Peoples of the Kasai*, Constable & Co, London.

■ HOOFD, [?], n.d., *Dossier ethnographique*, Archives du MRAC, D.E. 472.

■ JOHNSTON, H., 1908, *George Grenfell and the Congo*, 2 vol., Hutchinson & Co, Londres.

■ JORDAN, M., 1998, *Chokwe !*, Éditions Prestel, Munich.

■ JORDAN, M., 2004, « Chikwekwe : le masque calao des Tschokwé », in *Arts & Cultures*, N° 5, pp. 127-133.

■ JOSET, G. A., 1934, « Étude sur les sectes secrètes de la circonscription de Kinda », in *Bulletin de la Société Royale Belge de Géographie*, fascicule 1, pp. 28-44.

■ KABASELE, J. R., 1958, « À propos de la vie juridique des Bakua-Luntu du territoire de Dimbelenge », in La *Voix du Congolais*, 14e année, N° 144, pp. 237-238.

■ KLEIN, H., 1988, *Leo Frobenius : Ethnographische Notizen aus den jahren 1905 und 1906 (Vol.III)*, Studien zur Kulturkunde, N° 87, Éditions Franz Steiner, Stuttgart.

■ KLEIN, H., 1990, *Leo Frobenius : Ethnographische Notizen aus den jahren 1905 und 1906 (Vol.IV)*, Studien zur Kulturkunde, N° 97, Éditions Franz Steiner, Stuttgart.

■ LEHUARD, R., 1974, « Musées suédois », in *Arts d'Afrique noire*, N° 12, pp. 6-12.

■ MACK, J., 1990, *Emil Torday and the Art of Congo : 1900-1909*, The trustees of the British Museum, Londres.

■ MAES, J., 1924, *Aniota-Kifwebe*, Éditions De Sikkel, Anvers.

■ MAESEN, A., n.d., *Carnets de terrain*, Archives du MRAC (Section Ethnographie).

■ MAURER, E. M., & ROBERTS, A. F., 1985, *Tabwa The Rising of a New Moon. A Century of Tabwa Art*, University of Michigan, Museum of Art.

■ MELLAND, F. H., rééd. 1967, *In Witch-Bound Africa*, Franck Cass & Co LTD., London, 1923.

■ MERRIAM, A. P., 1978, "Kifwebe and Other Masked and Unmasked Societies among the Basongye", in *Africa-Tervuren*, N° 3 (pp. 57-73) et N° 4 (pp. 89-101).

■ MESTACH, J. W., 1985, *Études songye : formes et symbolique. Essai d'analyse*, Galerie Jähn, Munich.

■ MICHAUX, O., rééd. 1913, *Au Congo. Carnet de campagnes*, Dupagne Counet, Namur, Édition originale 1907, Librairie Falk Fils, Bruxelles.

■ MUTIMANWA, W. M., 1974, *Étude socio-morphologique des masques blancs luba ou bifwebe*, Mémoire de Licence d'Histoire, Université de Lubumbashi.

■ NEYT, F., 1992, « Les masques tetela existent-ils ? », in *Art tribal*, Bulletin semestriel du Musée Barbier-Mueller, Genève, pp. 3-14.

■ NEYT, F., 1993, *Luba : aux sources du Zaïre*, Dapper, Paris.

■ NEYT, F., 2004, *La redoutable statuaire songye d'Afrique centrale*, Fonds Mercator.

■ NOOTER, M. H., 1984, *Luba Leadership Arts and the Politics of Prestige*, Mémoire de Master, Columbia University.

■ NOOTER, M. H., 1991, *Luba Art and Polity: Creating Power in a Central African Kingdom*, Thèse doctorale, Columbia University.

■ NOOTER, M. H. & ROBERTS, A.F., 1996, *Memory: Luba Art and the Making of History*, The Museum for African Art, New York, Prestel, Munich.

■ OOST, W., 1990, *Dictionnaire songye-français*, livre gris, Tervuren.

■ ORJO de MARCHOVELETTE, E. d', 1940, « Quelques considérations sur les « bambudie » du territoire de Kabongo », in *BJIDCC*, vol. VIII, N° 10, pp. 275-289.

■ ORJO de MARCHOVELETTE, E. d', 1950, « Notes sur les funérailles des chefs Ilunga Kabale et Kabongo Kumwimba (suivi de) Historique de la chefferie Kabongo », in *BJIDCC*, vol. XVIII, N° 12, pp. 350-368.

■ PEETERS, M., 1946, *Note sur le « Mukanda wa Buadi »*, Dossiers Ethnographiques du MRAC, N° 1096, fascicule 9.

■ PETIT, P., 1993, *Rites Familiaux et Rites Royaux : Étude du Système cérémoniel des Luba du Shaba (Zaïre)*, Thèse de doctorat, Université Libre de Bruxelles .

■ PETIT, P., 1995, « Le Kaolin Sacré et les Porteuses de Coupe Luba », in in *Objets-Signes d'Afrique*, Éditions Snoeck Ducaju & Zoon, pp. 111-132.

■ PETRIDIS, C., 1999, "Luluwa Masks", in *African Arts*, vol. XXXII, N° 3, pp. 32-47 et 91.

■ PETRIDIS, C., 2000a, « Notes succinctes sur les masques Kalengula des Luntu et des peuples voisins », in *Arts d'Afrique Noire*, N° 115, pp. 17-25.

■ PETRIDIS, C., 2000b, « Notes succinctes sur les masques Kalengula des Luntu et des peuples voisins (suite) », in *Arts d'Afrique Noire*, N° 116, pp. 19-27.

■ PETRIDIS, C., 2005, "Bwadi Bwa Chikwanga : a Ram Mask of the Bakwa Luntu", in *African Arts*, vol. XXXVIII, N° 2, pp. 50-59.

■ RATNER, J. A., 1985, *The Major John N. White collection of Tetela art*, Mémoire de Master, Indiana University.

■ ROBERTS, A. F., 1980, *Heroic Beasts, Beastly Heroes. Principles of Cosmology and Chiefship among the Lakeside Batabwa of Zaïre*, Thèse d'anthropologie, Chicago.

■ ROBERTS, A. F., 1988, "Through the Bamboo Thicket. The Social Process of Tabwa Ritual Performance", in *TDR*, vol. 32, N° 2, pp. 123-138.

■ ROBERTS, A. F., 1995, *Animals in African Art : From the Familiar to the Marvelous*. The Museum for African Art, New York.

■ ROY, C., 1992, *L'art à la source : I. Arts premiers, arts sauvages*, Gallimard. Folio. Essais, Paris.

■ SCHMITZ, R., 1912, *Les Baholoholo*, Monographies Ethnographiques, vol. IX, Bruxelles.

■ STAPPERS, L., 1950, « De geheime sekte van de Bukishi bij de Beena Milembwe », in *Kongo-Overzee*, vol. XVI, N° 2-3, pp. 73-96.

■ STEPHAN, L., KERCHACHE, J., & PAUDRAT, J.L., 1988, *L'art africain*, Citadelles Mazenod, Paris.

■ STUDSTILL, J. D., 1969, *Trois héros luba : étude d'une épopée congolaise*, mémoire de l'École Pratique des Hautes Études, 5e section, Paris.

■ STUDSTILL, J. D., 1984, *Les desseins d'arc-en-ciel : épopée et pensée chez les Luba du Zaïre*, CNRS, Paris.

■ STUHLMANN, F., 1891 (5 janvier), *Briefschaften aus Richtung Tabora*, Archives de l'Ethnologisches Museum de Berlin, dossier Stuhlmann, N° I 47/91, III E 2442-2460.

■ SWANN A. J., rééd. 1969, *Fighting the Slave-Hunters in Central Africa*, Frank Cass & Co, Londres. 1st edition 1910.

■ TASTEVIN, Rév. P., 1938, Cours donnés à l'Institut Catholique de Paris, Congrégation du Saint-Esprit, Archives de Chevilly-Larue, côte 2D70.9.2.

Cours 6 : *Les Baluba : Extension et Histoire*
Cours 7 : *La société chez les Baluba*
Cours 8 : *Le régime de l'autorité dans l'empire ba-luba*
Cours 10 : *Croyances des Baluba*
Cours 11 : *La religion des Baluba : le culte des génies*
Cours 12 : *La vie d'outre-tombe et le culte des morts chez les Ba-Luba*
Cours 14 : *La divination chez les Baluba*
Cours 16 : *La société du lion chez les Baluba*
Cours 17 : *Sociétés secrètes chez les Baluba*
Cours 18 : *La société secrète des braves*
Cours 19 : *Sociétés secrètes du Bulye et du Bu Lundu*

■ TIMMERMANS, P., 1962, « Les Sapo Sapo près de Luluabourg », in *Africa-Tervuren*, vol. VII, N° 1/2, pp. 29-53.

■ TORDAY, E., 1921, "Culture and Environment : Cultural Differences among the Various branches of the Batetela", in *The Journal of the Royal Anthropological Institute of Great Britain & Ireland*, Vol. LI, pp. 370-384.

■ TORDAY, E., & JOYCE, T. A., 1922, *Notes ethnographiques sur les populations habitant les bassins du Kasaï et du Kwango oriental*, Annales du Musée du Congo Belge, Série III, Tome II, fascicule 2, Bruxelles.

■ TRÉSORS D'AFRIQUE, 1995, catalogue d'exposition, MRAC, Tervuren.

■ TSHISUYI PADIANI, S., 1957, « La vie juridique chez les Bakwa-Luntu », in *La Voix du Congolais*, 13e année, N° 132, pp. 178-179.

■ VAN AVERMAET, E., 1954, *Dictionnaire kiluba-français*, Série in 8°, Sciences de l'Homme, vol. VII, MRAC, Tervuren.

■ VAN DER NOOT, A., 1935, « Crimes et superstitions indigènes : la secte des bambudi », in *BJIDCC*, vol. III, N° 5, pp. 113-115.

■ VAN MALDEREN, A., 1935a, « Crimes et superstitions indigènes : la secte des vizanguka », in *BJIDCC*, vol. III, N° 1, pp. 22-24.

■ VAN MALDEREN, A., 1935b, « Crimes et superstitions indigènes : la secte des bukazanzi », in *BJIDCC*, Vol. III, N° 2, pp. 38-43.

■ VAN MALDEREN, A., 1937, « Crimes et superstitions indigènes : secte du Bulye », in *BJIDCC*, N° 5, pp. 158-161.

■ VAN MALDEREN, A., 1940, « Contribution à l'histoire et à l'ethnologie des indigènes du Katanga », in *BJIDCC*, vol. VIII, N° 7, pp. 199-206, N° 8, pp. 227-239.

■ VAN OVERBERGH, 1908, *Les Basonge*, Monographies ethnographiques, Vol. III, Bruxelles.

■ VAN SCHUYLENBERGH, P. & MORIMONT, F., 1995, *Rencontres artistiques Belgique – Congo : 1920-1950*, Éditions Centre d'Histoire de l'Afrique, Collection Enquêtes et Documents d'Histoire africaine, Louvain-la-Neuve.

■ VANSINA, J., 1965, *Les anciens royaumes de la savane*, Éditions Institut de recherches économiques et sociales, Léopoldville.

■ VANSINA, J., rééd. 1995, *Art History in Africa*, Longman Inc., 1re edition 1984, New York.

■ VERLY, R., 1959, « L'art africain et son devenir », in *Problèmes Sociaux Congolais*, N° 44, pp. 145-151.

■ VOLPER, J., 2007, *Un art entrevu d'Afrique Centrale : analyse stylistique et iconographique des masques dits luba du Katanga et du Kasaï (RDC)*, Thèse de doctorat soutenue à l'Université de Paris I Panthéon-Sorbonne.

■ VOLPER, J., 2009a, *La part indomptée : les masques d'homme-fauve des Luba*, Momentum Publication, Série Original Papers, Vol.001, Bruxelles.

■ VOLPER, J., 2009b, « Les masques à rayures peintes des Luba ». in *Afrique, Archéologie & Arts*N° 5, pp.109-118.

■ VOLPER, J., 2010, *Pour qu'en bas on l'entende : les masques ronds striés des Luba orientaux*, Momentum Publication, Série Original Papers, Vol.002, Bruxelles.

■ VOLPER, J., 2012, Ivoire sculptés des Luba, des Songye et des groupes voisins : la création montre les dents, in *White Gold, Black Hands: Ivory Sculptures in Congo*, Vol.IV, éditions Gemini Sun, République Populaire de Chine, pp. 104-291.

■ VON WISSMANN, H., 1891, *My second Journey through Equatorial Africa*, editions Chatto & Windus, Londres.

■ WANGERMEE, E., 1909, *Grands lacs africains & Katanga*, J. Lebègue & Co, Bruxelles.

■ WAUTERS, C., 1949, *L'ésotérie des noirs dévoilée*, Éditions Européennes, Bruxelles.

■ WAUTHION, R. V. G., 1940, « Crimes et superstitions indigènes : quelques notes sur des sociétés indigènes (région de Kongolo) », in *BJDCC*, N° 11, pp. 310-314.

■ WHITE, J. N., n.d., *Devil Gods*, archives White / correspondence J. A. Buxton / N° VIF238-239, Bloomington Mathers Museum of World Culture.

■ ZANGRIE, L., 1947-50, « Les institutions, la religion et l'art des Babuye », in *l'Ethnographie*, N° 45, pp. 54-80.

■ ZWERNEMANN, J., & LOHSE, W., 1985, *Aus Afrika : Ahnen-Geister-Götter*, Hamburgisches Museum für Völkerkunde, Christians Verlag, Hambourg.

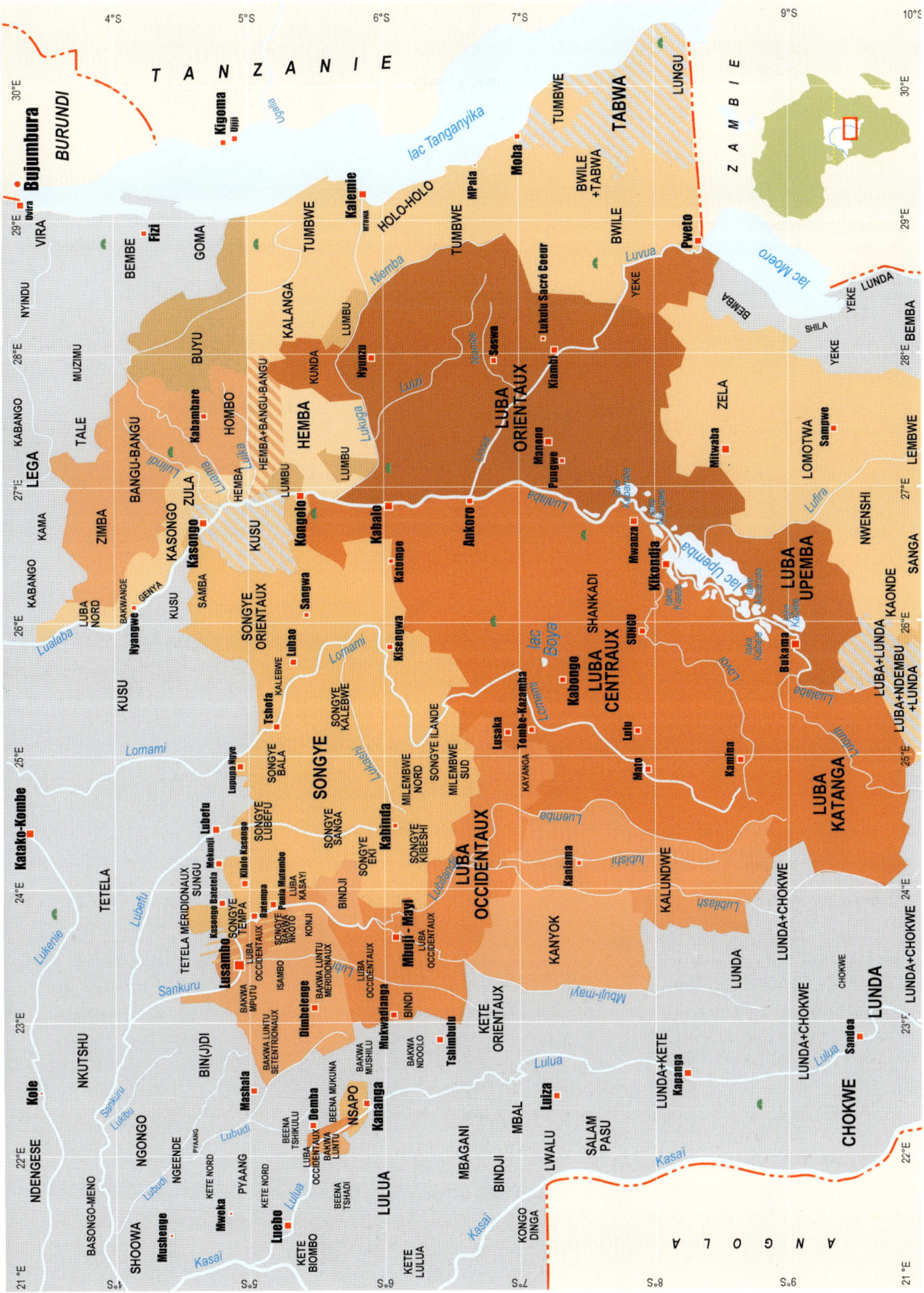
TANZANIE
BURUNDI
ZAMBIE
ANGOLA
Bujumbura
Kigoma
Ujiji
lac Tanganyika
lac Moero
lac Upemba
lac Boya
Kalemie
Moba
Pweto
Fizi
Kongolo
Kasongo
Kabalo
Ankoro
Manono
Kabongo
Bukama
Kamina
Lusambo
Mbuji - Mayi
Kananga
Tshimbulu
Kapanga
Sandoa
Luebo
Katako-Kombe
Kole
LUBA ORIENTAUX
LUBA CENTRAUX
LUBA UPEMBA
LUBA KATANGA
LUBA OCCIDENTAUX
SONGYE
SONGYE ORIENTAUX
HEMBA
TABWA
LUNDA
CHOKWE
LULUA
TETELA
KUSU
LEGA
BEMBE
ZELA
KANYOK
KALUNDWE
Lualaba
Lomami
Sankuru
Kasaï
Lulua

REMERCIEMENTS

La publication du présent ouvrage n'aurait pu voir le jour sans l'aide de nombreuses personnes et institutions. Nous espérons n'omettre personne dans les phrases qui vont suivre et faisons par avance nos excuses à ceux que nous aurions malencontreusement oubliés.

- En ce qui concerne les musées, nous tenons à citer ici ceux qui nous donnèrent accès à certaines de leurs archives et/ou à des photos publiables des œuvres sélectionnées. Sont concernés le Linden Museum de Stuttgart, le Museum für Völkerkunde de Munich, l'Ethnologisches Museum de Berlin, le Museum für Völkerkunde de Hamburg, le Museum der Kulturen de Bâle, le British Museum de Londres, le Leicester New Walk Museum, le Musée National de Lubumbashi, l'Auckland Museum, le Seattle Art Museum, le Metropolitan Museum de New-York, le National Museum of African Art de Washington D.C., le Dallas Museum of Art et le Bloomington Mathers Museum of World Culture.

Le Musée Royal de l'Afrique Centrale mérite une mention toute particulière dans la mesure où de nombreux documents et objets de cette grande institution furent mis à contribution. Nous tenons tout particulièrement à remercier G. Gryseels son directeur, A. M. Bouttiaux (chef de la section ethnographie), L. Doutrelepont (gestion des collections) et J. M. Vandyck (gestion des collections) pour les facilités de recherches qu'ils nous apportèrent chacun à leur manière.

- Plusieurs collectionneurs privés nous ont aussi ouvert leur porte. Ils se sont montrèrent très enthousiastes pour ce projet d'écriture et nous communiquèrent toujours aimablement les photos dont nous allions avoir usage ainsi que les informations qu'ils avaient en leur possession. Nous remercions ici M. Felix, P. Dartevelle et J. W. Mestach ainsi que les quelques autres qui souhaitent rester anonymes.

- Précisons que l'ouvrage n'aurait été considéré comme achevé s'il n'avait été complété par les aquarelles de J. Renard, la traduction anglaise de T. Koelb et le travail du cartographe expérimenté qu'est C. Meur.

- Un soutien iconographique fut aussi obtenu auprès du centre de documentation de l'Université Catholique de Leuven et des archives de la société des missionnaires d'Afrique (Pères Blancs) de Rome. Que la gentillesse du Père Oses soit ici mentionnée.

- De précieux renseignements portant sur la culture et la langue songye comme luntu n'auraient pu nous être connus sans l'aimable collaboration de J. Kabuta, de C. Shambuy, d'A. Munyoka, de S. Kaloshi Nsa et de P. Kitengye Muyunga.

- Enfin, nous tenons à remercier très particulièrement l'ethnologue L. de Heusch pour avoir relu notre manuscrit et nous avoir fait part de judicieuses remarques. Nous ajouterons ici qu'il nous aurait été difficile de « revenir aux masques tetela » sans l'article écrit en 1995 par ce chercheur. Ce texte construit et audacieux fut véritablement la base de nos investigations.

À PARAÎTRE

- Les Salampasu
- Archéologie du Delta du Niger
- Archéologie du plateau de Jos
- Le Voyage de Jean Houzeau De Lehaie

ISBN 978-2-35340-139-0

Conception et mise en page : STIP'ART pour les Éditions Gourcuff Gradenigo

Achevé d'imprimer en septembre 2012
sur les presses de l'imprimerie Stipa à Montreuil (93)